中国汽车产业发展报告（2013）

ANNUAL REPORT ON AUTOMOTIVE INDUSTRY IN CHINA (2013)

国务院发展研究中心产业经济研究部
中国汽车工程学会　　/编　著
大众汽车集团（中国）

社会科学文献出版社
SOCIAL SCIENCES ACADEMIC PRESS (CHINA)

图书在版编目（CIP）数据

中国汽车产业发展报告．2013/国务院发展研究中心产业经济研究部，中国汽车工程学会，大众汽车集团（中国）编著．—北京：社会科学文献出版社，2013.7
（汽车蓝皮书）
ISBN 978-7-5097-4786-5

Ⅰ．①中…　Ⅱ．①国…　②中…　③大…　Ⅲ．①汽车工业-经济发展-研究报告-中国-2013　Ⅳ．①F426.471

中国版本图书馆CIP数据核字（2013）第142137号

汽车蓝皮书
中国汽车产业发展报告（2013）

编　　著／国务院发展研究中心产业经济研究部
　　　　　中国汽车工程学会
　　　　　大众汽车集团（中国）

出 版 人／谢寿光
出 版 者／社会科学文献出版社
地　　址／北京市西城区北三环中路甲29号院3号楼华龙大厦
邮政编码／100029

责任部门／皮书出版中心（010）59367127
电子信箱／pishubu@ssap.cn
项目统筹／邓泳红　姚冬梅
经　　销／社会科学文献出版社市场营销中心（010）59367081　59367089
读者服务／读者服务中心（010）59367028
责任编辑／姚冬梅
责任校对／师敏革
责任印制／岳　阳

印　　装／北京季蜂印刷有限公司
开　　本／787mm×1092mm　1/16
印　　张／24.25
版　　次／2013年7月第1版
字　　数／390千字
印　　次／2013年7月第1次印刷
书　　号／ISBN 978-7-5097-4786-5
定　　价／79.00元

汽车蓝皮书编委会

顾　　　问　陈清泰　邵奇惠　刘世锦　鲁志强　张小虞
付于武　董　扬　海兹曼　张绥新

编委会主任　张小虞

副　主　任　冯　飞　张进华　赵家佑

主　　　编　冯　飞

副　主　编　张　宁

主要执笔人（以报告出现先后为序）

总　报　告：王晓明

年度发展综述：宋紫峰　王晓明

国际化发展专题：

王　月　来有为　宋紫峰　王晓明　石耀东
姜　英　张文杰　马立港

摘　要

《汽车蓝皮书》是关于中国汽车产业发展的研究性年度报告，2008 年首次出版，本书为第六册。本书是在德国大众汽车公司支持下，在汽车产业资深顾问指导下，由国务院发展研究中心产业经济研究部和中国汽车工程学会集中了多位专家、学者，共同撰写的全面论述中国汽车产业发展形势的权威性著作。

2013 年度报告的主题是：全球化新形势下中国汽车产业合资合作发展和“走出去”战略。正文包括总报告、发展综述、竞争力现状、竞争力变化趋势、合资合作发展、“走出去”战略六部分内容。

在中国已连续四年稳居世界第一汽车生产大国和消费大国宝座背景下，在经历由超高速增长向中低速增长转变的过程中，汽车产业发展的增长动力、生产结构、消费结构和竞争格局等正在发生一系列显著的内在变化。与此同时，能源消耗、尾气排放、交通拥堵等诸多外部挑战正日益成为国内汽车产业发展的制约。这些内外部因素的交织与互动，无疑推动着中国汽车产业发展方式的历史性转变。

在新形势下，合资合作这个曾经在中国汽车工业特别是轿车工业从无到有、从小到大的过程中扮演了重要角色的战略杠杆，正面临向何处去的重大抉择；在新形势下，国内竞争性加剧刺激了中国汽车企业“走出去”，局部较强的比较优势促进了中国汽车企业“走出去”，全球汽车产业动荡、调整为中国汽车企业“走出去”带来了机遇。

面对这些新形势、新挑战和新机遇，我国汽车产业需要进行新的战略决策：我国汽车产业的合资合作应该被赋予什么样的新内涵？进行哪些方面的新转型？我国汽车产业应如何以“走出去”为产业发展的新动力，走上可持续发展、逐步做大做强的道路？

2013 年度报告以“全球化新形势下中国汽车产业合资合作发展和‘走出去’战略”为研究主题，试图回答这些问题，或给出深一步的思考。

综观全书，不论是研究的深度，还是资料的广度，均有助于广大读者全方位了解中国汽车产业发展态势，对汽车行业管理部门、企业决策部门、企业战略研究机构和中外投资者具有重要的参考价值和借鉴意义。

Abstract

Blue Book of Automotive Industry is an annual research report on the development of China's auto industry. It was first published in 2008, and this book is the sixth edition. It is an authoritative and comprehensive work co-authored by experts and scholars organized by the Research Department of Industrial Economy under the Development Research Center of the State Council and the Society of Automotive Engineers of China, in consultation with senior advisors of the automotive sector and under the support from Volkswagen AG.

The theme for the annual report this year is: development of joint venture cooperation and the "Going Global" strategy in the Chinese auto industry under new conditions of globalization. There are six sections, including main report, development overview, competitiveness, trends of competitiveness, development of joint venture cooperation and the "Going Global" strategy. China has maintained its first position as an auto manufacturer and consumer globally for four consecutive years. Against this backdrop, the Chinese auto industry is now undergoing a host of remarkable internal changes in aspects such as growth momentum, production structure, consumption structure and competition landscape when transitioning from the period of super fast growth to the period of medium and low-speed growth. Meanwhile, the Chinese auto industry is also faced with numerous external challenges such as energy consumption, exhaust gas emission and traffic congestions etc. The interplay and interaction of both the internal and external factors will undoubtedly promote the historic transformation of the development mode of the Chinese auto industry.

The mode of joint venture cooperation has played an important role as a strategic leverage in the birth and the growth of the Chinese auto industry, especially the car sector. Under the new market conditions, the fate of this cooperation mode is now at a crossroad. Besides, the intensified competition at home has pushed the Chinese automakers to go global. Their relatively strong comparative advantages in some aspects have facilitated this process. And the fluctuations and restructuring of the global auto industry have also brought opportunities for the Chinese automakers.

In face of the new conditions, new challenges and new opportunities, the Chinese auto industry needs to make new strategic decisions: What new connotations should be given to the joint venture cooperation mode in the Chinese auto industry? And what transformations should be made in this aspect? How does the Chinese auto industry get on a path of sustainable and strong growth driven by the "Going Global" strategy?

With the research topic of "development of joint venture cooperation and the" Going Global " strategy in the Chinese auto industry under new conditions of globalization", the annual report might help answer such questions or provide deep insight.

Overall, this book can help the readers fully understand the development trends of the Chinese auto industry with the in-deep analysis and extensive coverage. It also provides important reference for the administrative authorities of the auto industry, decision-making departments of enterprises, research institutes of corporate strategies as well as Chinese and foreign investors alike.

以国际化发展推动汽车产业转型升级

（代序言）

汽车产业是全球化特征最明显的产业。改革开放以来，在中国对外开放政策的大背景下，中国汽车产业利用生产要素低成本优势和巨大的市场潜力，通过“引进来”合资合作方式，吸引了几乎所有汽车跨国公司到中国，在参与汽车产业全球化发展过程中，取得了巨大成就。其中，最重要的变化是中国汽车产业的国际地位显著提升，成为全球产业的重要组成部分。

中国汽车产量占世界汽车市场份额，从 1978 年的 3.5‰，增长为 2000 年的 3.6%，2012 年的 23%，2009～2012 年，中国已连续四年世界汽车产销量第一，成为名副其实的汽车生产大国和消费大国；2012 年有跨国公司在中国市场的销量占其全球销量的 30%，中国汽车产业成为跨国公司产业链全球布局的重要部分；世界汽车产量从 1978 年的 4257 万辆增长到 2012 年的 8414 万辆，在 4157 万辆的增量中，中国的贡献为 1912 万辆，贡献率为 46%。中国汽车产业为世界汽车产业的发展做出了巨大贡献，根本上改变了世界汽车产业的格局。

近年来中国汽车企业国际化步伐明显加快，新兴的中国汽车企业正悄然走入国际市场，其产品和技术开始在一些市场细分领域占据一席之地；同时，中国金融资本和产业资本向全球汽车整车企业和关键零部件企业的反向融合也在加速发展，一系列重大的跨国并购事件引起国内外强烈反响。

中国汽车产业的下一个目标应该是：再经过十年左右的时间，实现由大到强的转变，基本建成世界汽车产业强国。我们清醒地认识到，2008 年国际金融危机以来，中国汽车产业的进一步发展正面临严峻挑战：一是中国汽车市场经过连续十几年高速发展，成为世界最大的汽车市场后，已进入平稳增长期，企业产能扩张的惯性与市场增长趋缓的预期加剧了市场竞争程度；二是能源、环境、交通等外部条件对中国汽车产业的进一步发展形成了巨大制约；三是由于国际汽车市场不景气，跨国公司加大了对中国市场的关注力度，自主品牌企业及产品的压力不断增大；四是汽车新技术日新月异，技术引进的成本越来越高，困难越来越大，企业技术进步的速度与适应激烈市场竞争的需求之间的矛盾愈发突出。

在这一背景下，中国汽车产业要做大做强，唯一的途径是转型升级。我认为，目前中国汽车产业转型升级的思路主要是两点。

一是以我为主开放创新，探索合资合作新形态，推动合资合作深入发展。目前，汽车产业全球化的一个重要趋势是，20 世纪 90 年代形成的跨国公司全球性生产、销售、采购和研发体系正在进一步扩展为跨国公司之间针对某一技术领域或市场领域的战略联盟，以应对研发成本不断提高和技术不确定性不断增大的风险。中国汽车企业总体技术水平较低、研发能力不强，更需要开放创新、合作创新、协同创新。中国汽车企业的发展，必须从被动防守向主动进攻转化，从消极应对向积极融合转化。中国汽车企业已有条件与跨国公司形成更深入的技术合作关系，从而推动合资合作的升级发展。

二是加快“走出去”步伐，从以“请进来”为主的国际化发展战略向“请进来”与“走出去”相结合的国际化战略转变，利用难得的新兴市场发展机遇，迅速提升国际竞争力。如果说中国汽车产业由小变大的原动力在于国内市场潜力，那么由大变强则可能要靠“走出去”战略的成功实施。日韩的发展经验说明了这一点。中国汽车产业必须利用自身的比较优势和新兴经济体的市场机会，迅速提升国际竞争力，使“走出去”成为中国汽车产业可持续发展的机遇。

以“请进来”和“走出去”相结合的国际化发展方式带动汽车产业转型升级，涉及诸多认识和实践问题：对迄今为止的合资合作如何认识和评价；合资合作面临哪些新的机遇和挑战；是否应该继续鼓励合资合作；我们需要什么样的合资合作模式和合资合作政策；鼓励“走出去”是否为当前形势下的权宜之计；在实力尚弱、缺乏国内市场支撑情况下，“走出去”能否成功；等等。中国汽车产业转型升级的实践将对这些问题作出回答。

本次由国务院发展研究中心产业经济研究部、中国汽车工程学会和大众汽

车集团（中国）合著的《中国汽车产业发展报告（2013）》，以“全球化新形势下中国汽车产业国际化发展”为主题，对这些问题进行了全面的分析和讨论，并提出了针对性较强的对策建议。除此之外，作为本年度研究报告的常规内容，在“发展综述”栏目中，从整车、零部件、自主品牌、自主创新、发展环境等方面对中国汽车产业本年度的发展特征进行了总结；对 2011 年中国汽车产业国际竞争力的变化情况进行了系统评价；对未来十年中国汽车产业竞争力的影响因素和变化趋势进行了分析和预测。此外，“资料附录”中大量的重要数据和 2012 年度新政策法规一览等，能够为广大读者全方位了解我国汽车产业发展情况提供翔实资料，也为相关政府部门制定政策、汽车企业进行战略决策提供参考依据。

国务院发展研究中心产业经济研究部的冯飞、石耀东、王晓明、宋紫峰，国务院发展研究中心办公厅的来有为，中国汽车工程学会的付于武、张进华、张宁、张文杰、姜英、王月、马立港等专家学者在本书撰写中付出了辛勤努力；大众汽车集团（中国）的张绥新、赵家佑、苏巴鸿、孙忱等对本书的成稿给予了很大的支持和帮助；社会科学文献出版社为本书出版做了大量工作。在此一并表示感谢。希望这一会聚了业内专家学者心血和智慧的成果，能够为推动我国汽车产业的国际化发展和产业转型升级有所贡献。

张小虞

目录

𝔹Ⅰ 总报告

𝔹Ⅱ 年度发展综述

BⅢ 国际化发展专题

BⅣ 附录

皮书数据库阅读使用指南

CONTENTS

𝔹 I General Report

𝔹 II Development Overview

B III Globalization of Automotive Industry

BIV Appendix

总 报 告

General Report

B.1 全球化新形势下中国汽车产业国际化发展

国际化战略是汽车产业发展的根本性战略，是决定一个国家汽车产业发展模式和发展道路、产业国际竞争力和国际地位的重要因素。汽车产业国际化战略可以概括为利用“两个市场”和“两种资源”发展汽车产业，在中国主要体现在“引进来”和“走出去”两个方面。“引进来”是利用国内市场的吸引力，在中国的政策框架体系下引进外国投资和先进技术，在整车、零部件和汽车服务领域走中外合资合作的道路；“走出去”是以国外市场为目标，国内企业主动走出国门，面向国外进行产品出口、海外设厂、技术输出和跨国并购。对于像中国这样的汽车产业后发大国来说，“引进来”和“走出去”是相辅相成的。

中国汽车产业发展的国际化战略选择是汽车产业自身特点决定的。汽车产业是全球化特征最显著的产业之一，20 世纪 90 年代以来，逐步形成了由跨国公司主导的全球性生产、销售、采购和研发体系。在这个体系形成过程中，汽车先发国家从兼并重组转向跨国战略联盟，呈现“在竞争中合作，在合作中竞争”的趋势。汽车后起国家经历了一系列自主发展的努力后，在经济全球化的冲击下已经全面转向开放式发展模式。全球化的大背景下，在一个国家内封闭式发展汽车产业是不可能形成竞争力的，无论先发国家还是后发国家，走开放合作的道路都是发展汽车产业的必然选择。

改革开放以来，通过实施合资合作和“走出去”发展战略，中国汽车产业不断发展壮大。从全球范围来看，中国汽车产业在全球体系中的融入度越来越高，已经是全球生产体系的重要组成部分。且随着“走出去”的步伐加快，自主品牌企业已经在产品出口和海外设厂方面形成局部优势；跨国并购逐渐增多，表明中国汽车产业资本的全球反向融合已经拉开序幕。从国内产业发展来看，对外合资推动了中国汽车产业规模的扩大和生产配套体系的完善，提高了国际竞争力和国内消费者福利，对技术创新和自主品牌发展也有正面的影响。

国际金融危机爆发以来，全球汽车产业格局正在经受前所未有的各种冲击。新兴国家汽车市场的快速崛起、模块化生产方式的启用和全球范围内新能源汽车的蓬勃发展，从市场格局、生产方式和主导性技术三个方面对全球体系带来冲击，同时也对已经形成的合资合作关系产生显著影响；国内市场增速趋缓、自主品牌发展遭遇瓶颈和新能源汽车产业化起步，对中国汽车产业合资合作和“走出去”态势带来新的变化。在新的国内外发展形势下，参与全球创新、全球市场竞争和参与解决全球气候变化共性问题，要求中国汽车产业以更广阔的视野重新审视合资合作发展。一方面，我国应坚持既定的合资合作战略，但可以通过提高股比和适时调整市场准入政策，获得参与全球创新和全球市场的更大空间；另一方面，可以通过合资范围的扩大和合作方式的转型，推动中外企业携手共同应对产业未来发展的各种不确定性和全球化挑战。

中国汽车产业实施“走出去”战略还处于刚刚起步的阶段，既要肯定已经取得的成绩，又要认识到与德国、日本和韩国等国相比还有非常大的差距。特别是在全球汽车产业面临变局的大背景下，需要清醒地认识到“走出去”不是权宜之计，而是我国汽车产业由大变强的战略选择，“走出去”有风险，“走不出去”风险更大。在操作层面，尽管有日本、韩国等先行国家的经验可以借鉴，但中国汽车企业只能在自身走出去的成功与失败中成长，企业“走出去”的能力只能在动态学习和反馈过程中逐步提高。此外，“走出去”既要

稳扎稳打、扎实推进，又要审时度势、把握机会，特别是把握全球产业格局变化带来的机会。

一　全球化新形势下中国汽车产业合资合作发展

（一）全球化背景下，开放合作是先发、后发国家发展汽车产业的必然选择

1. 汽车产业是全球化特征最显著的产业之一，目前已经形成了由跨国公司主导的全球性生产、销售、采购和研发体系

汽车产业是经济全球化进程中最具典型意义的产业之一，汽车产业链的全球性配置已经成为汽车产业全球化发展的重要标志，具体表现为大型跨国公司利用全球资源，实现投资、开发、生产、采购和销售的优化配置，以适应不同地区的独特环境和市场偏好。此外，产业链中重要的生产和研发环节，不再局限于汽车厂商的母国范围内，而是立足于全球平台进行布局。例如，过去跨国公司在本国建立研发机构进行产品开发，对于目标国市场采取移植产品的方式进行生产性投资，而现在则采取将产业链各个环节和资源在全球市场进行配置。汽车产业的国家发展战略从过去主要立足于依赖本国的市场和资源，转向利用全球性市场和资源，进而采取比较优势战略和开放竞争战略。汽车产业全球化直接后果之一是推动了大规模的跨国兼并重组，形成了为数不多的全球性跨国公司。“二战”后到 1980 年，全球大汽车企业集团从 50 多家减少到 30 家左右。1990 年以来，由于全球汽车生产能力普遍过剩，跨国汽车集团通过相互之间的收购、兼并、控股和参股等联合和重组方式，已减少到目前 10 家左右的大汽车企业集团。

汽车产业全球化带来的另一个显著变化是形成了由跨国公司主导的全球性生产、销售、采购和研发体系。从生产的角度看，2010 年，大众、丰田和通用三大汽车公司在本国生产汽车 815.2 万辆，仅占自身总产量 2437 万辆的 1/3，海外生产的比重越来越高；从销售的角度看，世界汽车出口量占世界汽车总产量的比重已经达到 40% 左右，海外销售的分量越来越重；从采购的角度看，各大汽车跨国公司的自制率普遍在 30% 左右，整车制造企业越来越普遍的做法是将通用零部件的开发、制造、装配工作外包给零部件供应商，而自

已仅掌握几种关键性零部件的制造；从研发的角度看，全球范围内汽车技术扩散、转移和利用速度大幅度提高，当地人才和市场的优势促使跨国公司在海外设立的研发中心越来越多，汽车设计和研发的全球化趋势日益明显。汽车产业全球化发展推动了跨国界、大规模的企业重组，扩大了合资合作的幅度，加大了合资合作的深度，企业集团之间的股权交叉、相互合作明显增多。

2. 汽车先发国家从兼并重组转向跨国战略联盟，合资合作呈现“在竞争中合作，在合作中竞争”的趋势

20 世纪 80 年代以来，随着经济全球化和科学技术的迅猛发展，越来越多的汽车先发国家汽车企业开始认识到，单凭企业自身的力量难以在激烈竞争的市场环境中生存和发展。因此，企业的发展战略开始从以竞争为基础转变为以价值创造为基础，强调“在竞争中合作，在合作中竞争”。总体来看，汽车先发国家的合资合作呈现三种形式：一是跨国兼并重组，是指通过取得其他企业的所有权并控制其经营资源实现企业增长，典型的案例如通用收购莲花、萨博、悍马，福特收购捷豹和沃尔沃轿车，大众收购斯柯达、布加迪、兰博基尼、宾利、劳斯莱斯，戴姆勒 - 奔驰并购克莱斯勒；二是跨国合资经营，是指两个或两个以上的独立企业为了实现各自的目标，共同出资建立企业，如大众巴西、通用中国；三是跨国战略联盟，是指两个或两个以上的独立公司为了共同的战略目标，在研发、生产、销售等方面开展合作，如丰田和宝马、福特和丰田、通用和标致 - 雪铁龙、标致 - 雪铁龙和宝马在新能源汽车领域形成的战略联盟。

发达国家之间汽车产业的合资合作发展到当前阶段，更多体现为以技术开发、成本控制和业务共享为中心的战略联盟，而不是单纯以资本为中心的兼并重组。国际金融危机发生后，通用汽车被迫卖掉很多当年收购过来的汽车股份或资产，包括早期的菲亚特、五十铃、富士重工和铃木，近期的萨博、欧宝；福特汽车在卖掉当年收购的路虎和捷豹后，又卖掉了沃尔沃；戴姆勒集团亏本卖出当年重金收购的克莱斯勒品牌。不难发现，在乘用车领域以资本为中心的跨国并购鲜有成功的案例。而雷诺 - 日产以整而不合、联合采购、平台共享、市场互助为主要特征的联盟形态合作模式经受住了全球竞争和国际金融危机冲击的考验，证明比直接并购合二为一的整合运营模式更可取。特别是在新能源汽车发展领域，“在竞争中合作，在合作中竞争”的战略联盟已经成为全球范

围内合资合作的主要形式和发展趋势。

3. 汽车后发国家在经历了一系列自主发展的努力后，在经济全球化的冲击下已经全面转向开放式发展模式

汽车后发国家汽车产业的发展可以归纳为三种模式：完全开放模式、自由竞争模式和自主发展模式。完全开放模式也称依附型发展模式，发展汽车产业的出发点是以国家总体经济增长为目标，不追求建立民族汽车工业体系和发展自主品牌，将汽车产业定位于全球产业链中的地区制造商角色，以巴西和墨西哥为代表，纷纷成立福特、通用、大众等跨国公司控制的独资公司。自由竞争模式是以社会自发性发展和政府不过多干预为基本特征。以印度为例，其政府对汽车产业的态度是扶持国内企业，但不排斥外资，让本土企业和外国企业在相对公平的制度下竞争。自主发展模式以强调国家自主发展和政府引导为基本特征，政府鼓励引进国外先进技术和管理经验，但强调建立独立自主的汽车工业体系和自主品牌开发能力，严格市场准入，限制外国资本，以培育本国汽车工业。俄罗斯曾经试图选择自主发展模式，在很长的一段时间内，都是限制外国资金或技术的投入，力推自主品牌。

对于汽车后发国家来说，选择哪种模式取决于多种因素。巴西之所以出现外资独大的局面与其政府的产业政策直接相关。数十年来，在巴西政府投资管理政策中，除了核能、医疗、农村土地所有权、国内航线和航天军工工业、巴西经营银行和保险业等领域外国投资者不能独资以外，其他领域的外商投资不必经政府批准。墨西哥采取完全开放式的汽车产业发展模式，主要因为其与美国是邻国，有先天的地理优势，加之北美自由贸易区的设立，为其打开了出口美国的方便之门。印度汽车产业对与跨国公司合资合作的态度主要经过了五次转变，从最开始的严格限制，到合资限制股权，再到开放允许独资，再到大力引资，最后逐步对跨国企业开放市场。在外资企业强大的竞争压力面前，印度能够避免走完全开放的依附之路，实现一定程度的自主发展，在于政府尽量创造有利于印度汽车的发展环境。例如，对以外资为主的独资公司或外资控股公司，征收所得税的税率为 70%，而以印资为主的公司，征收所得税的税率为 55%。如今的塔塔公司已经在印度占据了大部分的市场份额，也成了印度汽车自主品牌的骄傲。俄罗斯汽车产业起步时选择了自主发展道路，经过数十年的发展，对跨国公司从封闭到合作，再转向自主保护，在加入世贸组织后，最终放弃对自主品牌保护，对外资企业完全放开，俄罗斯的自主品牌企业逐步被跨国企业掌握。

（二）改革开放以来，合资合作的全面深入发展推动了中国汽车产业的发展壮大

1. 1978～1993 年：中外汽车企业探索开展合资合作的阶段

1978 年，改革开放之初，中国汽车产品结构以中型载货车为主，呈现“缺重少轻，轿车几乎空白”的状况。1985 年，全国轿车年产量不足 5000 辆，进口轿车超过 10 万辆，多次出现走私汽车浪潮。在汽车特别是轿车生产无法满足需求的情况下，中国需要加大汽车产业的建设力度。但闭门造车多年的中国汽车业与全球汽车业在观念、管理、技术、产品等方面都存在巨大差距。引进外资是当时的必然选择，也是一举解决各种问题的发展捷径。我国政府适应改革开放的新形势，转变发展思路，允许部分国内汽车企业以各种方式引进国外汽车公司的先进技术、设备以及资金。1986 年，中国政府正式把汽车工业列为支柱产业，并确定了发展轿车工业要“高起点、大批量、专业化”的原则，中国在轿车生产方面走上以合资引进技术的道路。一汽、上汽、二汽等大型汽车集团也都认为与外资加强合作是企业生存和发展的必然选择，应通过与跨国汽车公司之间的合资合作获得在国内汽车工业中的主动权，同时利用外国公司的力量，发展自己的研发能力。在此背景下，少数外国资本与国有资本开始有选择、有限度地嫁接，美国汽车公司、大众、五十铃、标致、雪铁龙等跨国汽车企业相继进入中国汽车工业领域。1985 年，上海大众引进的第一款车桑塔纳大获成功，带动了我国汽车行业的对外合资合作。

这一时期中外汽车企业开展合资合作的主要项目有：1983 年，北京汽车制造厂与美国汽车公司成立“北京吉普汽车有限公司”，外方股比占 31.35%；1984 年，中德合资组建上海大众汽车有限公司，中德双方投资比例均为 50%；1984 年，1985 年，中法合资建立广州标致汽车有限公司，其中广州汽车厂持股 46%，中国国际信托投资公司持股 20%，法国标致汽车公司持股 22%，巴黎国民银行持股 4%；1988 年，一汽与德国大众合资组建一汽 - 大众公司，一汽集团公司占 60% 的股份，德国大众康采恩集团占 40% 的股份［其中，德国大众公司

占20%的股份，奥迪公司占10%的股份，大众汽车（中国）投资有限公司占10%的股份]；1988年，二汽与法国雪铁龙公司按照70%和30%的投资比例合资组建神龙汽车公司；1993年成立的重庆长安铃木汽车有限公司；1993年成立的三江雷诺公司；等等。上述中外合资汽车企业建设基本上采用了“交钥匙”（turn-in key）工程方式，由外方提供成套技术、工艺流程、生产设备和关键零部件。合资企业内部尽管成立了相应的工程技术部门，但也仅限于从事辅助性的工艺匹配、设备调校、生产过程中的技术管理和质量控制、非核心零部件国产化。在技术部门内部，中外合资双方的关系是外方主导下的“传帮带”，即少数外方技术人员提供知识和技术指导，中方技术人员进行学习和消化。

2. 1994～2001年：中外汽车企业合资合作进入全面发展阶段

1994年，我国《汽车工业产业政策》第一次明确提出国家鼓励汽车工业利用外资发展我国的汽车工业，但同时规定合资企业中中方股份比例不能低于50%。伴随着管理体制的改革和中国市场开放度的进一步提高，跨国汽车公司纷纷与国有汽车企业组建合资企业，掀起了合资热潮，世界汽车工业“6+3”格局中的6大跨国集团和3家实力型企业，还有意大利菲亚特集团、韩国起亚等通过合资先后进入了中国。这一时期中外汽车企业开展合资合作的主要项目有：1994年成立的西安西沃客车有限公司，1995年成立的天津华利汽车有限公司，1995年成立的东南（福建）汽车工业有限公司，1996年成立的南京依维柯汽车有限公司，1997年成立的亚星－奔驰汽车公司，1997年成立的上海通用汽车有限公司，1998年成立的广州本田汽车有限公司，1999年成立的江苏悦达起亚汽车公司，2000年成立的天津丰田汽车有限公司，等等。

从产品和技术角度来看，这一阶段合资企业生产的产品逐步向国外市场靠拢，引进的车型和技术平台已经是具有一定国际水平的、成熟的中级车型和技术。合资企业的技术研发部门不再局限于扮演工程技术中心的角色，而开始为适应中国市场需要进行一系列重要的适应性开发和局部改进。相比第一阶段而言，这一阶段的中方技术人员在消化吸收引进技术和项目开发过程中，锻炼和培养了一大批本地技术专家团队；了解和熟悉了汽车开发的流程和管理经验，初步形成独立的产品定义－工程设计－工程验证－生产制造－后市场服务的技术能力；逐步形成属于合资企业自己的独特优势，并逐步具有整合国内国际资源的能力，由于2004年《汽车产业政策》中促进零部件国产化政策的作用，现代化的汽车零部件体系基本建成。但总体来看，在研发方向、整车和平台设计、研发流程设计、基础数据库、开发软件、国产化认证、平台设计、核心部件设计等方面，外方仍然牢牢地掌握着主导权，中方的贡献主要集中在与引进技术消化吸收和本土化密切相关的适应性开发方面，尚不具备独立的整车开发能力，合资企业的技术来源依然存在明显的对外依赖性。

3. 2002年以来：政策鼓励轿车介入家庭，中外汽车企业合资合作进入深化发展阶段

2002年，中国加入WTO是推动汽车产业合资合作深入发展具有里程碑意义的一年。加入WTO之后，中国政府根据对世贸组织的承诺，对汽车产业政策进行了调整，在2004年发布的《汽车产业发展政策》中，取消了外汇平衡、国产化比例和出口实绩要求等与世贸组织规则相悖的内容，中国的经济制度同国际接轨，使外资进入中国的信心大增；中国的经济发展前景更加明朗，市场规模巨大的优势已经显现，也使外资认识到单靠进口不能满足中国的需求，必须要到中国合资建厂。开放初期，为了吸引外资，除中央政府出台的政策外，各地方政府对外资企业在用地、利润、税收等方面有针对性地出台了许多优惠政策。客观地说，外资在这一阶段仍然享受超国民待遇，这也是合资企业得以快速发展的重要原因之一。对于外方合作伙伴而言，如果说前期主要是通过转移成熟车型来抢占中国市场的话，那么自中国加入WTO后，跨国汽车巨头加大在中国的投资力度更多的是着眼于它们的全球战略，将中国作为它们全球战略的重要一环，进行全面合作、全方位进入、全系列生产，充分发掘中国市场的全球性价值。

2002年以来，大众、通用、丰田、日产、福特、现代、本田、宝马等公司在中国均实施了积极的扩张计划，主要项目有：长安汽车与福特汽车公司、马自达汽车公司开展合资合作；一汽与丰田开展全面合作；华晨中国汽车控股有限公司与宝马集团合资组建华晨宝马汽车有限公司；北汽与韩国现代汽车公司合资组建北京现代汽车有限公司；北京汽车控股有限公司与戴－克集团对北京吉普有限公司进行重组并扩大投资；东风与日产汽车公司成立合资公司——东风汽车有限公司；东风汽车与日本本田技研工业株式会社合资组建东风本田汽车有限公司；广州汽车集团股份有限公司和丰田汽车公司合资组建广汽丰

田；长安汽车和法国标致雪铁龙集团合资组建长安标致雪铁龙汽车有限公司；北汽福田和戴姆勒股份公司合资组建北京福田戴姆勒汽车有限公司；等等。

在这一阶段的合资合作过程中，由于中国汽车市场的竞争日趋激烈，特别是内资民营汽车企业的发展，迫使跨国汽车公司不仅采取增加投资、建立生产厂和更多地设立营销网络三种合资合作的初等方式，同时也采取设立产品开发中心、转移企业区域总部等合资合作的高等方式。合资企业的创新能力建设开始真正由技术支持和适应性开发为主向全球研发中心转变，研发投入力度加大，研发活动开始向纵深发展，同时开始逐步涉足底盘与动力总成、整车集成、平台设计、实验认证、电子系统开发等领域。受合资公司中方公司自身技术能力的限制，在产品发展方向上，合资外方掌握着主动权和决策权，但伴随着中方技术水平的提升，中方在研发重点和方向上开始具有了一定的话语权，特别是具有了一定的配套认证能力。

（三）作为后发国家，合资合作在中国汽车产业发展中发挥了重要作用

1. 合资合作对我国汽车产业做大规模、形成体系的影响

在我国汽车产业开展合资合作之后，伴随着汽车市场规模的迅速扩大，汽车产业作为国民经济重要支柱产业的地位不断加强。从工业总产值看，1990～2010 年，汽车工业总产值从 492.6 亿元迅速增加到 33155.2 亿元，提高 66 倍有余，占全国工业总产值的比重也从 2.1% 提高至 4.3%。从工业增加值看，1990～2011 年，汽车工业增加值从 120.5 亿元迅速增加到 7451.7 亿元，提高 60 倍有余，占全国 GDP 的比重也从 0.65% 提高至 1.60%。1997～2012 年，我国汽车年产量占全球比重从不足 3% 迅速提高到 22.90%，平均每年提高 1.33 个百分点。同期，全球汽车年产量共增加 3102.42 万辆，而我国汽车年产量的增加对全球汽车增量的贡献达到 57.02%。

从市场结构来看，在开展合资合作之前，我国轿车主要依赖进口，而国内生产受制于行政指令，基本只有“红旗”牌和“上海”牌轿车。开展合资合作之后，我国轿车市场的竞争更加充分，产业集中度处于下降趋势。1994 年，前三位轿车企业的市场占有率（CR3）达到 77.55%，2007 年，前三位轿车企业的

市场占有率（CR3）仅为29.03%。与之相对照，商用车领域合资合作项目明显少于乘用车，市场集中度明显高于乘用车。1999年，我国重型汽车CR3为96%，中型载货车CR2为96%，轻型载货车CR5为68.9%，微型载货车CR2为81.4%。通过对比发现，一方面，竞争提高生产效率和技术改进，带动了汽车零部件体系的发展，另一方面，大量与不同国家的乘用车合资项目造成产业体系分割，集中度下降，导致体系整合的低效率。因为各合资合作整车企业在零部件采购方面仍存在相对封闭的情况，导致国内零部件企业相对分散、市场结构有待优化的问题持续至今。此外，由于合资合作乘用车企业在零部件采购方面通常与本体系的零部件企业存在长期联盟关系，国内零部件企业很难进入其采购体系，最终导致国内零部件企业在乘用车关键零部件的市场占有率明显偏低。

2. 合资合作对我国汽车产业技术进步和自主品牌的影响

开展合资合作之后，合资企业研发投入不断增加。2009年达115.12亿元，相当于2001年研发投入总额的5.3倍，占2009年全行业研发投入的1/4。20多年来，伴随众多汽车合资企业发展，到目前为止几乎所有跨国企业都在中国设有研发机构。这些机构有些设在合资企业内部（如上海大众研发中心、广州本田研发中心、神龙汽车技术中心等），有些则以合资（如上海泛亚）或者独资（如丰田汽车在中国设立的技术中心或研发中心）方式独立设立。合资汽车企业及其研发机构对我国汽车企业发展有明显的技术溢出贡献。合资企业管理理念和产品开发推动了国内汽车企业的技术进步。随着人才和知识的合理流动，许多合资企业的高级管理人员和高级研发人员回归国内汽车集团技术中心，或担任要职或负责自主品牌产品开发。跨国汽车公司的研发对推动我国汽车发展能力提高成绩显著。主要表现在：我国缩短了技术上与国际先进水平的差距，初步掌握了轿车制造技术，发展了大批优秀零部件企业，提升了我国汽车研发链条的整体水平，为我国汽车自主品牌发展奠定了产业链基础。此外，合资合作也造成了合资企业对外方母公司严重的技术依赖，并间接导致中方企业创新动力严重缺失。

开展合资合作之后，自主品牌的市场占有率并没有随之出现明显下降，这和普遍的认识有所不同。在乘用车领域，1980年全国共生产轿车5418辆，不足部分只能依赖进口，当年进口轿车19570辆，自主品牌市场占有率仅为21.68%。1981~1990年间，我国共进口轿车351042辆（含CKD散装件），

相当于同期国内轿车产量165910辆的2.1倍，考虑到国内生产轿车的主体依然是外资品牌，自主品牌市场占有率甚至不足20%。与之相比，2010年自主品牌轿车市场占有率达到近年来的新高，为30.89%。但在品牌溢价方面，自主品牌与外资品牌间的差距还比较明显。由于我国汽车自主品牌的品牌建设还处于初期阶段，在技术和性能水平等方面基本接近的情况下，外资品牌比自主品牌普遍还有20%甚至更高的品牌溢价。比较乘用车领域自主品牌发展和商用车领域自主品牌发展可以发现，乘用车特别是轿车领域的自主品牌市场占有率明显低于商用车领域。在商用车领域，我国自主品牌商用车得益于50多年的经验和技术积累，加之产品贴近市场、适应国情、有较高的性能价格比，市场占有率多年来一直保持在90%以上。

3. 合资合作对我国汽车产业国际竞争力和消费者福利的影响

有国际竞争力的整车产品出口是中国汽车产业发展追求的主要目标之一，也是中国汽车产业国际竞争力提高的主要体现。只有在全球市场上占据一定的出口份额，才意味着中国不仅是最大的汽车消费国，同时是具备较强国际竞争力的汽车产业强国。加入WTO以来，我国汽车产品出口开始出现快速增长，整车出口数量和金额均有明显提高。2012年，中国出口量突破100万辆，是中国汽车产业发展的一个标志性年份。但和中国汽车总产销2000万辆的规模相比，中国汽车出口只占国内产销量的5%，这一比例不但远远落后于德国（75%的产量用于出口）、日本（50%的产量用于出口），甚至落后于巴西、印度等新兴汽车产业国家。从国际化视角来看，中国汽车的出口额只占全球汽车贸易金融的2%，而且主要是低端市场，说明中国汽车产业“走出去”任重道远。从出口企业的构成来看，民营企业占据主要份额。合资企业受合资协议的约束，对产品出口有严格的限制，对中国整车出口贡献不大。

合资合作事实上是一种对外开放，自我国汽车产业开展合资合作以来，汽车产品选择越来越丰富，产品质量越来越可靠，产品价格越来越贴近日常生活，售后服务体系也越来越完善，都极大地改善了消费者福利。1978~2012年，我国轿车年产量增长了4100多倍。在产量增长的同时，消费者在购买轿车时也拥有了更多选择，几乎能够接触到全球主要汽车品牌的所有车型而不是仅有桑塔纳、夏利、捷达、富康等少数车型，消费者的选择权利得到了极大的扩展。而且，汽车价格越来越贴近普通消费者。在竞争加剧、规模经济、本地化生产和营销等多种因素的共同作用下，近年来汽车价格呈现明显的下降趋势。20 世纪 90 年代，捷达等基本款轿车都需要十几万元，而如今则只需几万元，一些基本款轿车甚至已经降至 3 万元以下。此外，汽车售后服务体系更加完善，在政策环境、制度建设、服务理念、网点建设、人员素质等方方面面都让消费者拥有了更好体验。

（四）全球化新形势下，汽车产业合资合作面临国内外环境变化的新挑战和新机遇

1. 从国际环境看，新兴国家的崛起、模块化生产方式和新能源汽车产业化改变了合资合作的发展方向

进入 21 世纪以来，全球汽车市场的重心逐渐由传统发达国家市场向日益活跃的新兴国家市场转移，2010 年市场份额已经超过全球市场份额的二分之一，而四大老牌汽车强国美国、日本、德国和法国市场份额萎缩，2010 年全球市场份额已经降至 30%。金融危机后，经过全球汽车产品和资本市场的一轮洗牌，传统的北美、日本汽车集团实力有所衰退，以德国为代表的欧系汽车集团进一步壮大，韩系力量加快发展并挤进世界汽车主力阵容，新兴市场国家的汽车公司开始崛起并登上世界竞争的舞台。在此背景下，世界汽车制造中心、运营中心和研发中心的布局也渐次发生变化。由于中国和印度低成本研发人才优势开始显现，在部分领域（如中低端车型）可能会形成较高水平的研发能力。借助收购的国际品牌和先进技术，新兴国家的本土企业（如印度的塔塔）也有可能逐步发展成为具有世界影响力的汽车企业。因此，在美国和欧洲通过再工业化战略重点推动汽车设计开发、核心部件及模块研发等高附加值业务向本国集中的同时，以中国和印度为代表的新兴汽车制造中心也将通过研发资源的重组获得难得的发展机遇。

为了应对全球化对产业规模大幅扩大的挑战，各大跨国公司普遍采用平台共享战略，借助通用零部件更大规模的生产，摊销因不断增多的车型数量和不断缩短的产品生命周期而导致的高昂开发成本。模块化生产方式是在汽车产品的制造过程中，把汽车零部件及总成按其在汽车上的功能组合在一起，形成一个高度集中的、完整的功能单元，以供总装厂简单快捷并根据市场需求的多样化情况进

行总装。定制化生产是把消费和生产紧密结合起来，以缩短汽车厂商对消费者需求变化的反应时间。平台化、模块化和定制化生产方式深化了汽车产业的分工协作，使跨国公司强化对全球生产体系控制的同时，也给了新兴国家企业更多参与竞争的空间和机会。模块化生产的优势在于，新产品可以在零部件企业分散地开发与生产，大幅度降低了研究开发与生产制造成本。汽车产业后发国家可以实现基于新技术的跨越式发展，这对于后发国家企业是十分有利的。面对新的全球化分工形势，汽车产业后发国家既可以选择做模块供应商，也可以利用模块产品的中间市场组织生产整车产品，通过在新的模块化生产方式下探索新的发展模式，逐渐形成独特的整车或零部件开发及生产体系，在新的竞争环境中谋求发展。

国际金融危机发生后，在环境保护和能源安全的压力下，发达国家针对各种新能源技术的研发力度不断加大。世界主要汽车厂商如通用、大众、丰田、雷诺－日产等均加大对电动汽车的研发力度。目前全球电动汽车产业尚面临着诸多的发展瓶颈，其中的技术瓶颈主要体现在电池技术和电机驱动系统两方面。解决技术瓶颈的主要手段就是不断进行技术研发，但是在新的竞争环境下，新能源汽车的技术研发与以往有明显不同。一是时间快慢成为研发者需要考虑的重要因素，技术领先者能够获得竞争的主动权和领先者的高回报；二是多条技术路线决定了研发的高投入、高风险和高不确定性；三是电动汽车技术瓶颈的突破需要传统汽车制造商与电子和电器制造商进行跨行业利益协作。基于以上三点，特别是美、德、日等国政府在电动汽车发展方面给予的关注、支持和强有力组织，使得电动汽车研发比以往更加自觉地运用战略联盟的形式。对于后发国家来说，参与全球新能源汽车产业联盟不仅仅取决于汽车产业本身的实力，而且取决于包括动力电池、电机和电控等在内的相关领域的技术和产业能力，以及基础设施的服务能力。新能源汽车的逐步产业化会改变全球汽车产业的竞争格局，同时会显著改变合资合作的范围和方式。

2. 从国内环境看，市场增速趋缓、自主品牌遇到困难和新能源汽车产业化发展对合资合作态势产生了新的影响

经过 30 多年的发展，特别是加入 WTO 以来，中国汽车产业的合资合作进入稳定阶段。但在中国汽车市场增速放缓的趋势下，推动中外双方合资合作的可交换价值正在减少，合资合作的内在动力机制正在酝酿变化。对于中方来说，合资合作的初衷在于利用自身的大国市场优势，通过鼓励跨国公司之间的积极竞争，加快跨国公司向中国的技术转移进而改进管理、降低成本和创新产品，从中低级别家用车起步，分阶段向产业价值链高端过渡。但目前来看，通过合资合作方式利用合资企业技术溢出效应获取技术，不过是一种被动的技术引进方式，不能满足我国汽车产业技术进步的需要。而且随着我国汽车产业技术水平的提高，发达国家汽车产业相对于我国汽车产业的技术势差逐渐缩小，技术引进特别是我们最需要的关键技术引进的成本将越来越高，困难将越来越大，合资企业技术进步的速度与适应激烈的市场竞争需求之间的矛盾愈发突出。对于外方来说，建立合资合作企业的最根本目的还是获取中国汽车市场份额，随着中国市场需求增速的放缓，外方企业通过合资合作掌控中国市场的意愿更加强烈。

按照形成过程，中国自主品牌企业可以分为三类：一是国内骨干汽车企业集团成立的自主品牌汽车子公司，如上海汽车乘用车公司、一汽轿车、北汽股份有限公司、广汽乘用车等；二是从一开始就选择自主创新模式的汽车企业，如奇瑞、吉利、比亚迪等；三是合资企业的自主品牌，如广汽本田的“理念”、东风日产的“启辰”以及上海通用五菱的“宝骏”等。目前来看，第一、二类自主品牌开发能力弱，新产品推出明显落后于国外大公司。而合资自主品牌产品一般定位较低，主要追求性价比，不可避免地和现有自主品牌形成竞争。国际金融危机发生后，随着跨国车企将更多产能布局到中国，以及产品线向下延伸加剧了国内汽车产业的竞争激烈程度。中国自主品牌汽车产品尽管在市场上已经三分天下占其一，然而其可以凭借的国内市场和低成本的优势正在减弱。国际金融危机的冲击使自主品牌汽车直接面对外资品牌的竞争，品牌力弱、技术储备不足、规模经济性不强的弱点暴露无遗。但是，自主品牌汽车适应本土化、国内政策支持和依托国内制造业整体实力的优势仍然存在，并且充分利用金融危机后全球汽车业重组的机会获取国际资源来充实壮大自己。2010 年吉利收购了福特控股的沃尔沃汽车，标志着中国资本向全球汽车产业反向融合的开始。

国际金融危机引发的行业重组，以及绿色、低碳的发展趋势，使得全球汽车产业步入一个全新的时代。新能源汽车代表汽车产业未来的发展方向，而开

发新的动力技术将采用不同于以往的开放合作模式。在主要跨国汽车集团纷纷通过战略联盟的形式寻找同行业和跨行业技术合作伙伴的条件下，封闭式的技术创新已经不可能适应这一轮技术创新的内在要求。坚持自主品牌，走全球开放合作创新之路，是中国新能源汽车发展更可行的战略选择。例如，戴姆勒与比亚迪在电动汽车领域共同开发新能源汽车，在中国共同设立技术中心，共同开发、设计和测试电动汽车，是这一战略的最好体现。我国电动车在关键技术研发、基础设施建设、产业化应用等方面与发达国家起步时间相差不多，但在发展中差距正在拉大。为了推动电动车产业化加快发展，2011 年的《外商投资产业指导目录》中，把新能源汽车发动机制造、新能源汽车关键零部件制造列入外商投资的重点领域，鼓励外商投资企业进入相关领域，加速新能源汽车技术和汽车关键零部件的研发与制造。以上政策的出台，表明了中国政府在新能源汽车领域开放合作的态度。

3. 在新的发展阶段，对合资合作参与全球创新、参与全球市场和参与解决全球汽车产业共性问题提出更高要求

中国汽车产业将提高自主创新能力作为开放式发展的中长期目标，由参与全球制造向参与全球研发和创新转变，对合资合作的技术创新提出更高的要求。改革开放以来，中国汽车产业走过了 30 年的合资合作道路。在这 30 年中，跨国公司在华投资对中国汽车产业的发展壮大做出了不可替代的贡献。在合资合作战略的推动下，中国实现了成为汽车大国的目标，但距离汽车强国的目标还有非常大的差距。中国汽车产业的研发能力正在形成，但还不是新技术的输出地；中国汽车自主品牌在国内已经占据一席之地，但具有较高溢价的全球知名品牌还未出现。在未来相当长的时间内，合资合作仍将是中国汽车产业发展的主要模式，但这一模式如何服从并服务于建设“创新型国家”的要求，推动中国汽车产业从简单加工型向知识型、技能型转变，从参与全球制造向参与全球研发和创新转变，最终实现从产业链低端向高端升级，从输入技术向输出技术升级，是在全球化新形势下中国汽车产业对合资合作发展提出的新命题和新挑战。

在全球采购、全球生产和全球市场的新形势下，中国汽车产业从国内层面走向全球层面，对合资合作“走出去”发展提出更高的要求。由于中国的汽

车市场广大且处在成长期，能够支持以满足国内市场为主的大规模生产。但有国际竞争力的整车产品出口是中国加入 WTO 的初衷之一，在经历一个适当长的发展阶段后，建立在产业竞争力基础上的汽车整车一定规模的出口，提高中国汽车占全球汽车出口的份额，是中国汽车产业发展追求的主要目标之一。从国际化视角来看，中国汽车的出口额只占全球汽车贸易金融的 2%，而且主要是低端市场，说明中国汽车产业“走出去”任重道远。合资企业受合资协议的约束，对产品出口有严格的限制。根据对等协议，中方引进的汽车产品，外方不能再进口，中方也不能出口。但应该看到，20 年前定的东西现在已经逐步在打破，说明在新合资时代，合资合作在“走出去”方面要有创新、有变化、有发展。

在资源、环境和绿色、低碳的约束下，汽车产业节能环保上的突破既是破解汽车社会发展瓶颈的内在需求，也是对汽车可持续发展的全球性贡献，对合资合作企业节能环保提出更高的要求。随着中国汽车产业规模不断扩大，面临资源环境的压力也越来越大，这既是对中国汽车产业整体发展的挑战，也对合资合作生产节能环保汽车提出了更高的要求。随着国家节能减排政策的相继出台，以及消费者对汽车节能和环保要求的提高，中国汽车产业应该利用跨国公司规模、资金、技术的优势，发展新能源汽车和中低排量节能型汽车，不断地开发新的车型，更新汽车技术，以市场为导向优化汽车产品结构，推进汽车产业的升级。新合资时代需要推动中国汽车产业合资合作的战略转型，即从单纯的“资金 + 技术”合资模式向全方位、多层次、宽领域的开发式合作模式转变，合资合作的领域从传统汽车整车产业向国家重点培育的关键零部件产业和新能源汽车产业转变，合资合作的重点从简单加工型向价值链高端环节转变，从数量、规模型合资合作向质量、效益型合资合作转变。

（五）由大变强的发展战略，对中国汽车产业合资合作提出了转型升级的新要求

1. 从技术、资本和人才角度来看，我国仍然需要坚持汽车产业的合资合作发展，但在主导权问题上应有更理性的认识

从国际经验来看，任何一个国家，任何一家企业，不可能在所有技术领域

都保持全球领先地位。与竞争对手建立战略联盟和伙伴关系，在将有限资源首先用于巩固自己技术特长的基础上，在相对薄弱的技术领域与竞争对手开展合作，同时能够显著降低开发成本和生产成本，对于企业而言无疑是合理的战略选择。目前，我国汽车产业的核心部件（如电子控制系统的芯片）和关键材料只有美、德、日三国能够生产，从产业安全的角度出发，应将合资合作扩展到这一领域。汽车的生产装备和试验设备此前因为批量较小和专有技术的问题，没有纳入我国汽车产业体系，今后也应该通过深化合资合作加以解决。从自主创新能力培育角度来看，内资汽车企业在一定时期内还需要通过与跨国汽车公司开展合资合作来提供技术和资金保障。虽然经过了二三十年的合资合作，但是从总体上看，国内几大国有汽车集团仍然没有建立起基于自主研发和自主品牌的稳定盈利模式和自主发展机制，一旦合资企业经营状况陷入困境，就会影响到整个集团的财务状况，自主品牌发展也必然会后劲不足。人才支持也使得合资合作的重要性日益显现。虽然没有准确的统计数据，但是我们仍然可以肯定，近十年来民族汽车企业的快速发展在很大程度上得益于与合资企业之间的人才流动。以至于业内有一种说法，合资企业是内资企业的人才培养基地。当然，如果没有一个良好的激励机制，这些从合资企业吸引来的人才就会用不好，也留不住。

汽车产业发展的主导权是合资合作过程中争论较多的问题，对此我们应该有理性的认识。“产业主导权”指掌控一个国家某个产业的发展方向、发展路径和发展成果的支配性力量。产业政策、市场需求、知识产权、股权结构、市场结构、价值链分布等，都可能成为影响甚至左右产业发展方向和路径的重要力量。控股权只是其中之一，其重要性虽高，但不是唯一的，很多情况下也不是决定性的。例如一汽大众公司的外方股权只有 40%，但拥有 60% 股权的一汽集团很难说就掌握了合资企业的话语权。话语权需要谈判，归根结底取决于自身实力。将主导权完全等同于股权，实际上是把问题过于简单化了，也存在以偏概全的问题。当然，这并不是说股权对于企业主导权毫无意义。问题在于我们要尽快缩短学习和追赶的时间、经验积累的时间和要素集聚的时间。当我们真正形成能够与跨国汽车公司平起平坐的竞争力时，股权的重要性就自然会削弱。产业政策等制度设计就应该围绕如何缩短能力差距特别是如何缩短创新能力的差距而展开。无限期地以股权比例等为企业提供政策保护伞，只能使受保护对象产生政策依赖，削弱国内企业自主创新的动力。

2. 在新的发展阶段，我国应当推动合资合作的转型，发展合资合作的新形态

在新合资时代里，我国汽车产业的合资合作应该被赋予新的内涵和新的构成要件。相比原有的合资合作，新合资合作模式应该能够推动以下几个方面的转型。

（1）从以整车制造为主的旧模式向以覆盖全产业链为主的新模式转变。从汽车价值链上看，全球汽车产业正呈现服务化趋势。相比而言，我们在制造环节与跨国汽车公司的差距已经大大缩短，而在汽车服务领域里的巨大差距依然明显。目前，国家对于汽车服务领域里的相关政策限制还比较多，监管手续繁杂，激励机制不够健全，合资性质的汽车金融服务公司的业务范围和经营模式相对于跨国汽车金融服务而言还显得比较狭窄和单一，迫切需要从以整车制造为主的旧模式向覆盖全产业链为主的新模式转变。

（2）从以中方被动应对和垂直分工为主要特征的旧模式向以主动出击和水平分工为主要特征的新模式转变。随着国内汽车产业逐渐走向成熟及中方企业综合实力不断增强，中外双方的合作模式开始由合作初期的垂直分工模式向水平分工模式转变。这当然得益于中方企业综合实力，特别是技术实力、配套能力和管理能力的全面增强。中方合作伙伴不再处于价值链低端和从属地位，开始在新产品的适应性开发、新技术应用、新工艺改进、合资自主品牌等方面与外方伙伴进行对等的商讨与合作。这是一种向强强联合方向发展的长期趋势，是更有利于合资双方利益最大化的趋势。

（3）从立足于国内市场、以“请进来”为主的旧模式，向基于全球视野、“请进来”与“走出去”相结合为主的新模式转变。对于合资企业而言，在“请进来”的过程中逐渐培育“走出去”的能力，将“请进来”与“走出去”这两种不同战略方向的竞争与发展战略进行有机结合，实现全球战略利益的最大化，是未来合资双方必须要破解的难题。对于跨国汽车公司而言，“走出去”比“请进来”具有更大的挑战性，因为这不仅涉及跨国汽车公司在合资企业中的利益，更关系到跨国汽车公司母公司全球竞争战略的重大调整。在新合资时代，合资合作在“走出去”方面要有创新、有变化、有发展。

（4）从传统六大国有汽车集团与跨国汽车公司进行单一化的资本联合为主的旧模式，向中外各种类型企业之间多种联合纽带为主的新模式转变。随着奇瑞、吉利、长城、比亚迪等以乘用车为主的民营汽车企业，以及江淮、陕汽、北汽福田等以商用车为主的汽车企业的成长壮大，它们与国外汽车企业之间的合资合作将成为中国汽车合资合作版图中的另一道风景线。除此之外，随着跨国汽车公司在新兴业务领域与国内非传统汽车企业之间开展合资合作，未来在我们面前呈现的将是一幅传统跨国汽车集团、非传统汽车企业、民营汽车企业、高技术企业之间相互交错、多姿多彩的图景。

（5）由传统内燃机整车制造为主要领域的旧模式，向新能源汽车及其核心部件等新兴领域为主要领域的新模式转变。中国汽车工业的合资合作是围绕传统内燃机整车制造组装而展开的。相应的产业政策基本上也是瞄准了内燃机整车制造。近年来，上述局面随着新能源汽车的逐渐兴起正在发生变化。在一系列国家重大战略规划与激励性财税政策的感召下，国内节能汽车产业与新能源汽车产业方兴未艾，跨国家、跨行业电动汽车产业联盟如雨后春笋般涌现，新能源汽车及其核心部件正成为合资合作快速发展的新领域。

（6）由传统的以资本纽带为主要合作方式的旧模式，向联合开发、战略联盟等多种合作方式共存的新模式转变。放眼未来，资本联合将不再是唯一甚至不是最重要的中外企业合作纽带。以项目为导向的联合开发、以共享利益为基础的战略联盟和以产学研用相结合的商业化应用等多种合作方式，将逐渐上升为中外企业之间的主要联结纽带。组建战略联盟以推动新技术和新产业发展，在中国汽车产业发展中已经由理念变为现实，如新能源汽车联盟、汽车轻量化联盟等，都呈现非常好的发展态势。可以预见，这种产业联盟和创新联盟将成为未来中国汽车产业重要的中外合作形式。

3. 为了应对新的挑战，我国需要针对汽车产业合资合作制定新的激励性政策

结合前述中国汽车产业合资合作模式的转型需求，未来的合资合作政策可以考虑进行适当调整与完善。

（1）推动由以经济性管制为主向以社会性管制为主的政策方向转变。放眼未来，这些以限制性管制、经济性管制为主要特征的合资合作政策将有望更多地融入激励性因素，更加注重激励性政策的作用，更加注重将产业整体利益与合资企业利益、中外双方母公司的利益结合起来，实现激励相融。未来的合资合作政策应该更加注重社会性管制内容，特别是应将解决节能、排放、安全、资源回收等外部性问题作为合资合作政策的首要方向。结合财税、研发、标准、采购等各种政策工具，形成政策合力。特别要解决好社会性管制政策实施中的中央与地方关系。因为从以往政策实践来看，在机动车能耗、排放、安全、资源再利用等问题上，存在着中央与地方激励不相容的问题。

（2）实施分类指导，用好用活股权比例等准入政策。由于目前大多数合资企业尚未进入到全面战略合作的阶段，因此，当前及今后一个时期，股权比例政策仍然有其合理性，但要用好、用活，避免绝对化和长期化。用好、用活股权比例政策，要求政策的存续与调整应视中方企业是否真正具备足够的竞争力特别是技术实力而定。否则，一味不讲条件地立即取消股权比例限制，就可能造成大量外资企业结束合资、选择单飞的不利局面。一味强调股比政策的绝对化和长期化，又会造成合资公司的中方企业因缺少生存压力的激励，抑制自身的自主创新动力。用好、用活股权比例政策，要求对现有合资企业进行分类指导。例如，对于老的整车合资企业，可以考虑在第二合资期结束时再由中外双方一起商讨股权比例。对于新成立的整车合资企业，可考虑在第一合资期结束时再讨论股权比例调整问题。

（3）要为包括合资和民营企业在内的各类企业发展提供更加公平的竞争政策。应当将合资合作政策放到公平竞争的市场环境中去筹划。以往国内汽车产业合资合作政策存在超国民待遇和欠国民待遇并存的问题。一方面，合资汽车企业可以在《外商投资产业指导目录》、开发区内生产型企业外资政策等框架下享受企业所得税、进口设备税收减免等各种“显性”优惠政策①，加之地方政府往往从地方经济利益出发给予合资企业较低土地出让价格和能源价格、地方税收返还等“隐性”优惠政策，使合资企业事实上形成了对内

① 2010年11月17日国务院发布了《国务院关于统一内外资企业和个人城市维护建设税和教育费附加制度的通知》，决定对外商投资企业、外国企业及外籍个人征收城市维护建设税和教育费附加，统一内外资企业城市维护建设税和教育费附加制度，宣告了外资企业在中国享受16年的“超级国民待遇”寿终正寝。

资企业的政策“高地”。而另一方面，在国家重大研发项目、产业联盟等领域还存在一些“欠国民待遇”问题。要让合资企业更好地发展，就应该让合资企业更公平地参与市场竞争。毕竟，合资企业的利益既不同于合资企业中的中方利益，也不同于合资企业中的外方利益，而是融合了中外双方共同利益的集合体。

（4）形成完整的覆盖全产业链的战略合作激励政策。要改变以往侧重于整车制造组装的局面，政策着力点要向全产业链的战略合作延伸，并给予相应的激励政策扶持。例如，应鼓励中外双方合资成立汽车金融服务公司，在为国内消费者提供更加高效和完善的融资服务外，可以适度放宽经营业务范围，向融资租赁、保险等业务领域延伸，以利于中方企业可以近距离地从中学习到外方在各种汽车金融业务领域里的先进经验。深化在车联网等智能化应用等领域的合资合作。在各地智能交通和车联网等产业规划中，要鼓励外资企业全面进入，利用内资企业在移动通信基础设施等方面的网络优势，将车载智能系统等纳入国家鼓励发展的重点领域，并给予财税、研发资助等激励政策。

（5）鼓励合资企业全面融入战略联盟，充实和完善创新激励政策。要鼓励合资企业全面参与国内车身轻量化、新能源汽车、替代燃料汽车、车载智能系统等领域的各种技术联盟和产业联盟，积极发挥合资企业在技术、人才和标准等方面的优势，使技术联盟和产业联盟不断做大做强。政府可以给予战略联盟以资金、税收、场地、信息等方面的优惠政策。在政府采购活动中，也可以战略联盟名义参与投标活动。要鼓励合资企业成立独立的研发机构，与国内汽车企业、大学和科研机构开展各种形式的科研合作，瞄准一些重要的基础性技术和先进适用技术，以项目及产业化为依托，开展联合开发活动，促进研发成果的产业化。合资企业可以在联合开发活动中发挥骨干作用。鼓励合资企业组建独立研发机构（有可能是非传统汽车生产企业），从事全球最先进技术的研发，并为中外广大客户提供技术解决方案。

（6）鼓励合资企业参与产业重组，完善外资并购审查制度。在完善产业优化重组和企业退出机制的基础上，鼓励合资企业全面参与汽车产业重组。国家应考虑在外汇、税收、信贷、清算、人员安置等方面给予政策扶持。同时，要完善外资并购的审查制度，对于控股性的兼并收购活动，要加强从公平竞争、产业安全、债权债务和外汇管理等角度进行合理审查。

二　全球化新形势下中国汽车产业“走出去”发展

（一）进入21世纪以来，中国汽车产业正处于“走出去”起步加速的关键阶段

1. 中国汽车产业规模变大、全球地位上升是“走出去”的主要背景

20世纪最后十年，世界汽车生产格局发生了明显变化，亚太地区的汽车产销量急速增长，超过日、美、欧传统汽车市场。其中尤以中国汽车市场的增速最快，年产量、销量由2001年的234万辆和237万辆，迅速上升至2011年的1826万辆和1806万辆，占世界汽车产量、销量的比重由2001年的4.2%和4.1%，上升到2011年的23%和24.7%。到2012年，中国汽车产量、销量已经连续四年稳居世界第一，在国际汽车市场中的地位显著提升，并且成为全球最重要的汽车市场。在世界汽车产业整体萧条的大环境中，中国高速增长的汽车市场已经成为跨国汽车公司群雄逐鹿的最大战场。中国汽车工业经过30多年的快速发展，已经形成包括乘用车、客车、载货车在内的产品系列，建成了工业生产体系和零部件配套体系，并融入全球化生产体系。多年与外国企业的合资合作，使我国汽车企业不仅掌握了先进的汽车制造技术、建立起完整的配套体系，更是获得了合资合作的经验和人才。当前，无论是从中国汽车产业做大做强的需要、汽车产业规模经济效益显著的自身特点，还是从部分企业的经济、技术和管理实力看，都具备了“走出去”的基本条件。

首先，汽车产业是高度全球化的产业，一国汽车产业的强大与否是由其在国际市场上总的全球地位决定的，这就是所有汽车强国的汽车产业都在世界范围内进行产业整合和资源整合的原因。因此，“走出去”跨国经营和重组国际经济资源，并在此过程中不断提升竞争力，是中国汽车产业由大到强的必然选择。其次，汽车产业是规模经济效益显著的产业。随着技术研发成本及生产力水平的不断提高，汽车产业长期平均成本曲线上的最小有效规模也在不断提高。近年来，大的跨国公司达到单一平台平均销售100万辆和集团销售500万

辆规模。而我国自主品牌单一平台销量普遍不足 5 万辆，难以和跨国公司竞争。因此，我国汽车企业“走出去”，利用两个市场、两种资源争取更大的发展空间，是由汽车产业自身发展规律决定的。最后，多年来在主要以“引进来”方式融入世界汽车产业的过程中，中国汽车企业特别是一些自主品牌企业，经过国内市场上的激烈竞争，在技术能力和管理能力上有了长足进步，具备了实施“走出去”国际化战略的资源和能力。

2. 中国汽车产业深度参与全球化，借助全球化由大变强是“走出去”的主要动因

受中国巨大的市场空间和较低的制造成本的吸引，几乎所有汽车跨国公司先后以合资、合作形式来到中国，使中国成为世界上竞争最激烈的汽车市场。一直以来，中国自主品牌汽车企业和产品在这种激烈竞争的环境中成长、发展，发展初期由于与合资品牌产品分属中高端和中低端两个不同的市场分部，倒也大体相安无事。2008 年金融危机以来，两大因素改变了这种状况。一是中国汽车市场经过连续十几年高速增长，一举成为世界最大的汽车市场之后，进入平稳增长期，企业产能扩张的惯性与市场增长趋缓的预期加剧了市场竞争程度；二是国际汽车市场的不景气，使跨国公司加大了对中国市场的关注力度，中低端市场也进入了跨国公司的视野，使自主品牌企业及产品的压力陡增。借助海外市场拓展生存空间，提高产能利用率，成为中国汽车企业“走出去”的动力之一。

在中国汽车市场上，在与跨国公司品牌产品长期竞争、学习和共同发展的过程中，中国自主品牌企业及产品在中低端产品和低成本制造能力上形成了局部竞争优势。2008 年全球金融危机以来，随着世界汽车市场下滑，部分国外整车及零部件企业因经营原因或产业全球布局、产品结构调整原因有出售资产的动机，这为中国汽车企业进行跨国并购和国际化经营提供了难得的机会。国内一些已经具备资金优势、技术优势、产品优势、人才优势以及成本优势，且出口势头良好的企业，为了进一步提升产品品质和企业的国际竞争能力，转变出口战略，抓住因金融危机造成全球经济下滑，由此而产生全球信贷短缺对一些汽车企业的生存发展带来压力的机遇，率先从“内向国际化”中走出来，尝试向“外向国际化”战略转变，或进行海外投资建厂，或建立研发中心，或收购海外资产，将国际一流企业的优质资源纳入麾下，从品牌建设、内部管理控制到外部供应链管理，向资产国际化和经营国际化大大地迈进了一步。

3. 中国汽车产业“走出去”还处于起步阶段，挑战与机遇并存

近年来中国汽车企业“走出去”发展较快，但仍处于起步阶段，面临诸多困难与挑战。

在自身实力方面，首先，国内市场不能对企业“走出去”形成强大支撑，缺乏“走出去”的国内根据地。其次，在品牌形象上有很大差距，而品牌形象的塑造需要技术、质量、服务等方面的全面提升，需要进行长期的努力。再次，产品质量不高也是影响品牌形象的首要问题。尽管目前中国汽车企业的“走出去”定位于低端车，但低端不意味着低质。这些质量问题可能并不致命，但却会严重损害中国汽车的声誉。最后，在企业技术能力较弱、企业竞争优势单一的条件下，目前中国汽车企业“走出去”呈现产品上同质化、低质化，竞争方式上拼价格、拼规模，品牌形象欠佳、出口主体过剩的粗放式发展和无序化竞争局面。以上问题深层次的原因是中国汽车企业国际竞争的能力不足，海外市场的营销能力和品牌能力不足，这也是国内市场扩张过快，未经过扎实竞争过程造成的。

在复杂多变的外部环境方面，首先，复杂的目标国国情。中国汽车目标市场的法律环境、商业文化、市场规模、增长潜力、消费者喜好等方面情况各不相同，深入研究这些情况并采取有针对性的措施，对中国汽车企业来说既是机会又是挑战，而缺乏这样的深入研究是不可能拿出适应于当地情况产品的。其次，发展中国家的国际贸易保护和政局动荡风险。在发展中国家，目标国政府出于对当地汽车产业的保护，往往出台高关税和贸易壁垒政策。中国汽车企业2008 年以来在俄罗斯市场受挫，以及 2011 年以来在巴西市场受挫均源于此。同时，也不乏中国汽车产品出口受当地政局动荡影响的例子。再次，发达国家的技术壁垒和反倾销调查。一方面，发达国家环保、安全的准入壁垒大幅提高，使整车产品的进入难度大大增加；另一方面，因关税、技术壁垒及专利等导致的汽车零部件方面的贸易摩擦逐渐增多，近年来涉及汽车零部件方面的反倾销调查已十余起。如何积极有效应对，将关系中国汽车企业“走出去”的成败。

（二）中国汽车产业“走出去”过程中，自主品牌企业已经形成了局部优势，产品出口取得了一定的实绩

1. 扩大海外投资和产品出口是当前阶段汽车产业“走出去”的主要目标和方式

中国加入 WTO 之后，随着中国汽车市场特别是乘用车市场规模的迅速扩大及多层次市场需求的排浪式发展，中国自主品牌汽车也从低端市场逐步发展起来。2008 年金融危机之后，国际汽车市场陷入低迷，中国汽车市场上的外资品牌开始将竞争的触角伸向原本自主品牌占有优势的中低端汽车市场。于是自主品牌汽车增速放缓，市场份额下降，面临前所未有的困境。在这种情况下，自主品牌车企将目光投向海外市场，加快了“走出去”的步伐，希望借助于海外市场，提高规模经济效益，获得更大的发展空间。因此，获取市场是当前我国汽车企业“走出去”的首要目标。此外，在国际金融危机的背景下，一些国际知名的具有先进技术的汽车及零部件企业，由于产业全球布局、竞争力结构的变化等各种各样的原因寻求新的合作者或投资者，为我国汽车企业以获取技术资源为目的的“走出去”提供了难得的机遇。因此，获取技术是当前我国汽车企业“走出去”的一个重要目标。

在获取市场和获取技术这两大目标驱使下，目前中国汽车企业“走出去”的方式主要包括产品出口、海外设厂、技术输出、跨国并购、海外建研发中心等。首先，产品出口是获取市场的最直接的手段，也是目前中国汽车企业“走出去”的最主要的方式。在激烈的国内市场竞争环境下，中国汽车企业在低端产品和低成本制造能力上具有一定的比较优势，把国内作为生产基地向海外销售产品，能够较好地利用这一优势。除了直接出口产品，一些企业目前开始重视在海外投资设厂。相比于产品出口，海外设厂是企业“走出去”的更高级阶段。由于汽车产业规模效益显著及高度国际化的特点，刚刚开始“走出去”的中国汽车企业，已经把海外 KD 厂建设或现地生产作为“走出去”的重要方式。截至 2012 年，奇瑞在 17 个国家和地区建成（或正在建设）17 个 KD 工厂，长城汽车海外 KD 工厂也已近 20 家。企业海外设厂能够合理利用原产地规则规避和突破各种贸易壁垒，同时有利于避免汇率波动对产品出口的影响，从而有效地拓展海外市场。就目前情况看，中国汽车企业海外设厂还处于尝试阶段，规模小、布局分散，主要是 CKD 或 SKD 组装形式，基本没有当地采购率高的现地生产，与跨国公司的全球生产布局不可同日而语。

2. 加入 WTO 以来，中国汽车企业“走出去”步伐逐渐加快，出口面逐步扩大

自 2001 年中国加入 WTO 以来，中国汽车企业“走出去”的步伐逐渐加速。加入 WTO 以来，中国汽车出口数量的变化可大致分为三个阶段。2001 ~ 2007 年，汽车出口量快速增长，从 2.6 万辆增长到 61.4 万辆，年均增长 69%。受全球金融危机的影响，从 2008 年第四季度开始一直持续到 2009 年，汽车出口量快速下滑，2008 年仅比 2007 年增长 10.8%，2009 年汽车出口量降至 37 万辆，仅相当于 2006 年水平。2010 年以来，汽车出口量再次大幅度增长，2010 年比上年增长 53%，2012 年汽车出口量突破百万辆，达到 105 万辆，2010 ~ 2012 年年均增长 42%。汽车出口数量上的另一个方面是，我国汽车出口产品结构以载货车为主的状况正在迅速改变。乘用车出口占整车出口的比例从 2001 年的 13.73% 逐步提高到 2012 年的 62.61%。其中，轿车出口占整车出口的比例从 2001 年的 2.9% 逐步提高到 2012 年的 45.3%。

中国汽车出口海外市场是从中东地区起步的。中东地区汽车市场的特点是对价格的敏感程度远高于对油耗的敏感程度。中国的 SUV 车型虽然油耗较高，但价格较低，结实耐用，中国汽车产品凭借这些特点首先进入了这一地区。随后，中国汽车开始加速对俄罗斯市场的开拓，在 2006 ~ 2008 年期间，俄罗斯市场是中国汽车最大的出口市场。2010 年，中国汽车对“金砖国家”巴西的市场开拓开始取得了可喜进展。2011 年上半年，巴西成为我国汽车出口量最大的国家。近十年来，中国汽车企业在开拓海外市场的过程中，屡挫屡战，辗转各洲，涉足众多国家和地区。2012 年，中国汽车产品一般贸易性质的出口目的国（或地区）共 160 多个，出口量为 940620 辆。在这近百万辆整车出口中，对中东地区（指西亚和北非部分国家）的出口为 392398 辆，占出口总量的 41.72%；对南美地区的出口为 225982 辆，占出口总量的 24.02%；对欧洲地区的出口为 120340 辆，占出口总量的 12.79%；对亚洲地区的出口为 111012 辆，占出口总量的 11.8%。对中东、南美、欧洲和亚洲的出口合计占

出口总量的90.33%

3. 自主品牌企业已经形成局部优势，跨国并购是当前汽车企业“走出去”重要选择

中国汽车市场是世界上竞争最激烈的汽车市场，所有中国汽车企业都要面对国外跨国公司的直接竞争。在这种环境下，得以生存和发展的中国汽车企业特别是自主品牌企业，在中低端车型和低成本制造能力上具有局部优势。尽管这一局部优势在国内市场正面临挑战，但在一些特定的海外市场仍然奏效。据盖世汽车网消息，2013年1月，吉利CK车型以418辆销量成为乌克兰最畅销车型，吉利品牌以940辆销量成为2013年1月乌克兰市场销量亚军，仅低于现代的销售量948辆；奇瑞QQ3是缅甸2012年销量最高的车型；2012年由泛亚汽车技术中心设计、上海通用生产的新赛欧，在智利市场的销量为14760辆，占4.4%的市场份额，是智利唯一销量过万辆的车型；东风风神S30车型，2013年1月在委内瑞拉销售643辆，市场份额为11.6%，仅低于菲亚特Siena的13%，名列第二。2012年汽车出口数量位列前十的企业为：奇瑞、吉利、长城、上汽通用五菱、力帆、东风、江淮、广汽、长安、北汽和比亚迪，几乎全部是自主品牌产品，自主品牌企业及产品无疑是中国汽车企业“走出去”潮流的生力军。

中国汽车企业“走出去”刚刚起步，但跨国并购这一高端的“走出去”方式同步发展，成为当前汽车企业“走出去”最大的亮点。中国汽车企业的“走出去”可以按照出口产品、建渠道、树品牌、建工厂的步骤循序渐进地进行。实际上很多企业一开始就是这样做的，但这样做要真正树立起自己的品牌、掌握先进的汽车技术仍然需要较长时间，需要较大投入。在这种情况下，用并购方式加快“走出去”的步伐是一种非常积极的战略选择。跨国并购可以使企业更快地获得品牌、技术、渠道及全球制造系统，整车方面的上汽、北汽、吉利等，零部件方面的万向集团、京西重工等都是很好的例子。当然，这些收购的第一目的可能并非开拓国际市场，而是要获得收购对象的研发能力和掌握的核心技术，但是近来这些收购正在成为企业开拓国际市场的有利条件。除了上述的战略性考虑之外，在很大程度上跨国并购存在机会。2008年全球金融危机以来，中国汽车企业进行跨国并购的机会大大增加了。有人说，随着中国汽车企业的技术进步，与国外跨国公司间的技术势差逐渐缩小，引进跨国公司先进技术、核心技术的路子越来越窄。但是，近来跨国并购的机会又为中国汽车企业突破核心技术的努力打开了一扇窗。

（三）作为先行国家，日本、韩国为中国汽车产业“走出去”提供了可借鉴的国际经验

1. 日本汽车产业国际化过程中的主要经验

日本汽车业始于1898年从美、法等国进口汽车之后。1933年和1937年，日产汽车公司和丰田汽车公司先后成立。1945年，在政府的积极扶持下，“战后”的日本汽车业开始快速发展。从20世纪60年代末期开始出口汽车，进入20世纪70年代以后，日本汽车的出口数量迅速增加，1970～1980年的10年时间，出口量从108万辆攀升到596万辆。进入21世纪后，日本汽车出口数量保持高位，金融危机爆发后有所下降。从出口数量和大量出口所持续的时间来看，日本都是汽车产业国际化非常成功的国家。日本汽车不仅出口数量多，而且多集中在发达国家。在北美和欧洲这些汽车巨头云集的地区，日本汽车已经占有一定的市场。在出口地区分布上看，北美和欧洲是日本汽车出口的重点地区。日本汽车企业实现国际化发展的主要经验可以总结为以下方面。

首先，企业重视对市场充分且深入的分析，推出符合市场需要的产品。日本汽车企业高层领导有坚定的国际化决心，在行动上非常理智，在做出决策之前，对目标市场进行了长期的深入分析，适时推出市场需要的产品，而不是盲目地进行出口。最初进入美国市场时，日本企业意识到无法与福特、通用等抗衡，因此选择了竞争相对较小的小型车市场，并为这一产品赢得市场做好了充分的准备。当因石油危机出现了扩大市场份额契机时，日本产品迅速在美国站稳了脚跟。在海外扩张的初期，日本企业就开始了两方面国际化人才的培养。同时，日本企业也将人才培养延伸到普通员工层面，为保证产品品质提供了有力保障。日本汽车企业一贯重视汽车质量。尽管日本企业发生的几次大规模召回事件，曾一度导致人们对日本制造的重新审视，但基于日本汽车企业对质量的高度重视，日本产品一次次迅速摆脱了在市场中的被动局面。日本企业在进入海外市场时，建立了完善的售后服务体系。即使

日本企业在美国发展受挫后，日本企业依然提供完善的售后服务，赢得了海外消费者的认同。

其次，日本政府在日本汽车工业实现国际化发展中给予了充分的支持，既有战略指导也有具体措施，形成了良好的出口氛围。具体措施包括保护与扶持本国汽车工业。日本汽车工业的飞速发展以及能够形成出口优势，离不开国家采取的关税和非关税措施及国内税收政策。强化对出口企业的管理。日本政府对汽车产品出口实行许可证制度，对于质量达不到要求的产品拒绝发放许可证。在这一政策的推动下，出口到国外的日本汽车都拥有较高的质量水准，避免了企业成为短期利益的牺牲品，为日本企业和汽车产品赢得了良好的国际形象。注重海外市场。由于日本本国资源有限，日本政府很早就确立了全球化发展的战略。为了促进本土企业海外发展，政府不仅在资金方面给予支持，还通过《海外投资保险制度》和《海外投资亏损准备金制度》等具体措施对企业的投资行为给予保护。同时，政府对企业的指导和建议还深入许多细节，如支持企业做实海外调研，帮助企业发现进入海外市场的契机和当地消费者最真实的需求信息等；帮助企业提升竞争实力。日本政府在汽车产业发展初期的技术引进阶段采取了资金援助、财政补贴和减免税款等积极政策，在技术再提升阶段支持力度进一步强化。与此同时，政府还通过保持日元汇率稳定为日本汽车产品市场竞争力的提升创造机会。

最后，除了政府的支持和企业的努力外，也不难发现行业组织在其中发挥的重要作用。可以归纳为以下方面。做好海外公关和国内协调。从有贸易开始，国与国之间就有很多的贸易摩擦，在出现贸易摩擦后，在运用有效的办法巧妙地解决的过程中，除了政府间的协调外，行业组织的作用也是不可替代的。例如，当日本与美、欧发生摩擦后，日本的汽车行业组织与相关机构进行了多轮谈判，体现了对行业的负责态度，并通过对内、对外两方面的深入细致工作，最大限度地保护了本国汽车企业的利益。做好本国企业的海外服务。日本行业组织在搜集、审核、整理世界经济和市场研究统计资料方面所做的工作值得各国汽车界行业组织学习、借鉴，不仅帮助日本企业了解了世界，也帮助其他跨国企业和当地政府更深入地了解了日本汽车工业，促进了相互理解和合作，提供了合作平台。

2. 韩国汽车产业国际化过程中面临的问题及解决办法

20 世纪 60 年代，韩国政府就提出“出口第一主义”口号，推行出口导向型发展战略。1976 年 2 月，现代汽车公司首次向厄瓜多尔出口两辆“福尼”牌小轿车，开创了韩国汽车出口历史。20 世纪 80 年代后，韩国政府认为汽车工业前景广阔，决定大力发展汽车产业，把汽车产业列为十大战略产业之一，在赋税、贷款、保险、财政等方面给予特殊支持。同时，还同美、日、法等发达国家的汽车和零部件制造厂建立了技术合作关系，汽车性能和零部件自给率不断提高，汽车的出口量逐年上升。1988 年，韩国汽车产量突破百万辆大关，其中出口 57.2 万辆；1995 年，韩国出口达 110 万辆。从 2002 年到 2005 年，世界汽车出口年均增长率为 33.26%，而韩国汽车的出口年均增长率为 53.94%，远远高于世界的平均出口率。近五年来，韩国汽车的出口情况继续呈现较好势头，其中 2012 年出口超过 300 万辆。

以韩国现代 - 起亚为代表的企业，在国际化的过程中也有很多经验值得借鉴。韩国汽车工业的发展也曾经历过引进技术、散件组装的阶段。但从 20 世纪 80 年代起，韩国各汽车公司纷纷将发展的重点转向“自主”，强调加快研发人才培养，通过国际合作开发出韩国自己的汽车产品。随着研发资金投入的不断加大和强有力产品研发机构的建立，利用政府保护和支持下形成的相对封闭的发展环境，通过技术引进和坚持不懈的国产化，迅速提升了企业的综合实力。同步发展汽车零部件工业。韩国汽车业能够强大并在国际上站稳脚跟，与韩国汽车零部件工业的发展分不开。它们是韩国独立、完整的民族汽车产业体系中的重要组成部分。韩国汽车零部件企业不论是在技术上还是在资金上，都满足了韩国汽车企业的生产和出口需要。重视营销手段和宣传。为了加深全球消费者对韩国汽车的了解和认知，在韩国汽车企业进军世界的过程中，十分重视在各地展开各种宣传、促销措施。比如，现代汽车集团在美国、欧洲和日本都建立了开发研究中心，设立了专卖店，还通过赞助大规模的商业活动提高企业名气、树立企业形象。

韩国政府在韩国汽车工业发展中始终扮演着重要的角色，是韩国汽车工业实现国际化发展的重要推手，主要体现在以下方面。对本国汽车工业采取主动保护措施。在韩国汽车工业发展之初，为保护国内汽车市场，韩国政府实行了

包括高进口关税和非关税壁垒在内的抑制汽车进口措施，为本国企业提升自身实力创造了有利条件。制定积极稳妥的本国汽车发展规划。20 世纪 90 年代初，政府制定了汽车工业中长期发展规划。第一阶段为扩大生产能力，建立出口基地（以轿车为主）；第二阶段是提高产品质量，扩大出口（出口车型由轿车发展到商用车）；第三阶段是推进国际化，使汽车产业成为出口创汇的先导产业。目前来看，上述规划基本实现。强化研发和质量建设。为提高韩国汽车企业的技术实力，政府持续提供了大量研发资金，每年政府在汽车研发方面的投入约占总投资额的 12%。为了提高产品质量，韩国政府对汽车零部件工业的发展给予了极大的关注，支持汽车零部件企业进行收购和合并，积极吸引国外先进汽车零部件企业来韩国建厂，建立世界水平的大型零部件专门企业以及汽车零部件信任度中心。坚持出口导向战略。韩国政府于 1973 年首次提出出口导向战略，随后在政策上制定利于出口的政策，并在政府的推动下形成了现代等一批汽车整车和零部件产品出口龙头企业。

3. 日、韩汽车产业国际化对我国汽车产业“走出去”的启示

纵观世界上的汽车巨头，无一不是实力雄厚的跨国公司。特别是 20 世纪 90 年代以后，世界市场上各大汽车公司广泛地进行并购及进行战略联盟活动，形成了新的世界汽车业竞争格局。作为后起的中国汽车业，积极参与国际竞争是成为汽车强国的必由之路；更多地融入全球的汽车市场，大力开展国际化经营，是成为世界汽车强国的客观要求。如今，我国主要的自主品牌汽车企业都已开始根据自身条件开始了国际化行动，如果能够积极吸取日、韩国际化经营的经验，无疑对及早实现中国汽车强国的梦想是非常有益的。纵然当今时代下，中国与日本、韩国启动国际化进程时所面临的外部环境和竞争环境已经有了很大的变化，国际化的途径也不尽相同，但日本和韩国的经验仍然值得中国的汽车企业研究和借鉴。当然，日、韩在国际化进程中特定阶段所犯的错误，也值得中国关注。

从日、韩经验看，政府的战略指导和保护措施和激励措施是不可缺少的。尽管中国汽车工业走向国际化所面临的国际环境已经不允许我们采取相对封闭的措施，但做好包括市场定位、配套政策、当地政府和媒体公共关系、人才培养和发展步骤在内的顶层设计和战略规划对坚定企业信心是十分必要的，通过保险和信贷等扶持措施对企业行为给予支持仍是可行的。整车产品要想在国际立足，企业要在海外生存和发展，强大的零部件工业是基础。中国汽车工业要实现国际化发展，必须将中国零部件产业的发展和汽车整车的发展放在同等地位，实现共同进步。要实现国际化发展，深入研究市场、找准自身定位、强化质量意识、提升研发实力、培养国际化人才和建立完善的服务体系缺一不可。中国汽车企业应树立长远发展的眼光，从细节入手，加快树立起应有的国际形象。

日、韩汽车企业的发展经验告诉我们，“走出去”不仅可以获得市场，更重要的是在“走出去”的过程中，不断吸取成功与失败的经验或教训，不断提升自身的竞争能力，不断提高在产业链中的位置，从而逐渐做大做强。目前，中国汽车企业“走出去”的目的国主要是新兴市场及发展中国家，主要产品是低端产品，主要优势是成本优势。但是，我们必须看到，新兴市场和发展中国家的经济一定会发展，适应于这些市场的产品档次一定会升级，我们自己的成本优势也一定会越来越小。因此，我们的企业必须抓住新兴市场和一些发展中国家汽车市场刚刚启动的宝贵机会，使自己迅速地成长起来。机不可失，时不再来。中国汽车企业能否利用这一有限的机会迅速提升自身的国际竞争力是中国汽车产业能否做大做强的关键。

（四）在当前发展阶段，中国汽车产业实施“走出去”战略需要认清的关键问题

1.“走出去”不是权宜之计，而是我国汽车产业发展的战略选择

近年来，中国汽车企业正在逐渐加快“走出去”的步伐。中国汽车企业“走出去”的动机确有生存空间受到挤压后的无奈成分，但“走出去”不是权宜之计，而是我国汽车产业发展的战略选择，且在时机上顺应了内外部条件的变化，是顺势而为。汽车产业是全球性的产业，一国汽车产业的竞争力很重要的体现就是其在全球市场上总的竞争力。这意味着，汽车产业链上，包括投资、研发、生产、采购、销售及售后服务等主要环节，均以全面的成本削减为目的日益全球化，在这一背景下，仅在一个国家范围内已经越来越难以建立起完整的、有竞争力的汽车产业体系，更何况中国汽车市场又是这样一个被几乎

所有跨国汽车公司涉足分割的市场。中国是汽车市场大国，但市场大国的容量总归也是有限的，如果自主品牌汽车及产品不“走出去”拓展海外市场，仅靠暂时的劳动力成本优势，仅以每平台不足5万辆的销售规模，不要说与全球配置资源的跨国公司抗衡，就连能否生存都是问题。所以，中国汽车产业要做大做强就必须“走出去”，“走出去”有风险，不出去风险更大，这是中国汽车产业面临的现实。

“走出去”为企业掌握核心技术、提高长期国际竞争力开辟了新途径。30年来，通过“引进来”的对外开放式发展，中国汽车企业制造能力大幅提升，技术研发能力有了长足进步，但技术能力薄弱、汽车产品关键核心技术欠缺仍是中国汽车企业特别是自主品牌汽车企业的“软肋”。随着中国汽车市场规模的扩大、国际地位的提升及与跨国公司之间技术势差的缩小，中国汽车企业技术能力的进一步提升需要另辟蹊径。而“走出去”通过跨国并购使技术引进从合资合作条件下的被动方式转变为“走出去”条件下的主动方式，成为一个新途径。可以预见，随着并购格局的改变，中国汽车企业和国外跨国企业之间的合作关系将有可能从原来的技术转让转变到更多地携手共同开发新产品和更多的技术交流上来，从而为中国汽车企业技术能力的持续提升并逐步向产业链高端攀升创造条件。如果中国汽车企业能够很好地利用“走出去”的机会，那么海外市场将可能变成中国汽车产业提高长期国际竞争力、长期持续健康发展的有利平台。因此，中国汽车企业当下的“走出去”不应该被当作权宜之计，而应该视为长期的战略选择。

2. “走出去”不可能一蹴而就，而要经历“干中学”的艰苦过程

企业是实施“走出去”战略的主体，“走出去”对企业的实力和素质提出了很高的要求。首先，无论是出口产品，还是海外设厂、海外并购等，其基础都是企业的核心竞争力。例如，有竞争力的产品、技术，有影响力的品牌，独特的经营方式，强大的资本运作能力等。除了自身的实力外，国外企业的实践表明，企业“走出去”是一个学习的过程，其间充满各种风险，如经营中的风险或外部复杂环境变化带来的不可控风险等。日、韩等企业在“走出去”过程中都付出过昂贵的学费。以丰田汽车当初开拓美国市场为例，所遇到的风险包括：1957年首次挑战美国市场的皇冠产品由于质量问题败下阵来，直到7

年后的1964年才发起第二次挑战；20世纪70年代，由于美元贬值和进口税政策，使日本车在2~3年内失去了原有的价格竞争力，并面临石油危机造成的世界性市场萧条；20世纪80年代初，日、美贸易摩擦开始出现，日本不得不自行限制对美国的轿车出口；1985年后，日元开始急速升值，日本汽车企业不得不改变策略在海外大量建立移植厂；等等。

在不同的历史背景和竞争环境下，不同的企业有不同的内在条件和不同的具体战略，也会遇到不同的风险和阻力。我国的汽车企业虽然可以从日、韩以往成功或失败的经验和教训中获得启示，也可以彼此之间相互借鉴，但从本质上说，不同企业赖以成功的国际化经验只能从实践中来，只能在“干中学”。要求企业在有了很强的战略把控能力和实施能力后才“走出去”是不现实的，企业只能在“走出去”的成功与失败的实践中成长，企业的各方面能力只能在这样一个动态的学习和反馈过程中逐步提高。

3. “走出去”既要稳扎稳打、顺势推进，又要审时度势、把握机会

近年来中国汽车企业“走出去”的步伐明显加快，并没有完全按照先出口、再建渠道、再设厂、再跨国并购的顺序，而是几种“走出去”的模式几乎同时出现。特别是2008年国际金融危机和欧债危机以来，开始出现对国外整车企业、关键零部件企业、技术公司的收购，其中最大的案例就是吉利对沃尔沃的整体收购事件，收购金额达到18亿美元。在“走出去”的初期就进行跨国并购，似乎冒一定风险。从动机上看，主要是为了迅速获取市场（如销售渠道）和技术（包括品牌）。从驱动因素上看，在全球金融危机背景下，全球汽车产业的动荡调整为部分有一定竞争优势的中国汽车企业提供了跨国并购的机会。因此，动力加机会，是中国汽车企业在“走出去”初期、总体实力尚弱的情况下，开始跨国并购的原因。

进行跨国并购确实在很大程度上取决于机会，但我们必须牢记，企业“走出去”战略的实质是以中国企业为主导，服务于中国企业总体发展战略的一种跨国整合模式。跨国并购只是企业进行跨国经营的手段，而跨国经营只是企业发展的手段。因此，跨国并购的基础是企业的发展战略及其相应的国际化战略。如果只是因为有跨国并购的机会就进行跨国并购，风险将较大。当然，企业进行跨国并购的经验和能力在本质上也只能是“干中学”。经验和能力只

能从实践中来，不可能要求企业先具备能力和经验后再进行跨国并购。但是，在这一过程中，企业首先应明确基本的战略目标和设想，要识别和评价影响跨国并购成败的各方面影响因素，并在目标、决心和策略上做好全方位的准备。只有这样，才能使跨国并购活动真正服务于企业的总体战略，使跨国并购的机会真正服务于企业的做大做强。

（五）“走出去”应综合发挥企业、行业协会和政府的各自作用，形成合力，共同推进

1. 我国汽车产业“走出去”，企业应当发挥主体作用

企业是“走出去”的主体，企业的战略、素质和核心竞争力决定“走出去”的成败。

首先，“走出去”作为企业整体战略的重要组成部分，是具有明确战略动机的审慎、理智的决策。在这一决策过程中，企业必须方向明、决心大、方法对。所谓方向明，是说企业不仅应对中国及世界汽车市场的过去和现在有正确的认识，还必须对中国和世界汽车市场的未来有正确的判断。应该认识到，在经济全球化背景下，中国汽车产业以至中国汽车企业的未来只有放到国际竞争中去比较、衡量和判断，才是唯一正确的方法。这就要求企业有纵观全局、高瞻远瞩的“走出去”战略。所谓决心大，是说企业要对“走出去”过程中将会遇到的各种困难和风险有充分的思想准备，要对重要的战略影响因素及其影响有充分的认识。所谓方法对，是说企业要获得“走出去”的成功，不但要有正确的战略和坚定的决心，还要制定一系列正确的行动策略，包括技术策略、产品策略、市场策略、品牌策略等。

其次，企业“走出去”必须加强质量意识、品牌意识，加强售后服务体系建设。目前，中国汽车企业“走出去”在很大程度上是依靠价格优势，大部分企业仍处于价格竞争阶段。但是，价格竞争是低级竞争手段，随着劳动力成本的上升是不可持续的。中国汽车企业国际竞争力的提升必须走质量竞争和品牌竞争的道路。中国汽车企业目前主要依赖国外分销商和经销商进行售后服务的做法，必须随着出口规模的扩大逐步转变到自行建立海外售后服务网络上来。

最后，必须利用有限的机会，迅速提升自身的国际竞争力。我们的企业必

须抓住新兴市场和一些发展中国家汽车市场刚刚启动的宝贵机会，使自己迅速地成长起来，在独特产品、专有技术、研发能力、技术集成能力、品牌、质量等方面打造自身的核心竞争能力。机不可失，时不再来。中国汽车企业能否利用这一有限的机会迅速提升自身的国际竞争力是中国汽车产业能否做大做强的关键。

2. 我国汽车产业“走出去”，行业协会应积极发挥服务作用

在行业服务方面，应充分利用行业组织与政府机构、行业企业等的广泛联系和在汽车产业中的中介地位，通过建立汽车企业“走出去”服务体系，沟通、协调企业状况和发展需求，为企业“走出去”提供多方面服务。

首先，要加强对企业的信息服务，降低企业盲目性风险。行业组织的中介地位决定了它们具有更多的信息资源，包括“走出去”目标国的政策状况、宏观经济形势、要素成本状况，以及与产品进口、外资投资有关的法律、税收制度、政府管理程序等基本信息。行业组织应采取多种形式组织相关信息的采集，建立方便快捷的信息传播渠道，及时提醒有关风险。还应加强对“走出去”目的国产业政策、产品认证政策等方面课题和信息的研究，及时为企业提供服务。

其次，要促进行业自律，协调“走出去”秩序。行业组织应引导企业树立全局观念和战略眼光，制定明确的长远战略和切实可行的行动规划；通过服务方式创新，建立某种形式的协调机制，促进行业自律，促进企业自觉规范各自经营行为；引导企业克服盲目性冲动，重视产品质量、技术、信誉、品牌等的提升，尽快扭转中国汽车“低价低质”的低端形象；促进企业之间形成良性的互动支持，促进中国汽车产业国际竞争力的整体提升。

再次，要协助企业积极参与国际技术标准制定，争取发展的主动权。中国汽车企业在“走出去”的过程中，也日益面对技术壁垒的挑战。但是，中国已经成为世界最大的汽车制造国和消费国，中国汽车技术进步取得了长足进展，中国汽车产业应该而且有可能积极争取在国际标准制定过程中获取有利地位。我国汽车行业组织作为行业中介，应在组织企业、引导企业积极参与国际技术标准制定方面发挥积极作用。

最后，要开展人才培训，并为企业“走出去”提供其他专项服务。应鼓励汽车行业组织利用自身与国内企业及国外相关机构联系密切的优势，培训

“走出去”急需的各类人才。通过各种方式组织行业经验交流、业务研讨，彼此互相借鉴，也是促进人才成长的好办法。此外，还应鼓励行业组织为企业“走出去”提供项目可行性研究、风险评估和防范等专项服务。

3. 我国汽车产业“走出去”，政府应大力发挥支持和保障作用

首先，政府要积极支持企业“走出去”发展，同时加强出口秩序监管。现阶段政府积极支持具备局部竞争优势的中国汽车企业积极地“走出去”，充分利用全球资源，培育具有国际竞争力的龙头企业，是中国汽车产业由大到强的战略选择，具有重要的社会经济意义。与此同时，必须在进一步规范出口秩序的前提下，加强对汽车企业“走出去”的整体战略规划和组织引导，尽快改变中国汽车企业在海外市场同室操戈的恶性竞争局面，维护中国汽车的整体形象，推动汽车企业“走出去”持续健康发展。

其次，要加大支持汽车企业“走出去”的政策力度。“走出去”不仅涉及国家的外汇管理政策、国别政策，还涉及产业政策、信贷政策、税收政策等，还会面临目标国市场信息获得、文化差异、目标国政策法规变动、汇率变动等方面的风险和挑战。这就需要政府具有明确的政策支持思路，形成完整的政策支持体系。由于政府政策资源有限，政策体系的健全完善需要时间和条件，目前政府政策应从产业和企业“走出去”发展的现状和需求出发，重点支持那些对产业国际竞争力提升具有战略意义，以获得技术、开拓市场和建立跨国公司为目的的企业活动，在宏观政策指导、税收政策、信贷政策、人员进出管理政策等方面加大政策支持力度。

最后，要加强国际协调，为汽车企业“走出去”提供有力保障。近年来，随着中国汽车企业“走出去”的发展，因关税、技术贸易壁垒以及专利标准等原因导致的贸易摩擦不断增多。一方面，政府应积极利用与有关国家的政府间双边、多边协定，扩大和利用双边、多边及区域国际合作机制，为企业“走出去”发展提供良好的外部环境；另一方面，应利用 WTO 争端解决机制，引导企业积极应对各种贸易争端，对企业的“走出去”给予合理的保护。

年度发展综述

Development Overview

B.2
2012 年中国汽车产业发展综述

2012 年，中国汽车产业仍处于历史上最好的发展阶段，整体发展态势依然较好，汽车产量连续四年保持全球第一，整车和零部件进出口均再创历史新高，国内汽车创新转型发展取得阶段性进展。但在汽车市场迈入增速放缓的同时，国外贸易保护主义抬头、国内交通和环境问题集中爆发等产业发展的外部环境，与自主创新发展能力依然不强等产业发展的内部环境相互叠加，对国内汽车企业提出了很多新的迫切要求和严峻挑战。在距离良好机遇“时间窗口”的关闭时点越来越近的预期下，实现创新驱动、增强自主发展能力是我国汽车产业未来持续健康发展的关键所在。

一　整车产销及进出口均再创历史新高，企业经营状况稳中有进

2012 年，我国汽车市场保持平稳增长态势，产销量再创全球历史新高，但产量增速连续两年低于全球平均水平（见图 1）。

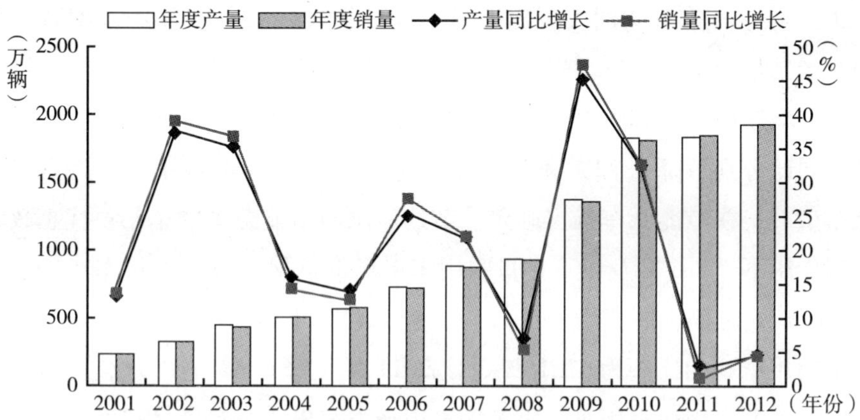

图 1　2001 ~ 2012 年我国汽车产量、销量及同比增长情况

资料来源：中国汽车工业协会。

2012 年，我国汽车产量达 1927. 18 万辆，同比增长 4. 63%，增速较 2011 年同期提高 3. 79 个百分点；占全球汽车总产量的比重为 22. 90%，较 2011 年同期下降 0. 11 个百分点。全年汽车销量达到 1930. 64 万辆，同比增长 4. 33%，增速较 2011 年同期提高 1. 88 个百分点。分季度看，全年四个季度汽车产量同比分别增长 -1. 99%、11. 84%、6. 93% 和 3. 55%，汽车销量同比分别增长 -3. 89%、10. 03%、3. 78% 和 6. 91%（见图 2）。

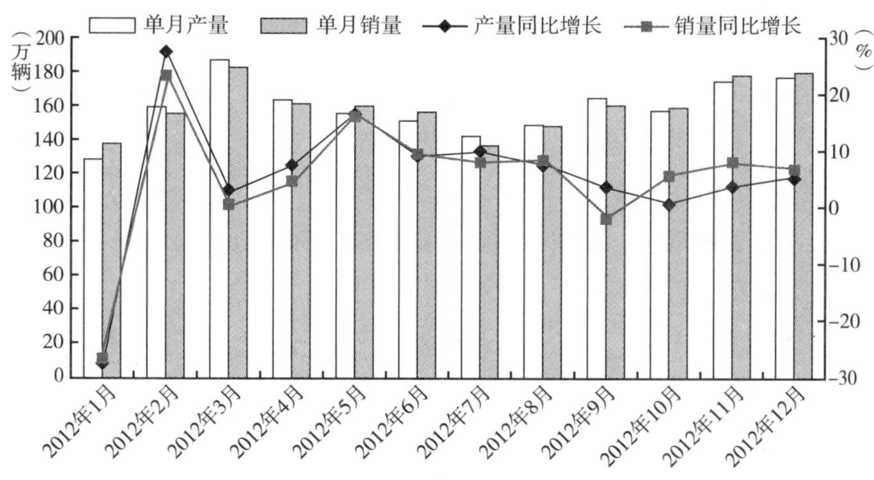

图 2　2012 年各月份产量、销量及同比增长情况

资料来源：中国汽车工业协会。

2012 年，各细分类别表现出明显不同的发展趋势。从基本车型看，全年乘用车产销量分别达 1552.37 万辆和 1549.52 万辆，同比分别增长 7.17% 和 7.07%，增速均好于 2011 年；商用车产销量分别达到 374.81 万辆和 381.12 万辆，同比分别下降 4.72% 和 5.49%，延续着自 2011 年以来的下降走势。从重点车型看，在节能汽车推广政策、节约能源与新能源车辆车船税优惠政策等的共同作用下，1.6 升及以下排量乘用车市场依然保持较好增长态势，全年共销售 1040.50 万辆，同比增长 5.75%，较 2011 年同期提高 1.75 个百分点；占乘用车销售市场的比例为 67.15%，比 2011 年下降 0.84 个百分点。从增长幅度看，运动型多用途乘用车（SUV）表现最为突出，全年销量首次超过 200 万辆，共计达到 200.04 万辆，同比大幅增长 25.50%；轿车销量、客车销量也分别实现 6.15% 和 3.22% 的增长；而多功能乘用车（MPV）、交叉型乘用车、货车（含非完整车辆，重型车还包括半挂牵引车）的市场表现都有所下滑，分别同比下降 0.87%、0.07% 和 6.80%。从品牌国别看，德系车实现强劲增长，日系车表现明显下滑，自主品牌（中国品牌）车不温不火。2012 年全年销量排名前十位的轿车品牌依次为福克斯、赛欧、凯越、朗逸、捷达、帕萨特、科鲁兹、宝来、悦动和瑞纳，共计销售 245.08 万辆，占轿车销售总量的 22.81%。作为 2011 年前十位中仅有的自主品牌，夏利已经被挤出榜单。

2012 年，我国整车进出口延续了自 2009 年以来的快速增长态势，进出口数量总和达 214.82 万辆，金额总和达 612.60 亿美元，均再创历史最高水平。进口方面，受国内消费结构升级等多种因素的影响，整车进口数量达 113.32 万辆，同比增长 9.00%，但增速回落 18.69 个百分点；进口金额达 475.52 亿美元，同比增长 10.36%，但增速回落 30.27 个百分点。出口方面，因在伊拉克、委内瑞拉、阿尔及利亚等国的市场开拓有明显进展，全年整车出口数量首次突破百万辆，达 101.50 万辆，同比大幅增长 19.48%，轿车和货车依然是出口的主力产品；出口金额达 137.08 亿美元，同比增长 25.18%（见图 3）。

2012 年，我国汽车行业企业通过自身调整更好地适应市场增速趋缓的局面，经营状况总体呈现稳中有进的态势。统计数据显示，2012 年前 11 个月，17 家重点企业（集团）产销衔接良好，产销率达 99.74%，高于 2011 年同期

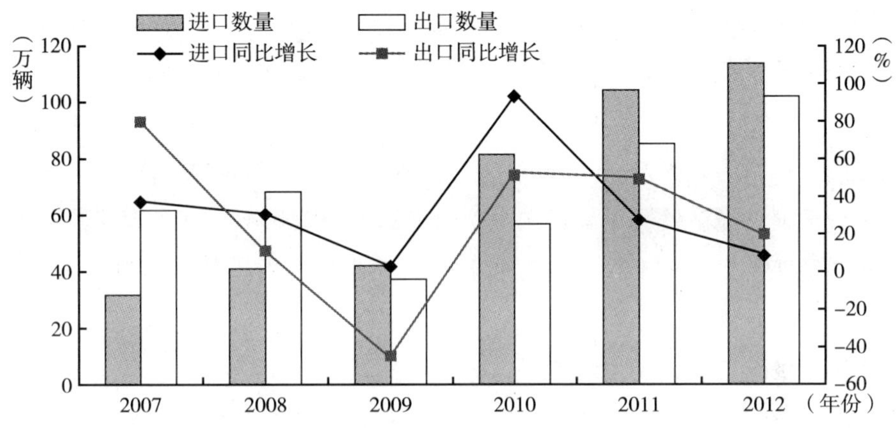

图 3　2007 ~ 2012 年我国整车进出口及同比增长情况

资料来源：中国汽车工业协会。

水平；累计完成营业收入 21901.49 亿元，同比增长 3.48%；累计完成工业总产值 19152.09 亿元，同比增长 4.39%；累计完成工业增加值 4550.02 亿元，同比增长 6.09%；累计实现利润总额为 2182.51 亿元，同比增长 4.05%，其中 9 家利润总额高于 2011 年同期水平。

在各种政策利好的刺激下，2012 年新能源汽车的发展取得了明显进展。据中国汽车工业协会统计，2012 年我国新能源汽车生产 12552 辆，包括纯电动汽车 11241 辆和插电式混合动力汽车 1311 辆。同时，新能源汽车销售 12791 辆，包括纯电动汽车 11375 辆和插电式混合动力汽车 1416 辆。按照可比口径比较，2012 年纯电动汽车产销量同比分别大幅增长 98.8% 和 103.9%。但同时，新能源汽车销量占汽车销售总量比重依然很低，而且私人消费市场的启动也明显慢于预期。

二　零部件行业总体表现良好，但创新转型发展尚待时日

汽车零部件是汽车工业发展的基础，也是汽车工业的重要组成部分。2012 年，在整车产销增速回升、维修和后服务市场加速发展等因素的带动下，我国

汽车零部件企业依然面临着较大的市场需求和成长空间，总体表现是积极的。但同时，缺乏关键技术、高端人才、品牌等核心竞争要素，缺乏龙头企业，“整零”关系有待理顺等长期存在的问题仍没有明显改观，汽车零部件行业发展滞后依然是制约我国汽车工业“由大变强”的主要因素之一。未来一段时期，在我国国民经济发展由高速向中速转变的宏观背景下，汽车零部件行业面临的转型发展压力会越来越大，再加上外资企业对国内零部件市场越发重视，我国零部件企业创新转型发展还需克服多重阻碍。

从进出口形势看，受发动机进口数量大幅减少1/3的影响，汽车零部件进口小幅下降。但考虑到自2012年下半年以来频繁遭遇的贸易保护主义壁垒，取得这个成绩实属难能可贵。统计数据显示，2012年汽车零部件累计进口金额达到306.33亿美元，同比下降1.26%。其中，发动机进口73.83万台，同比大幅下降33.87%，进口金额达到22.65亿美元，同比下降26.99%，是四大类汽车零部件品种中唯一呈下降趋势的。其中，大于1升的各系列品种均明显下降，而1升及以下品种则保持较快增长。汽车零件、附件及车身进口金额达到255.95亿美元，同比增长1.31%，增幅较2011年减少17.18个百分点；汽车、摩托车轮胎进口金额达到6.06亿美元，同比增长3.75%，增幅较2011年下降29.75个百分点；其他汽车相关商品进口金额达到21.67亿美元，同比增长4.63%，增幅也较2011年下降21.50个百分点。

在整车出口再创新高的强劲拉动下，尽管发动机出口表现不甚理想，但汽车零部件出口依然保持较快增长。统计数据显示，2012年汽车零部件累计出口金额达到553.22亿美元，同比增长5.99%，占汽车商品出口总额的74.31%，是汽车商品出口的主体部分（见图4）。其中，发动机出口315.18万台，同比大幅下降26.58%，出口金额达到14.86亿美元，同比下降15.97%，是四大类汽车零部件品种中唯一呈下降趋势的；汽车零件、附件及车身出口金额达到278.77亿美元，同比增长2.74%，增幅较2011年下降21.90个百分点；汽车、摩托车轮胎出口金额达到144.70亿美元，同比增长7.78%，增幅较2011年下降34.51个百分点；其他汽车相关商品出口金额达到114.89亿美元，同比增长16.47%，增幅较2011年下降1.07个百分点。

近两年来，受国内整车产销量增速放缓的影响，再加上外资加速布局国内

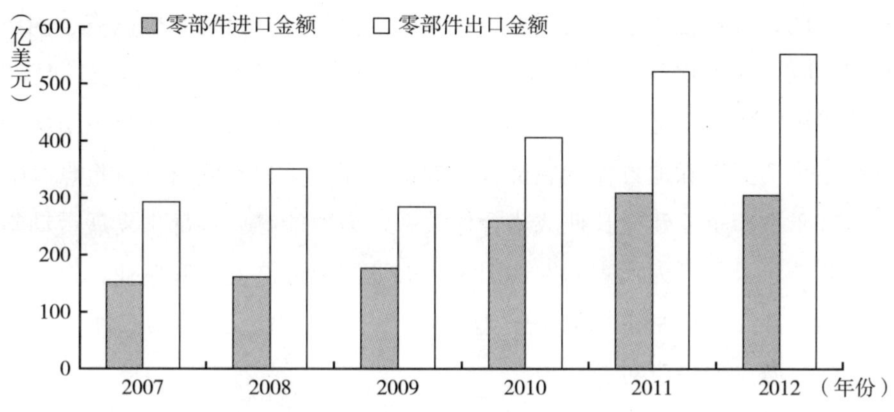

图 4　2007～2012 年汽车零部件进出口金额

资料来源：中国汽车工业协会。

零部件行业所带来的激烈竞争，国内零部件企业各项经营指标增速都有所下滑，经营状况并不理想。统计数据显示，2012 年，9341 家汽车零部件制造业企业累计实现主营业务收入 22267.26 亿元，同比增长 11.97%；累计实现工业总产值 22582.95 亿元，同比增长 15.03%；累计实现利润总额 1523.56 亿元，同比增长 7.74%；销售利润率为 6.84%，较 2011 年同期下降 0.27 个百分点。

总体上，我国汽车零部件企业面临的发展机遇依然很好，市场前景依然广阔，但发展调整的紧迫性也越来越强，距离“机遇窗口”关闭的时点越来越近。汽车零部件企业要有所突破，关键还是要解决几个长期存在的问题。一是尽快提升技术水平，提高产品附加值。总体上，我国汽车零部件行业的发展主要依赖广阔的市场空间和低廉的要素成本投入，技术进步幅度仍然有限。这种模式的发展主要依靠外部环境，对自身能力提升的要求相对较低。但未来一段时期内，发展环境将明显改变，这种发展模式不可持续，必须要找到转型发展道路，其关键就是持续、高质量的技术创新和应用。据统计，在国内市场中，有外资背景的零部件企业占据 75% 以上的市场份额，并且控制了绝大部分核心零部件的市场份额；在出口市场，我国汽车零部件产品仍主要以车轮、制动器、车身部件等低端产品为主，缺少中高端主打产品。二是加速调整产业组织结构，培育大型企业集团。零部件强则汽车工业强，而零部件强的重要表现之一就是形成具有较强竞争力的大型企业集团。据统计，目前我国国有、国有控股及销售收入在500万元以上的非国有汽车零部件企业共5000多家，但80%以上的年销售额在1亿元以下，超过1亿元的只有130家。产业组织结构调整的关键还是切实破除地方保护主义，有效推动兼并重组，同时支持重点零部件企业与整车生产企业建立长期战略合作关系，力争能够以零部件发展带动整车发展。此外，以美国为代表的发达国家为保证国内经济发展和就业，近段时期内对我国零部件出口密集采取了“双反”措施，对此，我国零部件企业也应有效组织反击，积极应对。

三　自主创新战略被摆到更为突出的位置，但仍需较长时间积累

在国家实施创新驱动发展战略的大背景下，国内汽车企业将创新能力建设摆到了更为突出的位置，也确实取得了一些积极进展。但也应该看到，自主创新涉及技术进步、人才培养、品牌建设等多个维度，是一个长期积累过程，不可能一蹴而就，关键是解决抑制创新的深层次问题，更好地释放创新活力。

2012年，国内汽车企业延续了近年来的发展趋势，在建设研发中心、创建技术创新联盟等方面也有不少新进展，但总体力度较2011年相对较小。神龙汽车公司于6月开工建设新研发中心，总投资5.18亿元，包括一个发动机实验室、一个研发综合试验大楼和一个整车试验室，全面实施整车排放、发动机开发、变速箱、汽车电子电器、材料技术、竞争对手分析、试制试装、新能源等14个研发阵地的能力建设。由同济大学、清华大学、武汉理工大学、重庆大学4所高校，中科院大连物理化学研究所等3家研究机构，以及一汽集团等国内12家汽车整车及零部件企业组成的“中国燃料电池汽车技术创新战略联盟”宣告成立。此外，由同济大学发起倡议的“先进地面交通创新联盟”也于同期成立。此外，广汽集团和奇瑞汽车通过建立战略联盟的形式在研发资源上开展共享合作，为国内汽车企业拓展自主创新思路提供了一种新的尝试。

随着国内各汽车企业在自主创新方面投入的持续增加和经验的不断积累，汽车行业整体在一些核心技术方面取得了一定突破。2012 年 6 月，北汽集团自主研发的首款发动机——“BSEA－12”在株洲分公司下线，标志着北汽集团在核心部件生产研发上取得了关键性突破。8 月，青岛科技大学自主研发出耐油耐高压的新橡胶——羧基丁腈橡胶，不仅填补了国内技术空白，而且缓解了我国高品位丁腈橡胶依赖国外进口的局面。9 月，奇瑞汽车在成都车展上发布了自主研发的 CVT 无级变速器，这是奇瑞汽车历时七年、花费数十亿资金研制开发的首款自主研发的 CVT 无级变速器。此外，由金发科技股份有限公司主要完成的“汽车用高性能环保聚丙烯材料关键技术的开发与应用”、广西玉柴机器股份有限公司主要完成的“节能环保型柴油机关键技术及产业化”、潍柴动力股份有限公司等五家单位主要完成的“重型高速柴油发动机关键技术及产业化”等多项成果获得 2012 年度国家科学技术进步二等奖。

尽管国内汽车产业在自主创新上有所进展，但和国际先进水平间的差距依然较大，再考虑到先进技术产品的稳定性、知名度等因素，这种差距将进一步拉大。在过去的几年中，受益于市场规模的迅速扩大，大多数汽车企业集团都实现了较快的增长和较大的盈利，也在自主创新方面投入了大量资金和人力，但目前来看研发投入收益率还不高。综合来看，既要认识到自主创新的艰巨性和长期性，也要注意解决一些长期存在的问题，例如，继续提高研发投入占销售收入的比例、改善研发投入结构、联合培养高端专业人才等。

四　自主品牌综合竞争力有所提高，但仍需克服发展“瓶颈”

2012 年，我国自主品牌汽车企业面对更为激烈复杂的内、外部市场竞争环境，坚持转型创新发展，总体取得了积极进展。但同时，相比合资企业、外资企业，我国自主品牌汽车企业的综合竞争力仍显不足，自主品牌乘用车和轿车市场占有率连续两年呈现下降趋势，品牌建设依然任重而道远。

2012 年，尽管并没有出现较大规模的兼并重组案例，但国内汽车企业之间兼并重组的预期将继续加强，也出现了一些新的动向。其中，最为引人关注的是广汽集团和奇瑞汽车之间的战略联盟合作。2012 年 11 月 6 日，两家汽车企业集团宣布建立国内首个跨地域汽车战略联盟，并将在整车开发、动力总成、关键零部件、研发资源、节能和新能源汽车、国际业务、生产制造七个领域开展广泛合作。在近两年主要跨国汽车企业集团普遍开展兼并重组和战略合作的大背景下，广汽集团和奇瑞汽车之间的合作在打破地域限制、强强联合等方面作出了积极探索。

2012 年，自主品牌汽车产销量依然保持一定速度的增长，但市场占有率持续下滑。从乘用车看，自主品牌乘用车全年共销售 648. 50 万辆，同比增长 6. 10%，占乘用车销售总量的 41. 85%，市场占有率比 2011 年同期下降 0. 38 个百分点。虽然 2011 年的销量下降趋势得到扭转，但市场占有率却进一步下滑。在乘用车中，自主品牌 SUV 销量同比大幅增长，对全年增速贡献最大，而 MPV 则表现非常平淡。从轿车看，自主品牌轿车全年共销售 304. 96 万辆，同比增长 3. 51%，占轿车销售总量的 28. 38%，市场占有率比 2011 年同期下降 0. 72 个百分点（见图 5）。德系、日系、美系、韩系和法系轿车分别销售 250. 41 万辆、196. 42 万辆、171. 66 万辆、105. 14 万辆和 44 万辆，占轿车销售总量的 23. 31%、18. 28%、15. 98%、9. 79% 和 4. 10%。自主品牌轿车市场占有率虽然仍位居各系之首，但和第二位之间的差距已经由 2011 年的 7. 50 个百分点（第二位是日系）迅速减少到 2012 年的 5. 07 个百分点（第二位是德系）。

在与合资企业、外资企业的激烈竞争中，各自主品牌企业的表现有很大差异。据盖世汽车研究院统计，2012 年自主品牌乘用车（不含微客）销量排名前十位的企业集团分别是：奇瑞汽车（53. 68 万辆）、吉利汽车（49. 14 万辆）、长城汽车（48. 74 万辆）、比亚迪（45. 61 万辆）、一汽集团（30. 52 万辆）、长安集团（24. 03 万辆）、东风集团（22. 41 万辆）、江淮汽车（20. 08 万辆）、上汽集团（20. 00 万辆）和华晨汽车（16. 91 万辆）。在前十位企业集团中有七家的销量保持增长，其中东风集团和长城汽车分别同比大幅增长 39. 1% 和 33. 5%，市场表现最为抢眼；有三家的销量

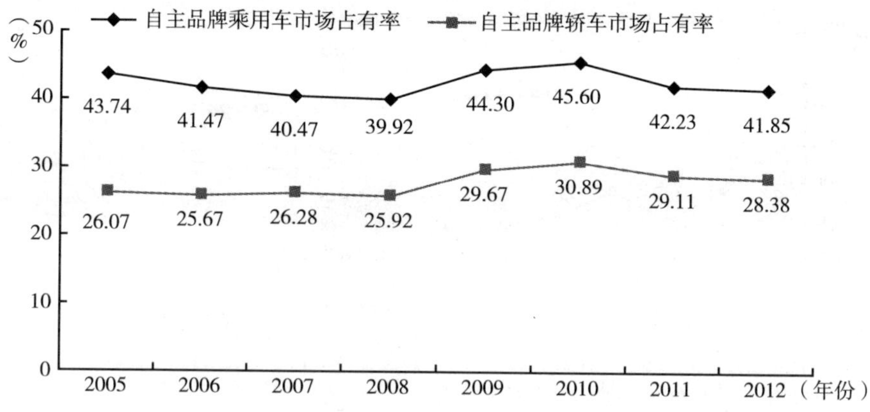

图 5　2005～2012 年自主品牌乘用车及轿车市场占有率情况

资料来源：中国汽车工业协会。

出现下降，其中一汽集团同比下降 24.6%，市场表现较为低迷。此外，2012 年各自主品牌汽车企业也推出了一系列新的自主品牌，例如长安汽车的逸动、北汽集团的绅宝等，但“红旗”“上海”品牌的复兴之路依然走得步履蹒跚。

2012 年，我国销量排名前十的轿车自主品牌分别是：帝豪（16.05 万辆）、夏利（14.45 万辆）、QQ（14.38 万辆）、腾翼 C30（13.65 万辆）、F3（12.27 万辆）、和悦（8.73 万辆）、风云（7.98 万辆）、L3（7.79 万辆）、骏捷（7.25 万辆）、奔腾（7.25 万辆）。前十位品牌共销售轿车 109.80 万辆，占自主品牌轿车总销量的 36.01%，比 2011 年同期大幅下降 9.07 个百分点。与 2011 年相比，帝豪、L3 销量增长较快，市场表现良好。但值得注意的是，销量排名前十的轿车品牌全部是外资品牌。

2012 年，自主品牌汽车产品的新车质量有较大幅度提高，虽然所有自主品牌产品质量都位于行业平均线以下，但和国际品牌之间的差距较 2011 年有所缩小，进步速度也超过行业平均水平。据 J. D. Power 亚太公司发布的 2012 年中国新车质量研究（IQS）显示，2012 年我国自主品牌新车总体问题发生率为 212 个 PP100，比 2011 年减少了 20 个 PP100，新车质量水平取得明显进步；与国际品牌的差距缩小为 95 个 PP100，较 2011 年减少 6 个 PP100。

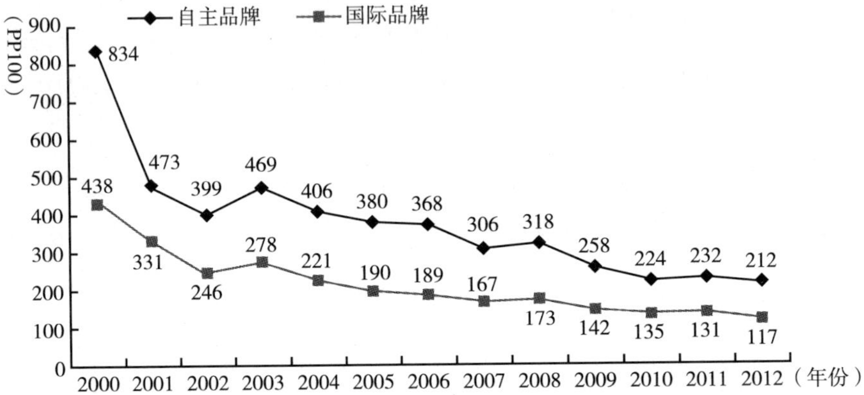

图 6　2000～2012 年我国汽车自主品牌和国际品牌 PP100 数值比较

资料来源：J. D. Power 亚太公司。

五　发展基本面依然看好，外部约束加剧，服从生态文明建设意义凸显

2012 年，我国汽车产业的发展环境总体依然较好，汽车产业持续健康发展的基本面并没有发生变化。从国际看，尽管全球经济复苏形势仍不明朗，但全球汽车产业依然延续了近两年来的良好发展势头，2012 年全球汽车产量同比增长 5.19%，一些新兴经济体国家的汽车销量也保持了较好的增长势头，为我国汽车产业发展提供了良好的外部环境。从国内看，在国内生产总值仍保持较高增速和居民消费潜力有望得到进一步释放的基本背景下，内需仍将是拉动我国汽车产业发展的最主要动力，汽车产业的国民经济支柱产业地位还将进一步强化，市场容量也将进一步扩大。

但同时，我国汽车产业发展环境出现了很多新的变化，对汽车产业发展提出了很多新的挑战。在建设生态文明、打造“美丽中国”的过程中，交通拥堵、环境污染等汽车产业的外部问题对汽车产业发展的影响越来越突出。要积极妥善应对这些变化和挑战，关键在于充分利用这些变化所施加的强“倒逼”力量，走出一条创新驱动的绿色发展道路。

从动态角度看，2012 年我国汽车产业发展环境的变化因素主要有三

个，包括产业政策调整、交通拥堵扩散、环境污染加剧。特别需要指出的是，尽管交通拥堵和环境污染问题并不完全是汽车产业发展所带来的，而是一个涉及面更广泛的议题，但是汽车产业事实上承受了大部分争议和质疑。

产业政策调整主要集中在支持节能与新能源汽车发展、建立汽车行业退出机制、公务车采购等方面。2012 年 4 月，《节能与新能源汽车产业发展规划（2012～2020 年）》最终出台，提出到 2015 年纯电动汽车和插电式混合动力汽车累计产销量力争达到 50 万辆，到 2020 年生产能力达到 200 万辆，累计产销量达到 500 万辆的宏大发展目标，并为节能与新能源汽车指出了发展路径。2012 年 7 月，工信部发布了《关于建立汽车行业退出机制的通知》，提出建立企业动态管理机制，包括对注销已经破产或者进入破产管理程序的汽车、摩托车生产企业的公告等内容，为企业退出市场建立了规则。在公务车采购方面，启动各地公务车协议供货，出台检察院系统和法院系统执法车管理办法，出台《机关管理条例》以细化公车配置要求，启动中央国家机关新能源电动公务用车试点示范工作等，都进一步规范了公务车采购市场，也进一步推动了部分细分种类汽车产品的发展。

交通拥堵在很多大城市已经呈现从早晚高峰向平峰时段蔓延、从点段式向区域性扩展、从工作日向节假日延伸的态势，这不仅影响了城市运行效率和居民生活质量，而且对汽车产业发展提出了挑战。在很多大城市中，公路基础设施建设速度明显慢于汽车保有量和使用量增长速度，再加上城市交通运输结构仍不合理和城市交通运输管理水平仍有待提高，交通拥堵现象已经成为常态。为了遏制交通拥堵进一步恶化的势头，除了采取一些经济性手段之外，部分城市还出台了限制机动车增长的行政性措施，例如，广州市于 2012 年 7 月起对中小客车试行增量配额指标管理。从积极角度看，这些行政性措施能够起到立竿见影的效果，为长期性的优化调整争取了时间；从消极角度看，这些行政性措施抑制了汽车市场的进一步发展，特别是给主要集中在低端市场的自主品牌汽车产品带来了短期内的巨大冲击。总体上讲，这些行政性措施的出台是一种无奈之举，行政部门更应该对争取到的时间窗口倍感珍惜，尽快寻找到解决交通拥堵问题和发展汽车产业之间的平衡点。

近年来，城市环境污染问题受到了普遍关注，而2012年底以来在我国中东部地区出现的大范围、持续性雾霾天气则进一步引发了对此问题的全民讨论。近年来，在现行的城市交通模式和车辆技术水平下，一些大城市特别是超大城市中的机动车污染已经接近甚至达到了城市环境承载能力。例如，机动车排放是氮氧化物排放（国家纳入总量控制的四项主要污染物之一）的主要来源，也是城市中可吸入颗粒物排放的重要来源之一，而且城市道路交通噪声污染也不容忽视。在这种情况下，对高效、低碳、可持续的城市交通发展模式的要求就更为迫切，对节能和新能源汽车的发展预期也更加强烈，这都为汽车整车企业、零部件企业的发展提出了创新转型的新要求。

六　汽车产业国际化发展步伐持续加快

2012年，国内汽车企业参与全球竞争的意愿依然非常强烈，不仅在出口方面取得了新的进展，而且通过国外直接建厂、完善国外销售网络、整合全球创新资源等方式不断加快融入全球化的进程，提高全球化竞争的能力。据中国汽车工业协会统计，国内汽车企业出口排名前十位的分别是奇瑞（18.48万辆）、吉利（10.08万辆）、长城（9.65万辆）、上汽（9.56万辆）、力帆（8.70万辆）、东风（8.48万辆）、江淮（5.72万辆）、广汽（5.30万辆）、长安（5.19万辆）和北汽（5.09万辆）。与2011年同期相比，吉利和力帆增速最快，广汽、上汽、东风、北汽和长城也都呈现快速增长态势。此外，吉利汽车与埃及GB Auto公司签署了CKD（全散件）供货组装合作协议和埃及总经销协议，双方将在埃及组装吉利产品，首款车型为帝豪EC7，初期设计产能为30000台/年；一汽集团在南非纳尔逊·曼德拉湾市建立了新的海外生产基地，建成后卡车年产量将达5000辆；奇瑞汽车于5月宣布在越南北部建立CKD生产基地，并与越南合作伙伴达成生产和销售奇瑞系列产品的协议，将奇瑞海外工厂扩展到17家；上汽集团于6月在美国密歇根州启动新的北美业务运营中心，协调北美150余家供应商的采购事务，负责零部件的出口和进口，深化其在美汽车业务。同时应注

意到，欧盟贸易委员会于 5 月宣布对我国出口铝合金轮毂统一征收 20.6% 的反倾销税，美国于 9 月宣布针对我国补贴整车及汽车零部件政策向 WTO 起诉等，都加大了我国汽车整车和零部件企业进入发达国家市场的难度。未来，国内汽车企业更要重视“修炼内功”，力争在品质提升和数量扩张方面都取得明显进展。

随着中国市场的迅速扩张，主要的跨国汽车企业集团对中国市场的重视也与日俱增。尽管国内汽车产业普遍被认为存在产能过剩问题，而且自 2012 年 1 月 30 日起施行的《外商投资产业指导目录（2011 年修订）》也将汽车整车制造条目从“鼓励类”删除，但由于很多外资品牌汽车依然存在供不应求现象，外资企业和合资企业还在谋求产能扩张。例如，长安福特马自达汽车公司将投资 6 亿美元扩大其重庆生产基地产能，将其产能提升至 35 万辆/年，成为福特汽车在美国密歇根以外的最大生产基地；上海通用武汉乘用车一期生产基地于 6 月正式开工建设，总投资 70 亿元，设计年产能 30 万辆，预计将于 2014 年投产；德国博世汽车柴油系统股份有限公司于 11 月开工建设其青岛生产基地，这是该企业在中国的第二个生产基地，主要用于制造重型、轻型商用车和乘用车的共轨喷油器。此外，2012 年 3 月，奇瑞汽车和捷豹、路虎建立合资公司的计划对外宣布，协议内容包括捷豹、路虎品牌和合资自主品牌车辆生产、配套发动机生产、合资公司产品销售以及建立研发中心等，成为近年来已经非常少见的合资案例。

为更好、更快地适应市场需求，再加上受国内汽车产业政策调整的影响，外资企业、合资企业在国内布局的主要方式是建立研发中心。在合资中，东风日产宣布建立新的研发中心，它将成为日产公司覆盖全球的轻型商用车专业研发基地和东风汽车的研发基地，也将成为东风汽车公司研发机构的重要组成部分；一汽大众于 6 月在吉林农安县巴吉垒镇投资 13 亿元兴建了亚洲最大的整车试验场，将成为一汽大众研发体系能力建设的重要基础设施之一；一汽集团与飞思卡尔半导体公司宣布建立汽车电子联合实验室，专注于动力总成控制、底盘控制、主动安全及新能源电子控制领域的新技术研发，并且一汽集团将在其汽车电子平台设计中集成应用飞思卡尔的微控制器技术。在外商独资中，通用汽车中国公司于 11 月宣布建成通用汽车中国前瞻技术科研中心二期项目，集中在前瞻车辆设计、动力总成及车辆工程、信息技术以及研发等领域开展创新研究，旨在研究制造车身更轻、燃油经济性更佳的车型，并提供更好的互联驾驶体验；沙特阿拉伯基础工业在上海康桥成立新的技术研发中心，致力于广泛应用于汽车等领域的先进工程塑料的研发。

B.3

2011 年中国汽车产业国际竞争力的变化

一 2011 年中国汽车产业国际竞争力的国际差距分析

在《中国汽车产业发展报告（2008）》一书中，课题组构建了“中国汽车产业国际竞争力指标体系”①，对我国汽车产业的国际竞争力进行定量测度与分析。经过多年的实际验证，该指标体系测算出的结果与我国汽车产业的实际发展情况基本吻合。为保持研究的连续性，提高研究的可靠性、对比度，在《中国汽车产业发展报告（2013）》中，课题组将延续这一体系。然而，由于目前所获得的最新、最完整的汽车行业年度数据是截止到 2011 年底，因此，课题组主要将就 2011 年中国汽车产业环境竞争力、组织竞争力、创新竞争力和国际绩效竞争力进行评估，分析 2011 年我国汽车产业国际竞争力的总体状况以及变化，具体的计算结果如表 1 所示。

从总的计算结果来看，在设定发达国家汽车产业的国际竞争力最大值为 100 的基础上，2011 年中国汽车产业国际竞争力的分值为 57.21，较 2010 年的 58.87 同比下降了 2.82%，较 2009 年的 58.00 下降了 1.36%，是“入世”以来中国汽车产业国际竞争力首次出现负增长。纵观图 1，2000 年以来，尽管中国汽车产业的国际竞争力在稳步提高，但近几年来，特别是 2008 年金融危机之后，我国汽车产业国际竞争力的增速在逐步放缓，2007 ~ 2010 年，中国汽车产业国际竞争力的同比增速分别为 7.9%、5.7%、6.8% 和 1.5%，并在 2011 年首次出现同比负增长。随着中国汽车市场更加开放和国际化，中国汽车产业将面临内外部更加激烈的市场竞争，进一步提高中国汽车产业国际竞争力，需要国家战略更大层面的支持，特别是在提高汽车产业的组织竞争力和创新竞争力方面。

① 构建方法详见 2008 年度汽车蓝皮书《中国汽车产业发展报告（2008）》，第 86 ~ 90 页。

表 1　中国汽车产业国际竞争力 2011 年与 2010 年的计算结果比较

指标名称	2011 年					2010 年	2011/2010 年
	下限值	上限值	中国值	权重	分数	分数	
A 中国汽车产业国际竞争力	—	—	—	—	57.21	58.87	0.972
B01 产业环境竞争力	—	—	—	0.47	63.76	67.72	0.942
C01 配套体系（新车从国内采购零部件数额占整个汽车零部件采购额的比重）	10.00	80.00	58.34	0.51	69.06	68.36	1.010
C02 国内需求（综合考虑国内消费额与国际消费额的比率及消费增长的比率）	-19.80	44.19	26.20	0.26	71.89	87.54	0.821
C03 产业地位（汽车产业增加值占 GDP 比重）	0.80	4.10	1.63	0.15	25.15	26.47	0.950
C04 政府行为（综合考虑政府产业政策、关税水平等因素）	1.00	5.00	4.00	0.05	75.00	77.50	0.968
C05 安全环保节能政策（综合考虑了安全、环保、节能政策的制定和执行情况）	1.00	5.00	4.10	0.03	77.50	75.00	1.033
B02 产业组织竞争力	—	—	—	0.28	68.49	69.04	0.992
C06 产业规模经济性（达到最低经济规模企业总产量占全国总产量比率）	0.00	100.00	75.92	0.62	75.92	79.78	0.952
C07 产业集中度（CR3）	30.00	91.39	52.12	0.24	36.03	30.10	1.197
C08 劳动生产率（辆/人・年）	0.00	63.19	57.64	0.14	91.22	88.23	1.034
B03 产业创新竞争力	—	—	—	0.18	37.08	35.88	1.034
C09 研发经费投入（研发经费占销售收入比重）	0.00	5.93	1.63	0.47	27.49	26.21	1.049
C10 研发人员投入（研发人员占全部从业人员比重）	0.00	12.25	7.73	0.28	63.10	61.31	1.029
C11 自主品牌（自主品牌汽车产量占汽车总产量比重）	10.00	99.80	29.11	0.15	21.28	23.26	0.915
C12 专利情况（内外资企业专利获授权数量之比）	0.00	1.00	0.33	0.10	33.00	29.00	1.138
B04 产业国际绩效竞争力	—	—	—	0.07	19.88	17.86	1.113
C13 国际市场份额（汽车出口金额与世界汽车贸易额的比率）	0.00	5.86	1.46	0.53	24.91	22.09	1.128
C14 海外生产能力（企业在国外生产汽车数量与全部生产数量的比率）	0.00	50.57	0.13	0.27	0.26	0.24	1.083
C15 显示性比较优势指数	0.00	2.82	0.51	0.22	18.09	15.96	1.133
C16 贸易竞争力指数	-0.50	0.93	-0.03	0.08	32.87	32.17	1.022

注：本文主要是基于 2011 年与 2010 年的数据，并适当综合 2010 年前的数据对中国汽车产业国际竞争力在 2010 年的变化与发展加以分析。

资料来源：2011 年的上限值、下限值和中国值来源于《中国汽车工业年鉴 2012》《德国汽车工业协会年报 2012》《2012 年日本自动车工业年报》等资料和韩国汽车工业协会、世界汽车工业协会以及 WTO 提供的相关行业研究报告与数据，部分数据由业内专家估算所得。

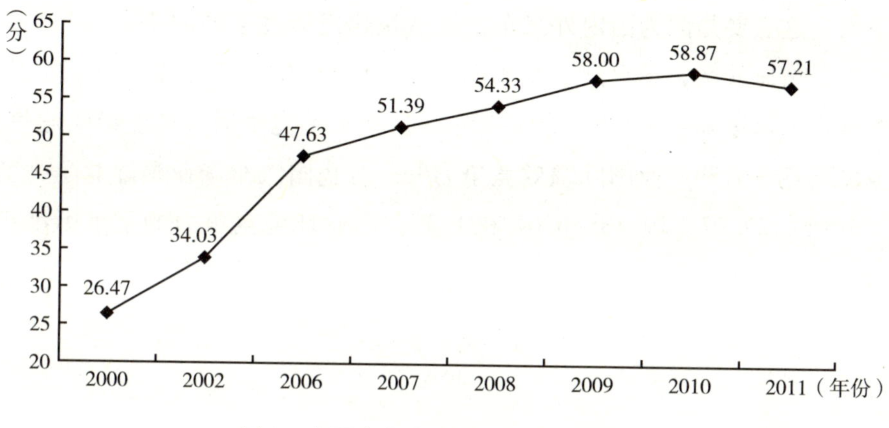

图 1　中国汽车产业国际竞争力的变化

通过一级指标的比较可以看出 2011 年我国汽车产业国际竞争力的主要变化以及与发达国家之间的差距。如图 2 所示，我国汽车产业国际绩效竞争力得到较大幅度提高，产业创新竞争力有小幅上升，但产业环境竞争力降幅较大，产业组织竞争力也有小幅下滑。相比 2010 年，2011 年产业国际绩效竞争力同比增长了 11.34%，分值达到了 19.88 分，是 4 个一级指标中增幅最大的；我国汽车产业创新竞争力同比增长了 3.35%，分值达到 37.08 分；但产业环境竞争力同比下降了 5.85%，分值仅为 63.76 分，也低于 2009 年的 67.58 分；产业组织竞争力同比下滑了 0.8%，分值为 68.49 分，略高于 2009 年的 67.48 分。在产业国际绩效竞争力方面，随着我国汽车产业逐渐走向世界，登上国际舞台的机会越来越多，2011 年汽车产业国际绩效竞争力在 2010 年恢复性增长后得到较大幅度的提高。中国汽车产业逐渐融入世界舞台中，在国际市场的份额等方面有较大提高，但在绝对值上，其分值仍然为最低的，与汽车产业发达国家之间的差距仍然很大。在产业创新竞争力方面，研发经费、研发人员的持续投入以及专利数量的增长确保了产业创新的快速发展，但自主品牌汽车产量占比的下降拉低了产业创新竞争力的增长幅度，而相比汽车发达国家，我国汽车产业的创新竞争力仍然偏低。产业环境竞争力方面，2011 年首次出现负增长且幅度最大，这主要是因为 2011 年受国内经济增速回落、国家汽车消费刺激政策陆续退出的影响，在国内需求、产业地位以及政府行为方面出现较大幅度的回落。在汽车产业组织竞争力方面，亦是首次出现下滑，这主要是因为国内外汽车市场从快速发展逐步转向平稳增长，中国汽车工业增速放缓，导致汽车产业规模经济性较 2010 年有较大幅度的下滑。从综合指标权重来看，4 个一级指标——产业环境竞争力、产业组织竞争力、产业创新竞争力和产业国际绩效竞争力——对我国汽车产业国际竞争力的贡献度分别为 29. 97、19. 18、6. 67 和 1. 39，产业环境竞争力的贡献力度仍然最大。

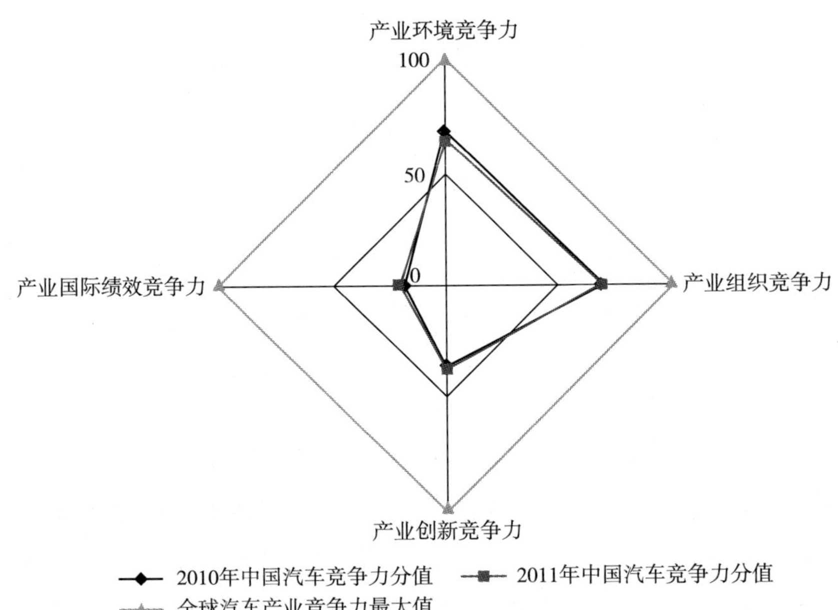

图 2　中国汽车产业国际竞争力一级指标比较

通过二级指标的比较可以看出我国汽车产业国际竞争力更为具体的变化，以及和汽车产业发达国家之间的差距。首先，如图 3 所示，在产业环境竞争力方面，2011 年中国汽车产业环境竞争力同比下降 5. 85%，降幅较大。该指标下的安全环保节能政策和配套体系两个二级指标各有不同程度的增长，但国内需求、产业地位及政府行为 3 个二级指标在 2011 年有不同幅度地下降。具体来看，配套体系指标分值在 2011 年达到 69. 06 分，同比增长 1. 02%。安全环保节能政策成效增长较快，同比增长了 3. 33%。节能汽车推广政策成效较为显著，新能源汽车试点示范深入推进。从 2010 年 6 月节能汽车推广政策开始

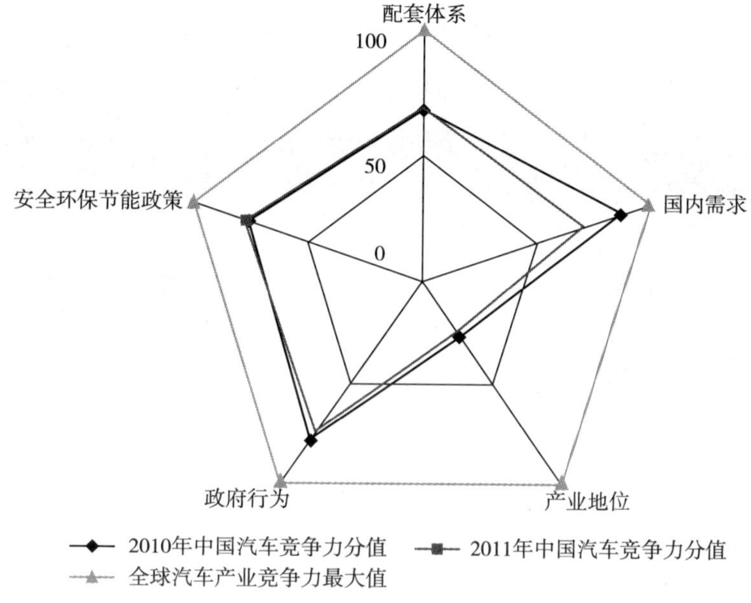

图3　中国汽车产业一级指标产业环境竞争力的变化

实施，至2011年9月，1.6L及以下排量节能汽车车型由推广前的101个增加到427个，14个月共生产433万辆。2011年10～12月，节能汽车推广车型快速发展，产量逐月攀升，列入第7批节能推广目录的49个车型共生产25.55万辆。新能源汽车试点方面，截至2011年底，共有75家汽车生产企业的361个车型列入《节能与新能源汽车示范推广应用工程推荐车型目录》。2011年汽车整车企业生产新能源汽车8368辆，同比有较大幅度提高。产业地位受汽车工业增加值占GDP比重下滑影响出现一定的下滑，同比下降4.98%，仅有25.15分，与国际的差距拉大。政府行为主要是受汽车消费刺激政策的陆续退出影响，得分为75分，同比下滑3.23%。国内需求同比下滑17.88%，是所有二级指标中降幅最大的，其主要原因在于国际经济增长乏力、国内经济增速回落导致汽车需求增速放缓。相比世界其他国家，增速处于中等水平，因此在分值上有较大幅度下降。总体而言，随着中国汽车产业逐渐步入平稳增长阶段，中国汽车产业将面临更加激烈的竞争格局，进一步提高中国汽车产业环境竞争力迫在眉睫，进一步缩小与汽车强国间的差距不容乐观。结合指标的权重来看，2011 年我国汽车产业配套体系、国内需求、产业地位、政府行为以及安全环保节能政策对汽车产业环境竞争力影响的分值分别为 35.22、18.69、3.77、3.75 分和 2.33 分。由此可见，配套体系对我国汽车产业环境竞争力的贡献最大，其次为国内需求，安全环保节能政策贡献最小。为进一步提高汽车产业的产业环境竞争力，在完善配套体系、巩固汽车产业地位及政府行为、环保节能政策等方面仍然有很大可作为的空间。

其次，在产业组织竞争力方面（见图 4），2011 年我国汽车产业组织竞争力略微下滑，同比下降 0.8%。该指标下二级指标产业集中度与劳动生产率都有较大幅度增长，特别是产业集中度有显著的提高，但是产业规模经济性降幅偏大。具体来看，产业规模经济性同比下降了 4.84%，分值为 75.92 分，高于 2009 年的 72.55 分，这主要是因为 2011 年只有 14 家企业的轿车年产量超过 25 万辆，而 2010 年有 15 家。2011 年轿车年产量超过 25 万辆的 14 家企业共生产轿车 769.58 万辆，占 2011 年轿车总产量的 75.92%，而 2010 年 15 家企业共生产 763.99 万辆，占 2010 年轿车总产量的 79.78%。产业集中度（CR3）大幅提高，同比增长了 19.7%，分值为 36.03 分。2011 年我国汽车产业集中度进一步提高，中国汽车产量前三名汽车集团的汽车产量占汽车总产量比重为 52.11%，较 2010 年的 48.48% 有较大幅度提高，但其绝对值在 3 个二级指标中是最低的，与发达国家之间的差距最大。劳动生产率方面，2011 年同比增长了 3.39%，达到 91.22 分，在 16 个二级指标中分值最高。2011 年以来，通过企业间的兼并重组，大型汽车集团所占的市场份额进一步扩大，汽车产业集中度呈现快速增长态势。加之汽车企业致力于生产流程的改进，以及生产技术水平、劳动力素质的提升，劳动生产率得到较大提高，这都有利于提高我国汽车产业的组织竞争力。但产业规模经济性的下滑也提醒我们，我国汽车产业组织竞争力仍然面临很多不确定的外部因素。结合指标的权重看，2011 年，我国汽车产业规模经济性、产业集中度及劳动生产率对产业组织竞争力影响的分值分别为 47.07、8.65 与 12.77。在当前的产业组织竞争力的影响因素中，产业规模经济性对我国汽车产业竞争力的贡献值最大，劳动生产率其次，产业集中度最小，但与劳动生产率间的差距在不断缩小。

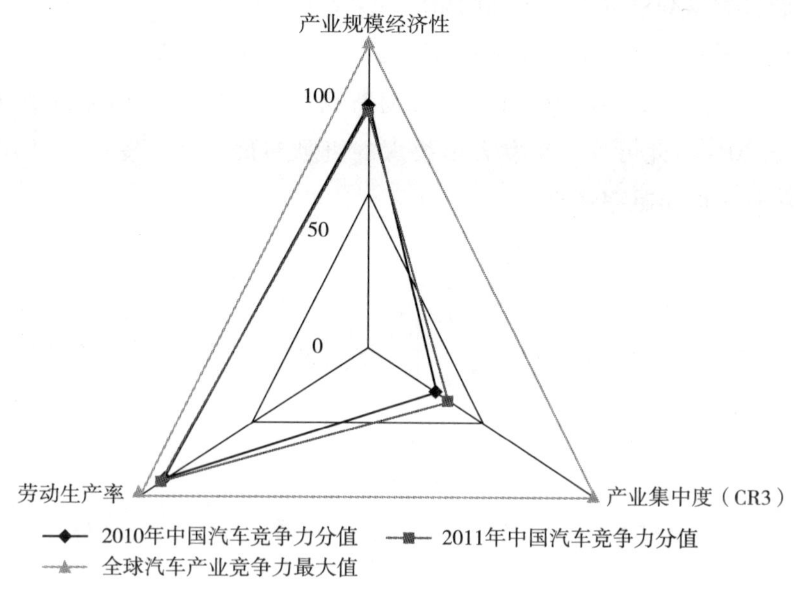

图 4　中国汽车产业一级指标产业组织竞争力变化

再次，如图 5 所示，2011 年汽车产业创新竞争力稳步增长，同比增长 3.35%，但其绝对值较低。具体来看，该指标下的研发经费投入、研发人员的投入以及专利情况 3 个二级指标均有不同幅度的增长，但自主品牌降幅较大。数据显示，2011 年中国汽车研发经费投入的竞争力分值为 27.49，同比增长了 4.86%，但是相比 2000 年的 45.24 分，下降了 39.24%，研发经费投入仍然相对较少。研发人员投入方面有略微增长，2011 年同比增长了 2.92%，为 63.1 分。专利方面，2011 年的分值为 33 分，同比增长 13.79%，在 4 个二级指标中增长最快。但自主品牌却出现较大幅度下滑，同比下降了 8.52%，仅为 21.28 分，亦低于 2009 年的 21.92 分，绝对值在 4 个二级指标中也是最低的，与汽车发达国家相比差距最大。汽车工业创新竞争力的稳步提升离不开自主汽车品牌的发展，但 2011 年受宏观经济调整、部分城市汽车限购政策出台、汽车消费刺激政策退出等多重因素影响，自主品牌轿车受到重大冲击，2011 年自主品牌汽车销量为 294.64 万辆，占全年轿车销量的 29.11%，低于 2010 年、2009 年水平。此外，双庞海外收购萨博失败，损失将近 10 亿元，给国内自主品牌通过收购兼并扩大规模的路径增添了阴影。我国汽车产业特别是自主品牌汽车提高自身核心竞争力，实现产品的升级转型面临的形势依然很严峻。结合指标的权重来看，研发经费的投入对产业创新竞争力影响的分值为12.92，研发人员投入、自主品牌及专利情况对创新竞争力影响的分值分别为17.67、3.19和3.30。由此可见，研发人员投入的贡献率最大，研发经费投入其次，自主品牌汽车的贡献率最小。

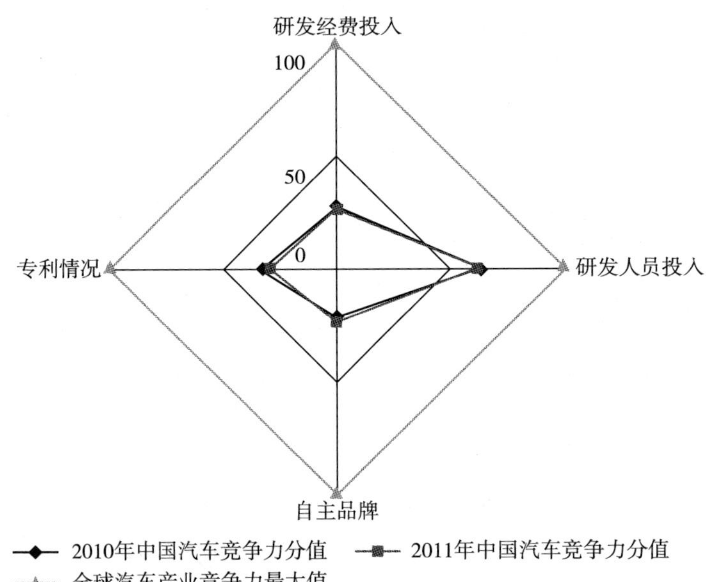

图5　中国汽车产业一级指标产业创新竞争力变化

最后，如图6所示，2011年我国汽车产业国际绩效竞争力分值达到19.88，同比增长了11.34%，是4个一级指标中同比增长最快的一个，但其绝对值是分值最低的，与发达国家之间的差距最大。总体而言，尽管我国汽车产业国际绩效竞争力提升的速度较快，但因为起点低、底子弱，与发达国家之间差距仍然非常大。具体来看，在2011年，显示性比较优势指数（RCA）、国际市场份额以及海外生产能力对我国汽车产业国际绩效竞争力的影响均有较大的提高，同比分别增长了13.33%、12.77%和8.33%，分值分别达到18.09、24.91和0.26；贸易竞争力指数小幅增长，同比增长了2.17%，分值为32.87，这主要是因为2011年中国汽车贸易额的相对逆差较2010年有所缩

小。2010 年汽车贸易逆差为 48.5 亿美元，贸易竞争力指数（汽车净出口额除以汽车进出口总额）为 -0.05，而 2011 年尽管逆差绝对数为 52 亿美元，但贸易竞争力指数是 -0.03，所以，尽管 2011 年的逆差额是扩大的，但贸易竞争力指数却同比小幅增长。“入世”以来，我国汽车产业国际绩效竞争力总体是不断提高的，这主要得益于本土自主品牌企业不断通过在海外投资设厂或与海外实力雄厚的汽车企业开展战略合作、引进核心技术等多种方式，不断开拓国际市场，提升中国自主品牌汽车在国际市场的影响力和竞争力。截至 2011 年底，先后有一汽集团公司、东风汽车公司、长安汽车集团、北汽福田、奇瑞汽车、吉利集团、长城汽车等多家企业集团在海外建立生产基地，并实现不同程度的发展，很大程度上提高了我国汽车产业的国际绩效竞争力。结合指标权重来看，我国汽车产业的国际市场份额对汽车产业国际绩效竞争力影响的分值为 13.20，是产业国际绩效影响因素中贡献率最大的，显示性比较优势指数的分值为 3.98，贸易竞争力指数的分值为 2.63，对产业国际竞争力贡献最小的依然是海外生产能力，贡献值只有 0.07。

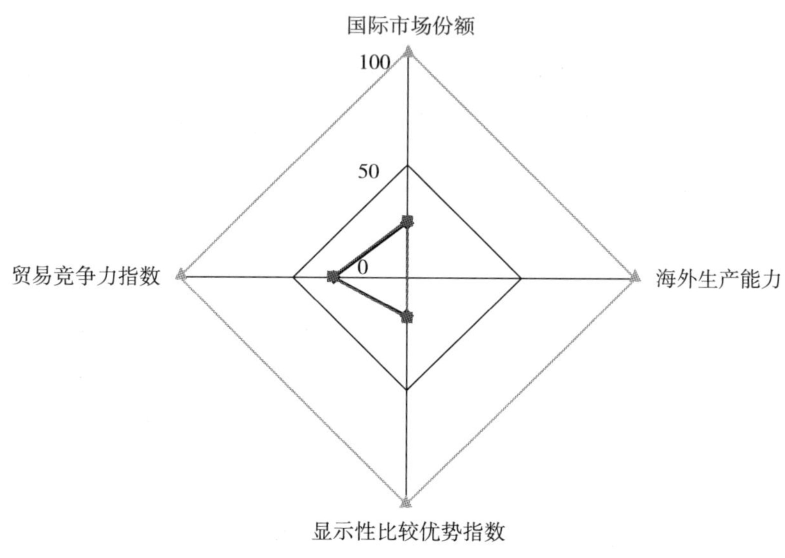

图 6　中国汽车产业一级指标产业国际绩效竞争力变化

二　中国汽车产业国际竞争力的基本变化和评价

（一）中国汽车产业环境竞争力同比下降

1. 产业地位

“入世”以来，我国汽车产业在国民经济中的重要性逐渐提高，逐步成为国民经济的主导产业，汽车产业地位逐渐凸显。

首先，从汽车工业增加值及其占 GDP 的比重来看，如图 7 所示，2011 年，我国汽车市场受宏观经济增速回落、汽车消费刺激政策陆续退出等影响，汽车工业增速放缓。汽车产业的增加值达到 7451.7 亿元，占 GDP 比重为 1.63%，比 2010 年的比值降低了 0.07 个百分点。尽管中国汽车工业增加值在稳步上升，但同比增速明显放缓，汽车产业增加值 2009 年、2010 年的同比增幅分别为 31%、26%，而 2011 年同比增幅仅有 10%，增幅不及 2009 年的 1/3。这进一步拉大了与发达国家之间的差距。2010 年，德国整车与零部件工业的增加值占 GDP 的比重已经达到了 4.7%，日本为 4.5%，韩国为 3.4% 左右。

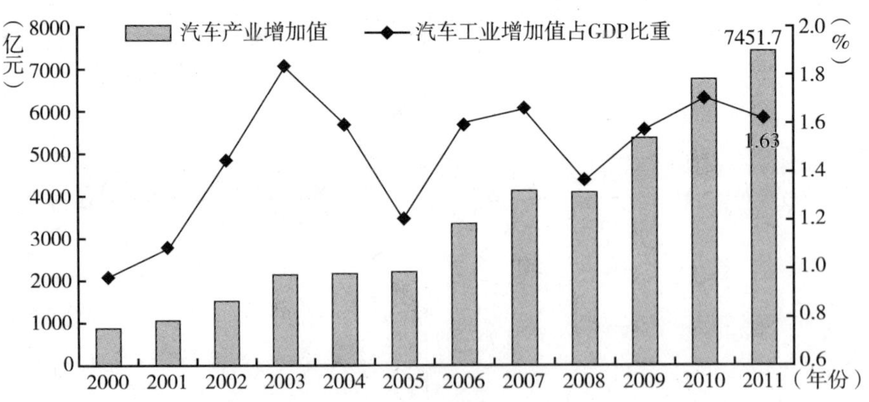

图 7　中国汽车工业增加值及其占 GDP 比重的变化与比较

资料来源：相应年份的《中国汽车工业年鉴》。

其次，在汽车工业总产值及其占全国工业总产值的比重方面，如图 8 所示，2011 年中国汽车工业总产值达到 33155.2 亿元，同比增长 9.61%，增幅

较2010年有较大程度下滑，2010年同比增长29.06%。2011年，汽车工业总产值占全国工业总产值比重为3.88%，较2010年的4.27%有较大幅度下滑。从图8可以看出，2009年以来，汽车工业总产值占全国工业总产值比重在持续下滑，汽车产业在国民经济中的地位有走弱趋势。另外，我国汽车工业总产值占制造业总产值比重为5.17%，远远低于日本（2010年为16.4%）与韩国（2010年为10.1%）。从业人员数在不断扩大，2011年为24.17万人，同比增长9.7%。亏损企业数为317个，同比下降6.5%，亏损面为9.4%，达到历史最低水平，汽车企业总体赢利能力在逐步改善。

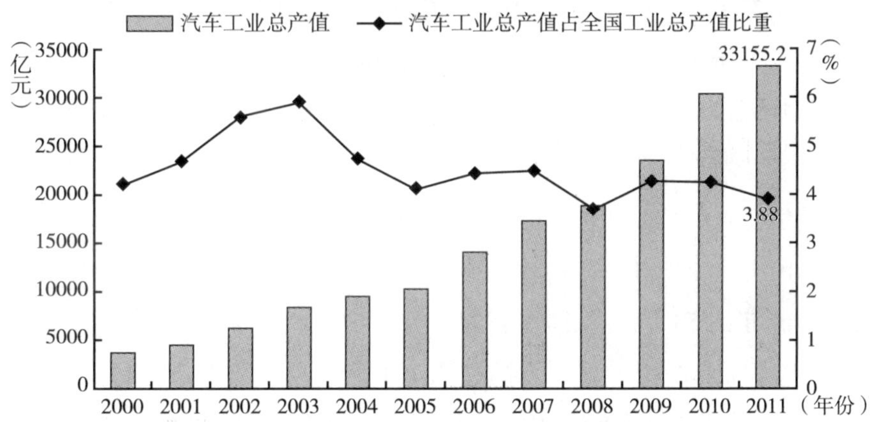

图8　中国汽车工业总产值及其占全国工业总产值比重的变化

资料来源：相应年份的《中国汽车工业年鉴》。

产业总体规模的迅速扩张有利于形成和相关产业协同发展的格局，为我国汽车产业形成竞争优势奠定了坚实基础。2000年以来，中国汽车产业规模总体保持较快扩张趋势，同时也很好地带动了其他行业的发展。十多年来，中国汽车产业规模以指数形式扩张，先后超过韩国、德国、美国，并在2009年首次超过日本，汽车产量、销量双双突破1300万辆，稳居世界第一。2010年延续2009年增长态势，产量达到1826万辆左右，远远超过第二大汽车生产国日本。2011年，尽管汽车产量比美、日两国之和还多，但如图9所示，增长速度仅为0.87%，远低于2010年32.4%的增幅，也明显低于美国11.5%、德国6.8%和韩国9.1%的增幅。

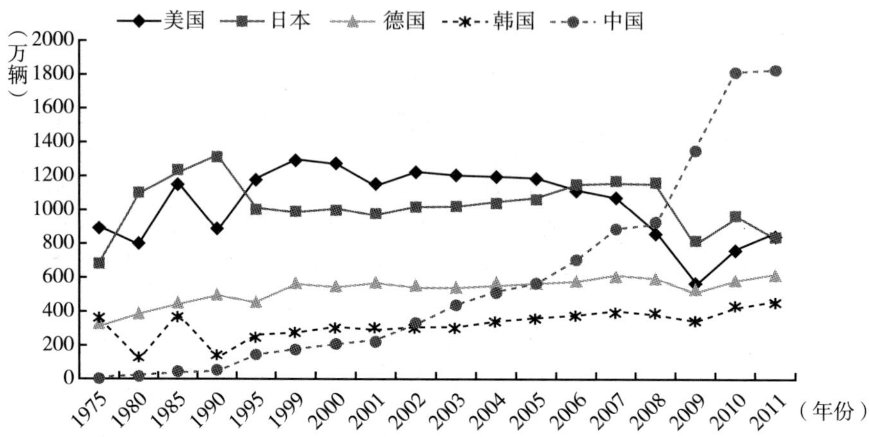

图 9　1975～2011 年汽车主要生产国汽车产量变化趋势

资料来源：1990 年以前数据来自《世界汽车工业参考》，以后数据来自相应年份的《中国汽车工业年鉴》。

2011 年，汽车工业销售产值实现了 32792. 52 亿元，同比增长 9. 44%，增幅低于 2010 年的 27. 84%；利润总额实现了 2842. 12 亿元，同比增长 9. 37%，远低于 2010 年的 53. 98%；销售利润率为 8. 67%，与 2010 年持平。2011 年，尽管中国汽车工业产销量再创新高，汽车工业各项主要经济指标实现稳步增长，汽车工业企业经济效益也在稳步提高，但高速增长的势头有所放缓。

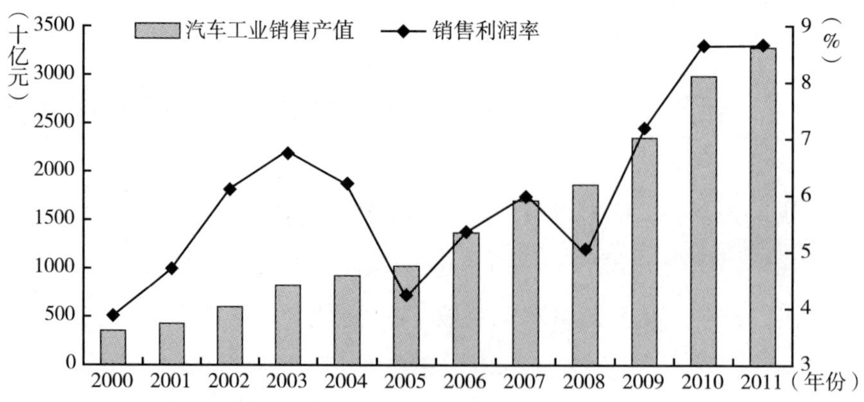

图 10　2000～2011 年汽车主要生产国汽车产量变化趋势

资料来源：相应年份的《中国汽车工业年鉴》。

2. 国内需求

2011 年，中国汽车工业未能延续 2010 的年高速增长态势，产销同比增幅大幅下滑，全年汽车工业产销量分别达到 1841.89 万辆和 1850.51 万辆，同比分别增长 0.87% 和 2.5%，为 13 年来最低，但仍连续第三年成为世界第一大汽车市场。根据世界汽车工业协会统计，2011 年全球汽车销量达到 7792.69 万辆，中国汽车销量占比 23.75%，较 2010 年提高 0.25%。

2001 年以来，我国汽车市场规模、汽车消费量在全球的排位不断上升，从全球第 7 位已经上升到第 1 位，并连续三年稳居世界第一，中国汽车市场成为全球市场中不可或缺的重要组成部分（见表 2）。汽车行业的规模效应和范围效应显著，随着中国汽车消费市场的扩大，将有利于进一步推动我国汽车企业做大做强。同时，更好地吸引世界先进的新技术、新工艺、新材料和新装备，推动我国汽车产业规模不断扩大、技术不断升级和产品不断优化，实现我国由汽车制造大国向汽车强国转变。尽管 2011 年中国汽车市场规模增速有所放缓，但是随着人均收入的提高、汽车产业的更新换代，中国汽车市场仍然有很大的发展潜力。

表 2　中国汽车消费量世界排名变化

单位：万辆

排名＼年份	2001	2002	2003	2004	2005	2006
1	美国(1747)	美国(1714)	美国(1697)	美国(1691)	美国(1699)	美国(1704)
2	日本(591)	日本(579)	日本(583)	日本(585)	日本(585)	中国(728)
3	德国(364)	德国(352)	中国(444)	中国(507)	中国(576)	
4	英国(277)	中国(325)	—	—	—	—
5	法国(275)	—	—	—	—	—
6	意大利(269)	—	—	—	—	—
7	中国(233)	—	—	—	—	—

排名＼年份	2007	2008	2009	2010	2011
1	美国(1646)	美国(1349)	中国(1364)	中国(1806)	中国(1851)
2	中国(879)	中国(938)	—	—	—
3	—	—	—	—	—
4	—	—	—	—	—
5	—	—	—	—	—
6	—	—	—	—	—
7	—	—	—	—	—

资料来源：相应年份的《中国汽车工业年鉴》。

在汽车保有量方面，如图 11 所示，2011 年汽车保有量达到 9350 万辆，同比增长 2.9%，明显低于 2010 年 45% 的增速，但是仍快于全国汽车产量与销量的增速。在汽车保有量中，私人汽车保有量占绝对比重，私人汽车保有量占比从 2001 年的 42.79% 已逐步提高到 2011 年的 83%，私人汽车保有量得到快速发展。“入世”十多年以来，我国汽车市场快速增长导致汽车保有量迅速增加，已由 2001 年的 1802 万辆增长至 2011 年的 9350 万辆，千人汽车保有量也由 14 辆提高至 69 辆。2010 年国内百户家庭汽车拥有量超过 13.7 辆，是 2002 年的 5.3 倍，北京、天津、浙江的百户家庭汽车拥有量分别达到 46.5 辆、27.1 辆和 20.8 辆，广东、河北、山东等省市的百户家庭拥有量也即将达到 20 辆。数据还显示，北京汽车保有量突破 100 万辆、200 万辆、300 万辆、400 万辆和 500 万辆的时间分别为 1997 年 1 月、2003 年 3 月、2007 年 5 月、2009 年 12 月和 2012 年 2 月，百万级的增长用时分别为 74 个月、50 个月、31 个月和 26 个月。这种增长速度在全世界各大城市中均无先例。以日本东京为例，汽车保有量跨过 200 万辆、300 万辆和 400 万辆的门槛，用时分别为 5 年、10 年和 12 年。汽车保有量的快速增长，推动着中国汽车产业进一步发展，可以说中国正逐步进入汽车社会。

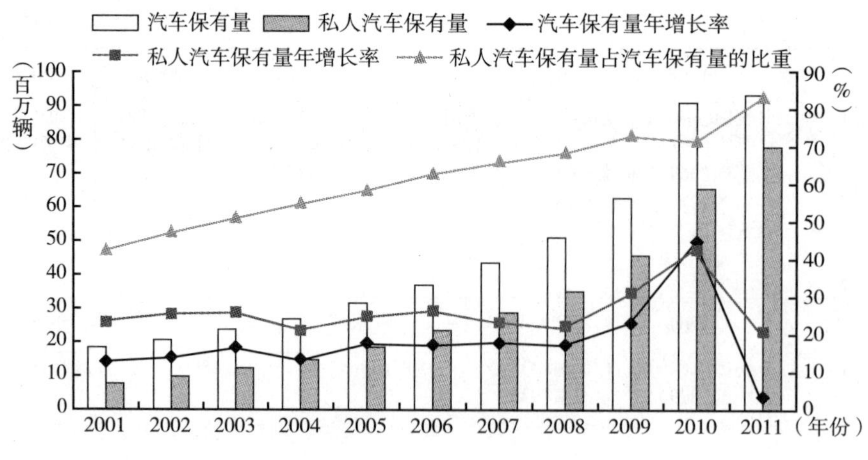

图 11　中国私人汽车保有量增长情况

资料来源：《中国汽车工业年鉴 2012》及《2011 年国民经济和社会发展统计公报》。

3. 零部件发展水平

2011 年，依托国内汽车市场产销量、保有量的持续增长，我国汽车零部件行业总体发展环境依然较好，并取得了不俗的成绩。但同时，由于技术、人才积累仍显不足，企业规模普遍较小，“整零”关系尚未完全理顺，零部件行业仍旧是中国汽车工业的短板，再加上外资零部件企业开始在我国市场设立独资企业，我国零部件行业未来发展任重道远。

在整车进出口再创新高的带动下，汽车零部件进出口大幅增加。如图 12 所示，2011 年汽车零部件累计进口金额达到 310.23 亿美元，同比增长 25.4%；汽车零部件出口首次超过 500 亿美元，达到 521.93 亿美元，同比增长 25.2%；实现贸易顺差 211.7 亿美元，同比增长 24.8%，是自 2005 年首次实现贸易顺差以来，顺差额最大的一年。我国汽车零部件行业与汽车全行业的发展保持了一致性，规模在不断扩大，整体竞争力也得到较大的提高。

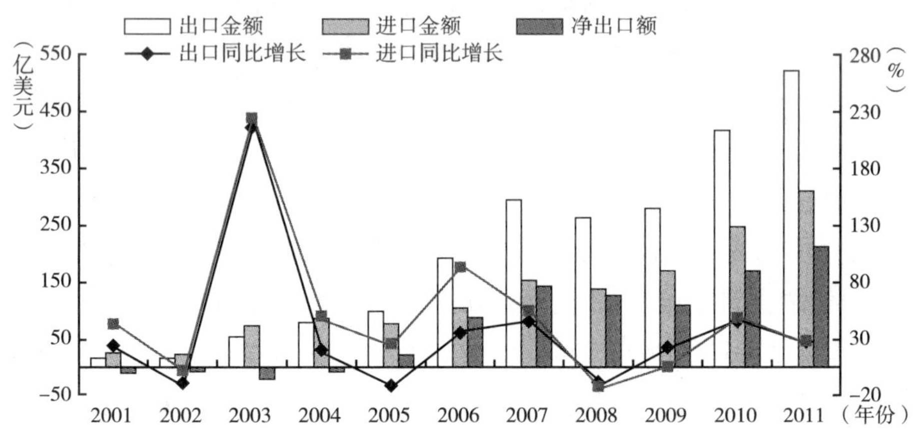

图 12 “入世”以来中国汽车零部件进出口情况

资料来源：《中国汽车工业年鉴 2011》及《中国汽车产业发展报告（2012）》。

然而，随着国内汽车产业发展政策的不断调整，我国汽车零部件行业未来面临的困难仍然较多。一是“整零”关系依旧没有理顺。国内零部件企业在与国内整车企业的合作中长期处于弱势地位，很多零部件企业与整车企业间形成了依附关系，独立走向市场的条件逐渐丧失，再加上参与研发时间较少，自身技术水平和积累并未得到显著提高，依附关系在不断强化。此外，受到技术能力不足等因素的制约，再加上日韩生产体系相对封闭，以及部分合资整车企业通过零部件转移利润的现实情况，国内零部件企业很难进入合资企业零部件供应体系之中，发展空间受到挤压，难以实现规模经济。二是研发投入不足，创新能力薄弱。受到依附整车企业即可维持经营而缺少创新意愿等主观因素和研发实践少、赢利能力弱等客观因素的综合影响，国内汽车零部件企业研发投入动力和能力都不足。数据显示，我国零部件企业研发投入占销售收入的比重平均约为1.4%，远低于外资零部件企业6.6%的平均水平，而博世集团则高达10%左右。研发投入不足导致技术创新能力不足，技术创新能力不足导致低端产品较多，附加值较低，产品升级难度大。以发动机进口为例，进口发动机大多是大排量、技术密集型、高附加值产品，集中在1.0～3.0升（不包括1.0升但包括3.0升）汽油发动机，占总量的96.83%，进口单价在2780美元/台；而出口发动机大多是小排量、劳动密集型、低附加值产品，集中在0.05～0.25升（不包括0.05升但包括0.25升）汽油发动机，占总量的80.2%，出口单价为410美元/台左右，仅为进口单价的1/7。

4. 汽车产业政策

2011年，中国汽车产业增长速度明显放缓，其中重要的原因之一即是我国汽车刺激消费政策的陆续退出。统计数据显示（见表3），2011年我国汽车工业总产值在逐年递增，已达到33155.18亿元，同比增长了9.6%；营业收入达到33617.34亿元，同比增长了9.3%；利润总额为2842.12亿元，同比增长了9.4%。但上述三个经济指标的同比增速都明显低于2009年与2010年的水平。首先，“汽车下乡”和“以旧换新”政策从2009年一直延续到2010年底，2011年不再延续这两项优惠政策。“汽车下乡”极大地拉动了农村需求增长，而“以旧换新”政策则对促进汽车产品的更新换代具有重要意义。因此，2009年、2010年的中国汽车市场，特别是自主品牌汽车、小排量汽车的发展出现了爆发式的增长，但随着这两项优惠政策的相继退出，我国汽车市场逐渐趋于平稳。其次，政府出台了一系列旨在促进汽车产业长远发展的政策法规，给我国汽车市场的发展指引了方向。2011年3月27日，科技部下发《电动汽车科技发展“十二五”专项规划》，4月13日交通部印发了《交通运输“十二五”发展规划》，9月15日国务院印发《“十二五”节能减排综合性工作方案》，从国家战略层面对

未来五年内我国汽车产业的发展进行规划，有利于系统地推动我国汽车产业稳步发展。再次，自 2010 年 10 月国务院发布《关于加快培育和发展战略性新兴产业的决定》，将新能源汽车产业列为战略性新兴产业以来，我国一直在稳步推进新能源汽车、节能汽车的发展，并在汽车产业政策上有倾斜和支持。2011 年，财政部、发改委、工信部下发《关于调整节能汽车推广补贴政策的通知》，继续支持节能汽车的发展。同年 10 月，科技部下发《关于进一步做好节能与新能源汽车示范推广试点工作的通知》，从试点城市、示范产品生产企业等多个方面加以规范，以更好地促进新能源汽车、节能汽车的发展。此外，2011 年，工信部、商务部、国家税务总局等国家机构在汽车技术、汽车市场流动及车辆税等多方面加以规范，为我国汽车产业的发展创造了更加完善的政策环境。因此，尽管 2011 年我国汽车刺激消费政策的退出在一定程度上影响了我国汽车市场的发展速度，但是国家从更加宏观的层面持续支持新能源汽车产业的发展，完善汽车市场的环境等举措都将更有利于我国汽车产业的长远发展，提高汽车产业的可持续竞争力。

表 3　1999～2011 年我国汽车产业完成的主要经济指标

单位：亿元，%

年份	汽车工业总产值	总产值同比增长	主营业务收入	主营业务收入同比增长	利润总额	利润总额同比增长
1999	3122.72	—	3114.67	—	106.52	—
2000	3612.56	15.69	3560.44	14.31	138.07	29.62
2001	4433.19	22.72	4253.68	19.47	204.72	48.28
2002	6224.64	40.41	5947.69	39.82	373.84	82.60
2003	8357.16	34.26	8144.06	36.93	556.78	48.94
2004	9463.16	13.23	9134.33	12.16	575.51	3.36
2005	10223.34	8.03	10108.42	10.66	430.44	-25.21
2006	15556.20	52.16	13028.00	28.88	767.90	78.40
2007	17242.02	10.84	17201.40	32.03	1027.04	33.75
2008	18780.54	8.92	18767.00	9.10	923.58	-10.07
2009	23437.00	24.79	23817.50	26.91	1714.86	85.68
2010	30248.06	29.06	30762.91	29.16	2598.60	51.53
2011	33155.18	9.61	33617.34	9.28	2842.12	9.37

资料来源：相应年份的《中国汽车工业年鉴》。

（二）中国汽车产业组织竞争力略微下滑

1. 产业集群

产业集群作为一种资源配置方式，其形成与发展是提高我国汽车产业整体竞争力的重要途径。通过汽车产业内部的集群，可以充分实现规模经济、范围经济、技术外溢等目的，有效地降低企业生产和交易成本，形成良好的竞争氛围，促进企业间的技术交流与合作，推进汽车产业的创新与发展。

截至2011年，国内已基本形成六大汽车产业集群：以长春为代表的东北汽车产业集群，以上海为代表的长三角汽车产业集群，以武汉为代表的中部汽车产业集群，以北京、天津为代表的环渤海汽车产业集群，以广东为代表的珠三角汽车产业集群，以重庆为代表的西南汽车产业集群。2011年六大产业集群主要经济指标及占全国汽车工业比例如表4所示。

表4　2011年六大产业集群区主要经济指标占全国汽车工业比例

指标类型	汽车工业总产值(亿元)	汽车工业增加值(亿元)	主营业务收入(亿元)	利税总额(亿元)	整车产量(万辆)	整车销量(万辆)
数额	26597.65	6041.59	26889.73	2467.75	1516.83	1525.03
六大产业集群占比(%)	80.22	81.08	79.99	86.83	82.35	82.41
全国合计	33155.18	7451.69	33617.34	2842.12	1841.90	1850.50

资料来源：《中国汽车工业年鉴2012》。

如表4所示，2011年六大汽车产业集群区占据了全国汽车工业市场的主要份额，汽车工业总产值、增加值、主营业务收入及利润总额分别占全国汽车工业总产值、增加值、主营业务收入及利润总额的80.22%、81.08%、79.99%和86.83%，较2010年分别提高了3.65个、3.57个、0.72个和14.83个百分点，产业集群的经济效益进一步提高。整车生产与销售的占比分别为82.35%、82.41%，略高于经济效益的占比，但是较2010年却分别下降了6.1个、6.3个百分点，说明产业集群规模经济效益有所下降，且幅度较大，这也是导致我国汽车产业组织竞争力在2011年略微下滑的重要的直接性原因。

此外，我国汽车产业集群起点低、地域布局分散等制约了我国汽车产业进

一步提高竞争力。截至 2011 年底，我国将近 180 家汽车整车企业分布在 20 多个省、市、自治区（见表 5），分别归属于机械、交通、航空、兵器等部门和系统。汽车产量最高的重庆市占全国份额仅仅只有 12.76%，汽车产量前三名的地区合计所占份额也仅为 29.03%，较 2010 年提高了 1.37 个百分点，前五名的地区合计所占份额为 43.73%，较 2010 年提高了 0.75 个百分点。而美国底特律一个地区的汽车产量就占到全美份额的 27%，接近于重庆、上海与湖北三个地区的份额总额。虽然我国汽车生产地域上高度分散的布局在逐渐改善，但相比发达国家差距仍然较为明显。这带来一系列的后果：一是地域内部很难形成较好的规模优势和集群效应；二是地域之间横向的联系也变得困难和复杂，给产业进一步的兼并重组带来困难。目前，我国汽车产业集群还存在以下几方面的局限：一是横向发展有余，纵向配套不足。制造领域比较发达，但上游的研发、设计，下游的品牌、营销网络等发展相对滞后。二是产品在全球产业链上处于低端领域，汽车的关键零部件以及整车设计等关键环节受制于海外汽车巨头，特别是发动机、底盘、电子控制系统等关键技术缺乏自主研发能力，产品基本上只能在国内销售，且大多是中低档车。三是国内汽车产业集群以行业分散为主要特点。汽车行业与其他产业的最大不同在于汽车行业是规模效应非常显著的产业。行业集中度高，更利于获得规模效应；集中度过低，缺少抗风险能力。

表 5　2011 年中国不同地区整车生产厂家数量与汽车产量排名

排名	地　区	整车厂家数(家)	汽车产量（万辆）	份额（%）	排名	地　区	整车厂家数(家)	汽车产量（万辆）	份额（%）
1	重　庆	11	288	12.76	13	辽　宁	11	75.5	3.35
2	上　海	6	192.7	8.54	14	陕　西	25	55.7	2.47
3	湖　北	18	174.3	7.73	15	河　南	6	46.6	2.07
4	广　东	8	166.96	7.40	16	浙　江	4	43.85	1.94
5	山　东	4	164.71	7.30	17	江　西	6	35.7	1.58
6	吉　林	2	163.2	7.23	18	四　川	11	33.58	1.49
7	北　京	9	151.47	6.71	19	湖　南	4	31.31	1.39
8	广　西	3	148	6.56	20	海　南	2	28.3	1.25
9	江　苏	12	130.9	5.80	21	福　建	8	22.3	0.99
10	安　徽	5	118.16	5.24	22	黑龙江	3	13.68	0.61
11	河　北	5	78.3	3.47	23	云　南	4	12.2	0.54
12	天　津	3	76.3	3.38	24	贵　州	9	4.5	0.20

说明：2011 年中国汽车产量为 1841.9 万辆，主要是指整车的产量，而在此表中 24 个省、市的汽车产量之和为 2256.22 万辆，包括整车、改装车等车型；数据主要来源于《中国汽车工业年鉴 2012》。

综上所述，中国汽车产业集群要充分利用集群优势促进汽车工业的发展，同时，也要克服地域分散等方面的不足与局限，才能使中国汽车产业集群真正实现由大变强，才能更好更快地提高我国汽车产业整体的竞争力。

2. 产业集中度

通过兼并与联合以优化市场结构是提高汽车产业国际竞争力的重要方向，产业集中度则是衡量市场结构、产业组织竞争力的重要指标。企业通过兼并重组、强强联合等方式实现做大做强，不仅可以丰富企业的产品线，使自身业务日益多元化，而且可以获得其他企业的核心技术与品牌，并促使企业自身不断提升自主品牌的研发能力，从而使得企业快速成为市场强有力的竞争者。

2009 年国家公布的汽车企业“四大四小”的重组目标成为 2010 年以来中国汽车产业并购重组的方向和动力。2012 年，长安汽车将长安福特马自达分拆成长安福特和长安马自达，以更好地促进长安汽车与福特、马自达的深入合作。同年年底，长安汽车受让中国长安集团 CAPSA 50% 的股权，将 CAPSA 囊入旗下，将进一步推进与 PSA 的合作，完善其产品链。中国汽车工业协会的统计数据显示（见图 13），2000 年，我国汽车产量排名前三位的企业 CR3 只有 31.1%，2001 年迅猛增长，达到 48.1%，增长了 17 个百分点，之后基本保持在这一水平，2010 年进一步增长到 48.48%，2011 年在 2010 年的基础上首次突破 50%，达到新的历史高位 52.11%。从这一系列的兼并重组案例及 CR3

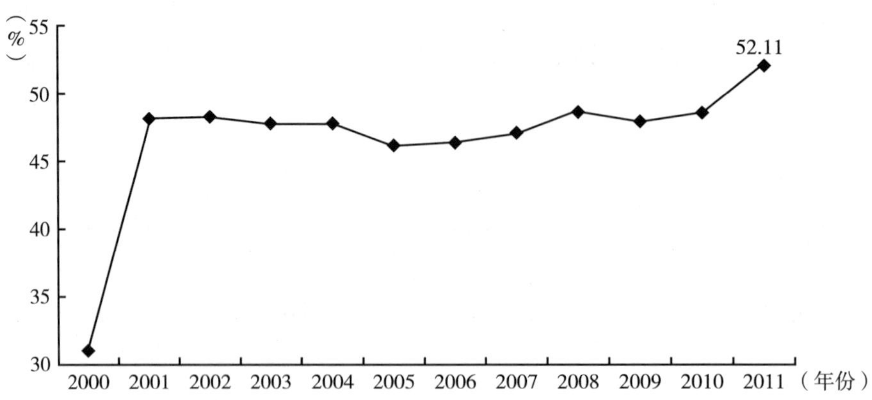

图 13　2000～2011 年中国汽车产业生产集中度（CR3）

资料来源：《中国汽车工业年鉴 2012》。

变化中可以看出，中国汽车产业集中度在不断提高，不仅国内企业间加强了合作与联合，而且通过海外并购不断谋求新的发展，提高了整个汽车产业的组织竞争力。

但也要注意到，我国汽车产业集中度水平总体来说仍然与发达国家之间存在一定的差距。相比发达国家，如日本在 2008 年其 CR3 已经达到 63.67%，可以看出，我国汽车产业的集中度在起伏中变化，与发达国家之间仍然存在差距，但差距是在不断缩小的。

3. 产业规模经济性

规模经济是指企业因扩大生产规模或经营规模而使其自身受益。汽车产业作为资本密集型产业，规模经济效应更突出，而随着汽车产业市场竞争日益激烈，寻求合理的规模经济是汽车生产企业实现利润最大化、保持持续竞争力的必要条件。

如图 14 所示，2000 年以来，我国汽车产量排名前 15 位的生产企业的汽车产量之和占当年汽车总产量份额之比在稳步提高。2001 年只有 81.76%，2006 年增长到 92.53%，2010 年为 92.42%，2011 年进一步增长，达到历史的高位，为 94.47%。总体而言，产业规模保持在一个高位水平。

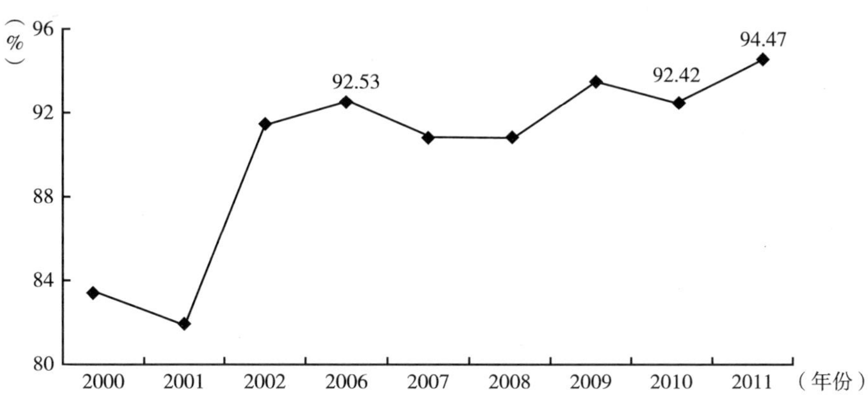

图 14　2000 年以来中国前 15 位汽车生产企业汽车产量占总产量份额

资料来源：相关年份的《中国汽车工业年鉴》。

表 6 反映的是 2011 年汽车产业规模经济性的情况。2011 年，汽车产销量均在 10 万辆以上的企业（集团口径）共 17 家，包括表 6 中的 15 家，以及东

南（福建）汽车工业有限公司，产量为 11 万辆，和陕西汽车集团有限责任公司，产量为 10.7 万辆。2011 年，上汽集团、东风汽车（集团）、一汽集团、中国长安集团与北汽集团五家企业的产销量超过 100 万辆。更令人惊喜的是，上汽集团以 397.3 万辆的高产量稳居国内第一，东风汽车以 305 万辆实现产量首次突破 300 万辆，一汽集团以及中国长安的产销量也都突破 200 万辆。这些数据进一步表明，我国汽车产业核心企业的规模经济有了较大幅度的提高。但是，如果从轿车工业的规模经济性角度分析，将 25 万辆作为最小经济规模，那么 2011 年年产轿车超过 25 万辆的企业为 14 家，比 2010 年少 1 家，具体包括：上海通用（113.65 万辆）、上海大众（101.31 万辆）、一汽大众（95.9 万辆）、北京现代（59.17 万辆）、东风日产（57.33 万辆）、奇瑞汽车（46.67 万辆）、浙江吉利（43.55 万辆）、长安福特马自达（41.62 万辆）、神龙汽车（40.54 万辆）、天津一汽丰田（39.89 万辆）、比亚迪汽车（38.68 万辆）、广汽本田（33.87 万辆）、东风悦达起亚（32.05 万辆）以及天津一汽夏利（25.36 万辆）。以上 14 家企业轿车产量之和占全国轿车总产量的 75.91%，较 2010 年回落了 3.87 个百分点。这主要是因为国内汽车需求刺激政策的退出，影响了汽车企业的生产销售。轿车产量排在第 15、第 16 位的分别为一汽轿车、长安铃木，其产量分别为 23.24 万辆、21.99 万辆，离 25 万辆的差距并不大，如果将其考虑进去，中国汽车产业的规模经济性指标将有较大幅度提高。

表 6　2011 年中国前 15 位汽车生产企业汽车产量和产量份额

单位：万辆，%

排名	企业集团	产量	产量份额
1	上海汽车工业(集团)总公司	397.3	21.57
2	东风汽车公司	305.9	16.61
3	中国第一汽车集团公司	256.7	13.94
4	中国长安汽车集团股份有限公司	200.3	10.88
5	北京汽车集团有限公司	151.4	8.22
6	广州汽车工业集团有限公司	74.1	4.02
7	奇瑞汽车股份有限公司	63.7	3.46
8	华晨汽车集团控股有限公司	55.4	3.01

续表

排名	企业集团	产量	产量份额
9	长城汽车股份有限公司	48.7	2.64
10	安徽江淮汽车股份有限公司	48.6	2.64
11	比亚迪汽车有限责任公司	44.9	2.44
12	浙江吉利控股集团有限公司	43.5	2.36
13	重庆力帆乘用车有限公司	20.6	1.12
14	中国重型汽车集团有限公司	15.2	0.82
15	湖南江南汽车制造有限公司	13.8	0.75
15 家企业合计		1740.0	94.47
全国总计		1841.9	100.00

资料来源：《中国汽车工业年鉴 2012》。

进一步分析我国汽车企业的轿车产量不难得出，2011 年，上海通用与上海大众产量首次突破 100 万辆。如图 15 所示的轿车集中度，2011 年与 2010 年轿车的 CR3 差值最大，为 1.9%，说明相比于 2010 年，2011 年前三大轿车生产企业的规模进一步扩大。从 CR1 到 CR6 的差值都是正值，说明在 2011 年前六大轿车生产企业规模均在变大；从 CR7 到 CR15 的差值为负，则表明从第 7 至第 15 位的轿车生产企业的相对规模是在缩小的。总体而言，我国轿车生产

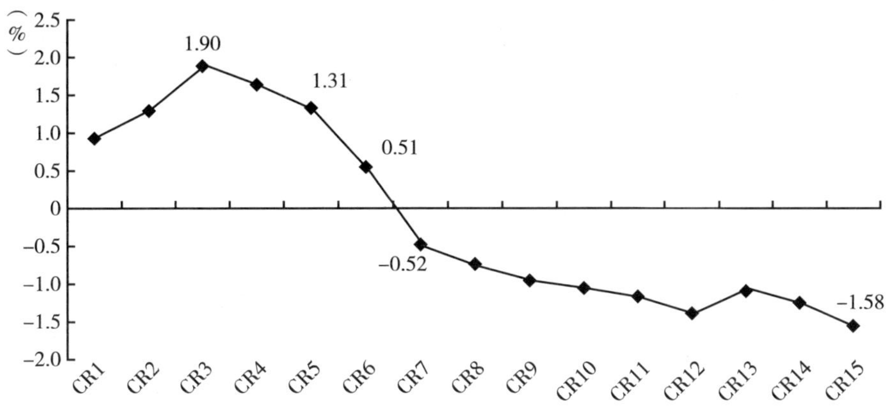

图 15　2011 年与 2010 年轿车集中度的差值

说明：横轴 CR3 对应的纵轴数值为 1.9%，表示 2011 年轿车产量前三名企业的轿车产量占 2011 年轿车总产量的份额减去 2010 年轿车产量前三名的企业轿车产量占 2010 年轿车总产量的份额；数据来源于《中国汽车工业年鉴 2012》。

企业开始出现“强者更强，弱者渐弱”的态势。这也符合国家提出的“四大四小”的总方向，有利于进一步提高我国汽车企业集团的市场竞争力。综上所述，我国汽车产业的规模经济性得到较快的发展，大的企业集团得到进一步发展壮大，有利于进一步提高汽车产业的规模经济性，提升汽车企业集团的竞争力。

4. 产业劳动生产率

提高一个企业的经济效益主要有两种途径：一是扩大规模，实现规模经济；二是通过各种途径提高企业的生产效率，提升企业的经营质量。因此，提高劳动生产效率对于提高企业的竞争力是至关重要的。近几年来，随着我国汽车产业的不断发展，企业间的兼并重组不断进行，企业规模也在日益壮大。在后金融危机阶段，进一步提高我国汽车产业生产效率，降低生产成本，提高企业效益，成为我国汽车生产发展的关键。

图 16 反映的是 2000 年以来我国汽车全员劳动生产率（增加值）的变化情况，这一指标是由汽车工业增加值与全年汽车工业职工平均人数统计出来的。2000 年以来，这一指标在稳步上升，在 2000 年只有 5.36 万元/（人·年），而到了 2011 年已经增长到 32.75 万元/（人·年），较 2000 年增长了 5.1 倍。但是也应看到，我国汽车产业的整体生产效率与发达国家之间的差距仍然较大。这一方面是由于我国汽车企业在扩大规模过程中，多注重设备的引进，不重视流程的改进；另一方面是由于固定资产特别是流水线设备投资的滞

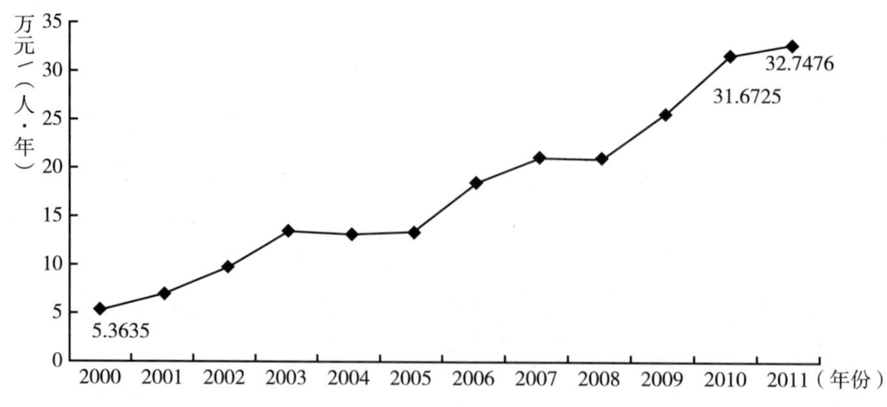

图 16　2000～2011 年我国汽车劳动生产率的变化

资料来源：《中国汽车工业年鉴 2012》。

后，直接导致设备运行效率不高，生产过程中大量使用人力。此外，我国汽车产业对研发投入、人员培养等方面的投入与发达国家之间的差距仍然较大。因此，要进一步提高我国汽车产业的劳动生产率，需要从进一步改进汽车生产流程、加大汽车生产设备的投资力度，加大汽车研发投入，以及重视对员工技能培养的提高等多方面着手。

（三）中国汽车产业创新竞争力稳步增长

1. 研发投入

汽车工业是一个资本密集型行业，其核心竞争力在于汽车产品的创新与研发能力。从 2001 年以来，中国汽车工业的研究经费投入数量在不断增长。从图 17 中可以看出，·2001 年研发经费投入只有 58.6 亿元，到 2011 年投入已经达到 548 亿元，同比增长了 9.86%。研发经费占主营业务收入比例方面，2003～2008 年一直保持稳定增长，并在 2008 年达到最高值 2.07%；2009 年，由于研发经费投入增速明显低于主营业务收入的增长，导致这一比例明显下滑，回落到 1.93%；2010 年进一步下滑，下降到 1.62%。2011 年尽管有略微增长，但较金融危机前仍然有较大差距。而相比发达国家差距更为明显，2010 年德国研发经费占主营业收入之比为 6.2%，约是我国的 4 倍。这一点也折射出国内汽车工业在研发经费投入上的比重仍然偏低，汽车工业价值的实现仍然依赖于“薄利多销”，而非“精耕细作”。

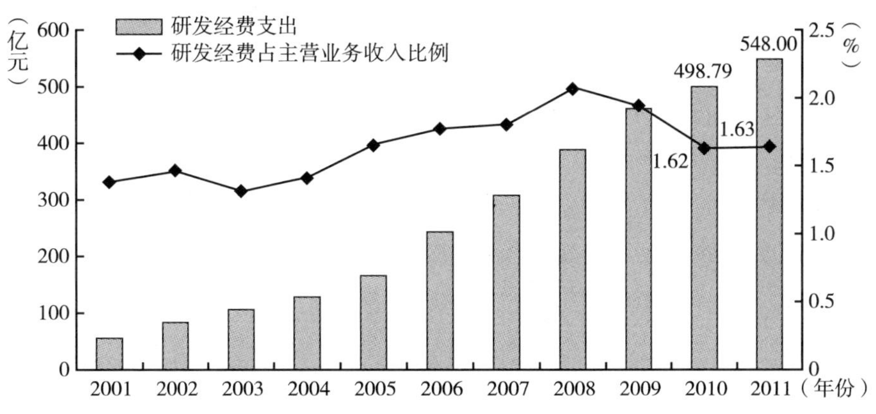

图 17　2001～2011 年我国汽车工业研发经费投入的变化

资料来源：《中国汽车工业年鉴 2012》。

在研发人员投入方面，近年来我国汽车企业非常重视研发专业人才的培养，各主要汽车企业集团纷纷与国家科研机构、高等院校开展合作，并通过引进和派出等方式，使我国汽车研发条件进一步完善，研发人才队伍进一步壮大。2011 年，我国汽车工业年末从业人员中技术人员数达到 35.5 万人，同比增长 14.1%。其中，直接从事研发工作的人员达到 18.7 万人，同比增加 10.3%，远高于 2010 年 4% 的同比增速，占到汽车产业从业人员的 7.73%。研发人员投入的快速增加有利于我国汽车产业自主创新能力的进一步提升，这对于改变我国汽车产业一直以来“重引进、轻吸收”的局面，提高我国自主品牌汽车的技术含量有着重要的意义，有助于我国汽车产业培养出一批具有国际竞争优势的自主品牌企业。

但是我们也应该看到，由于我国零部件产业技术基础较差，长期投资严重不足，滞后于整车的发展。另外，我国零部件产业结构不合理，绝大部分企业达不到经济规模，产品开发能力弱，大部分零部件企业缺乏自主发明专利，大量核心技术掌握在外资零部件企业手中。随着外资企业在中国的大规模投资，我国汽车企业面临非常不利的零部件采购局面。汽车零部件产业自主创新的落后直接制约了我国汽车产业的发展。

2. 研发产出

总体而言，随着我国汽车工业研发投入的逐年增加，我国汽车工业的自主创新能力得到较快的发展，自主品牌汽车品牌数也在稳步提高。如图 18 所示，乘用车方面，自主品牌品牌数为 143 个，增长了 14 个。受 2011 年国内汽车增长缓慢影响，自主品牌汽车产量均有大幅的下降，自主品牌乘用车共生产 321.2 万辆，较 2010 年下降了 305.1 万辆；占乘用车总产量的 22.2%，较 2010 年下降了 23 个百分点。尽管乘用车自主品牌数的绝对数增长了 14 个，但其占乘用车总品牌数之比是下降的，2011 年只有 41.6%，较 2010 年下降了 16 个百分点。对比 2010 年自主品牌汽车的快速发展可以看出，我国自主品牌汽车受宏观环境、汽车产业政策的影响波动更大，这本质上反映出我国自主品牌汽车市场竞争力仍然偏弱，市场份额较小，抗风险能力较差。

鉴于我国自主品牌汽车仍然处于成长阶段，面临的市场环境竞争较为激烈，一方面，国家和政府应给予相关的政策倾斜与扶持；另一方面，汽车企业

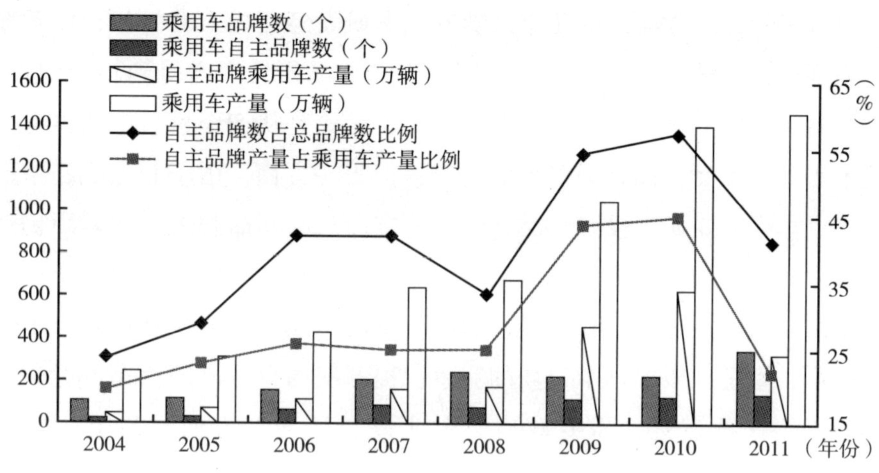

图 18　2004～2011 年自主品牌乘用车品牌数及产量

资料来源：相应年份的《中国汽车工业年鉴》。

应继续加大研发力度，加强人才的培养和引进，共同推进我国自主品牌汽车的发展壮大。

在乘用车中，基本型乘用车（轿车）的产销占有较大份额。如图 19 所示，2011 年我国自主品牌轿车销售量达到了 294. 64 万辆，同比增长 0. 5%，较 2010 年 32. 3% 的高速增长差距较大；占我国轿车销售总量的 29. 11%，较 2010 年下降了 1. 78 个百分点，市场占有率有所下滑。

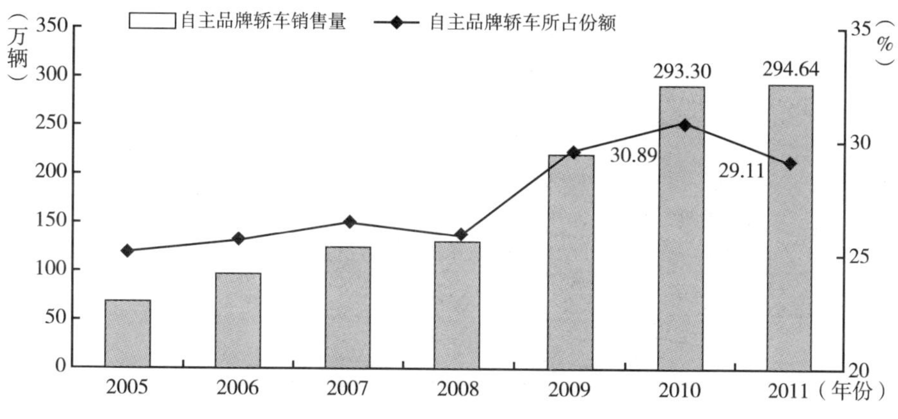

图 19　2005～2011 年自主品牌乘用车销量及市场份额

资料来源：相应年份的《中国汽车工业年鉴》。

综合来看，一方面，近几年来随着汽车研发经费投入的增加，以及在国家一系列政策的鼓励和引导下，我国汽车产业的研发产出得到较快的发展，特别是自主品牌汽车企业实力在不断壮大，无论是从产销量、市场占有率还是技术水平等方面，都有了很大的提升；但另一方面，由于起点低，中国自主品牌汽车企业在研发投入、品牌建设等方面与国际品牌之间的差距仍然较大，受宏观环境的影响更大，抗风险的能力仍然偏弱。同时，合资企业不断针对中国市场特点开发出新车型，国际汽车巨头加大新能源和低碳技术的研发与推广，则进一步加剧了市场的竞争。提高我国自主品牌汽车的竞争力和影响力仍然任重道远，需要政府、企业以及社会多方面、多层次的共同努力。

3. 专利申请数

如表 7 所示，2011 年中国汽车行业专利公开总量为 50062 件，同比增长了 22.8%。“十一五”期间，中国汽车行业专利公开总量由 2006 年的 17200 件上升到 2010 年的 40762 件，年平均增速为 24.1%。2011 年作为“十二五”规划的第一年，中国汽车行业专利公开总量增长速度有所放缓，但仍保持了高速增长。

表 7　2006 ~ 2011 年中国汽车工业专利公开数量

单位：件，%

年份	发明专利	实用新型专利	外观设计专利	专利总数	同比增长
2006	8253	7133	1814	17200	27.1
2007	8978	10020	2488	21486	24.9
2008	11037	12248	2591	25876	20.4
2009	13555	13688	3872	31115	20.2
2010	14303	20957	5502	40762	31.0
2011	18758	26053	5251	50062	22.8

资料来源：《中国汽车工业年鉴 2012》。

具体来看，2011 年，中国汽车行业专利公开的总量中，发明专利为 18758 件，同比增长了 31.2%；实用新型专利 26053 件，同比增长了 24.2%；外观设计专利 5251 件，同比降低了 4.6%。由此可见，除外观设计专利略有下降

外，发明专利和实用新型专利都有较快的增长。从专利申请人分布情况来看，2011 年中国汽车行业专利申请人数量在不断增长。其中，国内申请人申请专利 41111 件，同比增长了 22.7%；国外申请人申请了 8951 件，同比增长了 23%。从国内外专利申请人所占比例看，国内专利申请人申请专利数量占全年汽车行业专利申请总量的 82.1%，国外专利申请人申请专利数量占 17.9%，与 2010 年的情况接近。

综上，近年来我国汽车企业专利申请量大幅度上升，这表明我国汽车企业的自主创新水平和产权保护意识在逐步提高。2011 年，我国汽车企业在发明专利和实用新型专利方面都有较大的发展，这对于提高我国自主品牌汽车的技术含量，扩大自主品牌汽车的市场份额具有重大意义。

（四）中国汽车产业国际绩效竞争力逐步提升

1. 国际市场占有率

中国汽车出口在经历了 2009 年的低迷后，2010 年实现恢复性的增长，2011 年中国汽车产品出口量及出口额同比呈增长态势，但由于受国内市场增速减缓和日本地震、海啸的影响，汽车产品出口增速有所放缓。如表 8 所示，2011 年中国汽车出口总金额为 689.4 亿美元，同比增长了 32.99%，较 2010 年回落了 2.19 个百分点。其中整车产品出口 84.98 万辆，同比增长了 50.1%，较 2010 年下降了 2.9 个百分点，整车出口金额为 109.46 亿美元，同比增长了 56.7%；挂车及半挂车出口 38.6 万辆，同比增长了 27.2%，出口金额为 6.73 亿美元，同比增长了 44.7%；发动机出口 429.3 万台，同比增长了 29.1%，出口金额为 17.69 亿元，同比增长了 79.6%；摩托车出口 1139.2 万辆，同比增长了 26%，出口金额为 54.1 亿美元，同比增长了 35.4%；零部件（含发动机、摩托车零部件等）出口金额 501.7 亿美元，同比增长了 20.3%。上述数据显示，汽车出口总额中，零部件出口占比 72.8%，而整车出口额占比只有 15.9%，明显低于零部件出口占比，我国汽车出口依然以零部件出口为主，整车在世界市场上的竞争力和影响力有待进一步提高。

表 8　2001～2011 年中国汽车出口情况

年份 \ 项目	汽车出口总金额（亿美元）	汽车出口总额同比增长（%）	整车汽车出口数量（万辆）	整车汽车出口同比增长（%）
2001	27.12	—	2.61	—
2002	33.59	23.86	2.20	-15.77
2003	80.26	138.94	4.58	108.46
2004	127.66	59.06	7.60	66.02
2005	167.7	31.36	16.43	116.13
2006	289.1	72.39	34.34	109.05
2007	412.63	42.73	61.44	78.93
2008	476.3	15.43	68.10	10.84
2009	383.5	-19.48	37.00	-45.66
2010	518.4	35.18	56.62	53.00
2011	689.4	32.99	84.98	50.10

资料来源：相应年份的《中国汽车工业年鉴》。

具体来看，整车出口的主要品种中依然以轿车和载货车为主，轿车出口为37.2万辆，同比增长了106.8%，占比43.8%，轿车出口金额为26亿美元，同比增长了103.5%，占整车出口金额比23.7%；载货车出口32.2万辆，同比增长了38.8%，占比37.9%，载货车出口金额为48.1亿美元，同比增长了51.2%，占比44%。由此可见，一方面，整车出口无论数量还是金额都主要以轿车和载货车为主；另一方面，尽管轿车的出口数量及占比高于载货车，但是其金额及占比都低于载货车，一定程度上反映出我国轿车出口价格较低，经济效益不及载货车。从出口的地域来看，整车方面，中国汽车整车出口重点市场比较稳定，主要对象是新兴国家和地区，如东南亚、非洲、中东及南美等地区依旧是中国传统优势市场。“金砖四国”中的俄罗斯、印度及巴西在2011年汽车市场均表现优异，中国汽车产品出口到这三个国家的数量也较大。2011年出口到俄罗斯、伊朗、巴西、尼日利亚、墨西哥、印度、马来西亚及越南的贸易额分别为30.3亿美元、21.9亿美元、21.4亿美元、15.5亿美元、13.4亿美元、13.2亿美元、10.1亿美元和10.1亿美元。零部件方面，中国生产的部分零部件产品，尤其是行驶系统和汽车电子电器产品，在全球汽车产品市场已经占据重要地位，并已进入跨国公司全球采购体系。零部件产品出口国家仍

以美国、日本、韩国及德国等汽车工业强国为主，其中，美国一直保持零部件出口第一的市场地位。2011 年零部件出口至美国、日本、韩国及德国的贸易额分别为 131.4 亿美元、55.1 亿美元、31.2 亿美元和 21.4 亿美元，美国遥遥领先于其他国家。

然而，值得注意的是，2011 年中国汽车产品出口中也出现以下几方面问题：一是出口产品多为劳动力、材料密集型及高耗能产品，且附加值较低。出口的汽车产品大多为高能耗、低附加值的劳动密集型或材料密集型产品，而高科技汽车产品大多依赖进口，中国汽车出口的产品结构调整任重而道远。二是国内出口企业在国外存在低价竞争、售后服务不到位等现象。由于国内市场竞争激烈，不少国内企业将销售目标锁定在国外市场。在国外市场开拓方面，一些企业缺乏长远战略目标，盲目压价竞争，使出口企业利润减少。另外，在售后服务和维修方面资金和人力投入较少，零部件缺乏，维修跟不上，大大影响了中国汽车产品在国外的声誉。

2. 国际贸易竞争力

贸易竞争力指数通常是指一个国家某一行业或某种商品的净出口与该行业或商品贸易总额的比例，用来说明该行业或商品的国际竞争力。2011 年中国汽车行业贸易竞争力指数仍然呈现负增长，这是继 2010 年出现负增长后再次出现负的增长，贸易竞争力指数为 -0.036，较 2010 年的 -0.045 略微有所改观（见图 20）。这主要是因为汽车进口金额高于出口金额，出现汽车贸易逆差。2011 年中国进口汽车产品 741.4 亿美元，同比增长 30.8%，出口汽车产品 689.4 亿美元，同比增长 33%。2011 年贸易逆差为 52 亿美元，较 2010 年高出 3.5 亿美元，但由于进出口贸易总额的增长速度快于逆差额的增长，因此，2011 年的贸易竞争力指数略微高于 2010 年。此外，贸易竞争力指数与汽车产业发达的国家相比，差距在不断扩大。日本、德国和美国的汽车产业贸易竞争力指数都要明显高于我国，它们的平均水平在 0.4 左右，国内与之相差较大。要想进一步提高我国汽车工业的国际贸易竞争力，仅从数量上做文章是不可取的，必须扩大中高端汽车市场的份额，提高单位出口产品的效益。

贸易竞争力指数差距较大进一步影响到国际市场绩效竞争力的另一指标——显示性比较优势指数（RCA 指数）。RCA 指数简单地说是指一个国家

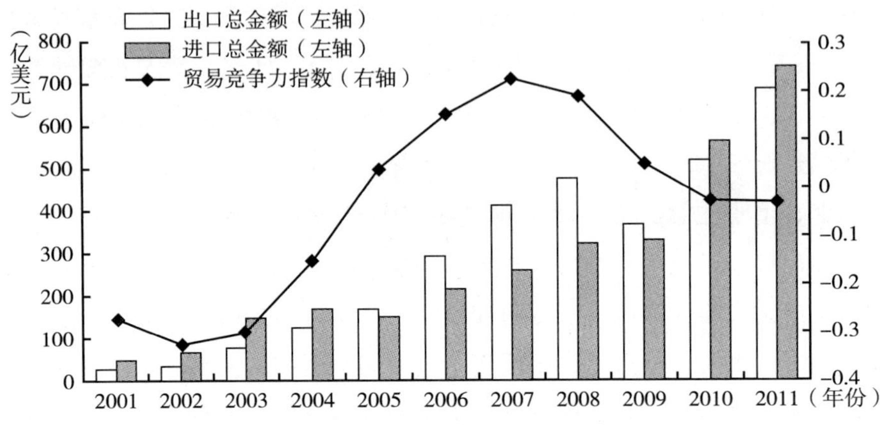

图 20　2001～2011 年中国汽车产品贸易竞争力指数

资料来源：《中国汽车工业年鉴 2012》。

某种商品的出口值占该国所有出口商品总值的份额，与世界该类商品的出口值占世界所有商品出口总值份额的比例，可以反映一个国家（地区）某一产业贸易的比较优势。2011 年我国汽车产业的 RCA 指数为 0.51，仅仅比 2009 年高出 0.06，这表明在国际市场上我国汽车产业短期内不具备比较优势，国际市场的竞争力偏弱。

原因是多方面的，一是我国汽车产业比发达国家起步晚，整体的技术水平不高，这一系列基础性条件都直接影响了我国汽车产业的比较优势；二是出口产品多为劳动力、材料密集型及高耗能产品，且附加值较低；三是国内出口企业在国外存在低价竞争、售后服务不到位等现象；四是国内劳动力成本上升、能源成本上涨削弱了汽车出口产品竞争力。因此，提高中国汽车产业的国际竞争力本质上需要转变汽车工业增长方式，提高产品创新能力，而这一切都离不开国家、企业与社会多方的共同努力。

3. 内资企业国际化

近几年来，我国汽车企业通过中外合资、海外兼并收购等多种方式将触角延伸到国外，不断提高国内企业国际化程度，加快融入世界汽车产业的国际舞台，很大程度上提高了中国汽车产业的国际影响力和汽车产品的竞争力。

据不完全统计，2011 年中国汽车行业新签约成立的中外合资企业有 11 家

（其中，汽车整车 3 家，汽车零部件 5 家，涉及汽车金融、二手车等其他领域合资企业 3 家），签订的合资项目有 9 项（其中，汽车整车 3 项，汽车零部件 6 项）。综观 2011 年中外企业的合资合作，整车方面合作注重大企业集团的强强联合，致力于更加节能环保及更具科技含量产品的开发；零部件方面新能源汽车配套产品增加，生产发动机产品成热点，汽车安全方面的合资合作引起重视。除整车与零部件的合资合作外，汽车企业也涉足了工业环保、汽车产业园区及汽车金融等领域。

除中外企业合资合作外，国内企业海外投资也成为近年来行业的一大亮点。参与国际并购给国内汽车企业带来规模经济效应，使其能尽快获取国际先进技术，并促进自身能力的提升，海外投资成为国内汽车企业拓展国际市场的一个渠道。据不完全统计，2011 年国内企业在海外设厂的有 6 家。企业以海外设厂为契机，建立产品出口平台，同时对产品进行本土化改造，适应国外市场需求。与此同时，注重产品研发方面的投资。原有合资企业签订深入合作协议的有 5 家，合作向更高层次、更深程度发展。2011 年国内企业海外投资主要大事件有：2011 年 3 月，重庆力帆集团同巴西八集团联合投资 7000 万美元在巴西建立汽车研发中心。该研发中心将开发一款面向全球市场的紧凑车型，同时还会涉及新能源汽车的开发。2011 年 7 月，北汽集团旗下的北京汽车制造厂有限公司（BAW）和北京汽车国际贸易有限公司与俄罗斯 AMS 汽车集团全资子公司 BWC 成立合资汽车制造公司——BAW-RUS 汽车有限公司。该合资公司总投资约 1.76 亿美元，北汽旗下两家公司与 BMC 各持有 50% 股份，合资公司设在俄罗斯乌里扬诺夫斯克市，规划年生产能力为 6 万辆商用车。2015 年末，合资公司年产量将达到 2 万辆，将全部以 BAW 品牌在俄罗斯当地市场销售。2011 年 11 月，比亚迪汽车与阿根廷政府签订协议，将在阿根廷生产电动客车，用于公共交通。根据协议内容，比亚迪公司将在阿根廷设立工厂生产电动汽车及其配件。2011 年 11 月，江淮汽车与巴西经销商 SNS 公司签署《巴西工厂框架协议》，决定在巴西建立合资公司，生产江淮汽车。合资公司总投资 6 亿美元，注册资金 1.2 亿美元，年产 10 万辆江淮汽车乘用车产品。江淮汽车持有该合资公司 20% 的股份（技术 10% 与现金 10%）。SNS 持有该工厂 80% 的股份（以固定资产与现金入股），工厂包括冲压、焊装、涂装、组装四大生产工艺。

综上所述，随着我国高性价比汽车在海外市场所占份额的进一步扩大，我国汽车企业将加大在海外工厂的投资，实现本土化生产、销售，以更好地接近当地市场，规避贸易壁垒，节约运输成本和生产成本，进一步提高汽车产业的国际竞争力。

三 结语

本部分通过构建中国汽车产业国际竞争力指标体系，主要对比分析了2010年与2011年中国汽车产业的变化与发展，得出一个基本的结论：2011年中国汽车工业未能延续2010年的高速增长态势，我国汽车产业开始从高速增长的阶段逐步过渡到稳步提高的阶段，但我国汽车产业国际竞争力分值仍然偏低，与发达国家之间的差距依然有不小差距，我国汽车产业面临着转型升级的内外部压力。内部，国内汽车需求市场增长逐渐放缓，消费者个性化要求、对汽车产品的整体要求越来越高，但我国汽车产业生产能力、创新能力仍然有很大提高空间；外部，世界汽车强国纷纷将我国汽车市场当做其全球市场的第一市场，投入更多的新产品、新技术，我国汽车产业面临着更为激烈的竞争环境。具体而言，2011年，汽车产业环境竞争力同比下降，国内需求市场增长缓慢，产业地位有所下降；产业组织竞争力略微下滑，产业经济规模性同比下降，但产业集中度有明显提高；产业创新竞争力稳步提升，研发经费投入、研发人员以及专利申请数都有不同程度的增长；产业国际绩效竞争力增长较快，国际市场份额、海外生产能力、显示性比较优势指数等都有一定程度的增长。

相比于发达国家而言，我国汽车产业国际竞争力仍有很大的提高空间。首先，产业环境竞争力分值偏低，特别是在需求开拓和产业地位方面，仍处于落后地位。其次，产业组织竞争力方面，产业经济规模性仍然较低，未来需要进一步的整合资源、兼并重组、做大做强。再次，产业创新竞争力方面，尽管近几年来自主品牌汽车有了很大的发展，但在核心技术掌握等方面能力仍然偏低。最后，产业国际绩效竞争力方面，2011年得到较快的增长，但分值与发达国家相比差距最大，中国汽车工业出口产品附加值低、竞争力偏弱的局面仍

将长期存在。

2011 年对于中国汽车产业来说是艰难的一年，面临欧债危机对实体经济的影响日益加深，国内经济增速开始放缓，汽车需求刺激政策陆续退出等不利因素，中国汽车产业在这一年取得了来之不易的成绩。但同时我们更应该清晰地认识到在弱势环境下我国汽车产业反映出来的诸多问题，如抗风险能力较差、产品缺乏核心技术、市场竞争力偏弱等。这些问题有历史原因，也有当前现实的原因，针对严峻且紧迫的现状，需要政府、企业和社会多方的共同努力。国家在战略上指引，在产业政策上支持；企业立足自身，充分利用外界环境，不断提高技术水平、产品质量；整个社会支持民族企业，支持自主品牌。如此，中国汽车产业的国际竞争力将进一步提升，在国际舞台上将发挥更重要的作用，并最终实现从汽车大国变为汽车强国的梦想。

B.4 未来十年中国汽车产业国际竞争力趋势分析

一　中国汽车产业国际竞争力发展现状

（一）中国汽车产业发展取得的成绩

从2001年12月11日中国正式加入世界贸易组织到2012年，是中国汽车产业高速发展的“黄金十年”，创造了世界汽车发展史上的奇迹，中国一举成为世界最大的汽车生产国和消费国。“入世”11年来，中国汽车产业取得了重大成绩，基本上形成了完整的产业体系，在拉动国民经济增长、增加就业及拉动内需等方面发挥着越来越重要的作用。具体表现在以下几方面。

第一，汽车产业环境竞争力大幅提高。一是中国汽车产销规模跃居世界第一。2011年，中国汽车产销量分别达到1841.89万辆和1850.51万辆，已连续三年稳居世界第一，较2001年233万辆的年产量增长了将近7倍。预计未来一段时间内，中国仍将保持汽车产销大国地位。二是汽车工业成为国民经济的支柱产业。2000～2011年，汽车工业增加值增长了8.6倍，远远高于同期GDP的增速，汽车工业增加值占GDP的比重进一步提升到1.63%。2011年，实现汽车工业总产值3.32万亿元，2000～2011年年均增长率高达23%，实现销售产值3.28万亿元，2000～2011年年均增长率高达22.8%，均高于宏观经济增长速度，进一步巩固了其在国民经济中的支柱产业地位。

第二，汽车产业组织竞争力快速增长。一是产业组织结构调整取得较大进展。“入世”十多年来，行业内兼并重组取得明显进展，如长安重组江铃、上汽收购南汽、广汽重组长丰、兵装集团与中航集团重组汽车业务成立新的长安汽车集团等。通过兼并重组，主要汽车企业集团的产销规模不断扩大，2011

年上汽接近400万辆，东风超过300万辆，一汽集团超过250万辆，长安集团约200万辆，产业集中度（CR3）进一步提高到52.1%，较“入世”前提高了20多个百分点，产业规模（前15位汽车生产企业汽车产量占总产量份额）达到历史高位94.5%。二是汽车产品结构调整取得进展。在私人消费的带动下，乘用车所占比例提升至2011年的78.2%。尤其是2009年《汽车产业和调整振兴规划》实施后，1.6L及以下乘用车市场占有率由2008年的62.2%提高至2009年的69.6%，同比增加7.4个百分点。2011年小排量乘用车购置税、汽车下乡等政策退出后，其所占比例仍高达68.0%。三是产业劳动生产率进一步提高。到2011年，我国汽车工业全员劳动生产率（增加值）达到32.7元/（人·年），较“入世”前增长了5倍多。

第三，汽车产业创新能力得到较大提高，自主品牌建设取得长足进步。“入世”11年来，自主品牌不仅在商用车市场保持主导地位，在以轿车为主要代表的乘用车市场也取得明显进步。2011年，自主品牌乘用车和轿车市场份额分别为42.2%和29.1%，主要自主品牌轿车企业已经具备了发动机、变速器等关键总成的研发和生产能力，并实现了自我配套。汽车电子领域的高压共轨、电动转向以及电动汽车专用空调等一些关键项目取得一定的进展，核心技术“空心化”问题得到初步缓解。

第四，汽车产业国际竞争力取得显著进步。“入世”后，中国汽车出口开始加速，2001年，整车汽车出口数量只有2.6万辆，2005年达17.3万辆，首次超过进口车辆，2011年增长到85万辆，成为拉动汽车产销量增长的重要力量；汽车出口总金额也从2001年的27亿美元一路快速增长到2011年的689亿美元。与此同时，主要自主品牌企业以海外建厂、设立海外研发中心，以及通过收购外国企业等多种方式进行海外投资且速度不断加快，中国汽车产业的国际竞争力得到显著的提高。

第五，现代汽车服务体系初步形成。经过政府和行业的共同努力，国内汽车服务体系的竞争力有了很大提升，现代化的汽车服务体系初步形成。品牌销售已经成为国内企业的主流销售模式，对改善企业和产品形象、保护消费者利益及促进销售发挥了重要作用。部分汽车生产企业已经开始进入二手车经营领域，开展“以旧换新”业务，取得一定成效。有关部门建立和完善了汽车金融管理制度，汽车消费信贷业务开始起步。

“入世”十多年来，国内汽车市场快速增长导致汽车保有量迅速增加，已由2001年的1802万辆增长至2011年的9350万辆，千人汽车保有量也由14辆提高至69辆。2010年国内百户家庭汽车拥有量超过13.7辆，是2002年的5.3倍，北京、天津、浙江的百户家庭汽车拥有量分别达到46.5辆、27.1辆和20.8辆，广东、河北、山东等省市的百户家庭汽车拥有量也即将达到20辆，可以认为，中国正逐步进入汽车社会。

（二）中国汽车产业发展面临的挑战

2009年以来，中国汽车产销量连续多年高居世界第一，中国汽车市场已经逐渐成为全球最受瞩目的区域市场，也成为国际主要汽车企业（集团）争先开拓的战略重点之一，国内汽车市场竞争更加激烈。2011年，中国汽车产业发展出现一系列新动向，最为重要的是发展主旋律从“高速增长”转向“加速调整”。在调整过程中，国内汽车企业（集团）也暴露出了不少问题，其中一些问题是长期累积所致，中国汽车产业的发展仍然面临着不少挑战。

第一，汽车产业增速面临放缓趋势，企业经营业绩有所下降。自2010年以来，我国汽车产业产销量增速明显放缓，特别是2011年，产销量增速均创“入世”以来的最低值。2011年，汽车产量同比增速仅为0.87%，较2010年下降了30多个百分点，这一增速也明显低于3.14%的全球汽车产量增速；销量同比增速仅为2.5%，较2010年下降了约30个百分点。受此影响，2011年我国汽车行业企业经营状况并不十分乐观，很多指标低于工业行业平均水平或者出现大幅下滑。相比2010年，汽车工业增加值、总产值以及销售产值同比增速分别回落了15个、20个和18个百分点，汽车行业利润总额同比回落了将近50个百分点，8家企业（集团）利润总额为负增长。

第二，零部件配套行业总体发展滞后，成长空间依然很大。一是“整零”关系依旧没有理顺。国内零部件企业在和国内整车企业的合作中长期处于弱势地位，独立走向市场的条件逐渐丧失，再加上参与研发时间较少，自身技术水平和积累并未得到显著提高，依附关系在不断强化。二是研发投入不足，创新能力薄弱。受到依附整车企业即可维持经营而缺少创新意愿等主观因素和研发

实践少、赢利能力弱等客观因素的综合影响，国内汽车零部件企业研发投入动力和能力都不足。

第三，汽车产业自主创新能力发展态势总体仍不容乐观。尽管我国汽车产业创新能力与国际先进水平间的差距在不断缩小，但是想要进一步缩小的难度也在加大。总体上，我国汽车产业自主创新能力和我国汽车产业在国际市场中的重要地位不相匹配的现状仍然没有发生根本性变化，由于缺乏自主创新能力而陷入被动发展局面也没有发生根本性变化，大部分核心技术、关键环节仍受制于人的局面仍然没有发生根本性的变化。

第四，自主品牌汽车企业兼并重组和结构调整步伐仍需加快。近年来，国内汽车企业之间兼并重组的预期不断加强，但由于涉及多方利益，进展并不顺利。2011 年以来，国内自主品牌汽车企业的兼并重组缺乏大的动作，推进较慢，而且部分完成兼并重组的汽车企业的内部管理和运行仍有待进一步理顺。相比合资、外资企业而言，我国自主品牌汽车企业明显处于劣势，发展形势难言乐观，自主品牌市场占有率也出现了明显下滑。2011 年我国汽车自主品牌市场份额自 2008 年以来首次下降，较 2010 年下降了 3 个百分点。

第五，合资合作水平偏低，缺乏系统性战略规划，国际竞争力可能不升反降。通过引进国际汽车主要企业（集团）加以合资合作，对促进我国汽车产业技术提升、市场培育、观念改进等多方面大有益处。但是，总体而言，国内汽车产业的合资合作水平仍然较低，引进部分主要集中在汽车的制造环节，如产品生产线、生产设备、生产管理与布局等中间环节，在技术研发、平台共享以及品牌建设、渠道建设等方面合作仍十分有限，如技术研发依然以外资为主导，品牌多以贴牌为主等，合资合作水平并没有发生本质性的改变。此外，整个汽车行业在与外资合资合作过程中缺乏全局的战略性规划和政策引导，可能导致汽车产业国际竞争力不升反降。

第六，国内汽车环境总体向好，但关键性挑战日益凸显。目前，国内宏观经济环境总体向好，但相比 2009 年，刺激消费的政策力度明显减弱，而诸如摇号限购、公务用车限购、油价问题以及日益突显的城市交通和环境问题则将长期伴随着我国汽车产业，将给汽车产业的发展带来一定的压力和挑战。

第七，新能源汽车、电动汽车与国际的差距正在拉大，主要表现在：一是电动汽车的动力电池包等关键技术明显落后于国际先进水平；二是目前仍然处于产业化起步阶段，尚未进入规模化生产阶段；三是主导的商业模式仍然不明确，基础设施、配套体系建设仍十分不完备。

综上分析，中国汽车产业在“入世”十多年来取得了骄人成绩，随着中国汽车产业的发展，中国汽车市场将逐渐从“高增长、快发展、重价格”的草莽阶段走向“低增长、稳发展、重质量”的品牌阶段。未来中国汽车产业的发展不仅面临着现阶段的挑战，还将面临全球汽车发展趋势及国内环境变化发展等新的不确定性因素。

二　未来十年全球汽车发展趋势及对中国汽车产业的影响

2008 年美国金融危机以及由此引发的欧债危机对全球汽车产业产生了重大影响，并在危机爆发后就呈现一系列实质性的冲击。美国三巨头两家寻求破产保护；全球汽车产业的标杆——丰田汽车 2008 年出现了 74 年来的首度亏损，2009 年亏损额进一步扩大；而几乎所有的全球性主流汽车企业（集团）都出现了亏损或者利润大幅下滑的情况；汽车零部件公司更是“哀鸿遍野”，破产或兼并频繁发生。总体而言，美系车企受冲击最大，受伤最深，在全球汽车市场销售规模上的领先地位被彻底打翻，先后有通用剥离悍马、土星、庞蒂亚克、萨博及欧宝，福特变卖路虎、捷豹和沃尔沃等。日系车企遭受内伤，恢复需要一段时间，其扩张战略将更加谨慎，往日在全球市场上一路高歌猛进的势头可能会被遏制。德系车企和韩系车企受金融危机影响较轻，在某种程度上是金融危机的受益者，它们在竞争中处于有利地位，将获得较快发展。全球汽车产业逐渐形成新的六大集团，包括日本丰田集团、德国大众集团、新通用和福特、日欧联合车企雷诺 - 日产联盟，以及新的菲亚特 - 克莱斯勒联盟。新的三个小集团包括现代 - 起亚、本田和标致 - 雪铁龙。另外，戴姆勒、宝马和包括铃木在内的多家日本车企、不断成长的中国和印度新兴市场的汽车公司也逐渐成为全球汽车版图中不可忽视的力量。

危机的影响是深远的，它不仅改变了全球汽车企业（集团）的力量对比，

而且对主要汽车企业（集团）的全球扩张、零部件企业的兼并重组，以及全球市场战略重心的转移、消费者需求的变化、汽车生产研发都产生了重大影响，由此进一步影响到全球汽车产业未来发展趋势。具体来看，全球汽车产业发展趋势将可能出现以下四个方面的变化。

第一，全球市场格局的变化。全球市场格局的未来变化将主要表现在以下几个大的方面：一是总量上看，全球汽车市场容量将进一步增长。根据麦肯锡的相关预测，到 2020 年全球汽车产销量将达到 1 亿辆左右，而目前全球汽车产销量不足 8000 万辆。二是结构上看，发达国家内部市场将面临收缩，全球市场的重心将转移到新兴市场国家。根据麦肯锡相关预测，到 2020 年，在乘用车领域，中国市场对全球汽车销量总增长的贡献率将达到 35% 左右，远远超过北美的 14% 和欧洲的 10%，成为全球汽车最大的区域市场，而包括“金砖五国”等在内的新兴市场国家对全球汽车市场的贡献率届时将达到 70% 左右。三是特征上看，发达国家内部市场将越来越倾向于定制化和个性化。目前，发达国家内部汽车市场已经非常成熟，消费者对汽车的了解非常深入，品味普遍较高，到 2020 年，发达国家汽车的消费终端将更加追求个性化和多样化。

第二，生产模式的变化。在汽车制造水平高度发展的今天以及未来，汽车的生产方式将主要受终端消费方式的影响，而全球市场格局的变化，特别是发达国家汽车市场定制化和个性化的发展，将给汽车生产模式带来重大的变化，突出的特征将是“多品种、小批量”。这与传统的“单品种、大批量”有着显著的差别，将对汽车生产平台、研发技术等提出更高的要求。目前，在全球汽车主要企业（集团）逐渐明朗的一种生产模式即是“生产模块化”，如大众汽车已经开始推行模块化的生产方式。汽车产业的模块化生产，是指由以往集中零部件散件在组装企业内装配变为模块供应商在组装企业附近，甚至就在组装企业的生产车间内，在组装生产线旁进行模块的生产供货。由模块生产企业建成副生产线，使组装企业的主生产线的生产流程简化，主、副生产线的工序要求达到高度和谐的物流状态。模块化生产精简了生产管理环节，降低了生产管理成本，实现了同步研发，库存减少等，但更为重要的是能够及时调整生产平台，以满足不同车型、不同款式的要求，从而实现“多品种、小批量”地生产。

第三，研发模式的变化。受全球汽车市场格局和生产模式变化的影响，发达国家汽车企业研发模式及研发能力也将发生重大变化。首先是来自终端消费市场个性化、多样化的要求将对汽车研发形成“倒逼”机制，迫使汽车企业（集团）不断提高研发能力，设计不同款型、特质的产品以满足市场需求。其次是来自生产模块化的变化。随着生产模块化，汽车的设计、采购也都将模块化，分工将更加细化，从而有利于企业更加专注于自身领域的设计与研发，大大提高研发能力。最后是来自于发达国家对碳排放、节能、尾气排放等多方面的法规政策要求，也将迫使汽车企业集团不断提高汽车节能技术，或者开发新能源汽车、电动汽车等，这些都将有利于汽车企业研发能力的进一步提高。

第四，供应体系（零部件）的变化。随着生产的模块化，零部件的供应也将模块化，即将不同性能但相互关联的零部件或者模块组合装备成为一组部件，再直接供给汽车组装企业，由组装企业在主生产线上装配后形成汽车产品。如在水箱核心支持系统上安装了水箱、减震器、计量器等构成的前端模块，将仪表控制板、照明灯、制空管、方向盘、操纵杆等组合而成车舱模块等。供应体系的模块化，对模块化集成供应商也提出了较高的能力要求，主要表现为：一是模块集成供应商需要具备生产整合能力，主要是指模块集成供应商承接组装企业释放的制造权和采购权后要掌握以核心零部件为主的范围广泛的产品群，它自身可以只生产核心零部件，但必须掌握一个范围广大、形式灵活的采购网，能够在需要的时间获得需要数量的所需产品。二是具备以系统的观点开发模块产品的能力。模块化发展的一个显著特征是组装企业大幅度释放产品开发权，这要求模块集成供应商承担相当部分的模块产品开发职能，为此，模块集成供应商必须系统、全面地了解模块的构成、模块间的联系界面以及联系规则，也就是具备模块产品的系统化开发能力。此外，模块集成供应商需要具备强大的控制能力以及把握产品最终用户需求的市场开拓能力等。因此，模块化生产下，全球汽车零部件供应商将更加趋向寡头化、独立化以及与整车汽车企业交易关系平等化，汽车产业的配套体系也将更加完善。

由上述分析可知，全球汽车发展形势变化的趋势明显，这些变化对中国汽车产业国际竞争力的影响也将是显著的。这主要表现在两个方面：一是直接影

响。在计算中国汽车产业国际竞争力时涉及市场需求等 16 个三级指标，而这些三级指标的上限值和下限值则直接受到全球汽车发展趋势变化的影响。二是间接影响。中国汽车市场作为全球汽车市场的重要组成部分，当全球汽车市场发生新的变化时，也会产生一系列的变化，16 个指标对应的中国实际值也会受到全球汽车市场发展变化的影响。在这部分我们主要考虑全球汽车发展形势新变化的直接影响，即对 16 个指标的上、下限值的影响，间接影响我们将在第三部分综合考虑。

正如上文所述，未来十年内，全球汽车在市场格局、生产方式、研发模式以及供应体系等多方面都将发生重大变化，这些变化对中国汽车产业的上、下限值将产生直接影响，具体来讲主要体现在以下方面。

首先，全球汽车市场格局变化对中国汽车产业国际竞争力的影响是多方面的。市场消费的定制化、个性化，将促进整个汽车产业的创新研发能力大幅提高，但同时导致发达国家内部需求大幅下降。另外，全球市场战略重心向新兴市场国家转移也迫使汽车发达国家将在海外建立更多分厂，出口更多的产品，其产业国际绩效竞争力也将得到较快增长。

其次，生产方式的模块化。一方面，分工的细化，将进一步提高劳动生产率；另一方面，生产模块化本身同样需要汽车企业通过兼并重组或者强强联合建立战略联盟来不断扩大自身的产能，进一步降低单位成本，因此，对提高汽车产业的组织竞争力也是有益的。

最后，一方面，由于消费特征的新变化、生产的分工细化以及政策环境的变化，汽车产业的研发创新能力将得到进一步的提高；另一方面，供应体系的变化总体上将进一步促进产业配套体系的建设完善。

综上分析，发达国家汽车产业的全球竞争能力将进一步提升，具体的上、下限值参见第 102、103 页第四部分的表 1、表 2。

三　未来十年国内汽车发展趋势及对中国汽车产业的影响

“入世”以来，中国汽车产业的发展经历了“黄金十年”，取得了举世瞩目的成就，并且中国从2009年起一跃成为全球汽车产销量最大的国家，中国主要的汽车企业（集团）迅速崛起并开始逐渐融入世界舞台。然而，时至今日，中国汽车产业在全球汽车产业的价值链上仍然处于底部阶段，价值创造主要来自生产加工制造环节，中国汽车产业处于全球汽车产业分工格局中的地位并没有发生本质性的变化。展望未来，随着全球汽车竞争格局的新变化，中国汽车产业面临新的机遇，能否主观上认识到机遇、战略上把握住机遇、政策中抓住机遇并在实际中利用好机遇，不断提高中国汽车产业的国际竞争力，提升其在全球汽车产业分工格局中的地位变得尤为迫切和重要。据此，本部分在分析未来十年国内汽车发展趋势对中国汽车产业的影响时，将从基准情景和战略情景两个视角切入分析。在基准情景中，中国汽车产业将被动接受全球汽车产业变化带来的影响，即在不干预、不作为、自然而然的情况下，分析中国汽车产业国际竞争力的未来发展趋势；在战略情景中，中国汽车产业包括汽车企业、行业协会甚至政府部门等全方面积极主动去分析形势、抓住机遇、化解挑战，分析是否可以提高中国汽车产业的国际竞争力，提升其在全球汽车产业价值链上的位置，真正实现汽车工业的强国梦。

金融危机过后，世界汽车产业格局发生新的变化，未来世界汽车产业将向着欧系快速扩张、日韩平稳增长、美系继续萎缩、中印日益壮大的格局发展，世界汽车制造中心、运营中心和研发中心随之将重新布局。而对于中国汽车产业而言，未来十年则是中国从汽车大国转变为汽车强国的关键十年，中国汽车产业将朝着新的趋势发展。

第一，中国汽车产业环境的发展趋势。首先，国内需求仍将保持较快增长。主要原因在于：一是中国经济预计在未来10年内仍将保持以7%～8%的年均增长率增长。二是在新型城镇化的推动下国内城镇化程度将进一步提高。根据麦肯锡估计，到2020年，中国城镇化率将达到60%。城市化水平的加深将给出行需求带来重大的影响，进一步拉动国内乘用车市场发展。三是中高收入城市家庭数量将大幅增长，占比将从2011年的17%左右增长到2020年的58%左右。收入的增加以及汽车普及率偏低，则意味着未来汽车市场仍有巨大的释放空间。四是国内公路质量、公路体系等基础设施建设的改善将刺激汽车

需求。在战略情景下，国家若出台对应的旨在刺激消费的税收政策、补贴政策等，则将进一步刺激汽车需求的增长。其次，汽车产业地位将得到进一步的巩固和提高。根据行业生命周期理论，一个行业周期大致可以划分为萌芽期、成长期、成熟期以及衰退期四个阶段。从目前来看，中国汽车市场需求增长较快，品牌较为多样化，汽车行业在中国仍然处于成长期，其在国民经济中的支柱性地位将得到进一步的巩固。

第二，中国汽车产业组织的发展趋势。汽车产业是资本密集型产业，其规模经济非常显著，因此，汽车企业集团进行兼并重组或者建立战略联盟是一种市场选择。截至2011年，国内前三大汽车生产企业的产量占比约为52.11%，与韩国91.4%相差甚远，前10大汽车生产企业的产量占汽车总产量的87%左右，而后面的100多家企业生产能力不强，中国汽车生产企业目前仍然呈现“散、弱、小”特征，亟待整合。因此，未来汽车市场进一步兼并整合将是大势所趋。但由于部分企业生产能力弱、赢利能力差，很难吸引到有合并意愿的企业兼并重组，因此，在战略情景下，政府可考虑给予有合并意愿的企业相关金融、税收、产业等方面的支持，以促成行业的整合，淘汰落后的小规模的产能产出。

第三，中国汽车产业的创新能力发展趋势。目前，全球汽车产业价值链由跨国汽车企业主导，其竞争优势主要集中在汽车产品的设计、研发、营销、品牌建设等高附加值环节，而中国汽车产业处于价值链的底部生产制造环节，在自主创新、设计研发方面仍然非常薄弱，并受到来自跨国汽车产业强大的阻碍和压制。影响研发实力提升的原因是多方面的：一是研发实力积贫积弱。在“入世”之前，中国汽车产业研发实力非常薄弱，研发水平仍停留在20世纪七八十年代的水平。二是研发投入不足。国内所有汽车企业的研发投入总和不及丰田公司一家，研发投入占销售收入的比重明显偏低。三是体制机制等深层次原因。汽车行业管理体制不顺，国有汽车企业绩效考核办法缺乏对自主创新的有效激励手段，导致国内汽车企业和从业人员的创新积极性无法充分地调动起来。尽管如此，随着我国汽车市场的蓬勃发展，国内汽车产业研发实力得到较大幅度的提高，自主品牌企业也得到了较快发展，初步完成了原始积累。目前，按照形成过程，自主创新企业可以分为两大类：一是自开始就定位自主创新模式的汽车企业，如奇瑞、吉利、比亚迪等；二是国有汽车企业设立的独资经营的自主品牌汽车子公司，如一汽轿车、东风自主品牌、上汽乘用车公司等。在此基础上，中国汽车产业的自主创新能力未来将得到进一步的提高。一是自主创新意识的提高。在完成原始积累之后，中国汽车产业发展到了一个“分水岭”，越来越多的企业充分认识到自主创新的重要意义，如长安汽车投入重金建设“五国九地”研发中心，布局全球，充分利用国内外资源优势，提高自身对引进技术的吸收、消化、再创新的能力，并越来越多地参与产品的原始创新设计。二是国家鼓励支持国内企业自主创新，在产业政策、土地政策、税收支持、金融融资等多方面给予自主创新企业较大倾斜。三是合资合作的深化为中国汽车企业自主创新创造条件。在新的合资时代下，合资合作双方地位将发生重大变化，中国汽车企业将与跨国汽车企业创造共同研发、共用研发平台，通过技术联合、技术开发和技术引进，包括核心技术的引进，实现自主创新水平的再提高。四是全球汽车重心逐渐转向新兴市场国家，汽车研发中心、运营中心都将重新布局，中国作为最大的新兴经济体，从中获得的技术外溢效应将更大。在战略情景下，政府只有积极理顺汽车行业管理体制，完善对国有汽车企业的绩效考核办法，加强知识产权的保护等深层次制度性改革，为汽车行业创新提供良好的制度环境，才能进一步激发研究设计人员的主动性和积极性，更好、更快地提高我国汽车产业的研发实力、自主创新能力。

第四，中国汽车产业国际绩效竞争力的发展趋势。近几年来，一些中国汽车企业，特别是大企业集团通过海外并购、建设分厂、设立海外研发中心以及海外上市等多种方式加快了进军海外市场的步伐，仅 2010 年就先后有吉利收购澳大利亚 DSI 变速器，福特沃尔沃、海马在俄罗斯建立海外 KD 工厂，以及比亚迪收购日本大型模具生产企业。总体而言，通过多年来的积累与发展，中国汽车企业的海外市场开拓能力得到较大的提高，在国际市场上开始占有一席之地，企业规模、产品质量及品牌认可度在国际上获得一定的认可。但也要注意到中国汽车企业在走向世界时的不足。一是规模仍然偏小。目前中国汽车出口金额占全球汽车贸易总额的份额不足 2%。二是以中低端产品为主，中高端汽车少有涉猎。三是以发展中国家为主，鲜有在汽车发达国家建设分厂。这三

点很大程度上限制了中国汽车产业的国际绩效竞争力的提高，也将影响到其长远发展。因此可以认为，一方面，我国汽车产业通过多种途径走向世界时，竞争力越来越强；另一方面，也要认识到目前存在的不足和短板。但往前看，随着国内汽车企业在全球建立研发中心，自主研发能力、产品质量进一步提高，以及前期建设的海外分厂、研发中心开始获益，中国汽车产业的海外市场竞争能力将得到进一步提高。在战略情景下，政府部门、汽车行业协会等积极参与国际规则、汽车标准的制定，将进一步有助于促进我国汽车产业在海内外的发展。

第五，自 1984 年我国第一家合资汽车企业建立以来，与跨国汽车企业之间的合资合作对中国汽车产业的发展产生了深刻的影响。一是消费市场的培育。合资企业进入中国市场不仅进一步打开了中国汽车的消费需求，增加了汽车的产量，更重要的是改变了消费者对汽车的认知和看法，消费市场对汽车的追求逐渐从价格、外观转变到产品质量、安全与品牌。二是产业链体系的培育。合资企业为了更好地生产出优质产品，进一步打开国内市场，往往直接移植其在国外的生产体系、配套体系以及售后服务体系等，最突出的表现即是 4S 店的快速发展，这无形之中加快了我国汽车产业体系的健全、完善。三是先进的管理观念，特别是日系汽车的精益管理观念，对提高我国汽车生产制造水平、成本控制能力都有重大的影响。四是一定的技术外溢。合资合作后，我国的技术人员在外方培训下，获得生产应用技术、产品改进技术、一定程度内的研发实践，提高了我国研发人员的素质和能力，培养了其创新精神，为我国自主品牌汽车的研发、创新打下了较扎实的基础。

金融危机之后，随着全球汽车市场重心的转移，中国汽车产业与跨国公司之间的合资合作将进入新的阶段，呈现新的特征，这些新特征将对中国汽车产业国际竞争力产生深远影响。一是中国在全球汽车产业体系中融入度越来越高，全球汽车跨国公司及为其配套的零部件公司将纷纷在中国建立合资企业。融入度高，有利于中国企业地位的提高，共享更多的资源，但中国企业也面临着国内市场竞争更加激烈的局面。二是中国资本向全球汽车产业的反向融合初露端倪。这既有吉利收购沃尔沃的产业融合，也有中投购买戴姆勒的资本融合，这种反向融合不仅可以加快我国汽车产业技术创新的步伐，同时，将使我国企业以更多的方式分享外资企业的收益，甚至有更多的话语权。三是合资合作中中外企业地位发生变化，从外资主导控制的合作模式逐渐转向中外双方地位对等化、资源共享化的合作模式。相对地位的变化对中国汽车产业的发展无疑是非常有利的。四是合作领域扩大化，合作层次多元化，从生产平台的共享到研发技术的合作，从建设分厂、建立自主品牌汽车到新能源领域、汽车金融服务等多方面、多层次的合作。合作领域的纵深化发展将有利于缩小我国汽车产业在生产、研发、管理等多方面与发达国家之间的差距。五是合资主体间的博弈更加激烈，利益协调更加困难。总体而言，这些新特征对于中国汽车产业国际竞争力的提高是有利的。然而，面对合资合作呈现的新特征，中国汽车产业的转型升级、国际化以及实现由大变强，又将对合资合作进一步的技术开放创新、“走出去”战略以及提高合资合作的质量和水平等多方面提出更高的要求。而要达到这些新要求，则需要汽车企业、行业协会、政府部门，甚至是国家层面全方位设计、部署，以进一步提高中国汽车产业的环境竞争力、组织竞争力、创新竞争力以及国际绩效竞争力。

在分析中国汽车产业发展趋势及其对中国汽车产业国际竞争力的影响时仅仅考虑积极方面的影响是不够的，甚至是有失偏颇的，我们还需要进一步考虑到可能放缓或阻碍其发展的不确定因素。过去 20 年里中国新车销量年增速在 0 ~ 70% 之间波动，而下文提到的潜在变化因素可能会进一步加剧中国市场将经历的增长波动，我们在分析判断时需要考虑权衡。一是当前全球经济存在诸多不确定性。欧债危机仍没有彻底走出阴霾，美国经济恢复仍然缓慢等，都可能给中国经济前景带来负面影响。二是考虑到交通状况恶化和包括空气污染在内的环境问题，政府可能会继续在若干大城市推出汽车限制的政策，如限行、摇号（限购）等。鉴于较高的汽车密度（每公里公路 250 辆车以上）造成的城市交通压力，北京、广州、上海，甚至二线城市贵州等都已经相继推出了限制措施。到 2020 年，超过汽车密度极限的城市可能新增 20 个，会促使相关城市政府推行类似的限制措施。三是除了购置新车外，新的城市出行替代方式可能改变消费者习惯，如公共交通得以改

善，汽车租赁和拼车越来越普及。这些经验在发达国家城市中已经得到验证，如柏林。四是消费者越来越重视质量和安全。尽管有一些改善的迹象，但是如果汽车制造商无法解决质量和安全问题，部分国产品牌的汽车销量将会受到影响。此外，中国二手车市场正不断发展，可能会抢占一部分新车销量空间，尤其是在低价位细分市场。这些不确定性因素如若和预期一样，市场需求增长将有可能放缓，行业竞争将不断加剧，中国汽车行业将面临一定的行业震荡。

四　基准情景、战略情景下中国汽车产业国际竞争力的对比

本文用较多篇幅分析了未来十年内全球汽车产业与中国汽车产业的发展趋势，以及其对中国汽车产业国际竞争力的影响。在上文中也阐述了在战略情景中，从微观汽车企业到行业协会再到政府宏观层面的积极配合，将对中国汽车产业的影响。为更好地分析，下文根据上述判断分别预测了 2015 年、2020 年中国汽车产业的国际竞争力变化，如表 1、表 2 所示。

在设定发达国家汽车产业的国际竞争力最大值为 100 分的基础上，中国汽车产业国际竞争力估算结果如图 1 所示。基准情景下，2015 年、2020 年中国汽车产业国际竞争力分值将分别达到 59. 73 分、62. 06 分，较 2011 年分别上涨 4. 41%、8. 48%。在战略情景下，2015 年、2020 年中国汽车产业国际竞争力分值将分别达到 64. 31 分、75. 81 分，较 2011 年分别上涨 12. 41%、32. 51%。通过对比分析 2015 年、2020 年的基准情景和战略情景下的分值可发现，两者的差距在不断拉大，2015 年基准情景落后 4. 58 分，到 2020 年落后 13. 75 分。因此，总体来看，未来十年内，在基准情景下，中国汽车产业国际竞争力发展较为缓慢，有可能逐渐丧失从汽车大国转向汽车强国的机会；但在战略情景下，中国汽车产业国际竞争力基本可达到 2010 年韩国的水平，中国汽车产业很可能完成从汽车大国转为世界强国的关键转型。

表 1　中国汽车产业国际竞争力 2015 年计算结果比较

指标名称	下限值	上限值	中国值		权重	中国分数		
			基准情景	战略情景		基准情景	战略情景	战略/基准
A 我国汽车产业国际竞争力	—	—	—	—	—	59.73	64.31	1.077
B01 产业环境竞争力	—	—	—	—	0.47	65.37	68.32	1.045
C01 配套体系(新车从国内采购零部件金额占整个汽车零部件采购金额的比重)	12.00	80.16	59.34	60.22	0.51	69.45	70.75	1.019
C02 国内需求(综合考虑国内消费额与国际消费额的比率及消费增长的比率)	0.00	59.97	46.27	49.03	0.26	77.16	81.76	1.060
C03 产业地位(汽车产业增加值占 GDP 比重)	0.80	4.50	1.74	1.98	0.15	25.41	31.89	1.255
C04 政府行为(综合考虑政府产业政策、关税水平等因素)	1.00	5.00	4.00	4.09	0.05	75.00	77.25	1.030
C05 安全环保节能政策(综合考虑了安全、环保、节能政策的制定和执行情况)	1.00	5.00	4.10	4.12	0.03	77.50	78.00	1.006
B02 产业组织竞争力	—	—	—	—	0.28	71.56	75.40	1.054
C06 产业规模经济性(达到最低经济规模企业总产量占全国总产量比率)	0.00	100.0	78.25	81.89	0.62	78.25	81.89	1.047
C07 产业集中度(CR3)	30.00	91.40	56.14	58.94	0.24	42.57	47.13	1.107
C08 劳动生产率(辆/人·年)	0.00	64.08	58.72	60.93	0.14	91.64	95.08	1.038
B03 产业创新竞争力	—	—	—	—	0.18	38.58	43.40	1.125
C09 研发经费投入(研发经费占销售收入比重)	0.00	8.00	2.21	2.68	0.47	27.63	33.50	1.213
C10 研发人员投入(研发人员占全部从业人员比重)	0.00	13.11	8.32	8.36	0.28	63.46	63.77	1.005
C11 自主品牌(自主品牌汽车产量占汽车总产量比重)	10.00	100.0	33.58	41.81	0.15	26.20	35.34	1.349
C12 专利情况(内外资企业专利获授权数量之比)	0.00	1.00	0.39	0.45	0.10	39.00	45.00	1.154
B04 产业国际绩效竞争力	—	—	—	—	0.07	28.95	46.74	1.615
C13 国际市场份额(汽车出口金额与世界汽车贸易额的比率)	0.00	5.98	2.05	3.82	0.53	34.28	63.88	1.863
C14 海外生产能力(企业在国外生产汽车数量与全部生产数量的比率)	0.00	56.02	7.53	9.88	0.27	13.44	17.64	1.312
C15 显示性比较优势指数	0.00	2.97	0.67	0.79	0.22	22.56	26.60	1.179
C16 贸易竞争力指数	0.00	0.95	0.26	0.27	0.08	27.37	28.42	1.038

表 2　中国汽车产业国际竞争力 2020 年计算结果比较

指标名称	下限值	上限值	中国值		权重	中国分数		
			基准情景	战略情景		基准情景	战略情景	战略/基准
A 我国汽车产业国际竞争力	—	—	—	—	—	62.06	75.81	1.222
B01 产业环境竞争力	—	—	—	—	0.47	67.54	81.11	1.201
C01 配套体系（新车从国内采购零部件金额占整个汽车零部件采购金额的比重）	15.00	77.28	60.89	69.72	0.51	73.68	87.86	1.192
C02 国内需求（综合考虑国内消费额与国际消费额的比率及消费增长的比率）	0.00	65.17	49.17	59.36	0.26	75.45	91.08	1.207
C03 产业地位（汽车产业增加值占 GDP 比重）	0.80	5.00	2.01	2.52	0.15	28.81	40.95	1.421
C04 政府行为（综合考虑政府产业政策、关税水平等因素）	1.00	5.00	4.01	4.21	0.05	75.25	80.25	1.066
C05 安全环保节能政策（综合考虑了安全、环保、节能政策的制定和执行情况）	1.00	5.00	4.02	4.29	0.03	75.50	82.25	1.089
B02 产业组织竞争力	—	—	—	—	0.28	74.23	87.23	1.175
C06 产业规模经济性（达到最低经济规模企业总产量占全国总产量比率）	0.00	100.00	81.95	92.11	0.62	81.95	92.11	1.124
C07 产业集中度（CR3）	30.00	91.40	59.11	73.27	0.24	47.41	70.47	1.486
C08 劳动生产率（辆/人·年）	0.00	69.97	60.19	66.03	0.14	86.02	94.37	1.097
B03 产业创新竞争力	—	—	—	—	0.18	38.39	53.54	1.395
C09 研发经费投入（研发经费占销售收入比重）	0.00	10.00	2.76	4.13	0.47	27.60	41.30	1.496
C10 研发人员投入（研发人员占全部从业人员比重）	0.00	15.31	8.49	10.54	0.28	55.45	68.84	1.241
C11 自主品牌（自主品牌汽车产量占汽车总产量比重）	10.00	100.00	42.34	60.09	0.15	35.93	55.66	1.549
C12 专利情况（内外资企业专利获授权数量之比）	0.00	1.00	0.45	0.65	0.10	45.00	65.00	1.444
B04 产业国际绩效竞争力	—	—	—	—	0.07	37.36	51.84	1.388
C13 国际市场份额（汽车出口金额与世界汽车贸易额的比率）	0.00	10.12	3.98	5.07	0.53	39.33	50.10	1.274
C14 海外生产能力（企业在国外生产汽车数量与全部生产数量的比率）	0.00	60.93	17.04	27.35	0.27	27.97	44.89	1.605
C15 显示性比较优势指数	0.00	3.13	0.88	1.37	0.22	28.12	43.77	1.557
C16 贸易竞争力指数	0.00	0.95	0.33	0.42	0.08	34.74	44.21	1.273

注：以上数据均是本文在对未来十年中国汽车产业国内外环境的变化及其对竞争力影响的分析基础之上的预测数据。同时，参考麦肯锡、罗兰贝格等咨询公司的研究预测报告，也有部分数据为业内专家估算所得。

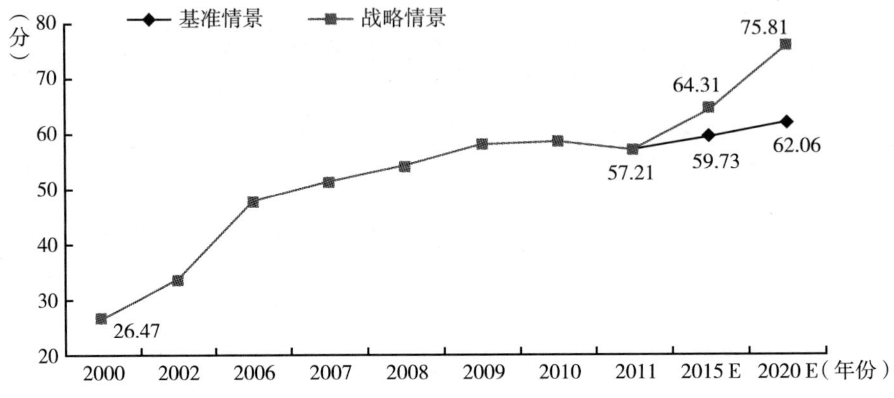

图1　未来十年中国汽车产业国际竞争力的变化

通过一级指标的对比可以看出未来十年我国汽车产业国际竞争力的主要变化以及与发达国家之间的差距。如图 2 所示，我国汽车产业国际绩效竞争力、创新竞争力得到大幅提高，产业环境竞争力、产业组织竞争力快速发展。相比 2011 年，在战略情景下，2020 年我国汽车产业国际绩效竞争力增长了 160.7%，分值达到了 51.84 分，是 4 个一级指标中增幅最大的；我国汽车产业创新竞争力增长了 44.39%，分值达到 53.54 分；产业环境竞争力、产业组织竞争力分别增长了 27.22%、27.36%，分值分别为 81.11 分、87.23 分。具体而言，产业国际绩效竞争力方面，随着全球汽车格局的变化，我国汽车产业逐渐走向世界，参与国际舞台的机会越来越多，在全球汽车市场中发挥的作用越来越大，这不仅得益于中国汽车市场在全球汽车市场的战略地位，更得益于中国汽车企业在海外建立分厂、设立研发中心以及与国际汽车企业集团间的产业、资本融合。尽管产业国际绩效竞争力的绝对分值在 4 个一级指标中是最低的，这主要是受限于国际绩效竞争力底子薄，但经过未来十年进一步的发展与提高，与发达国家之间的差距将进一步缩小。产业创新竞争力方面，在战略情景下，一方面，随着国内自主创新意识的提高、合资合作的深化、国家对自主创新的大力支持，以及全球汽车战略重心的转移，中国汽车创新能力将获得长足进步；另一方面，政府、企业积极捋顺行业管理体制、创新激励机制等将为汽车产业的创新创造更好、更优的制度环境，进一步激发研发人员的热情和主动性。产业环境竞争力方面，随着国内需求的进一步挖掘、汽车产业地位的巩

固提高，汽车产业环境总体将向好发展。最后，在政府的支持下，产业内部的兼并重组将是大势所趋，产业组织竞争力将得到进一步的提高，在4个一级指标中得分最高，与国际发达国家之间的差距最小。综合指标权重来看，在4个一级指标中，产业环境竞争力、产业组织竞争力、产业创新竞争力和产业国际绩效竞争力对我国汽车产业国际竞争力的贡献度分别为38.12、24.42、9.64和3.63，产业环境竞争力的贡献力度最大。

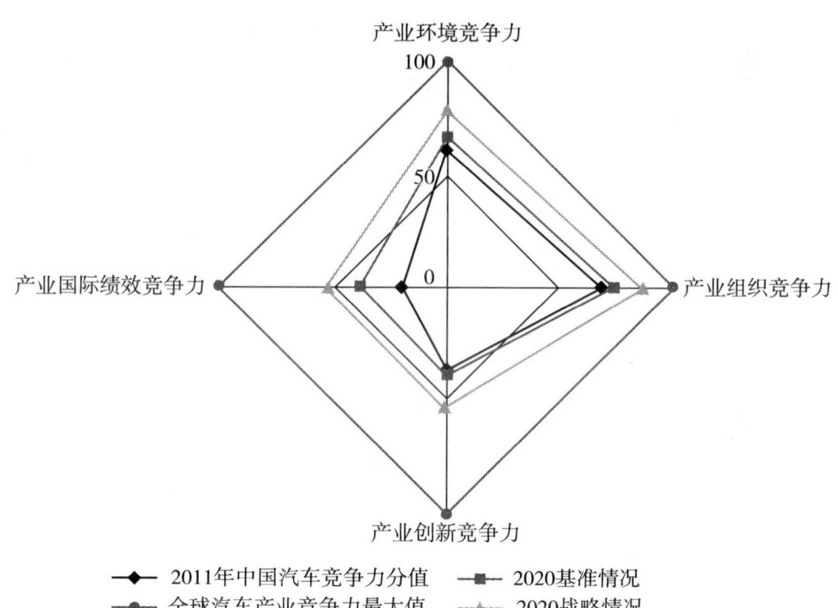

图2　未来十年中国汽车产业国际竞争力一级指标的变化

通过二级指标的比较可以看出我国汽车产业国际竞争力更为具体的变化，以及和汽车产业发达国家之间的差距。

首先，图3反映的是产业环境竞争力细分指标未来的变化。具体而言，相比2011年，2020年在基准情景下，配套体系、国内需求、产业地位、政府行为及安全环保节能政策的增长幅度分别为6.69%、4.96%、14.55%、0.33%和-2.58%，安全环保节能政策分值略有下降，政府行为分值仅小幅增长；在战略情景下，5个细分指标的增长幅度分别为27.23%、26.7%、62.81%、7%和6.13%。相比基准情景，战略情景下汽车产业的地位增幅最大，增长了

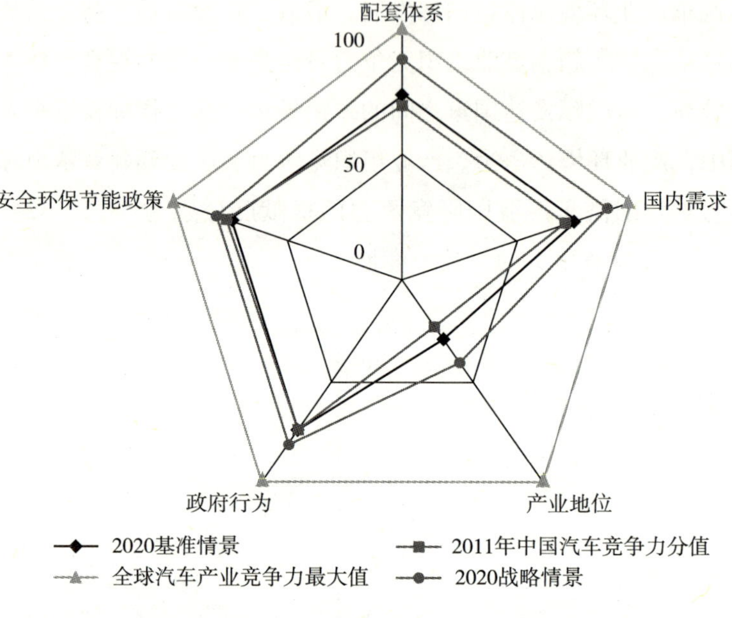

图 3　未来十年中国汽车产业环境竞争力细分指标的变化

42.15%，国内需求增长了 20.72%，配套体系增长了 20.1%，安全环保节能政策及政府行为分别增长了 8.94%、6.64%。2020 年，相比基准情景，战略环境下汽车产业环境竞争力分值高出 13.57 分，基准情景与战略情景的差距较大。产业地位的大幅增长得益于未来十年内中国汽车产业将从“重价格”逐渐转向“重品牌、安全与质量”，这将进一步提高汽车产业的价值创造能力。在市场总量进一步增长的基础上，汽车工业的增加值将得到快速的增长，在国民经济中的支柱地位将得到进一步的巩固和提高。配套体系快速发展的主要原因可能是：一是更多的国际零部件企业将纷纷通过合资合作、建设分厂等多种途径进入中国市场。在此过程对于提高中国汽车行业的配套体系是有利的；二是随着国内自主品牌汽车的快速成长，我国汽车企业将更倾向于从国内零部件企业采购；三是随着兼并重组的推进，整车企业与零部件企业关系有可能更进一层，如控股与被控股或相互持股，这也将有助于更多的新车从国内采购零部件；四是国内零部件研发能力进一步提高，越来越多的关键性零部件在国内将得到实质性的突破，有助于减少对海外市场的依赖。在战略情景中，政府出台相关政策支持汽车行业上下游的兼并重组，鼓励零部件采购国产化等，将更有

利于提高国内汽车产业配套体系的完善。在政府行为方面，战略情景下，政府部门、行业协会将更加主动，出台产业规划、产业政策、税收政策、金融政策及土地政策等一系列政策，并形成合力。在安全环保节能政策方面，尽管迫于城市的交通压力、环境问题等，国家政府部门可能会出台一些防止汽车行业过快发展的政策，在基准情景中分值略有下滑，但在战略情景中，政府将在新能源汽车、电动汽车以及汽车安全等方面有更大的投入，分值有所增长。无论是在基准情景还是战略情景中，产业地位的增幅尽管都是最大，但是其绝对分值是5个指标中最低的，且低于50分，与发达国家之间的差距仍然较大。

其次，如图4所示，在产业组织竞争力方面，相比2011年，2020年的基准情景下，产业规模经济性、产业集中度（CR3）和劳动生产率的增长幅度分别为7.94%、31.58%和-5.7%，劳动生产率有所下降；在战略情境下，3个细分指标的增幅分别为21.33%、95.58%和3.46%。相比基准情景，战略情境下产业集中度增幅最大，增长了48.64%，产业规模经济性增长了12.4%，劳动生产率增长了9.7%。2020年，战略情景下的产业组织竞争力分值高出基准情景13分，在4个一级指标中两者的差距最小。无论是战略情景还是基准情景中，产业集中度都有大幅提高，这主要将得益于市场力量的作用。目前，中国汽车产业集中度仍然偏低，未来十年内，国内大型汽车集团将通过多种方式进一步做大做强，兼并重组其他汽车企业，不断提高竞争力和市场份额，进而有助于产业集中度的大幅提高。而在战略情境中，国家将提供多方面的优惠和支持，淘汰落后产能，集中产业资源，使得产业集中度有更大的提高。产业规模经济性经过多年来的竞争与发展，在2011年已经达到较高水平。未来十年内，随着汽车产业资源的集中化，产业规模经济性显然将进一步提高，并逐渐接近发达国家水平。劳动生产率在基准情景中有所下降主要是因为上限值的大幅提高，即国外通过模块化生产，大大提高了生产效率。而在战略情景下，国家可能也会鼓励有实力、有基础的汽车集团逐渐推行模块化生产，进一步提高产业的劳动生产率。

再次，如图5所示汽车产业创新竞争力细分指标的变化，相比2011年水平，2020年的基准情景下，研发经费投入、研发人员投入、自主品牌与专利情况4个细分指标的增长幅度分别为0.41%、-12.12%、68.85%和

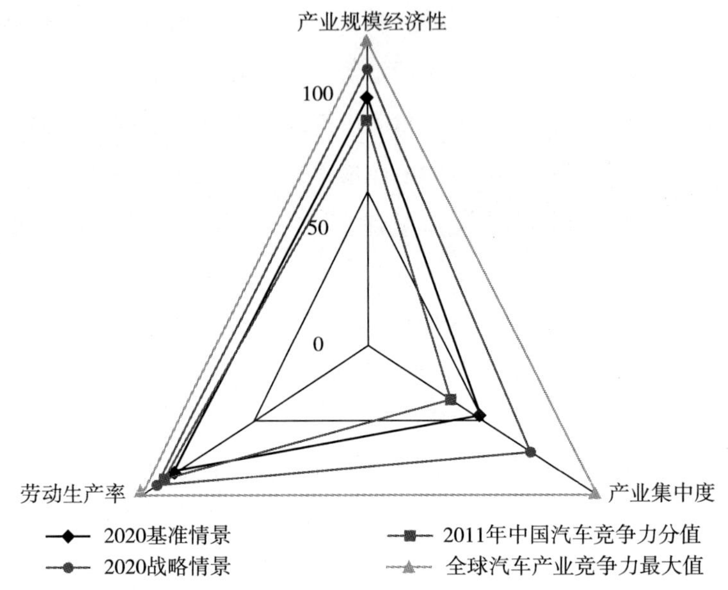

图 4　未来十年中国汽车产业组织竞争力细分指标的变化

36.36%；在战略情景下，4 个细分指标增长幅度分别为 50.25%、9.1%、161.53% 和 96.97%。相比于基准情景，2020 年的战略情景中，自主品牌增幅最大，增长了 54.89%，研发经费投入增长了 49.64%，专利情况增长了 44.44%，研发人员投入增长了 24.15%。2020 年，战略情景下的产业创新竞争力分值高出基准情景 15.15 分，是 4 个一级指标中差距最大的。这在一定程度上也反映出汽车产业的创新更需要政府、协会及汽车企业的共同努力，政府政策等的支持越大，创新竞争力提高越快。在 4 个细分指标中，无论是基准情景还是战略情景下，自主品牌的增长幅度都是最大的。这主要是因为：一是底子较薄，2011 年分值仅为 21.28 分，是 4 个细分指标中最低的；二是国内自主品牌汽车快速发展，其产品质量、技术都将得到较大幅度的提高，自主品牌汽车的产销量都将有较大幅度的增长。在战略情景下，国内政府采购、引导自主品牌汽车的消费将进一步刺激自主品牌汽车的发展提高。在专利情况方面，受国内自主品牌企业快速发展的带动，专利申请量将有大幅增长，但研发人员投入方面增长较缓慢，甚至在基准情景下出现负的增长，这主要是因为上限值大幅提高，即发达国家研发人员、研发经费的大量投入。一方面，发达国家消

费的定制化、个性化，以及生产的定制化、模块化，都将极大地刺激其创新需求，而这需要大量的研发人员与研发经费；另一方面，随着全球战略重心的转移，汽车的生产、运营、销售服务等都将逐渐转移到新兴市场国家，但相比之下，研发设计以及品牌建设仍将集中在发达国家（汽车集团总部），因此，发达国家的研发人员、研发经费的投入将快于新兴市场的增长。综上所述，即使在战略情景下，研发人员投入、研发经费投入的增长幅度也会偏小。

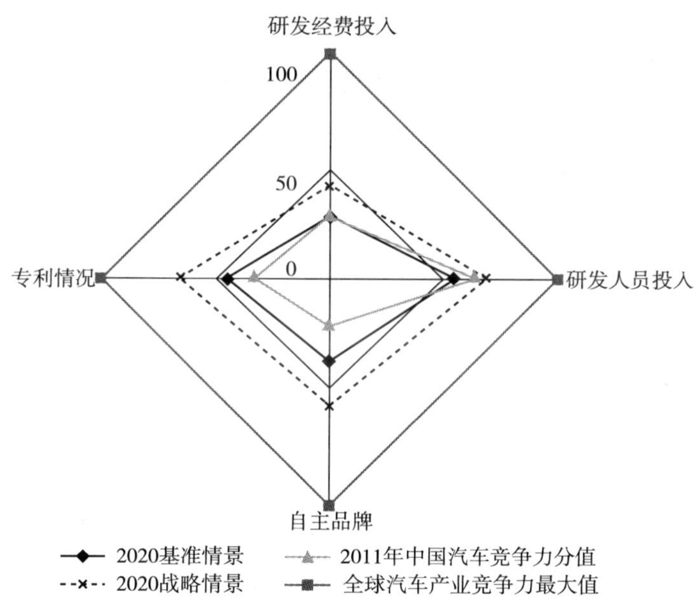

图 5　未来十年中国汽车产业创新竞争力细分指标的变化

最后，图 6 反映的是中国汽车产业国际绩效竞争力细分指标的变化。相比 2011 年，2020 年在基准情景下，中国汽车产业的国际市场份额、显示性比较优势以及贸易竞争力指数增长幅度分别为 57.85%、55.46% 和 5.69%；在战略情景下，3 个细分指标的增长幅度分别为 101.08%、142.02% 和 34.51%。相比基准情景，2020 年战略情景下，国际市场份额、海外生存能力、显示性比较优势及贸易竞争力指数增长幅度分别为 27.4%、60.5%、55.68% 和 27.27%。国际绩效竞争力增长幅度都较大，很大部分原因是由于基础较差、底子较薄，2011 年分值仅为 19.88 分，在 4 个一级指标中是最低的。但未来十年内，随着国内汽车企业综合实力的提高，融入世界舞台的程度越来越深，通过建设分厂或分公司、设立海外研发中心、资本运作兼并重组海外企业等多种途径，将有力地促进我国汽车产业国际绩效能力的大幅提高。在战略情景下，政府部门、行业协会等积极参与全球汽车行业规则、标准的制定，将更有力地提高我国汽车产业的国际竞争力。

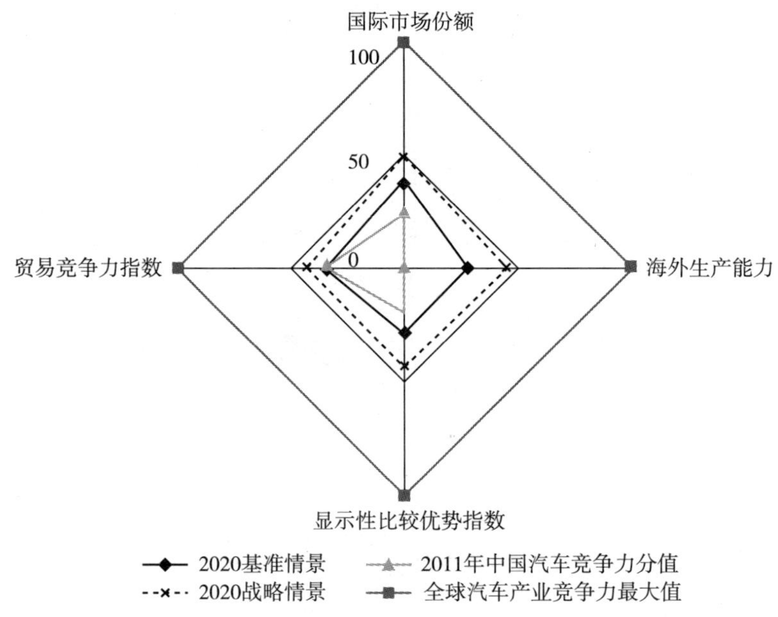

图6 未来十年中国汽车产业国际绩效竞争力细分指标的变化

五 总结与启示

本部分在分析未来十年内全球汽车及国内汽车发展趋势的基础上，预测分析了中国汽车产业国际竞争力未来的变化与发展，得出主要的结论如下。

一是中国未来将面临内外部环境的大变化，在基准情景下，中国汽车产业国际竞争力将缓慢增长，与发达国家之间的差距有可能进一步拉大，中国汽车行业可能失去由汽车大国转为汽车强国的关键机遇。

二是在战略情景下，从微观汽车企业到行业协会，再到政府部门，甚至国

家战略层面的全方位配合，充分发挥各个主体的主观能动性，积极制定汽车产业发展战略和政策，引导规范产业发展等，将促使中国汽车产业国际竞争力得到较大幅度的提高，2020 年基本可以达到 2010 年的韩国水平，实现中国汽车产业的关键性转变，真正实现汽车工业强国梦。

综上分析，站在 2013 年，回首“入世”十多年，中国汽车产业发生了翻天覆地的变化，实现了从汽车小国、弱国发展成汽车大国的目标；展望未来，将是我国汽车产业由汽车大国转向汽车强国的关键十年，我们在汽车创新、新能源汽车、产业集中度、合资合作等多方面仍有很大的可作为空间。只有充分把握接下来的转型机遇期，多方统筹合作，积极寻求突变，才能真正实现中国汽车产业的强国梦！

国际化发展专题

Globalization of Automotive Industry

B.5 全球化新形势下中国汽车产业合资合作发展

一 全球汽车产业国际化发展模式

（一）全球汽车先发国家合资合作的主要形式

20 世纪 80 年代以来，随着经济全球化和科学技术的迅猛发展，越来越多的汽车先发国家的大型企业开始认识到，单凭企业自身的力量很难在激烈竞争的市场环境中得以生存和发展。企业的战略观由之前以竞争为基础转变为以价值创造为基础，开始强调“竞争与合作”的共同发展，即“在竞争中合作，在合作中竞争”。

总体来看，汽车先发国家的合资合作呈现三种形式：一是跨国兼并重组，是指通过取得其他企业的所有权以控制其经营资源实现企业增长。二是跨国合资经营，是指两个或两个以上的独立企业为了实现各自的目标，共同出资建立企业。三是跨国战略联盟，是指两个或以上的独立公司为了共同的战略目标在

研发、生产、销售等方面开展合作。

1. 兼并重组模式的国际经验

（1）兼并重组模式

兼并重组主要有五种形式：承担债务式，是指兼并方承担被兼并方的全部债权债务，接收被兼并方全部资产，安置被兼并方全部职工，从而成为被兼并企业的出资者；出资购买式，是指兼并方出资购买被兼并方的全部资产；控股式，是指兼并方通过收购或资产转换等方式，取得被兼并企业的控股权；授权经营式，是指被兼并方的出资者将被兼并企业全部资产授权给兼并方经营；合并式，是指两个或两个以上企业通过签订协议实现合并，组成一个新的企业。

全球汽车产业的发展历程表明，主要的跨国公司都是通过兼并重组壮大起来的。从 1885 年第一辆汽车诞生至今，汽车先发国家有关企业的兼并重组主要经历了五个阶段。

第一阶段是从 1916 年到 1935 年，兼并重组数量大。在此期间，通用收购了 20 多家公司，其中就包括凯迪拉克、雪佛兰、欧宝；福特也收购了大量的相关上游企业，包括钢铁厂甚至铁矿厂，并收购了林肯汽车；戴姆勒公司和奔驰也在此间合并，成立了戴姆勒－奔驰公司。

第二阶段从 1946 年到 1965 年，兼并重组数量较少。在此期间，汽车产业平稳发展，兼并重组数量较少，只有为数不多的收购，比如福特收购 Philco Corp 汽车收音机制造商，大众收购奥迪公司。

第三阶段从 1966 年到 1985 年，以跨国股份收购为主。在此阶段，世界汽车市场已经比较成熟，大型企业之间的跨国持股增多。比如菲亚特收购法拉利 50% 的股份，后增持到 90%，大众收购西亚特公司。但此阶段的主要特点是，美国企业购买日本汽车企业的股份，比如通用购买日本五十铃、铃木、富士重工等多家日本企业的股权，福特收购马自达 24% 的股份。

第四阶段从 1986 年到 2008 年，跨国收购呈现全球化局面。受汽车全球化发展的影响，在此阶段，兼并重组的数量继续增多，主要是通用、福特、大众、戴姆勒－奔驰的不断扩张。比如通用收购莲花、萨博、悍马，购得 20% 的菲亚特股权；福特收购起亚 10% 的股权，收购捷豹汽车，收购沃尔沃轿车；大众收购斯柯达、布加迪、兰博基尼、宾利、劳斯莱斯；戴姆勒－奔驰并购克莱斯勒，购得三菱汽车34%的股份。

第五阶段是从2009年至今，金融危机带来的跨国企业“瘦身”。在金融危机后，全球市场萎缩，汽车企业也开始重新衡量规模与效益的关系。先发的汽车企业开始“瘦身”，卖出非主流品牌，后发国家开始购入。比如印度塔塔收购捷豹、路虎，中国吉利收购沃尔沃。

（2）兼并重组的案例

戴姆勒－克莱斯勒

1998年5月7日，德国戴姆勒－奔驰公司和美国克莱斯勒汽车公司签订380亿美元的换股合并协议，组建了戴姆勒－克莱斯勒集团公司，其中戴姆勒占有57%的股份，克莱斯勒则占有43%。

两家公司合并的原因比较明显，客观上是亚洲金融危机促成的，主观上是双方为了低成本地进行全球扩张。合并之前，克莱斯勒每年能在北美销售近300万辆汽车，但在欧洲市场占有率却只有1%；戴姆勒主要盘踞在欧洲，在美国的销量不大。克莱斯勒和戴姆勒分别在北美和欧洲拥有销售优势，整合后可能会形成优势互补。另外，戴姆勒的优势是在豪华车，而克莱斯勒的优势是在多功能越野车、面包车和轻型卡车，双方整合后有利于车型系列的扩大，也有利于技术平台的共享。

在戴姆勒－克莱斯勒的并购中，由于戴姆勒和克莱斯勒并不是属于政府所有的企业，因此从相关资料上看，双方政府并没有参与到并购之中。

合并的初期，显现了一定的成果，比如双方在研发设计、材料采购、生产制造、渠道分销和售后服务环节互相学习，整合后提升了综合实力。然而，双方合作后的问题也不断显现。从2000年开始，克莱斯勒公司的业绩严重下滑，影响了整个集团的利润。2007年7月3日，戴姆勒与克莱斯勒宣布合作结束。

戴姆勒－克莱斯勒整合最终失败的原因主要有以下几个方面。

一是世界宏观经济的客观影响。戴姆勒和克莱斯勒的这次合并恰好处在全球汽车工业与经济形势开始下滑的转折点。另外，克莱斯勒自身未能认清经济发展的趋势，还在研发和推出大型高档车，出现亏损。在2005年，受伊拉克战争影响石油价格大幅飙升，克莱斯勒亏损越发严重。

二是日韩汽车工业竞争力增强。由于世界宏观经济的变化，发达国家的消

费者开始青睐廉价、节油车型。日本汽车经济讨巧，韩国汽车廉价实用，深受欧盟和北美消费者喜爱，欧洲、美国本土汽车企业受到严重威胁。

三是戴姆勒和克莱斯勒两者的自身问题。德国戴姆勒公司等级森严，工作作风严谨古板；美国克莱斯勒提倡团队精神，比较自由。由于双方原有体制、机制存在较大差异，即使整合也没有实现共赢，反而矛盾增多。

雷诺－日产

1999年3月27日，雷诺和日产合并，雷诺按照每股400日元的价格，以48.6亿美元收购日产汽车36.8%的股权，以7660万美元收购日产柴22.5%的股权，以3.05亿美元收购了日产在欧洲的5个财务子公司，总计投入52亿美元。

雷诺与日产组成联盟有外部的原因也有各自的需求。具体来看，外部原因是到了20世纪90年代中后期，世界汽车工业的增量减缓，主要消费市场出现不同程度萎缩，各厂商之间的竞争日趋激烈，全球化发展成为一种趋势。

日产和雷诺选择联盟也有各自的内部原因。日产方面，从1991年起，其经营状况开始走下坡路。到1998年底，债务高达21000亿日元（约合1672亿元），濒临破产。其实在20世纪90年代中期，福特、戴姆勒－克莱斯勒等跨国公司都考虑对日产进行竞标，但因日产的庞大债务以及发展的不可预期性而退出。雷诺方面，当时发展得比较顺利，一直致力于全球扩张，曾希望兼并瑞典沃尔沃汽车公司，但行动失败，于是将目标锁定日产。

雷诺能够收购日产，法国政府起到了积极作用。在20世纪80年代，法国国企面临生存困境，法国政府改革的着眼点是要增强这些经济巨人的生命力，以有限的退让获取更大的发展。法国支持大型国企有选择地向境外扩张，甚至动用国家信用为企业作资信担保。在这样强大的支持下，法国大型国企进行了一连串境外购并，雷诺与日产的合并就是其中之一。

日本政府事实上也曾协助日产设法度过危机，通过日本开发银行给日产提供850亿日元的贷款，然而也无法助它脱离困境。由于日本政府已经无法对日产再次实施救助，因此对日产被雷诺兼并没有提出异议。

雷诺与日产合并后进行了战略整合，不论是从合并后双方的成绩上看，还是从合并的可持续发展上看，都是非常成功的案例。雷诺－日产联盟能取得如此成绩主要有以下几个原因。

一是交流充分，减少了文化差异影响。在联盟内部，不用法语，也不用日语，只用英语，有利于双方充分的交流。另外，联盟建立了员工辅导项目，包括两个部分：人员互换和培训。通过这两个项目，能够让员工了解日本和法国文化的差异，并熟悉对方的工作方式，有利于双方的互相尊重和互相理解。

二是平台共享，真正实现联合。雷诺和日产的车型都尽量使用共同的组件，有一个可供同一平台车型使用的“动力传动配件库”，工业生产流程趋同以共享生产能力。这样一来，一款共享平台的车型，根据目标市场所处的地理位置，可以选择在雷诺或日产中的任何一家车厂生产。

三是互相学习，共同提高。雷诺吸取了日产在生产流程方面的特长，而日产采纳了雷诺关于改善人机工程和成本控制方面的措施。雷诺吸取了日产在采购程序中加强质量管理的特长，而日产学习了雷诺在采购成本控制以及与供应商建立伙伴关系方面的经验。

（3）兼并重组的优势及风险

企业热衷跨国的兼并重组主要有以下三个原因：

一是避免贸易壁垒，易于进入其他市场。在进入海外市场时，企业会遇到有形的和无形的贸易壁垒，兼并重组当地的企业是进入市场的有效办法。

二是获取某项技术或某些产品，并获得相关的人才。跨国并购的初衷有一些是为了技术和产品乃至人才，这些都是企业很难于短期内在内部培养起来的。

三是进一步形成规模效应，降低成本。当企业规模已经很大，无法再通过自身扩大规模降低成本时，购并同类产品的企业就成为为企业带来更大规模经济效益的方法。

然而，跨国兼并重组也存在一定风险和挑战。第一个挑战是并购对象是否合适。通常情况下，被并购者都遇到了经营的问题，并购者需要支付较高的费用购买一家发展遇困的公司。第二个挑战是能否顺利整合。企业之间的文化差异很大，并购交易完成后，把两个企业进行实质性的整合甚至融合是一项艰巨的任务。戴姆勒和克莱斯勒合作失败的原因之一就是双方整合不够。第三个挑战是可能遇到双方政府和社会的干预。在政府和社会的干预下，即使双方有意

合作，也是徒劳无功。

2. 合资经营模式的国际经验

（1）合资经营模式

两国企业愿意合资经营主要有三个出发点：一是加强现有业务；二是进入新的地域市场，尤其是国外市场，合作方则引进国外产品或技术；三是进入新的经营领域（多元化）。

从拓展现有业务方向出发，两国企业进行合资主要有三种情况：第一是企业与上游企业成立合资企业，比如整车企业与零部件供应商甚至原材料供应商共同成立合资公司；第二是成立共同研发、销售的合资企业，比如大众和福特在巴西成立 Autolatina 合资公司，负责双方车型的销售；第三是成立共同的企业，比如在早期进入汽车后发市场时，国际企业的子公司都很小，难以获利，菲亚特公司与标致公司就把它们在阿根廷的汽车业务合并起来。这种为加强现有业务建立的合资企业有一定优势，一方面能够降低财务风险；另一方面，能够真正融合，学习对方的长处。

将产品打入国外市场，是跨国汽车企业主动与其他国家企业合资的重要原因。跨国汽车企业利用合资企业的形式来开拓国外市场。通过与目标市场企业合资，将企业现有产品打入目标国家市场，这种方式更容易获得国外政府的支持，同时，目标市场也能获得外国产品、外国技术。因此，汽车合资企业基本上都是国外技术与后发国家当地市场知识结合型合资企业。现在这种合资企业非常多，比如大众巴西、通用中国。

汽车先发企业成长起来后，都希望不断扩大规模，延伸到多个领域。为了进入新的经营领域，实现多元化经营，合资是其中的方式之一。通过这种方式，企业能够比较平稳地进入希望从事的领域，还能够学习对方的经营方法，了解先进的技术。

（2）合资经营的案例

大众在巴西的装配厂于 1953 年开始建设，于 1956 年底建成，原本计划投产的车型是大众多功能厢式车，但在巴西政府的强烈要求下，先投产了甲壳虫。1980 年，第二次石油危机爆发，巴西濒临国家破产的边缘，大众汽车在巴西也受到严重冲击，车辆滞销严重。

为了应对此次危机，大众汽车集团决定与福特在巴西建立合资企业，共同抵御风险。1987 年 5 月 27 日，大众和福特成立了合资企业 Autolatina，当年的 7 月 1 日正式投入运营。双方依然保留自身的品牌，保留独立的销售组织和分销网络，因此其销售和客服团队依然保持独立。大众汽车负责技术管理，福特则负责财务和控制部门。此次联合后的 6 个月便降低了固定成本。1987 年，Autolatina 开始向北美出口汽车，数量达到上万辆。

1992 年 3 月，巴西经济部与机动车行业和工会共同签署《汽车协议》，成为巴西汽车市场的转折点。Autolatina 通过谈判获得减税，抵消了乘用车价格的下滑，再一次实现年度赢利，销售增长超过 6%。

1993 年，巴西放开了市场，允许车辆进口，Autolatina 公司的作用逐渐减弱，大众巴西和福特巴西遂在 1995 年 4 月宣布解散 Autolatina，大众和福特分别在巴西开始扩建工厂——Taubaté 和 Anchieta 工厂，并新建发动机工厂，弥补了产能不足。

(3) 合资经营的优势及风险

合资经营就是双方都要出资，最难解决的就是“一山要容二虎”。首先是管理模式。合资公司需要非常完善的管理机制，才能确保企业顺利运营。大众、福特在巴西共同成立合资公司的案例中，理论上大众汽车负责技术管理，福特则负责财务和控制部门，但是在互相交叉以及责任重大的决议上很可能出现分歧。

其次是收益分配模式。在盈利的情况下，收益分配还比较容易，可是在遇到困难的情况下，双方可能就会出现分歧。在大众、福特在巴西共同成立合资公司的案例中，当合资公司的效果减弱后，双方就解除了合作。

3. 战略联盟模式的国际经验

(1) 战略联盟模式

在汽车行业，从内容上看，跨国汽车企业之间的战略联盟主要有研发联盟、生产联盟和销售联盟。从联盟协议形式上看，又可分为非股权联盟和股权联盟。非股权联盟是指企业之间通过非股权的合作协议来管理其合作关系。股权联盟是指企业之间通过建立独立企业的方式来管理联盟合作关系。

在能源、环保问题日益严重，以及各国环保法规日益严苛的现阶段，发展

新能源汽车已经成为每一家汽车制造商的主要任务。然而，发展新能源汽车所需的投资巨大，风险很高，因此，战略联盟的合作形式经常出现在汽车制造商在新能源汽车的合作上。

（2）技术转型时期的战略联盟

丰田和宝马

2012 年 6 月 29 日，丰田汽车公司与宝马汽车公司签署一份新的合作备忘录，今后将在氢燃料电池驱动系统、运动车型、电能驱动技术领域及轻量化技术四个领域构建长期战略合作关系。从 2014 年开始，宝马将向丰田欧洲市场提供 1.6 升与 2.0 升的柴油发动机。另外，双方将研发应用于新一代电动汽车的锂离子电池，研发成本将由两公司在合作框架下分担。

具体分析一下丰田和宝马双方合作的原因。宝马曾是新能源汽车方面起步很早的企业，过去数十年中，宝马公司独辟蹊径，投入大量精力研究如何直接在气缸内燃烧氢气，其中宝马 7 系氢动力汽车生产了 100 多辆。但是，在当前情况下，氢动力技术仍然有许多难题无法解决，于是，宝马将注意力转向了混合动力汽车，所以有与丰田合作的意愿。

丰田之所以愿意与宝马合作主要在于取得先进柴油机技术有助于其进入欧洲市场。

丰田和宝马合作的潜在危机就是如何处理竞争关系。丰田的高端品牌雷克萨斯和宝马是竞争对手。另外，雷克萨斯已经推出几款混动车型，肯定会与搭载丰田混合动力发动机的宝马车型展开竞争。

福特和丰田

2011 年 8 月 21 日，福特汽车和丰田汽车宣布将在十年内共同开发用于皮卡及 SUV 的新型混合动力系统，同时开发全新的车载智能通信系统。福特和丰田的联盟是受日益严格的法规驱使。由于美国将颁布新的燃油经济法规，新规实施后，大油耗汽车如皮卡和 SUV 将受到消极影响，而这两种车恰恰是福特占据美国市场半壁江山最大销量的车型，福特急需降低整车油耗。丰田方面看重的是福特在皮卡和 SUV 方面的经验以及巨大的市场。

通用和标致 - 雪铁龙

2012 年 2 月 29 日，通用与标致 - 雪铁龙签订框架协议，双方约定将于

2016年开始共同推出五款车，并且将发布双方共用平台的新能源环保车型。

具体分析一下标致－雪铁龙与通用结盟的原因。受欧债危机的影响，欧洲汽车市场严重萎缩，利润大幅减少。2011年标致－雪铁龙的利润额比2010年下降48%，到2011年底，标致－雪铁龙的债务已增长到30亿欧元以上。标致－雪铁龙急需资金解决危机，另外也需要走出欧洲。

通用与标致－雪铁龙合作主要是出于对欧宝的考虑。近几年，欧宝一直处于巨额亏损状态，几次改革也不见成效。通用希望通过与标致－雪铁龙合作，使得欧宝在采购和研发上获益。欧宝面临的一个重要问题是车型太少，无法与大众这样的大公司竞争。通过与标致－雪铁龙合作，欧宝与标致－雪铁龙可以共享模型平台，用较少的费用开发新车型。

通用与标致－雪铁龙的全球战略联盟刚刚成立，尚在磨合阶段，目前尚未实现全球合作，仅仅是通用旗下的欧宝和标致－雪铁龙在欧洲的合作。关于框架下约定推出的新车型，通用方面都是在由欧宝公司负责。由于标致还希望借助通用走出欧洲，因此双方存在目标上的差异。

标致－雪铁龙和宝马

2010年10月，宝马集团与标致－雪铁龙集团决定在混合动力系统方面加强合作。2011年3月，两家集团计划斥资1亿欧元组建"宝马标致－雪铁龙电气公司"，致力于研发在电气化过程中需要的混合动力部件，如电池组、电机、发电机、动力电子设备、充电器以及软件等。

当时，两家企业对于新公司的发展规划已经比较详尽。新公司要设置两个运营地点——德国大慕尼黑地区和法国米卢斯，研究、开发和采购活动均在大慕尼黑地区，生产活动主要在法国米卢斯。新公司计划在2011年第二季度投入运营，从2014年开始生产混合动力系统部件。

这次合作的目的是扩大规模、分担开发成本、使用标准化的部件，以及加快开发流程。然而，双方在新能源方面的合作进展得并不顺利。2012年9月，宝马标致－雪铁龙电气公司组建还不到一年，双方就宣布结束合作。

双方解除合作的原因主要是2012年2月标致－雪铁龙与通用汽车建立联盟关系。宝马认为标致－雪铁龙与通用汽车的联盟会影响到与宝马的合作关系。同时，2011年12月，宝马和通用也在谈开发燃料电池技术的合作。宝马

希望通过向通用研发提供资金支持，获得通用最新的燃料电池技术，但在2012年合作谈判终止，可能也与标致-雪铁龙与通用建立联盟有关。如今，宝马也找到了新的合作伙伴丰田。

（3）战略联盟的优势及风险

国际汽车产业战略联盟增多主要是由于全球经济一体化的发展趋势更加明显。联盟可以增强参与企业的竞争优势，而其他企业则会面临更大的竞争压力，结果是进一步加剧了国际汽车产业的竞争，促使更大、更强、合作领域更广的战略联盟出现。

企业之间建立战略联盟的优势主要有三点：一是分散风险和成本。比如标致-雪铁龙和通用共同研发新车型。二是创造有利的竞争环境。比如丰田与宝马的合作目的之一就是继续突围欧洲市场。三是加强合作者之间的技术交流。比如丰田和宝马共同出资研发氢燃料电池驱动系统、运动车型、电能驱动技术及轻量化技术。

战略联盟也不是十全十美的方法，也会存在一些问题，主要有：一是难以找到合适的伙伴。如果双方不匹配乃至不相容，容易产生消极的后果。二是有些联盟是为了克服经济困难、取长补短建立的。随着一方的经济好转或者技术的突破，很可能动摇合作的根基。或者一方经济继续恶化，也很可能动摇合作的基础。比如标致-雪铁龙和宝马联盟的解散。三是联盟的控制权问题。当强强联手之时，谁能在联盟中取得控制权是非常棘手的问题，不论哪一方都不愿意长期处于被领导的地位。

（二）汽车后发国家企业合资合作的主要形式

1. 发展模式决定合资合作形式

汽车后发国家的发展模式可以归纳为三类：完全开放模式、自由竞争型模式和自主发展模式。

完全开放模式，或称依附型发展模式，采用此方式的国家，在汽车方面或没有发展自主汽车的愿望，只做汽车消费国，或有发展自主汽车的愿望，但因汽车工业基础比较落后，很难走自主发展之路，只能依靠先发国家来发展。

采取完全开放模式的国家，其政府非常支持外资进入，不论是独资还是与当地企业合资。政府出发点是以国家总体经济增长为目标，不追求建立民族汽车工业体系和发展自主品牌，将汽车产业定位于全球产业链地区制造商的角色。

完全开放模式以巴西、墨西哥为代表。在巴西，福特、通用、大众、戴姆勒-奔驰、菲亚特、丰田等汽车公司先后进入独资建立分公司。在墨西哥，通用、福特、克莱斯勒、大众、日产等汽车公司在成立独资的分公司。

自由竞争模式，是以社会自发性发展和政府不过多干预为基本特征。作为汽车后发国家来说，很难出现自由竞争模式。原因是政府完全放手，肯定会走上完全开放模式；政府严格控制，那就是自主发展的模式。以印度为例，其政府对汽车产业的态度是扶持国内企业，但对外资不排斥，让本土企业和外国企业在相对比较公平的制度下竞争，姑且也可称为汽车后发国家的自由竞争模式。

自主发展模式，或称政府控制模式，即以强调国家自主发展和政府引导为基本特征。政府鼓励引进国外先进科学技术和管理经验，但强调国家建立独立自主的汽车工业体系和自主品牌开发能力，严格市场准入，限制外国资本，以培育本国汽车工业（见表1）。

表1　不同模式下合资情况的差异

发展模式	整车外商独资	外商与本地整车企业合资	本土整车自主发展企业
完全开放模式	有	无	无
自由竞争模式	有	有	有
自主发展模式	无	无	有

俄罗斯曾经试图选择自主发展模式，在很长的一段时间，都是限制外国资金或技术的投入，力推自主品牌。作为后起国家，并且是汽车后发国家，俄罗斯选择自主发展道路主要与欧美之间紧张的国际关系有关，但经过数十年的发展，俄罗斯的自主企业逐渐为跨国企业所掌握。

一个国家的汽车工业最终成为哪种发展模式，取决于多种因素，其中主要有两个条件：一是自身的能力和条件。汽车产业是对技术、制造、市场等方面要求很高的产业，其发展必须有与之相适应的能力和条件。二是政府对本国汽

车产业的定位。

2. 汽车后发国家完全开放模式下的合资合作

（1）巴西

汽车是巴西的龙头工业，但主要掌握在跨国公司手中。目前，世界主要汽车企业都已在巴西投资建厂，巴西本国企业产品主要作为外资企业的配套补充。

早在1919年，美国福特汽车公司就在巴西建立了汽车装配厂。1925年，美国通用汽车在巴西建立了汽车装配厂。1928年，意大利菲亚特公司在巴西建立汽车CKD散件组装线。1953年，德国大众汽车公司在巴西建立了汽车装配厂。

1956年，巴西政府开始在政策中公开支持外国企业在当地建厂，制定了《汽车工业逐步实现民族化计划》。主要有两点：一是提高国产化率。根据车型不同，起步国产化水平必须达到35%～50%，3年内必须达到90%～95%。二是便于本国引进先进设备。根据投入的资本数量，为进口设备提供优惠汇率；必须进口的辅助材料和设备可免缴关税和国内增值税。巴西出台的这一政策，让大型的汽车企业开始考虑在巴西本土生产车型。

1964年是巴西汽车产业进一步开放的关键时点。当时，巴西因经济危机引发政变，随之进行经济改革，开始向跨国投资者敞开大门。新政府通过实施有针对性的财政和利率政策，将外国资金和技术引入巴西。到了20世纪70年代，已有13家较大的汽车生产厂家，如巴西大众、巴西通用、巴西菲亚特、巴西福特、巴西奔驰。

由于70年代的石油危机，原油进口引起严重的贸易收支逆差，巴西政府开始限制本国汽车销量，鼓励汽车出口。为了提高出口汽车质量，20世纪80年代，巴西政府决定允许外资企业和国内企业自由竞争，结果外资企业以压倒性优势占有市场，民族企业多数灭亡或沦为配件市场供货商，外资独大的局面出现。

20世纪90年代，巴西政府完全放开市场，国际汽车制造商如雷诺、标致－雪铁龙、戴姆勒－克莱斯勒、奥迪、日产、丰田等都开始大规模在巴西销售，不少企业开始投资建厂。如今，巴西全国共有23个汽车集团企业，下辖

49 家工厂，其中汽车生产厂 39 家，年生产能力超过 300 万辆。如今，巴西汽车市场的潜力继续释放，跨国公司的投资方式发生转变，由早期的建设组装工厂转为建设技术中心。菲亚特、通用、大众、福特等企业在巴西建立了研发中心。

总体来看，巴西出现外资独大的局面与其政府的产业政策直接相关。数十年来，在巴西政府投资管理政策中，除了在核能、医疗、农村土地所有权、国内航线和航天军工工业、巴西经营银行和保险业等领域外国投资者不能独资以外，其他领域的外商投资不必经政府批准。外资企业在巴西投资建厂或获得现有巴西企业的所有权，只需通过巴西有权进行外汇操作的银行将外国货币汇入巴西即可。

（2）墨西哥

20 世纪 60 年代中期，美国政府“雇工项目规定”限制了外资劳工进入美国工作，而当时正有大量的墨西哥人希望在美国找到工作机会。面对这种情况，墨西哥政府提出了在墨西哥、美国边境上建立加工厂的建议。由于有比较优惠的投资政策以及比较廉价的劳动力成本，在边境附近各类加工厂越来越多。在汽车领域，美国福特公司首先在边境附近建立了汽车和零部件加工厂，墨西哥的汽车制造业开始起步。

在经历了短暂的进口阶段和政府主导的“进口替代”阶段后，墨西哥汽车产业不断发展壮大。1989 年，墨西哥政府主张汽车产业由“进口替代”型向“出口导向”型转变，墨西哥的汽车市场完全对外开放。并实施了新的贸易措施，主要有七条：一是只有个别轿车生产厂可以进口整车，其进口关税税率为 20%；二是其进口量值不能超过国内市场销量总额的 20%；三是有进口权的轿车生产厂必须实现正向的贸易平衡，即每 1.75 美元的出口额，允许有 1 美元的进口权；四是按北美自由贸易协定的规定，到 2004 年，在墨西哥生产轿车的本地零部件使用率达到 34% 以上；五是对装配和生产的轿车车型不做限制；六是对重型商用车的进口，生产厂必须实现正向的贸易平衡，但无需超量补偿；七是对载货车和大客车装配厂从 1994 年起取消本地零部件使用比率的要求，放开整车和零部件的进口。

受此政策的影响，美国的通用公司、克莱斯勒公司，德国的大众，日本的

日产和本田都在墨西哥建立了多家整车组装厂及零部件厂，基本都是独资企业。到1993年，墨西哥已经有数十家汽车组装厂及零部件厂（见表2）。

表2　1993年墨西哥的汽车组装厂

墨西哥克莱斯勒公司	捡戈阿乐贝托装配厂
	托卢卡汽车装配厂
	萨尔蒂约发动机厂
	托卢卡车桥
	托卢卡发动机厂
	托卢卡变速器厂
	托卢卡转换器厂
墨西哥通用公司	墨西哥城汽车厂
	拉莫斯阿里斯佩汽车装配厂
	托卢卡发动机厂
墨西哥福特公司	库奥蒂特兰汽车装配厂
	奇瓦瓦发动机厂
	埃莫西约冲压装配厂
	华雷斯汽车零部件厂
	阿利得电子公司
	奇瓦瓦玻璃厂
	汽车塑料厂
	法奈荷公司
墨西哥日产公司	摩埃纳瓦卡装配厂和发动机厂
	阿瓜斯卡连特斯装配和发动机厂
	莱尔马厂
墨西哥雷诺公司	戈麦斯帕拉西奥发动机厂
墨西哥大众公司	普埃布拉汽车装配发动机厂

资料来源：1994－2012 China Academic Journal Electronic Publishing House。

到了2000年，跨国车企在墨西哥的整车生产厂达到14家，其中，通用3家、福特4家、克莱斯勒3家、日产2家、大众1家、本田1家。1999年，共生产各种汽车150万辆，其中出口100万辆。汽车工业成为墨西哥经济的支柱产业。2005年，墨西哥生产汽车约200万辆，其中出口约150万辆。2011年，该国汽车生产量达到268万辆，其中出口210万辆，确定了世界汽车出口大国的地位。

墨西哥汽车采取完全开放模式，并且跻身全球第四大汽车出口国地位，主要是其吸引了众多外国投资者。墨西哥从来没有自己的整车企业，墨西哥政府十分注意向外国投资者提供稳定而优惠的投资促进政策，对重点行业的外资给予进出口、税收、产业发展等方面的优惠政策，保证了外资企业在墨西哥国内获得基本公正而透明的国民待遇。另外，政府还对加工贸易实施特别的优惠措施，以促进墨西哥经济重点部门和行业的发展。

尽管墨西哥在出口方面成绩斐然，但是墨西哥汽车过度依附外资所带来的风险也不可忽视。墨西哥汽车方面的依附性具体表现在对国际资本的高度依赖和对美国市场的高度依赖两个方面。由于墨西哥无力控制国际资本和美国市场的变化情况，一旦美国经济出现波动，墨西哥经济将直接受到影响。

（3）完全开放模式国家的合资合作经验总结

完全开放模式的国家，其发展汽车产业主要是吸引国际主要的汽车制造企业（整车、零部件）在本国投资，主要是以独资为主，并且本国基本没有自主品牌企业。要想成为完全开放模式的国家，也需要三个条件：一是国家的位置，需具有战略地位或者地理优势。墨西哥与美国是邻国，有先天的地理优势。巴西国土面积很大，经济发展快，战略位置非常重要。二是政府创造的投资环境。这些完全开放模式的国家都采取积极的全面开放的政策，吸引外国资本来本国投资，还对外商投资给予优惠待遇。比如巴西对外商投资给予信贷、税收等方面的优惠，允许外国资本与本国资本享有同等法律待遇。三是廉价丰富的人力资源。汽车组装厂需要大量的人力资源，人工成本是一项重要的花销，廉价丰富的人力资源是吸引外资的重要方面。比如巴西有1.94亿人口，劳动力成本相对较低。墨西哥同样拥有劳动力的成本优势，曾有报告指出，在墨西哥生产线上的工人每小时能赚2.1~2.6美元，而美国同类工人每小时工资达21美元。

以完全开放模式发展汽车产业的国家，政府对汽车产业关注点不是有没有自己的品牌，知识产权属不属于本国，而是为了实现宏观经济增长，创造数量众多的就业岗位和增加政府收入。这种开放模式的好处在于，对于技术差距较大的后起国来讲，选择此模式成本小，对经济促动和就业增加见效快。

缺点在于没有本国汽车品牌，对国外汽车企业过度依赖，无法把握未来的发展方向，一旦世界市场出现问题，外资汽车巨头撤退将进一步加剧本国的经济动荡。

3. 汽车后发国家自由竞争模式下的合资合作

（1）印度的开放

印度汽车产业起步较早，在1910～1929年，印度孟买、加尔各答和钦奈等地就出现了汽车组装厂。20世纪50～70年代，印度政府的相关规定非常不利于跨国公司在当地的发展。政策规定，跨国公司限制进入以国家经营为主的工业；在技术转移方面，只能从跨国公司引进急需和实用的技术，跨国公司的技术必须向印度公开。受此政策的影响，印度汽车产业没有技术引进，非常落后。比如印度当时著名的“大使”牌轿车，是印度塔塔公司在20世纪50年代从英国引进的技术，数十年没有变化，耗油量高，乘坐舒适度和安全系数都很差。到20世纪70年代末期，印度国内市场主要有6家本土汽车生产商，分别是：Telco（现在的塔塔汽车）、阿斯霍克雷兰德（Ashok Leyland）、马恒达公司（Mahindra&Mahindra）、印度斯坦汽车公司（Hindustan Motors）、总理汽车公司（Premier Automobiles）和巴贾摩托车（Bajaj Auto）。1980年，印度轿车产量仅为30989辆。

为改变这种落后的局面，印度政府决定在汽车领域对跨国公司的投资进行开放。1983年，印度政府直接与日本铃木公司合资成立马鲁蒂有限公司，其中近3/4的股份为印度国有，铃木公司提供技术和部分资金，印度负责建立厂房并提供各种后勤服务。第一款车型为奥拓微型轿车，下线后很快就占领了大部分国内市场。但是，由于产品单一，消费者购买能力低下，印度轿车产销量从20世纪90年代开始徘徊不前。

1993年，印度政府开始调整相关的产业政策，有条件地向国际汽车巨头打开合作的大门。随着印度经济自由化进一步深入，外商独资企业也获得了进入印度市场的许可。1994～1999年，包括丰田、本田、通用、福特等在内的9家汽车公司进入印度市场，其中6家采取与本地企业合资，3家独资（见表3）。

表3 20世纪90年代进入印度的部分外来企业合资基本情况

外企名称	外资股比(%)	印度厂家	投产年份
大宇公司	92	DCM	1995年8月
奔驰公司	76	TELCO 特科汽车公司	1995年11月
通用公司	100		1996年6月
菲亚特集团	74	The Premier Automobiles Ltd. 印度总理汽车有限公司	—
本田公司	90	SIEL 锡尔汽车	1997年12月
福特公司	92	MAHINDRA 马恒达	1996年9月
AB 沃尔沃	100	—	1998年9月
现代公司	100	—	1998年10月
丰田公司	74	KIRLOSKAR 基洛斯卡汽车公司	1999年

资料来源：马戈著《印度汽车产业及市场发展特点》，《轻重汽车技术》2008年第4期。

2006年9月，印度政府在《汽车发展规划（2006～2016年）》中指出，2006～2016年，印度汽车工业需要增加投资350亿～400亿美元。这些投资主要来源于愿意在印度扩大产能的跨国汽车制造商，印度政府对这类投资简化了行政审批手续，并给予税收、土地审批、资源供应等方面的优惠。印度政府的新一轮举措，使得全球各大主要汽车厂商纷纷带着资金和技术，再次大规模涌向印度（见表4）。

表4 2006年以来部分跨国公司在印度投资数额及产能情况

外企名称	投资额度(亿美元)	目前/未来产能(万辆)	投产年份
铃木公司	17	60/100	2007年1月
丰田公司	3.28～4.1	6/10	2007年2月
本田公司	2.4	10/30	2007年7月
日产公司	4.2～5	/40	2007年2月
现代公司	10	63/90	2008年2月
戴姆勒公司	5	—	2008年1月
AB 沃尔沃	3.5	—	2007年12月
大众公司	5.3	/11	2006年
福特公司	5	10/20	2008年1月
通用公司	3	6/14	2006年

资料来源：孙龙林著《浅析印度汽车工业的发展》，《汽车工业研究》，2010年12月。

值得注意的是，在此阶段，跨国企业除了大规模投资建厂加大产能外，跨国企业与印度本土企业的合资特别是在商用车方面的合资正在加强。2007 年 12 月，沃尔沃公司投资 3.5 亿美元与印度商用车公司艾彻尔建立合资企业，共同生产 16 吨、25 吨、31 吨、40 吨重卡商用车，其中沃尔沃持有 45.6% 股份。2008 年 1 月，戴姆勒公司与印度英雄汽车集团（Hero Group）共同投资 350 亿印度卢比，建立一家商用车生产企业，其中戴姆勒持股 60%、英雄集团持股 40%，生产包括轻卡、中卡和重卡在内的全系列商用车。

跨国企业与印度的合资合作还扩展到了研发领域。以日产公司为例，2007 年，日产公司与法国雷诺及印度 Bajaj 公司联手开发适合印度市场的排量为 1 升、售价 3000 美元的小型车。同年，日产公司还宣布与阿斯霍克雷兰德公司合资，生产和研发（载重 6 吨以下）轻型卡车。随后，日产公司又与雷诺公司联合宣布，双方将各出资 50%，在印度东南部的工业城市建立一家全球性研发中心。

近几年来，随着印度汽车消费潜力的进一步显现，以及印度政府汽车消费刺激政策的出台，跨国企业对印度更加重视，投资热度持续。最近，印度政府还表示，将为汽车产业出台一系列政策，主要涉及税务、土地征用、劳工动乱和技能发展等方面，希望在未来十年里印度汽车产业能获得数额巨大的投资。

总结起来，印度汽车对跨国公司合资合作的态度主要经过了五次转变，从最开始的严格限制，到合资限制股权，再到开放允许独资，再到大力引资，逐步对跨国企业开放市场（见表 5）。

表 5　印度汽车对外资态度的转变

时　间	合资合作的特征
20 世纪初至 1982 年	从技术引进开始，但政府强调轿车国产化，对汽车产业实施严格的保护，限制技术进一步引进
1983 ~ 1992 年	开始开放市场，但限股权，出现合资公司
1993 ~ 2005 年	进一步开放市场，1995 年，印度加入世界贸易组织，废除了轿车进口配额限制，外商独资企业获得政府认可
2006 年至今	政府通过简化行政审批手续，给予税收、资源供应等方面的优惠，加大引资力度。商用车的合资企业涌现。跨国企业在印度的研发能力加强

(2) 印度的自主

与很多后发的国家相比，印度汽车产业有明显优势，那就是有本国的自主品牌以及有很多印方占比超过 50% 的合资公司。在外资企业强大的竞争压力面前，印度能够避免走完全开放的依附之路，实现自主发展，主要有三点原因。

一是政府尽量创造有利于印度汽车的发展环境。尽管印度市场相对比较开放，但是政府依然强调鼓励发展以印资为主的合资。最主要的体现就是在税收方面，对外资为主的国外公司或国外控制的公司，征收所得税的 70%，而对以印资为主的公司征收所得税的 55%。

二是印度重视技术引进后的消化再创新。1983 年，印度开放市场后，有一些技术引进。政府倡导在技术引进的基础上进行自主创新，实现自力更生。当时在任的总理英迪拉 - 甘地曾说过："发展不能维持在借或者吸收技术的水平上。只有当我们有能力解决自己的技术问题，才是真正的自力更生。"

三是个别公司的战略选择。在跨国企业竞争压力下，很多自主发展公司都面临过非常困难的局面，在比较关键的时刻，个别公司仍能从长远发展出发，拒绝合资，或者拒绝外资占比超过一定比例，表现出勇气和战略目光。

在印度汽车自主发展方面，最典型的就是塔塔公司。塔塔汽车公司成立于 1945 年，从仿制英国的"奥斯汀"轿车起步，并占领市场，可是由于不注重技术改进，逐步失去了市场优势。1954 年，塔塔引进了德国戴姆勒 - 奔驰公司的技术，生产"奔驰 - 塔塔"牌卡车。之后双方又于 1994 年达成协议，双方互相持股，在印度合作生产奔驰轿车。然而，合作 6 年后双方决定各自发展，抛售了股份。

塔塔公司自 1995 年进入乘用车领域，与国外合作更加频繁。除了借鉴奔驰的商用车技术培养自身的乘用车技术外，还坚持在保护品牌的基础上，与其他外国公司合作，以谋求突破。塔塔乘用车主打系列 INDICA（印迪卡）就是由法国公司设计的发动机，意大利公司设计的外观，塔塔公司设计其他部件并负责在印度总装，知识产权属于塔塔公司。然而，1998 年，第一辆本土轿车 INDICA 推出后，由于质量问题惨遭失败。塔塔的技术人员通过不断地改进，于 2001 年推出新款 INDICA 轿车，终于成为了热销车型。

2006 年初，塔塔选择了菲亚特，与其签订协议，将对方的汽车销售到印度市场。2007 年初，双方又签署建立合资公司的备忘录，成为全球战略伙伴。然而，由于菲亚特汽车在印度的销售情况不如预期，在 2012 年双方解除了合作。

塔塔的合资之路并不顺利，但是塔塔在收购方面进展很快。通过收购韩国大宇商用汽车的业务，购买西班牙客车制造商 Hispano Carrocera 公司 21% 的股份，塔塔公司完成了商用车必要的技术积累和渠道布置。2008 年，塔塔公司通过对豪华品牌捷豹和路虎的收购，获得了乘用车更先进的技术以及捷豹、路虎的全球销售网络。如今的塔塔公司已经在印度占据了大部分的市场份额，也成了印度汽车自主品牌的骄傲。

（3）自由竞争模式国家的合资合作经验

后发国家要想在汽车方面走自由竞争路线需要几个条件：

一是自主品牌汽车企业有比较好的技术基础。在后发国家，要想在对外开放的同时发展自主品牌，自主品牌必须有良好的技术基础。在早期的技术引进或者合资阶段必须非常重视技术学习，而不是坐等外资传授技术。以印度来讲，政府非常重视技术转移的时效性，要求外方不断地进行技术转移。而在很多后发国家，政府对技术的渴望不够强烈，导致技术转移时断时续，本国技术人员学习的连续性较差。

二是整车和本土零部件企业之间有“抱团发展”的意识。一个国家要有自主品牌整车，必须要有比较强大的自主品牌零部件，本土整车企业要有与零部件企业“抱团发展”的意识。在这方面，印度就是很好的例子。印度本土汽车品牌发展得很好，不仅有像塔塔这样的汽车制造厂商，而且本土的汽车零部件供应商也发展了起来，因为整车企业和零部件企业有战略同盟的意识，共同发展。这种本土“抱团发展”的意识，并不是由政府主导的，而是企业之间形成的。

三是自主品牌有比较成功的细分市场。与发展上百年的跨国公司相比，后发国家的汽车自主品牌企业肯定面临巨大的困难。在发展初期，不能与强大的对手针锋相对，而只能选择细分领域进行突破。以印度来讲，其自主品牌企业主要就是以超小型乘用车和商用车细分市场为突破点，待技术发展起来后，再

与跨国公司竞争。

四是整车企业进行广泛的国际合作和国际并购。后发国家的汽车产业获得技术的方式，除了与跨国公司合资外，还有国际合作和国际并购。在国际合作方面，很多后发国家的自主品牌企业需要重新认识国际合作的价值，很多自主品牌企业就是因为仅仅从经济的角度出发选择合资形式，导致丧失了自主品牌。国际并购是后发国家获得先进技术的一个手段，但前提是能够对先进技术进行充分的消化吸收。

4. 汽车后发国家自主发展模式下的合资合作

（1）俄罗斯

苏联汽车产业对外的合资合作是从技术引进开始的。20 世纪 30 年代，苏联与福特和帕卡德（美国 20 世纪 50 年代以前的豪华车品牌）建立合作关系，引进技术。苏联的吉斯、吉姆、海鸥车型的主要技术来自帕卡德，伏尔加汽车的技术来自福特，“二战”时期军用卡车嘎斯的技术也来自福特。60 年代，苏联引进菲亚特 125 全套设备及专利技术，建立了年产 60 万辆的陶里亚蒂汽车厂（即后来的伏尔加汽车），生产拉达、日古力车型。在工厂建设过程中，主要依靠政府的组织，所有投资也均来自政府预算。

苏联的技术引进仅在汽车产业发展的初期，工厂建成后就倾向于“自我封闭”，不再有大型的技术引进。比如，高尔基汽车厂建成后，有十多年时间“自我封闭”。20 世纪 60 ~70 年代，伏尔加、卡马两大汽车厂建厂之后，苏联在汽车工业上再无大型技术引进。在汽车厂建成后，几乎所有的改型及更新换代的车型均为各个汽车厂自行开发研制的。苏联在解体前，曾是汽车自主发展的强国，有伏尔加、高尔基、卡马重型卡车制造厂和乌里扬诺夫斯克汽车制造厂四家大型的自主品牌汽车企业，还曾向中国输出技术。

1991 年苏联解体后，俄罗斯政府无暇顾及汽车产业，汽车产业开始处于发展停滞的状态，汽车销售难，企业负债累累。为了改变汽车产业的困窘局面，1998 年，俄罗斯打开国门，向世界大型汽车企业抛出橄榄枝。1998 年 1 月 5 日，叶利钦签发总统令《关于吸引外资发展国家汽车工业的补充措施》，具体为用于合资企业的投资不得少于 2.5 亿美元，投资期限为 5 年。自合资项目开始之日起 5 年内，其最终产品的成本至少一半须在俄罗斯形成。此法令促

使俄罗斯出现一批与国外合资的汽车企业，比如李哈乔夫汽车厂与卡特匹勒合作载货车柴油机项目，莫斯科汽车厂与雷诺合作轿车发动机项目，高尔基汽车厂与菲亚特合作轿车发动机项目，卡马汽车厂与康明斯合作载货车柴油机项目。

在此次引进外资、组建合资企业的过程中，俄罗斯在保证控股权的同时，力争做到尽可能地实施非直接投资，这样不仅可增大投资股比，还可充分发挥现有资产（包括闲置资产）的作用，以期达到合理利用的目的。例如，高尔基汽车厂于1992年12月与菲亚特及欧洲发展银行签署合同，组建夏诺夫哥洛德汽车公司生产轿车。此合资企业项目金额为8.5亿美元，年生产能力达15万辆，其中高尔基汽车厂及菲亚特公司各占40%的股份，欧洲发展银行占有20%的股份。高尔基汽车厂的投资并非货币，而是厂房及部分用于制造柴油机的设备。

虽然此时俄罗斯出现了一批与国外合资的汽车企业，但在规模、产量、产品开发等方面占主导地位的仍是原国营大型企业。由于它们多采用二三十年前的汽车制造技术，生产的汽车质量粗糙、性能低劣，这些老牌的俄国国产汽车企业依然没有焕发出生机。

2005年俄罗斯再次推出了吸引外资的政策。先是《2005~2008年汽车工业中期发展措施计划》，俄罗斯政府希望靠扶持和引导，提高民族汽车工业的竞争力。同年，俄罗斯工业发展和能源部制定了《2010年前国家汽车工业发展构想》，主要是通过进口与组装外国汽车相结合的方式，提高俄罗斯的汽车工业水平。

在此次政策的促动下，新的俄国汽车产业形成了两大合资工厂和四家跨国汽车企业共存的发展局面。两大合资工厂是指有雷诺资本参股的奥托瓦兹伏尔加工厂和索莱尔斯（Sollers）与菲亚特的合资工厂，而四家跨国企业则是德国大众、法国雪铁龙、日本三菱和瑞典沃尔沃。

除了这6家比较大型的合资、跨国公司外，俄罗斯还有很多其他的汽车合资公司。比如通用公司很早就与伏尔加汽车公司组建了合资公司；美国福特公司与俄国索莱尔斯汽车公司各自出资50%成立合资公司；日本三井物产公司也与索莱尔斯汽车公司签订了类似的协议，由三井物产公司牵头，在俄国远东地区选址建造生产丰田SUV的汽车生产厂。

受金融危机影响，2009年俄罗斯政府改变了政策导向，再次实施对本土汽车品牌的保护。一方面，俄国的汽车进口关税从原来的25%提高到30%；另一方面，俄罗斯政府对本土汽车采用低息贷款救助以及大范围政府采购的方式。与苦苦挣扎的俄罗斯本土汽车企业相比，跨国汽车公司在俄罗斯的力量却在迅速增长。2010年，俄罗斯境内的跨国汽车制造商的乘用车产量首次超过本土厂商。

进入2012年，俄罗斯对本土汽车企业的要求已由坚持“本国化”发展到推行“本土化”。俄罗斯政府指出，在现阶段，俄罗斯已经同大众、日产、奔驰、福特和通用签署了新的工业组装协议，新协议的投资总额将超过3000亿卢布，已经签署的汽车工业组装协议条款在2018年前都不会发生变化。随后，雷诺-日产联盟增持伏尔加股权至50%以上，实现绝对控股，俄罗斯放弃了对最大的一家国有汽车企业的控股。如今，俄罗斯已正式成为了世界贸易组织成员。根据“入世”承诺，俄罗斯的汽车进口关税将逐渐降低，更多的外国品牌即将涌入，可以预见，俄罗斯的汽车产业将出现更多的合资合作。

总结起来，俄罗斯汽车对跨国公司合资合作的态度主要经历了七个阶段，三次转变，从封闭到政策松动，再到转向自主保护，最后完全放开，自主品牌企业逐步被跨国企业控制（见表6）。

表6　俄罗斯汽车对外资态度的转变

时　间	合资合作的特征
20世纪30~50年代	利用技术引进，建厂
20世纪60年代至1990年	完全封闭，自主研发，无合资合作
1991~1997年	汽车产业陷入困境，无合资合作
1998~2004年	政府支持跨国车企与俄本土企业合资，但要求比较苛刻
2005~2008年	政策进一步放开，合资和独资企业共同发展
2009~2011年	实施自主品牌保护，提高进口关税
2012年至今	加入世界贸易组织，放弃对自主品牌保护，伏尔加汽车失去国有地位，合资和外资企业涌入

（2）自主发展模式国家的合资合作经验

后发国家都希望走自主发展模式，能够在国际市场上有一席之地。对于汽车产业而言，自主发展就是有完整的产业链，形成一定的自主开发能力，拥有

自主知识产权的品牌。

“自主发展模式”隐含着政府主导发展的含义。政府主导意味着依靠政府的力量改变了市场机制的自然配置结果。俄罗斯就是个不成功的例子。

一是政治的影响。俄罗斯地大物博，欧美一直将其视为对手。俄罗斯在发展过程中，没有欧美的技术支持，或者也不想有技术合作的机会。

二是经济的影响，本国政府的资金情况。苏联时期，在国家发展比较顺利的阶段，政府投资比较到位，汽车发展很好，甚至向外输出技术。但是随着苏联的解体，经济下滑，政府财政紧张，汽车产业停滞。而此时正是世界汽车飞速发展之时，俄罗斯汽车产业却大大落后了。

三是制度的影响，政府对企业的要求。俄罗斯政府没有要求本土汽车企业提出切实可行的改革措施，没有对工作效果的提高和汽车质量的提高提出严格要求，只是一味地保护国内企业，排斥跨国公司，最终，这些本土汽车企业仍不具备同跨国企业竞争的能力。

二　中国汽车产业合资合作的发展历程及发展特征

中国汽车工业的起步是通过国家集中投资和全方位技术引进的方式实现的，其标志是第一汽车制造厂的建设和投产。伴随着第一汽车制造厂的筹建，我国汽车零部件产业也开始得到发展。“文革”开始后，我国汽车产业处于封闭发展状态。受计划经济体制的束缚和以强调战备为代表的若干次重大决策失误的影响，汽车工业在总量增加、体系完善的同时，低水平重复建设导致的汽车生产厂家规模小、技术水平低的问题进一步恶化。另外，由于多数汽车厂选择建在交通不便和无工业基础的山区，专业厂之间的布置也过于分散，不仅增大了建设成本，也制约了企业的进一步发展。改革开放初期，为了改变“缺重少轻，轿车几乎空白”的局面，适应并满足国内不断增长的市场需求，我国政府开始转变思路，允许部分国内汽车企业以各种方式引进国外汽车公司的先进技术、设备以及资金。此后，伴随着政府管理体制的变革和对汽车产业管制的放松，我国汽车产业开展合资合作的步伐加快，极大地促进了我国汽车产业的发展。

（一）汽车产业对外合作的初始阶段：20 世纪 50 年代通过国家集中投资、技术引进方式建成一汽

中华人民共和国成立以前，中国使用的汽车完全依靠进口。新中国成立后，对发展汽车工业非常重视，1950 年就将建设一座现代化汽车制造厂列为“一五”计划重点项目。1950 年 2 月，中国与苏联敲定了一批苏联援助中国建设的重点项目，其中包括建设汽车厂项目。由于国内汽车专门人才缺乏，我国政府于 1950 年 8 月决定聘请苏联专家承担汽车制造厂的整体设计工作。1952 年 7 月，中央正式决定成立汽车工业工厂。1953 年 7 月 15 日，第一汽车制造厂举行了奠基典礼。在第一汽车制造厂建设过程中，苏联全面支援，如期提交图纸资料、技术文件，并派出大批技术人员现场指导建筑安装施工和生产准备，提供了第一汽车制造厂所需的 80% 的工艺设备和第一套工艺装备及零件毛坯。第一汽车制造厂选派 500 多名各类人员先后到苏联斯大林汽车厂实习，学习先进的技术与工艺，委托国内工厂代培了近 4000 名各类工种岗位的新工人。

经过短短三年时间，1956 年 7 月 13 日，国产第一辆解放牌载货汽车在第一汽车制造厂试制成功，第一汽车制造厂正式建成投产，从此结束了中国不能批量制造汽车的历史。第一汽车制造厂生产的解放牌汽车的型号是 CA10 型，载重量为 4 吨，包括 CA10、CA10B、CA10C 等型号。解放 CA10 型原型车是以苏联莫斯科斯大林汽车厂（后改为李哈乔夫汽车制造厂）出产的吉斯 - 150 型载重汽车为蓝本，根据中国的实际情况改进部分结构后设计和制造出来的。第一汽车制造厂后来又生产改进的 CA15 型，包括 CA15K、CA15J 等，载重量为 5 吨。1958 年，第一汽车制造厂制造出新中国第一辆东风牌小轿车和第一辆红旗牌高级轿车。由于当时实行以中型载货车、军用车以及其他改装车（如民用救护车、消防车等）为主的发展战略，使得中国汽车产业形成了“缺重少轻”的特点。作为我国第一个汽车工业生产基地，第一汽车制造厂的建设模式可以概括为 12 个字：集中投资、全盘引进、迅速建成。

由上述分析可见，中国汽车工业的起步是通过国家集中投资、技术和设备引进的方式实现的。中外企业间没有资本和市场的运作，仅限于技术和产品层面的合作。

（二）1978 ~1993 年：中外汽车企业探索开展合资合作

1978 年 12 月 18 日，党的十一届三中全会隆重召开，确定了“解放思想、开动脑筋、实事求是、团结一致向前看”的指导方针，开启了我国改革开放历史新时期。1978 年，中国汽车产品结构以中型载货车为主，呈现“缺重少轻，轿车几乎空白”的状况，全国轿车加上越野车年产量不过 5000 辆，闭门造车多年的中国汽车业，与全球汽车业在观念、管理、技术、产品等方面都存在巨大差距。我国政府适应改革开放的新形势，转变发展思路，允许部分国内汽车企业以各种方式引进国外汽车公司的先进技术、设备以及资金。尽管中外合资汽车企业引进的车型和技术并不是当时国际上最先进的，但这些车型在中国很有竞争力，很长时间占据着中国市场的主力位置。通过合资合作，彻底改变了我国汽车业“缺重少轻，轿车几乎空白”的局面，逐渐适应并满足了国内快速增长的市场需求，带动了国内汽车制造技术的提高，逐步实现了进口替代。

1. 汽车产业开展合资合作的背景和动因

1978 年，一机部向美国的通用、福特，日本的丰田、日产，法国的雷诺、雪铁龙，德国的奔驰、大众等著名企业发出邀请电，希望利用外资改造上海牌轿车。美国通用汽车等公司对此表示有兴趣。1978 年 10 月 21 日，美国通用汽车董事长墨菲先生来华考察中国的汽车工业，主要谈轿车和重型汽车项目。美国通用公司提出，中方最好用“中外合资经营”的方式进行合作。改革开放的总设计师邓小平同志对轿车生产搞中外合资经营表示支持。随后，国家开始组团赴德、美、日等汽车工业发达国家考察，并开始商谈合资事宜，中国汽车工业向世界汽车工业敞开了大门。

1978 年 6 ~ 8 月，一汽管理层一行 20 人到丰田总部进行以企业经营为主、涉及各个领域的研修。1978 年底，应一汽邀请，丰田及日野分别派出 6 ~ 7 名技术人员组成专家团，对一汽“解放”牌卡车生产线进行了为期 10 天的“工厂诊断”。另外，日野向一汽提供了变速器技术支持，并向其出口生产设备。此后，一汽和丰田两家企业的领导又进行了多次互访和考察。丰田还在中国开办丰田生产方式讲座，在北京、广州、沈阳等地开设技术培训班。这些交流活动，增进了相互了解。上海市在1978年提出："引进一条轿车装配线，改造上海轿车厂，年产15万辆，大部分出口赚汇。"当时，西方国家对中国汽车业普遍持谨慎态度，上海市政府与世界汽车厂商进行了广泛接触，但这些企业认为中国轿车工业基础太差，兴趣不大，只有大众汽车公司愿意尝试。随后，上海市政府和大众汽车公司进行了长达6年的艰苦谈判。

由于轿车被定为"非生产力"，在扩大产能、开展对外合资合作方面面临很大的阻力。中国汽车工业公司在启动重型车、轻型车、发动机的大布局之后，积极推动轿车领域的对外合资合作。邓小平同志于1982年6月再次做出重要批示："轿车可以合资"，为中国轿车生产、合资开了绿灯，使中国的轿车工业有机会和跨国汽车企业开展合资合作，中国汽车工业的发展环境发生了巨大的变化。由于国内汽车市场供不应求，1984～1985年我国共进口了50.4万辆汽车，消耗了大量外汇。在市场压力之下，我国政府进一步认识到了与国际汽车企业开展合资合作的必要性。1986年，中国政府正式把汽车工业列为支柱产业，并确定了发展轿车工业要"高起点、大批量、专业化"的原则，中国在轿车生产方面走上以合资引进技术的道路。一汽、上汽、二汽等大型汽车集团也都认为与外资加强合作是企业生存和发展的必然选择，应通过与跨国汽车公司之间的合资合作获得在国内汽车工业中的主动权，同时利用外国公司的力量，发展自己的研发能力。在此背景下，少数外国资本与国有资本开始有选择、有限度地嫁接，美国汽车公司、大众、五十铃、标致、雪铁龙等跨国汽车企业相继进入中国汽车工业领域。1985年，上海大众引进的第一款车桑塔纳大获成功，带动了我国汽车行业的对外合资合作。在发展的初期阶段，中外合资企业以引进生产设备和车型为主，中方基本没有发言权。

在这一发展阶段，我国先后建立了一个微型车生产基地（天津汽车厂）、两个装配点（柳州拖拉机厂和国营伟建机械厂）和四个轻型车生产基地（东北、北京、南京和西南），并集中投资建设上海大众、广州标致等合资轿车生产点，形成了比较完整的产品系列和生产布局。1986年，中国轿车年产量第一次突破了1万辆。中国汽车进入了一个平稳的发展期。20世纪80年代中后期，载货汽车产量和品种基本满足了国内市场的需求，轿车市场的供需矛盾也

得到一定程度的缓解。

2. 合资合作的具体项目和模式

这一时期中外汽车企业开展合资合作的主要项目有以下几个。

（1）北京汽车制造厂与美国汽车公司成立“北京吉普汽车有限公司”

1983 年 5 月 5 日，北京汽车制造厂与美国汽车公司（AMC）合资经营“北京吉普汽车有限公司（BJC）”，总合同及章程在人民大会堂正式签字。美国汽车公司是“二战”期间推出风靡欧洲战场的军用吉普（Jeep）威斯利的专业越野车公司。北汽主要以厂房、设备入股，AMC 以现金、技术入股，外方股比占 31.35%。1984 年 1 月 15 日，北京吉普汽车有限公司正式开始营业，主要从事中高端轻型越野车的开发和生产，这是中国汽车行业第一家中外合资整车企业。1987 年，克莱斯勒汽车公司完成了对美国汽车公司的收购，北京吉普的外方股东成为克莱斯勒。北京吉普经历了从消化吸收引进技术、进行整车和零部件的国产化，到将引进技术移植到国产品牌上、推动老产品技术升级，再到开发全新整车的过程。1984 ~ 1995 年的 12 年间，“北京吉普”保持了持续高速发展的态势，累计生产汽车 49.3 万辆，销售收入 246 亿元，实现利润 17.3 亿元，上缴国家税费 46 亿元。

（2）中德合资组建上海大众汽车有限公司

上汽集团经过长期谈判，于 1982 年 11 月 29 日与德国大众汽车公司签订了《基础协议》。1983 年 4 月 11 日，第一辆桑塔纳轿车组装成功。1984 年 10 月 10 日，双方在人民大会堂举行了“上海大众汽车有限公司”（简称“上海大众”）合营合同的签字仪式，合同包括有关生产项目和至 20 世纪 90 年代初期合作第一步生产能力的具体约定。1985 年 3 月 21 日，中德合资组建上海大众汽车有限公司，公司合营各方分别为上海汽车工业（集团）总公司、上海联和投资有限公司、中国汽车工业总公司、大众汽车公司和大众汽车（中国）投资有限公司，总投资为 3.87 亿元（5 亿德国马克），注册资本 1.6 亿元，中德双方投资比例均为 50%，合营期限为 25 年。上海大众生产上海桑塔纳轿车，建设能力为年产 3 万辆轿车和 10 万台发动机（除整车配套外返销）。上海大众于 1985 年 9 月开业。上海大众的合资模式为中外汽车企业之间的合资创造了范本，包括 50∶50 的股份比等。1987 年，上海大众开始着手建立遍布全国的售后服务网络。

（3）天津市汽车工业公司引进大发微型面包车

1983 年 1 月 7 日，天津微型汽车建设工作领导小组成立，同年 2 月派考察组赴日考察。1984 年，天津汽车工业公司和日本大发工业株式会社（Daihatsu）签订微型汽车的技术转让协议，引进微型面包车 Hijet 850 和微型两厢轿车 Charade 1.0 的全套制造技术。1984 年 9 月 25 日，中国第一辆由中日合作生产的微型汽车“天津大发”在天津市汽车制造厂顺利开出生产线。第一批汽车是日本零件中国组装，在 1984 年最初生产的两三个月里，总共只生产了几十辆车。1986 年 2 月 19 日，天津大发的灯具零部件开始国产化。1987 年底，零部件的国产化已由 1984 年的 8% 上升至 85%。天汽 1988 年形成年产微型汽车 2 万辆、发动机 3 万台能力。尽管天津大发有一些设计缺陷，但它油耗低，经济实用，加装座位后既可以送货又可载人，为当时的城乡老百姓提供了轿车的替代品，适应了市场需求。资料显示，从 1984 年 9 月至 1999 年，天津市汽车工业公司总共生产销售了 30 万辆大发车，其中 90% 进入出租车市场（称为“面的”）。“面的”也成为 20 世纪八九十年代北京街头最早的出租车型之一。随着桑塔纳、夏利、捷达、富康等经济型轿车的发展，天津大发在出租车领域逐渐失去了竞争力。由于日方抢先在中国将“大发”商标进行注册，1991 年双方合同期满，天津汽车工业公司失去了“天津大发”的商标专用权，不得不重新注册“华利”及后来的“夏利”商标。2002 年，一汽与天汽合并后，一汽集团出于整体发展的考虑，将天津大发停产。

（4）中法合资建立广州标致

1985 年 3 月 15 日，广州汽车厂（持股 46%）、中国国际信托投资公司（持股 20%）与法国标致汽车公司（持股 22%）、巴黎国民银行（持股 4%）、国际金融公司（8%）合资建立广州标致汽车有限公司，生产法国标致汽车公司 504、505 系列车型。1986 年 10 月 10 日，广州标致成立之后投产的首款车型“广州标致 505SW8”旅行车正式面世，取得了很好的销售成绩。1989 年 9 月 11 日，广州标致投产 505SX 轿车，产销两旺。1991 年，广州标致在国内的市场占有率达到了 16%。不过，由于广州标致很多零部件长期依赖 CKD 件进口，导致各个车型的成本始终居高不下，再加上车型落后、质量不高、油耗

大、配件贵、服务差，在国家实施宏观调控、外部环境出现变化的情况下，广州标致505系列车型的销量从1992年开始出现下滑，1997年的销售量下滑到1000多辆，产品积压现象非常严重。广州标致的最高产量只有2.3万辆，累计总产量也未超过10万辆。截至1997年6月，资产为28亿元的广州标致负债额达29亿多元，已是资不抵债。法国标致对中国市场没有信心，不愿向广州标致提供新技术，并且不愿投入资金建设三期项目，在此背景下，广州市从1996年开始推进广州轿车项目更换合作伙伴工作。经过长时间的艰苦谈判，广州方面终于与法国标致公司等四家股东达成协议，分别以“1法郎”的价格收购了四家股东在原广州标致合计54%的全部股权，而广州方面则清偿了原广州标致所欠它们的有关欠款。1998年2月22日，《出资额转让合同》获中国外经贸部的批准，法国标致公司等四家股东正式退出原广州标致汽车公司。广州标致汽车成为中国乘用车合资历史上第一家失败的公司。日本本田汽车公司成为标致的替补者。经过认真磋商，中日双方就广州轿车项目合作签署了实施方案、合营合同和章程，并分别于1998年3月5日和1998年5月8日获得了国家有关部门的批准。

（5）中日合资成立庆铃汽车

1985年5月13日，重庆汽车制造厂利用部分存量资产，与日本五十铃汽车公司、银建国际［中国有色金属（香港）控股公司下属香港上市公司］及日本京连兴业株式会社（北京国际信托投资公司在日本投资成立的公司）合资成立“庆铃汽车有限公司”。这是我国第一家中日合资的汽车生产企业，主要生产五十铃技术的轻型、中型、重型商用车及皮卡车等。1994年5月17日，庆铃汽车有限公司改制为“庆铃汽车股份有限公司”。同年8月17日，作为我国汽车工业第一家试点企业赴香港上市发行H股。2005年，日本五十铃增持股份到20%，双方步入共同经营的战略合作新阶段。

（6）多家企业与日本五十铃汽车公司开展合作

1985年1月，根据国家物资总局和中国汽车工业公司的安排，由中国汽车工业进出口公司与日本五十铃自动车株式会社在日本东京签订了《五十铃N系列载重汽车技术转让合同》和《五十铃N系列载重汽车驾驶室技术转让合同》。国家批准以技贸结合方式引进该公司的轻型汽车技术。当时确定北京汽车工业公司为引进技术接受单位，之后，四川、云南、贵州和重庆三省一市联合组建西南轻型汽车工业联营公司，共享引进的五十铃车型技术，分工合作生产。另有江西、福建、武汉两省一市也共享引进的五十铃汽车技术。1985 年 3 月，江西汽车制造厂与日本五十铃汽车株式会社签署合同，以技术引进、技贸结合方式引进日本五十铃公司 NHR542 双排座 1.25 吨轻型汽车。江西汽车制造厂于 1985 年和 1987 年实施了两期技术改造，发展成为中国主要的轻型卡车制造商，生产具有 20 世纪 80 年代中期先进水平的五十铃轻型卡车。1988 年，中国汽车工业公司所属中国汽车技术研究中心在与合肥江淮汽车制造厂联合研制中型客车底盘时，将五十铃 N 系列轻卡技术逐步传授给江淮汽车制造厂。

（7）天津市汽车工业公司引进夏利微型轿车

1986 年 3 月，天津市汽车工业公司与日本大发公司签订技术引进和 CKD 装车协议，引进大发公司 Charade 1.0 微型轿车。1986 年 9 月 30 日，以“CKD”方式引进生产的第一辆 Charade 两厢式轿车下线。在下线仪式现场，时任天津市市长的李瑞环为这款车取名为“夏利”。与北京吉普和一汽－大众不同的是，天津汽车选择了合作而不是合资，获得了引进车型的全部知识产权。夏利在天津汽车的生产线的设计规模是年产 3 万辆，但在较长一段时间内并没有达到设计产能，这一方面是由于当时中国的汽车市场以公车采购为主，家庭购买较少；另一方面是因为主要部件在中国没有配套，制造基本以进口散件组装（CKD）为主，发动机和变速箱等部件实现国产化后才得到了缓解。1990 年 10 月 14 日，天汽以“CKD”方式引进生产的第一辆“夏利”三厢式轿车下线。夏利车占当时我国出租车市场的半壁江山，是国内最早进入家庭的主力车型之一。夏利车 18 年累计销量超过 100 万辆，成为继上海桑塔纳轿车以后又一个进入百万辆轿车俱乐部的国产轿车。

（8）一汽与德国大众合资组建一汽－大众

1988 年 8 月，一汽与德国大众汽车公司签署了“一汽和大众公司长期合作备忘录”。1990 年 2 月，国家批准一汽与德国大众汽车公司合资组建一汽－大众汽车有限公司。1990 年 11 月，一汽和德国大众汽车公司 15 万辆轿车合资项目在北京签字。1991 年 2 月 8 日，一汽－大众汽车有限公司正式成立。一汽集团公司占 60% 的股份，德国大众康采恩集团占 40% 的股份［其

中，德国大众公司占20%的股份，奥迪公司占10%的股份，大众汽车（中国）投资有限公司占10%的股份］。1995年末，在德国总理科尔访华期间，一汽和德国大众及奥迪公司三方在北京共同草签了奥迪轿车纳入一汽－大众生产的合同。1996年7月，一汽－大众轿车项目建成投产，项目总投资111.3亿元，注册资本37.1亿元，形成年产捷达、高尔夫轿车15万辆，奥迪中高级轿车3万辆和发动机18万台的能力，成为我国第一个按经济规模起步建设的现代化轿车工业基地。1997年5月，一汽集团公司和一汽－大众公司合资建立了一汽－大众销售有限责任公司。

（9）包头北方奔驰重型汽车公司引进奔驰公司重型汽车生产技术

中国兵器工业集团公司下属的包头北方奔驰重型汽车公司是20世纪80年代后期国家为改变汽车工业“缺重”局面，实施“高起点、高标准、高品质”战略决策建设的重点项目。1988年9月，包头北方奔驰重型汽车公司引进了德国奔驰公司8～20吨整车的全套生产技术和工艺装备，成为当时国内唯一一家引进德国奔驰技术生产重型汽车的生产商。1995年12月18日，“引进德国奔驰重型载重汽车技术改造项目”通过了国家验收。北奔重汽公司逐步发展成长为一个跨包头、重庆、蓬莱、北京、新疆五地，集重车、客车、改装车、车身、车桥、变速器客车底盘等整车及大部件研发、生产、销售、服务为一体的大型商用车企业。

（10）二汽与法国雪铁龙公司合资组建神龙汽车

1988年7月，二汽与PSA标致雪铁龙集团旗下的法国雪铁龙公司在湖北十堰签订了30万辆轿车项目可行性研究协议。双方经过多轮商务谈判，于1989年12月20日在北京草签合资合同、章程及合资合同的11个附件。1990年12月20日，二汽与法国雪铁龙公司在巴黎签订《神龙汽车有限公司合资合同》，整个商务谈判历时两年方告完成。合资合同虽然签订了，但办理贷款手续仍受国际政治气候影响，进展缓慢。中法两国政府财政议定书一直拖到1991年6月25日才在北京签字，1992年4月7日才由中国银行与法国国民银行签订法国政府混合贷款协议，与法国兴业银行签订出口信贷执行总协议，与法国兴业银行和巴黎国民银行签订商业贷款总协议。1992年5月18～19日，神龙汽车有限公司第一次董事会在北京召开，二汽与法国雪铁龙汽车公司按照

70%和30%的投资比例合资组建的神龙汽车有限公司成立。总部与总装设在武汉市，并确定使用“富康”作为在中国生产的法国雪铁龙ZX车的中文名字，一期工程建设年产15万辆富康轿车、20万台发动机。同年12月，国家计委批复同意神龙轿车建设一期工程初步设计要点。1993年2月，神龙公司襄樊机加工厂和武汉工厂在襄樊和武汉两地全面开工兴建。由于种种原因，该项目进展缓慢。1997年6月，公司1.6升电喷车在上海市场首批投放；到2001年，公司销量只有5万多辆，仅达产能的1/3。从1992年项目动工到2000年神龙第一期15万辆产能项目完工，神龙亏损额高达130亿元。

（11）海南汽车有限公司与日本马自达汽车公司合资成立海南马自达汽车冲压有限公司

海南汽车有限公司以1988年购进的美国福特汽车公司菲律宾冲压厂和装配厂的全套设备为基础，引进美国、英国、日本的自动焊装及涂装等工艺生产线，发展成为国家轻型客车与轿车的整车定点生产基地。1992年，公司与日本马自达汽车公司合资成立海南马自达汽车冲压有限公司，引进开发323轿车、海马旅行车、面包车和MPV系列车型。海南汽车有限公司于1998年1月18日进入一汽集团，轿车、MPV等产品纳入了集团和国家汽车产业统一规划。

这一时期中外汽车企业开展合资合作的其他项目还有：1981年6月，被誉为“丰田生产方式（TPS）之父”的大野耐一先生到一汽工厂进行现场指导，并创建了两条示范生产线；1983年，中国重汽的前身重汽集团与德国曼集团建立合作伙伴关系，并签订了斯太尔卡车的技术引进协议；1984年，一汽与德国奔驰公司采用技贸结合方式开展合作，一汽还通过技贸结合方式引进日本日产汽车驾驶室技术，开发1吨和2吨载货汽车系列产品；1985年，南京汽车工业联营公司与意大利菲亚特集团依维柯公司签署引进S系列轻型汽车许可证转让和技术援助合同，计划年产整车6万辆、发动机7.5万台，1991年竣工验收；1988年5月，内蒙古第二机械厂与英国特雷克斯设备有限公司合资成立北方重型汽车有限公司。

上述中外合资汽车企业建设基本上采用了“交钥匙”（turn-in key）工程，由外方提供成套技术、工艺流程、生产设备和关键零部件。合资企业内部尽管成立了相应的工程技术部门，但也仅限于从事辅助性的工艺匹配、设备调校、

生产过程中的技术管理和质量控制、非核心零部件国产化。在技术部门内部，中外合资双方的关系是外方主导下的“传帮带”，即少数外方技术人员提供知识和技术指导，中方技术人员进行学习和消化。

（三）1994～2001年：跨国汽车公司全面进入中国

1993年，我国明确提出“建设有中国特色的社会主义市场经济体制”。在这一目标的指引下，我国汽车行业管理体制改革取得了重大进展，实现了政企分开。伴随着管理体制的改革和中国市场开放度的进一步提高，跨国汽车公司纷纷与国有汽车企业组建合资企业，掀起了新的合资热潮，合资合作的领域也开始从生产制造向技术合作、设立研发中心、开展人才培训等领域扩展，合资合作的质量和层次有所提高。除了三大汽车集团外，跨国公司也开始积极与我国地方中小型汽车企业合作。在此期间，以奇瑞、吉利集团为代表的民营整车企业也实现了快速发展。上述变化使得我国轿车工业“三大三小”的格局逐步发生变化，一批新的轿车生产企业崛起。

1. 汽车产业开展合资合作的背景和动因

1994年，汽车工业司协助国家计委制定了《汽车工业产业政策》，提出了中国汽车工业产业发展的指导方针、发展目标和主要措施，第一次明确提出国家鼓励汽车工业利用外资发展我国的汽车工业，但同时规定合资企业中中方股份比例不能低于50%。随后，中国的汽车合资企业开始增多，几乎全部按照中外双方各出资50%建立。中国规定这样的比例，目的仍在于通过市场换技术，不至于在合资公司中被边缘化。

原中汽总公司下属的各汽车联营公司的发展并不均衡。解放、东风、上海三大联营公司发展成为现在的中国第一汽车集团公司、东风汽车公司和上海汽车工业（集团）总公司。2000年8月，重型汽车联营公司解体，其中的三大部分分别下放到山东省、陕西省和重庆市，分别组建成中国重型汽车集团有限公司（济南）、陕西汽车制造总厂（西安）、重庆重型汽车集团有限责任公司。南京汽车制造厂成为中国汽车工业总公司的直属企业。1995年，南京汽车制造厂改制后成立跃进汽车集团公司，以其为主体，组建跃进集团。汽车零部件工业联营公司本来就是一个松散的联营体，1993年管理体制改革后其职能逐渐被淡化。

2. 中外汽车企业合资合作的领域开始从生产制造向技术合作、设立研发中心、开展人才培训等领域扩展

在这一发展阶段，中外合资汽车企业积极开展“适应性开发”，提升了自身的研发能力。以通用汽车集团为代表的跨国公司纷纷在华建立独立研发机构或工程技术中心，以适应中国业务迅猛发展的需要。从产品和技术角度来看，这一阶段合资企业生产的产品逐步向国外市场靠拢，引进的车型和技术平台已经是具有一定国际水平的成熟的中级车型和技术。合资企业的技术研发部门不再局限于扮演工程技术中心的角色，开始为适应中国市场需要进行一系列重要的适应性开发和局部改进。例如，上海泛亚汽车技术中心在最初几年时间内分别完成了“赛欧”和别克“君威”的改造任务，并完成了对麒麟、鲲鹏两大概念车的制造。

相比第一阶段而言，这一阶段的中方在消化吸收引进技术和项目开发过程中，锻炼和培养了一大批本地技术专家团队；了解和熟悉了汽车开发的流程和管理经验，初步形成独立的产品定义－工程设计－工程验证－生产制造－后市场服务的技术能力；逐步形成属于合资企业自己的独特优势，并逐步具有整合国内、国际资源的能力。但总体来看，中外双方的合作关系仍然是一种不对称、不平衡的合作关系，双方发言权不对等。中方尚不具备独立的整车开发能力，原始创新和集成创新能力较弱，合资企业的技术来源依然存在明显的外部依赖性。外方在合资企业的研发部门，特别是在研发方向、整车和平台设计、研发流程设计、基础数据库、开发软件、国产化认证、平台设计、核心部件设计等方面具有主导权；中方的贡献主要集中在与引进技术消化吸收和本土化密切相关的适应性开发方面，如车型的局部改装和内饰的调整。中外汽车合资企业还没有完全融入跨国公司的全球创新体系中，不掌握核心数据库等重要资源。

上海大众、一汽－大众等合资企业走的是一条引进产品进行本土化改进设计，借助全球技术平台积极培育本土研发能力的自主创新道路。德国大众汽车公司注重培养汽车人才，从中国国内选拔了 40 名具有优秀素质和培养前途的年轻人到大众汽车德国总部的开发系统进行为期 3 年的在岗培训。第一批人员于 2001 年学成回国，在上海大众帕萨特 B5 基础上开发出全新系列产品——帕萨特领驭。德国大众培养的汽车人才成为大众上海研发中心的骨干力量，提升

了上海大众和一汽－大众的自主开发能力。其中一部分人转岗成为国内一些汽车企业的管理和技术骨干，形成了知识和技术的“溢出效应”。

3. 合资合作的具体项目和模式

伴随着中国市场开放度的进一步提高，跨国汽车公司纷纷与国有汽车企业组建合资企业，希望扩大在中国的市场份额。在这一发展阶段，国外跨国汽车公司在中国的战略布局渐趋成型，中外汽车合资企业在中国整车生产中占据了主导地位。这一时期中外汽车企业新开展的合资合作项目主要有以下几个。

（1）上海大众汽车三厂建成投产，实现了滚动发展

在探索合资经营的道路上，上海大众走出了一条独特的利用外资、引进技术、滚动发展的道路。1994 年 9 月 29 日，上海大众第 20 次董事会议批准把两个汽车厂的生产能力扩大到年产 30 万辆，并且新建一个发动机厂。1995 年 4 月 20 日，上海大众二期工程全面竣工投产。1999 年 7 月 1 日，上海大众汽车有限公司第四次补充协议签字，增资 20 亿元，使公司注册资本达到 46 亿元。2000 年 4 月 15 日，上海大众汽车有限公司汽车三厂举行建成投产仪式。2000 年 10 月 19 日，上汽大众销售公司正式成立。上汽大众销售公司总投资 2998 万美元，由上海大众汽车有限公司（20%）、上汽（集团）公司（50%）、大众汽车（中国）投资有限公司（30%）共同投资组建。

（2）中日合资成立重庆长安铃木汽车有限公司

1993 年 5 月 25 日，长安机器制造厂、铃木汽车公司和日商岩井合资成立重庆长安铃木汽车有限公司。长安机器制造厂占合资公司 50% 的股份，铃木汽车、日商岩井分别占 35% 和 15% 的股份。在长安机器制造厂后来改制上市时，长安铃木作为重要的资产进入股份公司“长安汽车”。调整后的持股结构是：重庆长安汽车股份有限公司占 51%，日本铃木株式会社占 25%，日本双日株式会社占 14%，铃木（中国）投资有限公司占 10%。公司注册资本 19000 万美元，投资总额 55500 万美元。1999 年，长安铃木对生产线实施了首期 15 万辆技改扩能工程，并逐次优化拓展，拥有天语、雨燕、羚羊和奥拓四个系列约 20 个车型，G、M、K 系列三个发动机机型。

（3）中日合资成立郑州日产汽车有限公司

1993 年 3 月，中国中信集团公司、日本日产汽车公司等合资组建郑州日

产汽车有限公司，致力于轻型商用车的专业化和细分市场的高端化。1999 年 1 月，郑州日产汽车有限公司成功导入日产汽车公司最新开发的 D22 系列皮卡车，并在国内进行批量生产。2004 年 10 月，东风汽车股份有限公司收购中信集团控股的郑州日产股份，成为郑州日产的控股股东。通过股权转让，日本日产汽车公司实现了整合在华业务的战略目标。股权转让后，东风汽车股份有限公司拥有郑州日产 51% 的股份，东风汽车有限公司拥有股份 28.65%，日产自动车株式会社拥有股份 20.35%。

（4）雷诺汽车与三江航天集团合资成立三江雷诺

1993 年 12 月 31 日，雷诺汽车与三江航天集团投资 9800 万美元组建合资公司，双方按 50∶50 持有股份。1995 年工厂建成，组装和生产商用车“塔菲克”。但由于产品知名度以及市场发展条件的不完善，在双方合作的十年里，“塔菲克”在国内市场总共仅售出 4112 台。最终在 2004 年，三江雷诺宣布停止生产塔菲克车型。

（5）中瑞合资成立西安西沃客车有限公司

1994 年 3 月，西安飞机工业（集团）有限责任公司（西飞公司）与世界最大的重型客车生产商之一瑞典沃尔沃公司各出资 50% 共同组建西安西沃客车有限公司，主要生产大中型客车。1995 年 2 月，西沃公司生产的第一辆 B10M 客车下线。1999 年 8 月，西沃公司交付了第 1000 辆客车。

（6）中意合资成立南京菲亚特

1995 年，跃进汽车集团公司与马来西亚金狮集团合资成立跃进农用车有限公司（后更名为“江苏南亚自动车有限公司”），购买西班牙 SEAT 工厂生产 IBIZA 车型的全套设备，在南京江宁开发区建厂生产“英格尔”轿车和乘用车。受东南亚金融危机的影响，金狮集团撤资，菲亚特汽车收购了金狮集团手中的全部股权。1999 年 6 月 18 日，菲亚特汽车与跃进汽车集团成立“南京菲亚特”，注册资本 1.69 亿美元，中外双方各占 50% 的股份。南京菲亚特除保留生产“英格尔”轿车外，还合资生产“派力奥”和“西耶那”轿车，2002 年生产 2.3 万辆。

（7）天津市汽车制造厂与马来西亚金狮集团合资成立天津华利汽车有限公司

1995 年，天津市汽车制造厂与马来西亚金狮集团合资成立天津华利汽车

有限公司，主导产品为华利牌微型汽车。2002 年 6 月“天一重组”后企业改名为天津一汽华利公司。按照一汽集团产品战略规划，天津一汽华利将建成微型车特色的乘用车生产基地。2003 年 1 月，一汽集团与日本大发公司就生产达路·特瑞（Dario terios）紧凑型 SUV 项目达成协议，并在长春签约。

（8）中日合资成立贵州云雀汽车有限公司

1989 年，贵航引进日本富士重工株式会社斯巴鲁轿车的部分生产技术，生产“贵航”牌微型轿车。1997 年，贵州航空工业总公司与日本富士重工签署了合资生产 1 万辆云雀轿车的意向书。按照云雀项目规划，总投资达 6.54 亿元，中方持股 51%、日方持股 49%。1998 年 3 月，富士重工与日本丸红株式会社、新加坡陈唱公司共同与贵航合资成立了贵州云雀汽车有限公司，生产云雀牌 GHK7060、GHK7071 微型汽车。贵州云雀当时曾被列为国家重点扶持的“三小”（天津夏利、北京吉普、广州标致）之一。然而，云雀的市场表现一直未见起色，始终被铃木奥拓压制。截至 2001 年，这家开工十多年的汽车生产企业累计销量仅为 1.2 万辆，2002 年销量不足 2000 辆，2003 年销量仅为 1296 辆，连年亏损，陷入了生存危机。

（9）闽台合资成立“东南（福建）汽车工业有限公司”

1995 年 11 月，福建省汽车工业集团有限公司与台湾最大的汽车企业裕隆集团所属中华汽车公司共同组建“东南（福建）汽车工业有限公司”。东南（福建）汽车工业有限公司注册资本 6030 万美元，总投资 9982 万美元，主要生产“东南得利卡”和“东南富利卡”两大系列 7～11 座位的轻型客车产品。台湾中华汽车和福建省汽车工业集团公司各持有东南汽车 50% 的股份。东南汽车同步引进 35 家台湾专业汽车零部件厂商，开展低成本与柔性化作业生产方式，不断提升产能与素质。2006 年 4 月，三菱汽车正式入股东南汽车。

（10）中意合资成立“南京依维柯汽车有限公司”和“常州依维柯客车有限公司”

1996 年 1 月，中意合资的“南京依维柯汽车有限公司”正式成立。“南京依维柯”是当时中意两国之间最大的合作项目，总投资 37 亿元，注册资本 25.27 亿元，合资双方各占 50% 的股份。2001 年 6 月，依维柯与常州长江客车集团有限公司又共同投资设立了“常州依维柯客车有限公司”。常州依维柯首期投资9982万美元，注册资本8000万美元，中外双方各出资50%，这是当时中外合资生产大客车项目中投资额最大的项目。

（11）江淮汽车与韩国现代等汽车企业开展战略合作

1996年，江淮汽车公司与马来西亚金狮集团安卡莎公司合资成立合肥江淮汽车有限公司，推动了江淮汽车的发展。1997年，江淮整合了卡车、底盘以及客车等业务，成立了安徽江淮汽车集团有限公司。江淮汽车和韩国现代是战略合作伙伴，双方最早是从客车开始合作的。1999年，江淮引进的现代AERO TOWN型客车在中国市场取得了成功，随后引进的瑞风商务车和格尔发重型卡车也产销两旺。江淮汽车从单纯的引进技术发展为与韩国现代的联合研发。2004年，江淮客车有限公司和现代汽车公司针对中国市场的特色专门研制了“省油王”客车，各项性能指标均符合现代公司标准。无论是引进技术还是联合研发，所用品牌均是江淮的品牌。通过自主开发与现代汽车公司的联合研发，江淮汽车的底盘以及轻型卡车制造等技术在国内拥有较大的领先优势，逐步形成了集客车、卡车、商务车、乘用车、专用汽车为一体的全系列化的发展格局。

（12）中德合资成立亚星－奔驰汽车公司

江苏亚星客车集团有限公司是国内最早的客车定点生产厂家之一，其前身是江苏省扬州客车制造总厂，具有年产7000辆整车、12000个底盘的能力，一度占据了国内客车行业领导地位。1995年，该厂全年生产客车5134辆，销售客车5118辆，完成工业总产值57510万元，实现销售收入66606万元，各项经济技术指标连续四年位居全国同行业首位，产销量在国内同行业中率先突破5000辆大关，市场占有率达到24%。1996年，亚星与奔驰公司开始进行合资谈判。1997年3月，江苏亚星集团与戴姆勒－奔驰股份公司共同投资组建亚星－奔驰汽车公司，合资双方各占50%股份，投资总额9550万美元，注册资本6010万美元。亚星－奔驰汽车公司生产、销售奔驰和亚星牌系列客车和底盘。不过，这一合资以失败告终，原因主要是：第一，1999年8月，由亚星集团发起成立的亚星客车在上海证交所挂牌，亚星集团所持有的亚星－奔驰公司的50%的股权未投入上市公司。从此，在亚星集团下面出现了两家都生产客车和零部件的企业，产生了同业竞争问题。第二，在近十年的合资合

作中，奔驰公司掌控着亚星－奔驰汽车公司的生产和销售权，走高品质、高价位路线，产品战略背离了国内主流市场，市场营销和服务体系在很大程度上脱离了客户。开展合资后，亚星－奔驰与亚星客车发展缓慢，与厦门金龙汽车的快速崛起形成了巨大反差。双方合资十年，合资公司只销售了600辆左右的奔驰客车。2006年6月，在北汽福田收购亚星－奔驰谈判破裂后，戴姆勒－克莱斯勒全面退出亚星－奔驰的日常管理。2007年3月，戴姆勒－克莱斯勒出售在亚星－奔驰的持股，亚星－奔驰公司更名为扬州亚星商用车有限公司。

（13）江铃集团与五十铃、福特等跨国企业开展合资合作

1993年，江铃集团推出了引自五十铃技术的皮卡产品，丰富了企业的产品线。为进一步加强与五十铃公司的合作，更好地满足中国市场的需求，1993年3月，江西汽车制造厂与日本五十铃公司、伊藤忠商社合资成立江铃五十铃汽车有限公司。公司注册资本2000万美元，江西汽车制造厂持有75%的股份，日本五十铃公司、伊藤忠商社各持有12.5%的股份。1995年8月，江铃汽车股份有限公司通过定向增发B股方式，引进战略合作伙伴——美国福特汽车公司。福特公司以4000万美元购买江铃汽车股份有限公司增发的B股后，占总股本的20%。1997年，江铃汽车成功推出中外联合开发的汽车全顺轻客（Transit）。江铃集团通过与五十铃、福特等跨国企业的合作，迅速成长为国内商用车领域的佼佼者，是国内汽车行业发展最快和经济效益最好的企业之一。

（14）哈飞汽车与宾尼法瑞那公司联合开发具有自主知识产权、自主品牌、自主商标的汽车

1996年，意大利著名汽车设计师、宾尼法瑞那公司执行总裁罗曼·乔帝访问哈飞汽车集团，确定“哈飞中意”微型客车作为双方的第一个合作项目。1999年5月，哈飞中意正式通过国家鉴定。此后，哈飞汽车又与宾尼法瑞那公司联合开发了“哈飞路宝”和“哈飞赛豹”两款轿车。哈飞汽车不断扩大对外合作的范围，与英国、法国、意大利等国进行更广泛的合作，从CAS、CAD、CAM扩展到CAE，从联合造型发展到共同进行车身和底盘优化设计。通过广泛的国际合作，锻炼和培养了自己的设计队伍。哈飞汽车依靠自己的力量，并结合自己多年积累的开发经验和核心技术，完成了从日本三菱引进的

“哈飞赛马”轿车的消化吸收。

（15）中美合资成立上海通用汽车有限公司

1997 年 6 月，上汽集团与美国通用汽车公司按照 50∶50 的股比合资建立上海通用汽车有限公司。上海通用注册资本 7 亿美元，投资额高达 15.2 亿美元。上海通用生产“别克”中高级轿车，建设规模年产 10 万辆轿车、15 万台发动机。1998 年 12 月 17 日，上海通用汽车有限公司生产的首辆别克新世纪轿车在浦东金桥新落成的工厂顺利下线。1997 年 6 月，上汽集团与美国通用汽车公司按 50∶50 的比例合资组建了国内首家独立的汽车工程技术合资企业——泛亚汽车技术中心有限公司，注册资本 5000 万美元。泛亚汽车技术中心是中国环保总局指定的十家排放测试中心之一，也是中国南方唯一的新车排放测试中心，于 1999 年 6 月通过了 ISO 9001 认证。泛亚汽车技术中心为中国和亚太地区的汽车企业提供一系列的汽车工程服务，其中包括设计、开发、测试和零部件与整车认证。上海通用汽车别克君威、别克凯越等产品的改制工程都是由泛亚汽车技术中心完成的。

（16）中日合资建立广州本田汽车有限公司

本田技研株式会社以 1 美元价格买断法国标致在广州标致的所有股份和债务，与广州汽车工业集团公司合资建立广州本田汽车有限公司。合资方及股比分别为：广州汽车集团公司 50%；本田技研工业株式会社 40%；本田技研工业（中国）投资有限公司 10%。广州本田汽车有限公司于 1998 年 7 月 1 日正式挂牌成立。首期工程总投资 22.775 亿元，注册资本 11.6 亿元，合资年限 30 年。广州本田成立后，按照“盘活存量、少投入、快产出、严管理、高质量、滚动发展”的原则，迅速展开了工厂改造的各项工作。1999 年 3 月，广州本田 99 款雅阁轿车正式投入生产。2000 年 2 月，广州轿车项目顺利通过 3 万辆生产规模的竣工验收。

（17）中韩合资成立江苏悦达起亚汽车公司

1999 年 5 月，悦达投资与韩国起亚汽车合资设立了“江苏悦达起亚汽车公司”，投资总额 2980 万美元，注册资本 1500 万美元，双方分别持有 70% 和 30% 的股份。合资公司运行后不久，起亚汽车被韩国现代汽车收购。2000 年 1 月，现代汽车与悦达投资达成意向，现代汽车向悦达投资购买其

持有的“江苏悦达起亚”20%的股权。转让后，悦达投资、起亚汽车、现代汽车三方分别持有“江苏悦达起亚”的50%、30%和20%股份，公司改名为“江苏现代起亚悦达汽车有限公司”。但是，现代汽车的入主并没有给江苏悦达起亚的经营带来转机。2000年和2001年，江苏悦达起亚连续两年亏损，2000年亏损5874万元，2001年又亏损6285万元。在此背景下，江苏悦达起亚进行了重组，成为我国“入世”后第一例汽车企业涉外重组项目。2002年3月，现代汽车退出了江苏悦达起亚，东风汽车公司作为第三方参与重组。三方签订协议组建“东风悦达起亚汽车有限公司”，投资总额9800万美元，注册资本7000万美元。其中，起亚汽车出资3500万美元，占公司注册资本的50%；东风汽车公司和悦达投资各占注册资本的25%。东风悦达起亚汽车有限公司的市场定位是生产经济型家庭轿车，推出了“普莱特”“千里马”等车型。

（18）东风汽车和台湾裕隆汽车合资成立风神汽车有限公司

2000年3月，东风汽车公司和台湾裕隆汽车制造股份有限公司合资成立风神汽车有限公司，合资比例为：东风汽车公司60%，台湾裕隆公司40%。风神公司依托东风、日产（拥有裕隆部分股份）、裕隆集团三大公司的优势资源，利用品牌效益和社会存量资产，引进并充分消化吸收先进技术，对日产蓝鸟U13轿车进行部分改进，生产风神系列轿车。2000年，风神公司共售出2560辆汽车，实现了当年盈利。2002年6月，风神公司推出了第三代产品——NISSAN新蓝鸟。

（19）广汽和日本五十铃合资成立广州五十铃客车有限公司

2000年3月，广州汽车集团有限公司、日本五十铃自动车株式会社按51∶49的股比投资成立广州五十铃客车有限公司，注册资本4680万美元，合资期限为20年，年生产设计能力800辆整车，400台底盘，依市场需要滚动发展。广州五十铃引进了日本五十铃最新款的高档客车和全套生产线、生产工艺。2001年3月，第一辆车下线。第二年，公司原定100辆的产销计划只完成了一半。此后，公司每年的销量都不到200辆，每年亏损额大致在500万元左右。2008年，国家发改委批准同意广州五十铃客车有限公司的企业名称变更为“广州粤隆客车有限公司”；原广州五十铃客车有限公司已列入《公告》的所有产品划转至“广州骏威客车有限公司”。

（20）中日合资成立“天津丰田汽车有限公司”

2000年6月，日本丰田汽车公司和天津汽车工业（集团）有限公司合资组建“天津丰田汽车有限公司”，注册资本9698万美元，双方各持股50%。至此，丰田终于拥有了在中国的轿车生产厂。该公司生产“威驰”轿车，建设规模年产3万辆，2002年10月投入生产。2000年12月，丰田下属的“日本日野”还联合“丰田通商”与“沈阳飞机工业（集团）有限公司”等五家机构在原“沈阳沈飞汽车制造有限公司”基础上合资成立了“沈阳沈飞日野汽车制造有限公司”。该公司主要生产高中档大客车。丰田持有“日野汽车”36.6%的股份（2001年增加到50.1%）。

这一时期中外汽车企业开展合资合作的其他项目还有：1994年8月，桂客集团与韩国大宇合资组建桂林大宇客车有限公司，双方各占股份50%；1998年11月，四川旅行车制造厂、日本丰田汽车公司和丰田通商株式会社三方共同出资创办四川一汽丰田汽车有限公司，合资期限30年，总投资9909万美元，注册资本6700万美元，中外方各占50%的比例，引进丰田的产品和技术生产柯斯达中型客车和普拉多越野车；1995年6月1日，江西昌河汽车股份有限公司、江西昌河航空工业有限公司、日本铃木株式会社、日本冈谷钢机株式会社四方共同投资成立江西昌河铃木汽车有限责任公司，注册资本31180万美元，主要生产北斗星轿车、昌铃王等系列微型汽车及各种高品质的汽车零部件；1999年1月，上海汽车集团股份有限公司（SAIC Motor）、沃尔沃（中国）投资有限公司（VIC）、瑞典沃尔沃客车公司（VBC）三方投资成立上海申沃客车有限公司（SUNWIN），总投资额9700万美元，注册资本5422万美元，中外双方各占50%的股比，主要生产城市客车、城郊客车及底盘；奇瑞、吉利等自主品牌汽车企业与国外汽车企业开展合作，引进技术、设备、管理人才等。

（四）2002年以来：跨国汽车公司与中国汽车企业进行全面合作

2002年以来，由于看好中国汽车产业的发展前景，福特、丰田、现代等跨国汽车公司凭借管理、产品、研发与资金优势，通过开展合资合作快速进入

中国汽车市场。如果说在合资合作的第一和第二阶段主要是通过转移成熟车型来抢占中国市场的话，那么，中国加入 WTO 后，跨国汽车公司加大在中国的投资力度更多的是着眼于它们的全球战略，将中国作为其全球战略的重要一环，进行全面合作、全方位进入、全系列生产，充分发掘中国市场的全球性价值。与中国加入 WTO 之前有所不同的是，此阶段跨国汽车公司开展合资合作的领域、层次、方式等都有了很大的改变。跨国汽车公司不仅采取增加投资、建立生产厂和更多地设立营销网络三种产业转移的初等方式，同时也采取设立产品开发中心、设立采购中心、转移企业总部等产业转移的高等方式。2002 年以来，大众、通用、丰田、日产、福特、现代、本田等公司加快调整中国战略布局，在中国均实行了积极的扩张计划。由于中国汽车工业产业政策的限制，外资始终没有突破股比 50% 的上限，没有控股我国的整车合资企业。在合资过程中，由于中国汽车市场的竞争日趋激烈，特别是内资民营汽车企业快速发展，跨国汽车公司有意识地加快了新车型的推出速度，并提高了产业转移的技术含量。

1. 汽车产业开展合资合作的背景和动因

（1）加入 WTO 带来政策上的调整

在贸易领域，表现为关税和非关税政策的调整带来的市场压力。关税下降到 25% 后，进口轿车的价格水平与国内同档次轿车的价格水平相比，竞争优势比较明显。而且，档次越高，进口车的价格优势越明显。这促使中国政府快速调整汽车消费政策、市场准入和竞争政策，汽车潜在需求得以快速释放，市场规模迅速增大，进入生产与消费的良性循环。在投资领域，加入 WTO 后，中国汽车工业领域关于外商投资的多数政策在较短时间内取消或作较大幅度的调整。总体上看，这些调整对加快产品更新、技术转移和技术进步、产品质量和服务水平提高、成本和价格的下降，都产生了显著的积极影响。

1994 年颁布的《汽车工业产业政策》是我国发展汽车工业的第一个产业政策，有些规定与 WTO 规则相冲突。在 2001 年外资指导目录中公布的政策对此进行了一些调整（见表 7）。

表 7 《汽车工业产业政策》与外资指导目录内容调整情况

政策内容	原有规定	新的变化
产业技术政策	国家鼓励并支持汽车生产企业建立自己的产品开发和科研机构,形成独立的产品开发能力	《汽车工业"十五"规划》:到"十五"末形成载货汽车以我为主,轿车以联合开发为主的产品开发能力,能够开发出具有一定竞争能力和自主知识产权的经济型轿车等
利用外资政策	鼓励利用外资发展汽车工业	坚持扩大利用外资政策
	选择外国汽车企业作为合作对象,要具备知识产权、先进技术、独立销售渠道、融资能力等条件	继续要求
	外国企业同一类整车产品不得在中国建立两家以上的合资企业	继续要求
	要求合资企业必须建立技术开发机构,自行解决外汇平衡,优先采用国产零部件	新的《合资企业法》不再要求当地含量和外汇平衡承诺,不再要求技术转让
	整车和发动机合资企业中方所占股份比例不得低于50%	整车项目坚持要求,发动机项目已经开放,外商可以独资
	汽车产品实行目录管理	改为认证制度。承诺加入 WTO 两年以后取消对整车的限制,但是继续区分卡车、客车、轻型客车和轿车

(2) 汽车产业成为中国经济增长中的主导产业

2003 年,中国汽车产业呈爆发式增长,产销双双突破 400 万辆大关。2004 年,汽车产销又突破 500 万辆大关。汽车产业已经成为中国经济增长中的主导产业,并且以汽车产业为先导,按照投入 - 产出的关联关系,形成了包括一系列产业在内的高增长产业群。并且,在较长的时期内,中国汽车市场仍将处于高速发展阶段。在此背景下,跨国汽车公司加快调整中国战略布局,通过开展合资合作快速进入中国汽车市场。

(3) 中国汽车产业逐步形成了大国开放竞争发展模式

大国开放竞争模式,首先是立足于开放。具体地说就是在 WTO 的框架下逐步融入国际分工体系,顺应、利用而不是拒绝汽车产业全球化的潮流。其次,在开放条件下通过自身的体制、战略和政策调整使现实和潜在的比较优势转化为竞争优势。大国优势在诸多优势中是最为重要的,这是该模式与国际上其他开放模式的主要区别之处。具体包括以下要点:一是积极而充分的国内竞争环境。作为大国市场，有足够的容量和能力接受几乎所有具有积极意义的竞争。中国汽车产业会出现一批初步具备国际竞争力的优势企业，其中既包括合资企业，也会包括内资或以内资为主的企业。二是着眼于全球战略的多个跨国公司进入与国内优秀企业自主发展并举。一方面，鼓励跨国公司之间的积极竞争，加快跨国公司向中国的技术转移、改进管理、降低成本和创新产品。另一方面，鼓励内资或以内资为主企业加快培育其核心竞争力，支持这些企业与外资开展多种形式的合作（不仅是合资）乃至战略联盟。三是开放中逐步融入汽车产业全球分工体系，将提高国际竞争力。合理利用国内国际两个市场、两种资源，分阶段地逐步融入汽车产业的全球采购、制造、销售、研发体系。放弃全面替代进口的目标，在整车上有进有出，集中力量发展具有市场和资源优势的部分产品。四是以中低级别家用车为重点的发展战略。这一战略首先着眼于适应中国汽车市场起步阶段的需求。中低级别的家用车对企业在技术、管理、资金、人才等方面的要求相对要低，或者说进入障碍较小，这一点对内资或以内资为主的企业是一个难得机遇。中国在中低级别家用车生产上形成较大规模并具备一定竞争力，在国际市场上特别是与中国相近的新兴市场国家上将会赢得较大机会。五是分阶段向产业价值链高端过渡。遵循分阶段向产业价值链高端过渡的规律，逐步实现进口、KD 组装、引进技术和规模生产、创新和竞争力的提升。

2. 中外合资汽车企业积极开展“合作开发”

进入 21 世纪后，随着市场规模的迅速扩张，中国汽车消费市场越来越走向成熟，中国在跨国汽车公司全球战略中的地位也发生了重大变化。这一阶段有两个重要变化值得注意：第一，合资企业的创新能力建设开始真正由技术支持和适应性开发为主向全球研发中心转变，研发投入力度加大，研发活动开始向纵深发展，开始逐步涉足底盘与动力总成、整车集成、平台设计、试验认证、电子系统开发等领域。第二，随着市场竞争的加剧，合资企业单一依靠引进的产品更新方式正在被打破，各企业在产品技术升级和产品更新方式上采取了不同的技术路线。大致可以分为三类：一是引进合资外方母公司的已投产或准备投产的产品，在迅速占领中国国内市场的同时积极提高国产化水平。最典型的例子是北京现代、华晨宝马。二是以引进合资外方母公司的产品为主，但在国内进行小范围的产品改进设计。此方面的代表是广州本田、一汽丰田。三是中方和外方的设计力量合作进行产品的本土化改进设计，借助全球技术平台逐步培育自主开发能力，在条件成熟时推出自主汽车品牌。典型的例子是上海大众、一汽－大众、东风汽车和上海通用。这三种技术路线的共同特点是：先引进生产技术，使用国外原品牌在国内生产和销售，再逐步提高国产化水平；产品在进入中国前，都根据中国的法规和使用条件进行过一些适应性改进；受合资公司中方母公司自身技术能力的限制，在产品发展方向上合资外方掌握着主动权和决策权，但伴随着中方技术水平的提升，中方在研发重点和方向上开始具有了一定的话语权，特别是具有了一定的配套认证能力。

3. 合资合作的具体项目和模式（包括设立技术开发中心）

（1）大众汽车公司深化与一汽、上汽的合作

自进入中国以来，大众汽车公司在中国市场一直处于领先地位。2000 年，上海大众占中国轿车市场的份额达到 36.3%，一汽－大众的市场份额为 18.16%，二者合计达到 54.46%。大众汽车公司不断深化与一汽、上汽的合作，通过上海大众和一汽－大众两个合资公司积极拓展中国市场，巩固在中国的市场地位。

2002 年 4 月 12 日，上汽与德国大众举行了《德国大众公司和上海汽车工业公司修订和延长合资协议》签字仪式，上海大众的合营合同延长了 20 年，延长至 2030 年。2002 年，上海大众轿车年产量首次突破了 28 万辆，全年销量首次突破 30 万辆。2004 年 5 月 2 日，上海汽车工业（集团）总公司与德国大众汽车公司在上海大众汽车有限公司新增 15 亿元注册资本的合同上签字。此次增资主要用于在上海浦东新区的上海大众五厂改扩建项目，首期形成 15 万辆中高级轿车的生产能力。经过六次的增资发展，上海大众 2004 年的注册资本达到了 78 亿元，资产总值近 300 亿元。中德投资比例不变，双方仍然各占 50%。

上海大众抓住战略发展机遇，积极优化生产布局，调整工厂结构，企业产品布局向全系列发展，生产基地实现了跨区域联动。2012 年 1 月，上海大众浙江（宁波）项目签约奠基，该项目将在 2014 年投产，形成年产 30 万辆的产能。2012 年 4 月 23 日，上汽集团和大众汽车集团共同签署了《关于设立上

海大众汽车（新疆）有限公司的联合声明》。2012 年 5 月，上海大众新疆项目在乌鲁木齐经签约奠基，初期规划产能为 5 万辆，最终产能将突破 30 万辆。该项目将帮助新疆维吾尔自治区建立现代汽车产业体系，并实现乘用车生产零的突破。新疆工厂是上海大众在中国兴建的第七个工厂，将主要生产大众集团最先进、性能最高的 A 级车型。2012 年 7 月，上海大众仪征分公司建成投产，规划产能为 30 万辆。2012 年 6 月 28 日，上海大众生产的第 800 万辆轿车下线。作为国内保有量最大的轿车生产企业，上海大众又一次刷新了中国轿车行业的纪录。经过一、二、三期技术改造工程和资产收购，上海大众目前形成了五大生产区域和一个技术开发中心的布局，公司注册资本已经从最初的 1.6 亿元增加到 115 亿元，总资产由 9.8 亿元增长到 683.3 亿元。2012 年，上海大众实现全年累计销售 1280008 辆，同比增长 9.8%。上海大众的目标是 2020 年产能达到 300 万辆。

2003 年 7 月 1 日，一汽 - 大众董事会做出决议，建设一汽 - 大众轿车二厂，并将总投资从 111.3 亿元增加到 234.35 亿元，注册资本相应从 37.1 亿元增加到 78.12 亿元。2004 年 12 月 7 日，一汽 - 大众公司轿车二厂正式建成投产。建成投产后的一汽 - 大众公司轿车二厂生产 PQ35 平台和其他平台的产品车型，年产轿车 33 万辆，使得一汽 - 大众公司的产能实现翻番，达到 66 万辆的规模。从 1988 年第一辆国产奥迪车下线到 2005 年奥迪 A6L，再到 2009 年奥迪 A4L 的上市，从 1991 年捷达 A2 上市到 2010 年新捷达的投产，从 2001 年的宝来到 2008 年的新宝来，一汽 - 大众的产品不断改进。随着中国年轻一代消费者的崛起，针对这一细分市场，一汽 - 大众推出了高尔夫两厢、新宝来 Sportline、CC 等集时尚、动感、运动为一体的车型。捷达是一汽 - 大众最早引进中国的合资车型之一，自从 1991 年上市以来，累计销量超过了 200 万辆。奥迪品牌 1988 年进入中国，成为第一个在中国市场累计销售 100 万辆的高档汽车品牌。一汽 - 大众已经从建厂初期的一个品牌一款产品，发展到现在的奥迪、大众两大品牌九大系列产品，成为国内成熟的 A、B、C 全系列乘用车生产制造基地。从 1991 年 12 月 5 日第一辆捷达轿车组装下线，到 2012 年底一汽 - 大众已经累计生产整车 677.26 万辆。2012 年，一汽 - 大众共生产整车 1342012 辆，实现销量 1328888 辆，同比增长 29%，向国家上缴税金突破 460

亿元，各项经营业绩指标再创历史新高。2013 年 1 月 16 日，一汽－大众成都基地 54 万辆整车产能全面建成。一汽－大众的产能将在未来两年进一步释放。2015 年，长春基地将形成 90 万辆的产能，成都基地产能将达到 54 万辆，佛山工厂产能将达到 36 万辆，合计产能将达到 180 万辆。

大众汽车公司与上海大众、一汽－大众的合作内容开始突破原来由外方提供产品及制造技术，中方进行生产制造的简单合作模式，向着联合开发、全球采购、共同销售（服务）等更高层次迈进。通过桑塔纳 3000 型、Passat 领驭、Polo 劲情、Polo 劲取等一系列产品的实践，上海大众的开发实力正逐步显现。2008 年，由上海大众自主设计和研发的 A 级车 Lavida 朗逸成功上市。2011 年，上海大众与德国大众合作开发的一款基于德国大众新一代 B 级平台、面向中国市场的全新帕萨特上市，这是中国轿车企业首次直接参与国际一流汽车制造商的全新产品开发，也标志着上海大众的研发工作正逐步融入大众汽车集团全球开发体系。一汽－大众在发展过程中注重提高技术开发能力，目前拥有造型车间、试验车间、虚拟现实中心、车辆安全中心、预批量中心、测量技术中心和多个功能实验室等重要技术部门。同时，亚洲最大的整车试验场已经开始建设。2011 年，一汽－大众推出了经过第三次大改款后的 2011 款新捷达，在外观和内饰等方面完成了 16 项全新设计改进，对 54 种零件进行了改进提升，完成了 161 项质量改进，由内而外都进行了全新升级。

（2）长安汽车与福特汽车公司、马自达汽车公司开展合资合作

2001 年 4 月 25 日，长安汽车（集团）有限责任公司与美国福特汽车公司签署了初期投资 9800 万美元的合资合同，成立长安福特汽车有限公司。合资双方各占 50% 的股份，生产家用轿车及其零部件。2003 年 1 月 18 日，长安福特汽车公司生产的福特嘉年华正式下线；2005 年 9 月，长安福特生产的福特福克斯三厢车上市。2006 年 3 月，马自达汽车公司参股长安福特，股权重组后的长安福特正式更名为“长安福特马自达汽车有限公司（长安福特马自达）”，三方持股比例为：长安 50%，福特 35%，马自达 15%。2007 年 9 月，长安福特马自达汽车旗下的第二个整车生产基地——长安福特马自达汽车南京公司竣工投产。自成立以来，长安福特马自达汽车发展迅速，已经成长为一个具有跨地域和多品牌生产、经营能力的大型现代化汽车企业。

2012 年 8 月 27 日，长安福特马自达重庆基地（三工厂）扩能开工暨研发中心扩建项目签字仪式在重庆举行。重庆三工厂由福特汽车及长安福特马自达汽车共同投资 6 亿美元兴建，预计将于 2014 年底投产，产能将达到 35 万辆，主要生产福特高端车型以及 SUV、交叉车型等产品。届时，长安福特在重庆的产能将达到 100 万辆的规模。8 月 29 日，长安福特马自达在杭州的生产基地也宣布动工。长安福特马自达杭州基地共投资 75 亿元，一期年产能将达 25 万辆乘用车，并最终形成年产 50 万台的生产规模。杭州新厂将于 2015 年投产，这是福特在中国华东地区的第一座工厂。根据福特汽车公司在 2012 年 4 月份发布的战略，福特在中国的产能将扩充到 120 万辆，中国将成为继美国底特律之后福特全球第二大生产基地。福特还计划到 2015 年将经销商网络从 2010 年的 340 家增加到近 700 家，新的经销商网络将分布在增长潜力较大的三、四线市场。国际金融危机爆发后，福特汽车公司大幅减持马自达公司的股份，在此背景下，长安福特马自达开始筹划分拆工作。

（3）一汽与丰田汽车公司开展全面合作

经过 3 个多月的艰苦谈判，2002 年 6 月，一汽集团和天津汽车工业（集团）有限公司签署联合重组协议，成功重组天汽。一汽集团受让天津夏利 50.98% 股份，组建天津一汽夏利股份有限公司；受让华利公司 75% 的股份，组建一汽华利（天津）股份有限公司。“天一重组”成为 2002 年国内最大的兼并重组案例。重组后，天津汽车获得一汽集团资本与运营的支持，逐步实现扭亏，而一汽集团纳入了自身欠缺的微型轿车、商用车生产体系，同时为一汽与日本丰田之间的合作铺平了道路。

2002 年 8 月 29 日，一汽与丰田签署全面合作协议，内容涉及双方合资生产中高档轿车、微型车、中高档 SUV 等。随后一汽控股川旅，将其与丰田公司的合作延伸到了天津、成都和长春的多个项目，并将合作目标锁定在 30 万 ~40万辆车上。2003 年 4 月 9 日，一汽与丰田在日本东京签署《关于陆地巡洋舰车的技术许可合同》《关于霸道车的技术许可合同》《关于皇冠车技术许可合同》《关于引进花冠车的意向书》，双方向更深、更广的合作迈出重要一步。2003 年 9 月，天津一汽丰田汽车有限公司正式成立。公司注册资金 40803 万美元，其中，中国第一汽车集团公司出资 20%，天津一汽夏利股份有限公司出资

30%，日本丰田汽车公司出资40%，丰田汽车（中国）投资有限公司出资10%。根据一汽和丰田的合作协议，合资公司将形成多品种、宽系列的产品格局。

2004 年 2 月，花冠轿车在天津下线，并在国内市场全面上市。2005 年 3 月 21 日，天津一汽丰田汽车有限公司第二工厂（现泰达工厂）正式建成投产，CROWN 皇冠轿车下线。2005 年 12 月 15 日，第一款在国内生产的混合动力轿车 PRIUS 普锐斯在长春丰越下线，这是丰田首次将这一拥有核心技术的车型转移到海外生产。到 2008 年，一汽和丰田先后在中高档轿车、微型车、中高档 SUV、新能源汽车等整车和重要动力总成生产领域以及汽车销售、物流服务、汽车研发等汽车价值链多领域开展广泛合作，形成了以天津、成都、长春为中心，辐射全国的华北、西南、东北三大生产基地。建成的整车企业有天津一汽丰田汽车有限公司、四川一汽丰田汽车有限公司、长春丰越汽车有限公司；重要的零部件企业有天津一汽丰田发动机有限公司、长春一汽丰田发动机有限公司、成都丰田纺织汽车部件有限公司、天津艾达变速器有限公司、天津一汽丰田模具有限公司、天津英泰汽车饰件有限公司、天津华丰汽车装饰有限公司、天津富奥电装空调有限公司等。2008 年产销量突破 37 万辆，乘用车市场占有率为 6.5%。

（4）通用汽车公司在中国市场上实施多品牌战略

通用汽车中国公司与上汽集团自 1995 年签署合资基础协议以来，在多方面进行了良好的合作，成功实施了多品牌战略，并通过并购重组实现了在中国市场上的迅速扩张。到 2011 年底，通用汽车已在中国建立了上海通用汽车有限公司、上汽通用五菱、上海通用北盛、上海通用东岳、上汽通用汽车金融有限责任公司等 11 家合资企业。通用汽车在中国进口、生产和销售别克、雪佛兰、凯迪拉克、欧宝、五菱、解放及宝骏等品牌的系列产品，涵盖中高档轿车、多功能旅行车、紧凑型轿车、微型车和轻型卡车等。2010 年，通用汽车在中国全年累计销售超过 235 万辆。通用汽车准备进一步把握中国汽车市场高速发展的重要机遇，在 2015 年实现年销量 500 万辆。

2001 年 7 月，上海汽车工业（集团）总公司与广西柳州五菱汽车有限公司签约，上汽集团受让柳州五菱 75.9% 的股权，改组为上汽集团五菱汽车股份有限公司。柳州五菱得到上汽集团的资金支持，上汽集团获得了自己没有的微型商用车生产基地。2002 年 6 月，上汽集团、柳州五菱和美国通用汽车公司签约，

三方投资9960万美元组建上汽通用五菱汽车股份有限公司，上汽、通用、五菱三方面各持股50.1%、34%、15.9%。公司位于广西壮族自治区柳州市，生产商务用车、微型厢式客车、微型双排货车、微型单排货车四大系列共210个品种车型，欲发展成为中国销量第二的微型车生产企业。

2002年12月20日，上海汽车工业集团总公司、通用汽车中国公司、上海通用汽车公司共同出资9亿元收购原山东烟台车身有限公司的全部股权后成立了新公司“上海通用东岳汽车有限公司”，三方各占25%、25%、50%的股权。公司位于山东省烟台市，是上海通用汽车第二个生产基地，2003年4月开始生产别克赛欧。2012年5月30日，上海通用东岳基地三期扩建项目投产，为上海通用增添了24万辆年产能。

2004年3月，上汽集团、通用汽车中国公司和上海通用汽车重组金杯通用汽车有限公司，成立上海通用北盛汽车有限公司。上汽集团与通用汽车中国公司各拥有25%的股权，上海通用汽车持有50%的股权。其产品规划、生产制造、零部件采购、信息系统、质量体系和人力资源管理等方面全部纳入上海通用汽车的管理体系。上海通用北盛汽车（沈阳）年设计产能为三班5万辆，2004年9月起生产GL8公务旅行车。2014年，通用北盛的三期项目将落成，产能将从20万辆提升至30万辆。

2006年，上海通用汽车有限公司投资52亿元，拓宽产品系列，增加生产新一代别克系列中级、高级轿车及其变型车和新一代雪佛兰系列中高级轿车及其变型车。经过十多年发展，上海通用汽车完成了全国性布局，目前已拥有浦东金桥、烟台东岳、沈阳北盛三大生产基地，共4个整车厂、两个动力总成厂，成为国内生产规模最大的现代化轿车生产基地之一。2012年2月，上海通用汽车与武汉市政府签署了《上海通用汽车有限公司武汉乘用车生产基地合作协议书》。2012年6月，上海通用汽车武汉分公司正式在武汉市江夏区奠基。上海通用将在武汉市江夏区建设第四基地，该工厂规划年产能为30万辆乘用车。2012年，上海通用旗下别克、雪佛兰、凯迪拉克三大品牌全年共销售139万辆，实现同比增长13.1%，保持了乘用车第一的市场地位。2015年，上海通用的整体年产能将扩张至200万辆。

上海通用汽车将不断提升自主研发能力作为提升体系能力的重中之重。泛

亚汽车技术中心既是国内第一家合资研发企业，也是上海通用汽车的设计和工程开发中心。泛亚目前已经具备了国内领先的完整意义上的整车开发能力。2010年7月，美国通用汽车独资的通用汽车中国前瞻技术科研中心在通用汽车上海工业园区开工建设，该中心将成为通用汽车除北美外在全球最全面和最重要的技术科研中心。

（5）东风公司与PSA标致雪铁龙集团提升合作层次

2001年11月14日，东风公司与PSA标致雪铁龙集团就提升合作层次、扩大合作范围达成框架性协议。2002年10月25日，东风汽车公司与PSA集团签署扩大合作的合资合同。合作的主要内容包括：一是导入一个全新的共用生产平台。二是成立合资公司的产品研发中心，全面提高企业技术创新能力，培养和造就一批从事汽车产品研发、技术管理及工业化运用的高素质人才队伍。三是实现增资，调整双方股比。双方明确2003年底以前，以股份回购的方式，最终形成各持50%股份的格局，股比对等，利益共享，风险同担。四是推进体制创新。神龙汽车公司下设一个工业事业部（包括技术研发中心）与负责标致品牌和雪铁龙品牌的两个商务部。五是实施可持续发展战略。在发挥资源存量的基础上，计划三年左右年产销突破15万辆，继而向年产销30万辆目标推进；在合资公司建立技术中心，提高产品研发能力；逐步推进本地化，不断降低成本；实施技术创新，建立更好的质量管理体系，提高信息化水平。新的合资合同在资金、技术、产品、管理、网络建设等方面，为合资企业实现可持续发展提供了有力保障，标志着神龙公司进入了新的发展时期。2003年1月23日，神龙公司（DPCA）成立了新的董事会。

2006年10月27日，神龙公司武汉第二工厂奠基。2008年2月28日，涂装S2线全面建成投产，公司30万辆能力建设项目竣工。至此，神龙公司拥有武汉、襄阳两大生产基地。武汉第一工厂、第二工厂已经具备年产45万辆的整车生产能力，襄阳工厂具备年产64万台发动机和变速箱的生产能力。2011年5月18日，神龙公司启动了武汉第三工厂建设。神龙汽车致力于将第三工厂打造成国际“新一代绿色样板工厂”，年产30万辆能力，一次规划，分两期建设。一期工程项目计划于2013年9月建成投产；二期工程项目计划于2015年建成。在“一个公司、两个品牌”的构架下，东风雪铁龙、东风标致两个品牌商务部的总

部分别位于上海、北京。神龙汽车的经营目标是到2015年，产品与服务质量达到国内一流水平，年产销量达75万辆以上，经营利润率达到5%以上，实现持续的盈利性增长。

2006年，神龙公司启动实施旨在提升自主研发能力的“鲲鹏计划”以来，科技人才队伍进一步壮大，目前已拥有1300余人的研发队伍。技术能力也得到进一步提升，已具备“新车型联合开发，改型车基本自主，年型车完全自主”的能力。2012年6月15日，神龙汽车投入5亿多元的新研发试验中心的三大工程项目全面开工建设。2013年建成后，将进一步完善与提升产品与技术的研发、试制、试验能力。

（6）华晨中国汽车控股有限公司与宝马集团合资组建华晨宝马汽车有限公司

2002年6月，华晨中国汽车控股有限公司与宝马集团合资生产整车的项目建议书获得政府有关部门批复。2003年3月29日，宝马集团和华晨中国汽车控股有限公司举行合资合同签约仪式，合资组建华晨宝马汽车有限公司，业务涵盖BMW品牌汽车的生产、销售和售后服务。按照合同，宝马集团与华晨汽车分别持有合资公司50%的股权。合资公司对华晨汽车于1999年所建工厂的主要部分进行整合，按照宝马集团国际标准把生产设施扩建为整备的宝马汽车生产设施。为了满足快速增长的客户需求，华晨宝马汽车有限公司于2009年11月宣布二期扩建项目计划。2012年，新工厂的投资由起始阶段计划的5.6亿欧元增至15亿欧元，并于2012年5月24日正式开业。新工厂具备年产20万辆的产能。截至2012年底，华晨宝马在全国设立了超过300家授权经销商及服务网点，在北京、上海和佛山建立了三个大型零部件配送中心，在北京和上海拥有两个培训中心。

（7）北汽与韩国现代汽车公司合资组建北京现代汽车有限公司

北京汽车工业控股有限责任公司利用北京轻型汽车有限公司原外方退股后在顺义厂区的厂房、设备，与韩国现代汽车公司于2002年10月合资成立北京现代汽车有限公司，注册资本121906.8万美元，总投资310191万美元，中韩双方各占50%的股份，合资期限为30年。北京现代是中国加入WTO后被批准的第一个汽车生产领域的中外合资项目。北京现代生产“索娜塔”轿车，当年组装生产2000辆，2003年形成年产5万辆的生产能力。2004年4月，北京现代年产能达到15万辆。北京现代目前拥有三座整车生产工厂、三座发动机生产工厂和一座承担自主研发的技术中心，整车年生产能力已经达到100万台，发动机年生产能力达到100万辆。截至2012年12月，北京现代已拥有11个系列车型，累计销售412万辆，实现销售收入3945亿元，累计纳税487亿元，带动163家（北京地区51家）配套企业就业约15万人。

（8）北京汽车控股有限公司与戴克集团对北京吉普有限公司进行重组并扩大投资

1983年，外国汽车厂商克莱斯勒第一个进军中国市场，与北汽合作成立中国第一家汽车合资企业北京吉普汽车有限公司。2003年，戴克集团却成为世界汽车“6+3”阵营中最后一个全面进入中国的汽车巨头。

2002年6月6日，北京吉普公司新的合资经营合同获得了中国有关政府机构的批准，中外合资双方在中国的合作延长30年。北京吉普成为我国加入WTO之后，全国汽车行业中第一个延长合资合同并得到政府批准的整车生产企业。2003年9月8日，北京汽车工业控股有限责任公司与戴克签署了战略合作框架协议，计划对北京吉普有限公司进行重组并扩大投资，生产梅赛德斯-奔驰C级和E级轿车，计划年产量达到2万~3万辆，批量生产于2005年开始。该项投资总额约为10亿欧元。

2004年11月，戴姆勒-奔驰通过增资北京吉普的方式，与北汽在德国签署了增资合同，确定未来北京奔驰中除了生产克莱斯勒产品外，还将引进奔驰轿车进行国产，合同的合资期限为30年。2005年，北京奔驰项目正式获得中国商务部批准。同年，克莱斯勒将其在北京吉普的全部股权划转到“戴姆勒公司”“戴姆勒东北亚有限公司”等企业的名下。戴姆勒东北亚有限公司是戴姆勒公司的全资子公司。上述股权转让结束后，戴姆勒公司及戴姆勒东北亚有限公司携同北汽追加了对北京吉普的资本投入，并将合资企业重新命名为北京奔驰-戴克汽车有限公司（BBDC）。北京奔驰-戴克汽车有限公司的投资总额增至60291.4884万美元，注册资本增至40074.9784万美元。北汽与上述戴姆勒相关企业在BBDC中各占50%的股权。而重组前在北京吉普的股权结构中，中方股比为57.6%，戴克等外方股比为42.2%。股权转让完成后，北京奔驰-戴克汽车有限公司（BBDC）于2005年8月8日正式成立。克莱斯勒与

BBDC 签署了技术许可协议，许可 BBDC 在中国生产并销售克莱斯勒品牌产品。在此协议下，国产克莱斯勒 300C 于 2006 年 11 月正式上市。此后，国产克莱斯勒铂锐也于 2008 年 3 月上市。2007 年，戴姆勒与克莱斯勒分家。2008 年底，克莱斯勒逐渐淡出北京奔驰－戴克汽车有限公司。克莱斯勒 300C 和克莱斯勒铂锐也随之停产。BBDC 目前主要生产梅赛德斯－奔驰 E 级和 C 级两大系列轿车产品。

（9）东风与日产汽车公司成立合资公司东风汽车有限公司

2002 年 9 月 19 日，东风汽车公司与日本日产汽车公司成立合资公司“东风汽车有限公司”。2003 年 7 月 1 日，东风汽车有限公司正式运营。该公司注册资本 167 亿元，双方各拥有 50% 股份。东风汽车公司以其包括相关子公司、关联企业股权在内的现有资产进行出资，日产相应地以现金形式出资。该公司的乘用车采用日产（NISSAN）品牌，而商用车则主要使用东风品牌。2003 年 6 月 16 日，东风日产乘用车公司在广州花都成立，7 月 1 日开始运作。东风日产拥有广州花都和湖北襄樊两个生产基地，由冲压、焊装、涂装、总装、树脂五大车间组成。2004 年 9 月 29 日，东风日产乘用车公司襄樊工厂（风神襄樊汽车有限公司）新工厂正式投产，生产高端轿车天籁。东风日产乘用车公司花都工厂（广州风神汽车有限公司）于 2004 年 5 月 18 日建成投产。2008 年，东风日产乘用车公司建成 45 万辆的年生产能力。

2004 年 12 月，占地面积 20 万平方米、投资 3.3 亿元的东风有限乘用车研发中心和占地 39 万平方米、年生产能力 36 万台（一期规划）发动机的工厂在广州花都相继落户。东风有限乘用车研发中心 2006 年 3 月 20 日竣工。该研发中心通过共享日产全球研发技术及信息，致力于面向中国市场的产品开发、国产化推进等方面的工作。乘用车研发中心分为三个发展阶段：第一个阶段为复制型国产化阶段，就是将日方产品复制过来，实现国产化，以风神为代表；第二个阶段为开发型国产化阶段，就是将中国客户的产品需求以及消费特色反映到产品中，参与开发设计，包括造型设计，之后在中国进行生产；第三个阶段是同步开发阶段，即结合本地需求，在更早的阶段就介入产品的开发，与日产另外三大技术中心在一个大平台上同步开发，形成真正意义上的共同开发。

（10）广汽本田成立汽车研究开发有限公司

广汽本田采取边生产、边改造的方法，不断扩大生产规模，使工厂的生产能力从3万辆逐步扩大到12万辆。2004年初，广汽本田建立了24万辆的生产体制，并实现了日产1000辆的目标。2004年11月，广汽本田增资22亿元（280亿日元）建设第二工厂。2006年9月，增城工厂正式投产，首期生产规模为年产12万辆，由此广汽本田年生产能力达到36万辆。2010年3月1日，广汽本田累计生产和销售轿车超过200万辆，成为中国第四家累计产销突破200万辆的轿车企业。2012年，广州本田汽车有限公司达到年产48万辆汽车的生产能力。

2007年7月19日，广汽本田成立了广汽本田汽车研究开发有限公司。这是国内第一个由合资企业独立投资，以独立法人模式运作的汽车研发机构，拥有包括概念设计、造型设计、整车试作、实车测试、零部件开发等在内的整车独立开发能力。

（11）东风汽车与日本本田技研工业株式会社合资组建东风本田汽车有限公司

2003年7月16日，东风汽车集团股份有限公司与日本本田技研工业株式会社共同组建的东风本田汽车有限公司成立。该公司通过本田认购武汉市原有的中外合资整车生产企业——武汉万通汽车有限公司的股权方式改组而成，注册资本5.6亿美元，双方各拥有50%股份，主要生产本田CRV、SUV运动型多功能越野车。2004年2月，东风本田一期工程建成投产，形成年产3万辆整车及发动机装配的生产能力。2006年1月，东风本田12万辆乘用车项目建成。2010年6月，完成年产24万辆产能建设。东风本田的第二工厂于2012年7月10日正式投产，初期生产能力为10万辆/年，并逐步扩大生产。两个工厂整体产能将逐步提升至48万辆/年。2011年，东风本田总销量达25.5万辆，当年实现销售收入400余亿元，累计产销与保有用户量双双突破100万辆，累计纳税超过250亿元，成为湖北省第二大纳税企业。

（12）福汽集团与戴姆勒－克莱斯勒轻型汽车（香港）有限公司合资组建福建戴克

2003年11月29日，福建省汽车工业集团与戴姆勒－克莱斯勒公司合资

生产轻型商用客车项目获得国家发展和改革委员会正式批准。2006 年 12 月，商务合同获批。2007 年 6 月，福建戴姆勒 - 克莱斯勒汽车工业有限公司正式注册成立。福建省汽车工业集团公司与戴姆勒 - 克莱斯勒轻型汽车（香港）有限公司（该公司由德国戴克与台湾中华汽车共同合资组建）各占 50% 股份，总投资 20800 万欧元，注册资本 16000 万欧元。合资公司引进戴 - 克公司汽车制造技术，生产梅赛德斯 - 奔驰品牌 20 座以下轻型客车，先期导入 NCV2 和 SPRINTER 系列车型，根据市场需要，后续导入 NCV3 等车型。初期规划年产 4 万辆商用客车。根据市场需要，二期扩充至年产 6 万辆。2007 年 8 月，福建戴克的第一款汽车——克莱斯勒大捷龙正式下线。

（13）广州汽车集团股份有限公司和丰田汽车公司合资组建广汽丰田

2004 年 9 月 1 日，广汽丰田汽车有限公司成立，广州汽车集团股份有限公司和丰田汽车公司按 50∶50 的股比共同投资建设和经营。广汽丰田合资年限为 30 年，注册资本 36266 万美元（26.93 亿元），总投资 92 亿元，其中广汽集团出资 45 亿元，丰田公司出资 300 亿日元。2009 年 5 月 25 日，总投资 42.6 亿元的第二生产线正式投产，标志着广汽丰田的产能与产品线布局跨入了一个新的起点。广汽丰田自 2006 年 5 月以来相继投产了 CAMRY 凯美瑞（含混合动力凯美瑞）、YARIS 雅力士、HIGHLANDER 汉兰达、E'Z 逸致四款车型。2011 年 8 月 4 日，广汽丰田第 100 万辆汽车下线，成为在以中高级轿车为主力产品的车企中，最快实现百万辆下线的企业之一。

（14）上汽收购控股韩国双龙汽车

2004 年 10 月，上汽集团以 5 亿美元正式收购韩国双龙汽车 48.92% 股权，成为第一大股东，此后又陆续增持股份至 51.33%。上汽在双龙采取了一系列措施增强企业竞争力。通过精简开支、加强管理，2006 年双龙汽车主营业务实现盈利，2007 年整体实现扭亏为盈。不过，上汽收购双龙后，双方的文化一直没有很好地融合，两家企业之间的优势未能实现互补，双龙自身存在的一些根本性问题并没有得到解决。由于双龙的主导产品以高油耗的 SUV 车型为主，产品结构单一，在 2008 年原油价格飙升导致大型高档车辆销售滑坡后，缺乏可替代的中低档产品，经营陷入困境，现金匮乏。2008 年，产能 22 万辆的双龙一年间只生产了 8.1 万辆汽车，仅占韩国汽车总产量的 2%。再加上双

龙汽车的工会组织过于强势，多次以罢工相威胁，逼迫上汽提高员工工资与福利待遇，并坚决抵制裁员，导致双龙的生产成本比竞争对手高许多，直接影响到企业的正常经营。

双龙2008年底停产后，由于双龙工会抵制上汽的重组计划，上汽无法与双龙达成技术合作意向，上汽拒绝向双龙汽车直接注资。2009年2月10日，韩国首尔中央地方法院批准双龙汽车进入“企业回生程序”，上汽失去了对双龙的控制权。中国汽车企业收购海外整车企业的第一次尝试以失败告终。对收购对象的资产和技术状况考察不够清楚，对企业发展所面对的困难估计不足，国际化发展战略不清晰等都是上汽此次并购失败的重要原因。尽管上汽收购韩国双龙是一个失败的案例，但它为中国汽车企业的海外并购提供了宝贵经验。

（15）广州汽车集团与日野自动车株式会社合资组建广汽日野汽车有限公司

2007年11月28日，广州汽车集团股份有限公司与日野自动车株式会社合资组建的广汽日野汽车有限公司（以下称“广汽日野”）正式成立，项目合资期限为30年，双方各按50%出资，注册资金15亿元，按照“一个项目、二个基地”的方式重组广州羊城汽车有限公司和沈阳沈飞日野汽车制造有限公司。广东从化基地主要生产日野牌重卡、牵引车及羊城牌系列轻卡和驱动桥等关键总成，计划首期形成年产重卡2万辆、轻卡3万辆的规模。沈阳基地则在保留商用客车系列产品的基础上引进日野多功能商用客车，计划年产客车整车4000辆、底盘5000台。2009年9月21日，广汽日野从化工厂正式竣工投产，首款700系列重卡下线。

（16）中国重汽与全球卡车技术领先的曼集团在技术和资本层面进行长期战略合作

2009年7月15日，中国重汽（香港）有限公司在香港与全球卡车技术领先的工业集团——德国曼公司（简称“MAN”）签署了包括股东协议、技术许可协议、股份购买协议、可转换债券认购协议在内的一系列法律文件，双方在技术和资本层面正式实施长期战略合作。根据协议，中国重汽支付8500万欧元，MAN将其先进的卡车和发动机技术以独占许可的方式在中国境内授权给中国重汽及相关下属公司，并与中国重汽合作生产和销售基于该技术的“技术提升型”卡车。在保持中国重型汽车集团有限公司（简称“重汽集团”）对

中国重汽 51% 的控股条件下，MAN 通过认购公司约 5.99 亿元新股的可转股债券以及向重汽集团购买约 0.91 亿元股公司已发行股份，获得中国重汽（香港）25% 加 1 股的股权。交易完成后，双方将在“技术提升型”卡车和欧Ⅲ、欧Ⅳ、欧Ⅴ发动机的生产制造、质量控制、销售和售后服务等方面展开合作。双方将利用重汽和曼集团的全球销售网络进行新产品的全球销售。这笔交易不仅在签约时是中国汽车业获得的第二大海外投资，曼集团入股中国重汽（香港）有限公司的方式也开创了中外企业合作的新模式。中国重汽开展合作的底线是掌握控股权，曼集团的底线则是掌握核心技术的知识产权。新的合作模式让中国重汽与德国曼集团回避了控股权和知识产权纠纷等中外企业合作时常见的困扰。合作协议签署后，项目进展顺利。

（17）一汽与通用汽车合资组建一汽通用轻型商用汽车有限公司

2009 年 7 月 27 日，中国第一汽车集团公司与通用汽车（中国）投资有限公司合资组建的一汽通用轻型商用汽车有限公司注册成立。公司注册资本为 12 亿元，双方各占 50% 股份，合资经营期限为 30 年。一汽通用公司下设一汽哈尔滨轻型汽车有限公司、一汽通用红塔云南汽车制造有限公司及长春工厂三个生产基地，现有产品和基于一汽品牌产品开发的新产品仍使用一汽解放品牌。一汽通用公司主要从事轻型载货车类、轻型客车类及相关总成、零部件的研发、生产、销售、仓储、出口及物流，出口方式含整车出口与 CKD、SKD 组装，并在俄罗斯、乌克兰、墨西哥、越南建设了组装厂，现已出口东南亚、美洲、中东等 20 多个国家和地区。

（18）东风汽车公司与台湾裕隆企业集团合资组建东风裕隆

2010 年 9 月 29 日，东风汽车公司与台湾裕隆企业集团在合资合同上签约。2010 年 12 月 14 日，东风裕隆汽车有限公司（以下称“东风裕隆”）在杭州正式成立。该项目计划总投资为 34 亿元，其中一期注册资本 15.5 亿元，东风汽车公司和裕隆汽车子公司裕隆大陆投资有限公司各持股 50%。作为 ECFA 签订后两岸合作的首个大型经济项目，东风裕隆通过重组东风杭州汽车有限公司而建立。2010 年 1 月，东风集团通过旗下子公司东风杭汽，从浙江中誉手中收购裕隆在内地的子公司纳智捷 20% 的股份。两家汽车集团共同在杭州萧山临江工业园打造乘用车生产基地，一期产能规划 24 万辆，一期一阶段达到

12 万辆产能并配套 20 万台产能的发动机厂，建设独立的研发中心，研发重点是汽车电子、IT 技术及自动化三个方面。东风裕隆将致力于发展高端自主品牌汽车事业，产品涵盖运动型乘用车、多功能乘用车、轿车及纯电动汽车产品。合资双方共同注册和拥有“纳智捷”大中华品牌。

（19）广州汽车集团和菲亚特集团汽车股份公司合资组建广汽菲亚特

广汽菲亚特汽车有限公司（以下简称“广汽菲亚特”）成立于 2010 年 3 月 9 日，由广州汽车集团股份有限公司和菲亚特集团汽车股份公司以 50∶50 的出资比例建立，首期总投资约为 50 亿元，注册资本为 18 亿元。广汽菲亚特位于湖南省长沙经济技术开发区，主要业务包括乘用车产品的整车、发动机、零部件的研究开发、生产制造、销售及售后服务等。工厂一期计划形成年产 14 万辆整车的生产能力；二期计划形成年产 25 万 ~ 30 万辆整车的规模，建成集乘用车、发动机生产等业务于一体的具备全球领先水平的汽车生产基地。2012 年 6 月 28 日，广汽菲亚特工厂竣工，首款产品 Viaggio 菲翔下线。

（20）长安汽车和法国标致雪铁龙集团合资组建长安标致雪铁龙汽车有限公司

2011 年 11 月 20 日，长安汽车集团股份有限公司和法国标致雪铁龙集团合资组建的长安标致雪铁龙汽车有限公司正式成立。长安标致雪铁龙注册资金 40 亿元，双方各占股本 50%。新合资公司初期投资额 84 亿元，是近年来国内投资额最大的中外合资汽车项目。长安标致雪铁龙是国内首个在成立之初就提出打造“合资自主”品牌的汽车企业，并将新能源汽车合作及自主品牌研发纳入公司发展规划。长安标致雪铁龙汽车基地全力推进整车和发动机工厂以及研发中心（投资 5 亿元）的建设，计划于 2013 年中期正式投产，一期建设形成 20 万辆整车及相匹配的发动机生产能力，未来将根据市场需求逐步扩大产能，增强中国长安汽车集团在高端车领域的竞争能力，完善标致雪铁龙集团在亚洲的整体战略布局。长安标致雪铁龙研发中心未来将与标致雪铁龙以及中国长安全球研发中心配合，实现设计与技术的资源共享、优势互补。

（21）北汽福田和戴姆勒股份公司合资组建北京福田戴姆勒汽车有限公司

戴姆勒公司在全球高端中卡和重卡市场具有领导地位，旗下拥有梅赛德斯 - 奔驰等 5 个卡车品牌，生产网络遍布全球 28 个国家和地区。福田汽车则是

一家正在快速发展的全系列商用车产品制造商，已成为亚洲最大的商用车厂家。双方在中、重卡的高端市场和低中端市场分别具有各自的优势。2012 年 2 月 18 日，北汽福田汽车股份有限公司和戴姆勒股份公司合资组建的北京福田戴姆勒汽车有限公司正式成立。北京福田戴姆勒汽车有限公司总投资 63.5 亿元，注册资本 56 亿元。福田汽车保留“欧曼”中、重卡产品专有技术、专利、品牌等无形资产的海外市场使用权和所有权；戴姆勒提供技术和专家支持，帮助合资公司提升产品质量，并协助研发针对国内市场的新产品。北京福田戴姆勒汽车有限公司成立后，福田汽车和戴姆勒公司将分阶段在俄罗斯、南亚和中南美洲等国设立合资公司。合资公司旨在以中国为运营中心，发挥各自优势，共同培育具有全球竞争力、最有性价比的经济型卡车品牌，并开拓全球市场，改变了改革开放以来中国汽车行业合资以外方导入车型和品牌为主的模式。

（22）南骏汽车和韩国现代汽车公司合资组建四川现代汽车有限公司

2010 年 10 月，南骏汽车和韩国现代汽车公司签订了《合资协议书》。2012 年 8 月 18 日，南骏汽车与韩国现代汽车公司合资组建的四川现代汽车有限公司（以下简称“四川现代”）注册成立。四川现代的注册资本是 18 亿元，主要从事商用汽车、发动机及其配件的生产、销售、服务及研究开发，将累计投资 100 亿元，分三期在四川资阳建立商用车生产基地。该基地全面落成后，商用车年产可达 70 万辆，并将提供 5 万个就业岗位。

（23）广汽集团、三菱汽车、三菱商事合资组建广汽三菱汽车有限公司

2009 年 5 月，广汽集团重组长丰集团旗下的湖南长丰汽车制造股份有限公司，将其变更为广汽长丰汽车股份有限公司。随后，广汽集团通过对广汽长丰的吸收合并，实现 A 股整体上市。以此为基础，广汽集团、三菱汽车、三菱商事合作成立了合资公司——广汽三菱汽车有限公司。广汽三菱由广州汽车集团股份有限公司、三菱自动车工业株式会社、三菱商事株式会社三方合资经营，合作年限 30 年，注册资本 17 亿元，其中广汽集团持有 50% 股权、三菱汽车持有 33% 股权、三菱商事持有 17% 股权，主要从事汽车及汽车零件的研究开发、生产、销售并提供相应的售后、咨询和技术服务等业务。2012 年 10 月 12 日，广汽三菱汽车有限公司在湖南长沙正式宣告成立，首款新车 ASX 劲炫也在同日下线。广汽三菱将陆续投产多款车型，计划在投产后的 5 年内，达

到30万辆的年生产能力。

这一阶段的合资合作项目还有以下几个。

2002年，一汽轿车与马自达汽车公司达成合作协议，双方通过技术合作，共同生产马自达汽车公司开发的Mazda 6轿车。

2002年，郑州宇通集团与德国曼集团成立了猛狮客车，生产客车底盘和整车。合资公司自成立之后连年亏损，到2010年1月解散时，合资公司累计亏损近亿元。

2003年6月9日，中国重汽集团与瑞典沃尔沃卡车公司签署合资协议书，合资组建济南华沃卡车有限公司，合资期限30年，总投资额16亿元，双方各占50%股份，生产FM6、FM9和FM12系列载货汽车。合资公司2005年全年仅生产200多辆车，2006年初公司全面停产。2009年，中国重汽与沃尔沃集团宣布终止合作。

2003年9月8日，本田技研工业株式会社、广州汽车集团有限公司、东风汽车公司合资组建本田汽车（中国）有限公司。项目总投资约10.3亿元，注册资本6.8亿元，三方股比分别为65%、25%和10%，合资期限30年。该公司生产的本田汽车全部出口欧洲市场，2004年起步，首期为5万辆规模。

2005年，一汽吉林汽车有限公司与日本大发公司签订技术转让协议，引进日本大发公司D82A紧凑型多功能车——MPV森雅车型。

2007年6月15日，上汽依维柯商用车投资有限公司与重庆重型汽车集团有限责任公司重组重庆红岩汽车有限责任公司，成立上汽依维柯红岩商用车有限公司。公司注册资本为13亿元，在重庆北部新区新建年产4万辆整车生产基地，并继续着力打造拥有特色红岩桥、ZF转向器等关键零部件的双桥生产基地。

2009年12月，北京汽车工业控股有限责任公司以2亿美元收购瑞典萨博汽车公司9-5车型和9-3车型的生产技术及部分生产设备，在此基础上打造北汽自主品牌轿车。

2012年8月7日，江铃汽车集团公司与日本五十铃汽车公司举行整车和发动机合资合同签约仪式，全面开启双方新一轮合作。此次签约的整车合资项目总投资13.9亿元，规划产能为10万辆；发动机合资项目总投资15.63亿元，规划产能为20万台。江铃汽车将在南昌引进日本五十铃新一代的整车及发动机项目。

2013 年 1 月 26 日，东风汽车集团和沃尔沃集团在北京成立新商用车合资公司，双方的股比为 55∶45，生产中、重型卡车，产地落户湖北十堰。

经过上述三个阶段的发展，德系、美系、日系、韩系、法系等合资合作汽车企业不断发展壮大，在我国汽车产业中一直占据主导地位。据中国汽车工业协会统计，2012 年中国乘用车产、销量分别 1552.37 万辆和 1549.52 万辆。其中，自主品牌乘用车销售 648.50 万辆，同比增长 6.1%，占乘用车销售市场的 41.9%，市场份额同比下降 0.3 个百分点；自主品牌轿车销售 304.96 万辆，同比增长 3.5%，占轿车市场的 28.4%，市场份额同比下降 0.7 个百分点。近几年，乘用车自主品牌在中国汽车市场的份额持续下滑，合资合作品牌的市场份额持续上升。

4. 中外汽车企业合资合作的新模式——吉利－沃尔沃模式

1999 年，美国福特汽车公司以 64.5 亿美元的价格收购了沃尔沃汽车公司（Volvo Car Corporation）。沃尔沃汽车公司在安全、环保领域具有全球领先的技术，但经营状况一直欠佳。国际金融危机爆发后，主营豪华车业务的沃尔沃遭受重创，2009 年沃尔沃汽车公司只卖出 33.5 万辆车，亏损 13 亿美元。在国际金融危机冲击下，福特汽车公司调整发展战略，实行“同一个福特”，将所有的资源和重心向福特品牌倾斜。吉利汽车在香港上市后，与越来越多的跨国金融机构、战略投资财团建立了密切关系，将海外并购作为国际化发展的重要模式，根据自身的发展战略在国际汽车领域中寻找目标企业，通过海外并购获得更大的成长空间。在此背景下，浙江吉利控股集团有限公司积极竞购沃尔沃汽车公司，成为沃尔沃的首选竞购方。2009 年 12 月 23 日，浙江吉利控股集团有限公司与福特汽车公司就收购沃尔沃汽车公司的所有重要商业条款达成一致。2010 年 3 月 28 日，浙江吉利控股集团有限公司在瑞典哥德堡与福特汽车公司签署最终股权收购协议，以 18 亿美元的价格收购沃尔沃汽车公司 100% 的股权以及相关资产（包括知识产权），其中 2 亿美元以票据方式支付，其余以现金方式支付。收购资金来自吉利控股集团、中资机构以及国际资本市场。这是中国汽车业最大的海外并购案。2010 年 8 月 2 日，吉利收购沃尔沃的最终交割仪式在英国伦敦举行，吉利完成了对福特汽车公司旗下沃尔沃汽车公司的全部股权收购，成为第一家成功收购国外豪华汽车企业和品牌的中国汽车企业。吉利收购沃尔沃汽车公司后，沃尔沃作为一个独立的公司，为确保其世界顶级品牌的可持续发展，将拥有其关键的技术及知识产权的所有权。沃尔沃汽车保留其瑞典总部以及在瑞典和比利时的生产基地，在董事会授权下，管理层将拥有执行商业计划的自主权。作为交易的组成部分，沃尔沃汽车与福特将继续保持密切的零部件相互供应关系，确保彼此之间继续提供对方需要的零部件。

吉利并购沃尔沃后，坚持并行发展的战略，将吉利作为大众化汽车品牌，而将沃尔沃作为高档豪华汽车品牌，强调吉利和沃尔沃的关系是兄弟的关系，而不是父子的关系。与此同时，吉利改组了董事会，邀请大众汽车北美区首席执行官斯蒂芬·雅克布（Stefan Jacoby）加入沃尔沃汽车公司，并担任总裁兼首席执行官，原总裁兼首席执行官汉斯－奥洛夫·奥尔森（Hans-Olov Olsson）改任副董事长，新的管理团队具有专业化、国际化的特征。吉利还强调要让沃尔沃尽快实现盈利，并承诺善待沃尔沃员工。三管齐下，使吉利顺利地接管了沃尔沃汽车公司。吉利收购沃尔沃后，沃尔沃汽车公司的经营状况有所好转。2010 年以来，沃尔沃汽车公司加快了推出新产品和新服务的步伐。2010 年，沃尔沃汽车全球销售 37.4 万辆，同比增长 11.6%，实现了盈利。2011 年，全新沃尔沃 S60 在中国市场正式上市。沃尔沃汽车公司加快实施其中国成长战略，加大对消费者和中国市场的支持力度和响应速度，力争在 2020 年实现全球 80 万辆销量的目标。

吉利汽车与沃尔沃汽车公司在研发领域不断加强合作。2012 年 3 月，吉利汽车与沃尔沃汽车在上海签署协议。为全面提升吉利汽车品质，打造吉利汽车旗下高端自主品牌，吉利将使用沃尔沃授权的先进技术。2013 年 2 月 20 日，浙江吉利控股集团宣布在瑞典哥德堡设立欧洲研发中心，整合旗下沃尔沃汽车和吉利汽车的优势资源，全力打造新一代中级车模块化架构及相关部件，以满足沃尔沃汽车和吉利汽车未来的市场需求。该研发中心隶属浙江吉利控股集团，在研发上保持相对独立。研发中心的成立进一步密切了沃尔沃汽车与吉利汽车的关系，并且很好地保持了沃尔沃汽车的品牌独立性。

三　合资合作对中国汽车产业发展的影响

自新中国成立以来，我国汽车产业的发展大致可以分为三个阶段。第一个阶段是从 1953 年至 1978 年，我国汽车产业经历了从无到有的历史性转变。第二个阶

段是从1978年至20世纪末，我国汽车产业开始了合资合作发展历程，产业体系基本建立，初步摆脱了“缺重少轻、轿车基本空白”的尴尬局面。第三个阶段从加入WTO至今，我国汽车产业全面融入全球汽车产业之中，市场规模迅速扩张，自主创新和合资合作共同推进。回过头看，第一阶段奠定了我国汽车产业发展的基础；第二阶段开启了我国汽车产业发展的新模式；第三阶段既为释放这种新模式的潜力创造了难得的历史机遇，同时也开启了反思和优化这种模式的大范围讨论。

从今天的角度看，尽管存在一些争议，但合资合作的战略选择对我国汽车产业发展和腾飞的重要意义是毋庸置疑的。而在当时的历史条件下，合资合作既是时代的选择，更是现实的选择。自改革开放之初至今，虽然已有25年的历史，但我国汽车产业独自发展依然面临着非常艰巨的挑战。这种挑战集中体现为“五个缺少”：一是缺少发展资金。1978年和1984年我国汽车工业投资额分别仅为3.55亿元和8.50亿元，而1985年合资合作进入实质性阶段后则一跃超过20亿元。二是缺少先进技术。当时我国汽车工业技术水平与世界先进水平的整体差距为30~40年。三是缺少生产体系。“缺重少轻、轿车基本空白”是当时情况的真实写照。四是缺少成熟产品。“解放”“跃进”等产品几十年没有换型。五是缺少发展人才。了解和掌握全球汽车发展趋势的高端人才几乎没有。在这种局面下，我国汽车产业的独自发展事实上是“无源之水”。当时，许多发展中国家要发展民族汽车工业，首先遇到的是资金严重不足的困难。所以，实行对外开放政策，积极引进和利用外资，不仅可以弥补我国资金的不足，而且可以带动先进技术、设备、管理和人才智力的发展，这有利于加快民族汽车工业的发展，缩小与世界先进水平的差距。

在党和国家领导人作出合资合作的战略选择之后，自1984年起，以上海大众项目、北京吉普汽车项目、广州标致、济南重型汽车斯太尔项目、南京依维柯轻型汽车项目等为代表的合资合作和技术引进项目纷纷上马，开启了我国汽车产业持续至今的合资合作发展大幕。在这个过程中，以1994年版《汽车工业产业政策》和2004年版《汽车产业发展政策》等为代表的汽车产业政策进一步为合资合作模式作出了指导和规范。例如，《汽车工业产业政策》提出“国家鼓励汽车工业企业利用外资发展我国的汽车工业”，规定“外国（或地区）企业同一类整车产品不得在中国建立两家以上的合资、合作企业”“生产汽车、摩托车整车和发动机产品的中外合资、合作企业的中方所占股份比例不得低于50%”。《汽车产业发展政策》规定“汽车整车、专用汽车、农用运输车和摩托车中外合资生产企业的中方股份比例不得低于50%”等。

总体来看，合资合作对我国汽车产业发展的影响是深刻的、全方位的。改革开放35年来，我国经济社会以及汽车产业都发生了翻天覆地的变化，也出现了一些以前没有遇到过的新问题、新情况。在新的历史条件下，为更好地促进我国汽车产业的发展，实现从“汽车大国”向“汽车强国”的历史性转变，需要对汽车产业合资合作进行系统梳理和分析，不断改进、完善以及调整。

（一）合资合作对汽车产业发展影响的分析框架和评价体系

改革开放以来，特别是加入WTO以来，我国汽车产业进入了高速发展时期，目前汽车年产量已经连续四年位居全球首位。客观上讲，自20世纪80年代开始的合资合作进程是催生这一重大变化的主要原因。合资合作使汽车企业获得了发展资金，提升了技术水平，完善了生产体系，拥有了成熟产品，还培养了大量汽车人才。正是因为有了这样的积累，再加上国内老百姓收入水平提高和消费潜力释放的良好历史机遇，才成就了我国汽车市场的快速发展和成熟。

但同时，将我国汽车产业近年来取得的成绩完全归功于合资合作的看法又是片面的。这个过程中的影响因素是多重的，既有汽车产业外部的因素，也有汽车产业内部的因素。从外部看，国民经济自改革开放以来持续30多年的高速增长，我国更深程度地融入全球分工合作体系等都为汽车产业的发展提供了良好环境。从内部看，既有合资合作所带来的资金、技术、产品、管理等方面的原因，也有我国汽车产业引进、消化、吸收以及自主发展的原因。这些因素相互交织在一起，共同作用，难以分割。合资合作是其中一个主要原因，但不是全部。

历史可以假设，但假设不能成真。如果没有合资合作，我国汽车产业的今天将会是何种面貌？这个问题难有答案。这也事实上导致我们只能在接受合资合作现实的前提下去分析其影响，而不能找到一个非此即彼的参照。本节就试图建立一个相对更为客观全面的分析框架和评价体系。

1. 分析框架

合资合作进程对我国汽车产业发展的影响是全方位的，对这种影响的评价

也应该是多角度的。考虑到选择合适参照的现实困难，本文主要从纵向比较和横向比较两个维度来开展评价。

一是纵向比较，即将合资合作若干年后的实际效果与合资合作之初的现实情况相比较。如前述所言，尽管影响这个对比结果的因素可能还有很多，但合资合作无疑是最主要因素。

二是横向比较，即将汽车产业中合资合作部分与非合资合作部分的情况相比较。在我国汽车产业近 30 年的合资合作浪潮中，整个产业的不同部分的表现是有明显差别的。一方面，过往的合资合作主要集中在乘用车领域，而商用车领域内发生并延续至今的合资合作相对较少。尽管近年来我国商用车领域的合资合作有加速推进的势头，但以大范围开展合资合作的乘用车和没有大范围开展合资合作的商用车作比较还是能够说明一些问题的。另一方面，尽管乘用车领域发生了很多合资合作，但是我国乘用车自主发展的模式并没有中断。在如一汽集团、东风公司等成立时间较长的汽车企业集团中，虽然主体部分已经开展了合资合作，但是还是有自主发展的部分，如一汽轿车、东风神龙等；在如奇瑞汽车、比亚迪等成立时间较短的汽车企业集团中，目前的主体还是靠自主创新或者技术引进消化吸收，而不是合资合作。通过合资合作汽车企业集团和自主发展汽车企业集团的比较，或者某个汽车企业集团中合资合作体系和自主体系之间的比较，都能在一定程度上说明合资合作过程对我国汽车产业发展的影响。

2. 评价体系

合资合作过程对我国汽车产业乃至社会经济、人民生活等多个方面都产生了很多直接或者间接的影响。为了更为全面地说明这些影响，本文在以上说明的框架中，选择使用一个包含六个方面的评价体系。

一是对产业规模和地位的影响。在很多发达国家中，汽车产业通常都是国民经济的重要支柱产业。长期以来，以美国、德国、日本、法国、韩国等为代表的发达国家，以及以通用、大众、丰田、现代等为代表的跨国汽车企业集团，在汽车产业领域展开了激烈竞争。国际金融危机后，主要发达国家纷纷以新能源汽车产业为切入点，进一步说明了汽车产业的重要地位。此外，在发达国家早已进入汽车社会的基本背景下，汽车已经深刻融入了日常生活之中，其影响力也已经超出本领域之外。因此，对汽车产业规模和地位的影响是首先需

要予以评价的主要方面。

二是对技术进步和创新能力的影响。汽车产业是典型的技术密集型和资金密集型产业，一个国家汽车产业的发展水平通常是判断这个国家技术创新能力强弱的重要标志之一。而且更为重要的是，如果想实现本国汽车产业的发展和腾飞，在汽车产业相关领域的技术创新能力是非常重要的。客观上讲，我国选择合资合作模式的初衷也是希望能够“市场换技术”，最终提高本国汽车产业的自主创新能力和在全球汽车产业中的话语权，而不仅仅是提供广阔市场。因此，对技术进步和创新能力的影响是评价合资合作的重要组成部分。

三是对自主品牌发展的影响。品牌是当今市场竞争中技术、资金、人才等多种竞争要素的综合体现，是汽车企业集团最重要的知识资本之一，也是汽车产业竞争的制高点。因此，自主品牌培育及其价值是反映一个国家汽车产业综合实力的重要标志之一。同时，自主品牌培育和发展也决定了我国汽车企业集团在全球汽车产业链中所处的位置，必然成为评价合资合作影响的重要方面。

四是对零部件及产业配套体系发展的影响。零部件及汽车后市场等产业配套体系在汽车产业链中的地位非常重要，仅重要零部件和售后零配件服务两项占汽车产业利润的比例就高达25%。未来随着全球汽车产业技术和生产组织方式的变革，零部件及产业配套体系对汽车整车设计、制造等环节的影响将越发重要。因此，评价某个国家汽车产业发展水平和话语权，就必须对其零部件及产业配套体系的发展予以评价。

五是对国际竞争力的影响。汽车产业具有明显的全球化发展特征，分工和竞争的国际化水平非常高。在本国汽车产业发展到一定阶段之后，特别是本土市场基本饱和之后，国际竞争力对汽车企业集团的持续健康发展是至关重要的。对意图在全球汽车产业链中占有一席之地的国家或者汽车企业集团而言，国际竞争力是一个关键的考量指标。

六是对消费者福利的影响。汽车特别是乘用车，主要是一种生活资料，除用来满足人民群众的基本交通需求外，也越来越多地被贴上各种时尚标签。从这个意义上讲，汽车产业的发展决定了汽车的性能、价格、外观等，而这些因素又直接影响着人民群众的生活质量和水平。与此同时，汽车产业的发展还带来了诸多外部性问题，也对消费者福利有着直接或者间接的影响。从根本上讲，汽车是为更

好地满足消费者需求而存在的，来自消费者的评价才是最重要的。因此，对消费者福利的影响是评判合资合作对我国汽车产业发展影响不可缺少的一个组成部分。

（二）合资合作对汽车产业发展影响的具体评价

在上述分析框架中，本部分从产业规模和地位、技术进步和创新能力、自主品牌发展、零部件及产业配套体系发展、国际竞争力、消费者福利这6个方面对合资合作的影响给出具体评价。在每一个具体方面中又分为纵向和横向两个维度，以求对其综合影响给出更为客观、全面的评价。

1. 合资合作对产业规模和地位的影响

纵向来看，合资合作对我国汽车产业规模和地位的影响主要是正向的，突出表现在国内汽车市场迅速扩张、汽车产业在国民经济中的重要支柱产业地位日益凸显、我国汽车产销在全球市场中所占份额加大等诸多方面。但同时，合资合作不仅直接导致了更加分散化的市场结构，而且因其导致的决策权分散问题客观上进一步固化了这种结构，是近年来汽车产业兼并重组难以取得明显成效的原因之一。横向来看，因合资合作的主体是乘用车特别是轿车领域，合资合作导致轿车领域的市场结构相比商用车领域更不合理。

（1）纵向评价

自开展合资合作特别是加入WTO以来，我国汽车产业规模迅速扩大，产销量均保持高速增长态势。从产量看，1984～2012年，我国汽车年产量从31.64万辆快速增长到1927.18万辆，年均增速达到15.81%。其中，2001～2012年的年均增速更是高达21.12%（见图1）。从销量看，1996～2012年间，我国汽车年销量从145.87万辆快速增长到1930.64万辆，年均增幅高达17.52%，除1996年销量同比小幅下降0.34%以外，其余年份全部保持正增长（见图2）。站在今天的角度来看，近年来我国汽车产销量的高速增长态势已经远远超出了当时最为乐观的预期。

在我国汽车产业开展合资合作之后，伴随着汽车市场规模的迅速扩大，汽车产业作为国民经济重要支柱产业的地位确实也在不断加强。汽车工业具有产业链长、关联度高、就业面广、消费拉动能力强等主要特点，是很多发达国家的支柱产业。在我国，1986年发布《中共中央关于制定国民经济和社会发展

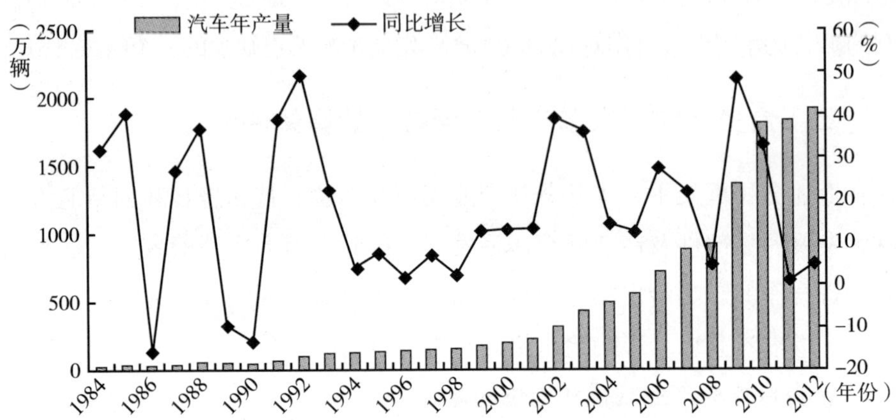

图1　1984～2012年汽车产量及同比增长情况

资料来源：历年《中国汽车工业年鉴》。

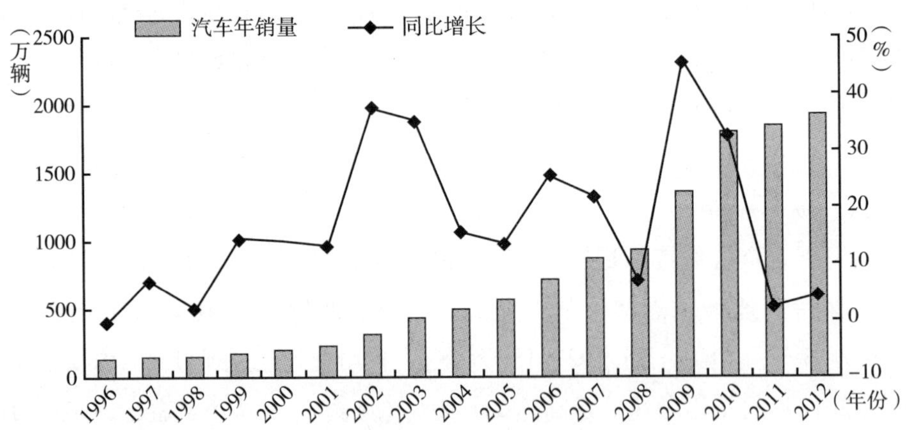

图2　1996～2012年汽车销量及同比增长情况

资料来源：历年《中国汽车工业年鉴》。

第七个五年计划的建议》中明确提出，“根据加快交通运输建设的要求，把汽车制造业作为重要的支柱产业，争取有一个较大的发展”。此后，又多次重复和深化这一判断。近些年来，汽车制造业在工业总产值、工业增加值、直接就业等方面越来越体现出支柱产业的地位。从工业总产值看，1990～2010年，汽车工业总产值从492.6亿元迅速增加到33155.2亿元，提高了66倍有余；

占全国工业总产值的比重也从 2.1% 提高至 4.3%（见图 3）。从工业增加值看，1990～2011 年，汽车工业增加值从 120.5 亿元迅速增加到 7451.7 亿元，提高 60 倍有余；占全国 GDP 的比重也从 0.65% 提高至 1.60%（见图 4）。从直接就业看，1990～2011 年，仅汽车工业直接就业人数就从 153 万提高至近 242 万人，而直接相关产业的从业人员已经超过 4000 万人，占全国城镇就业人数的 12% 以上（见图 5）。

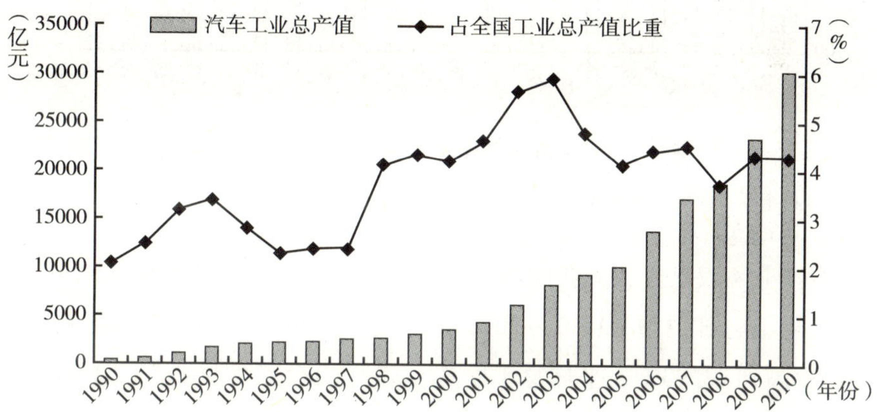

图 3　1990～2010 年汽车工业总产值及占全国工业总产值比重

资料来源：历年《中国汽车工业年鉴》。

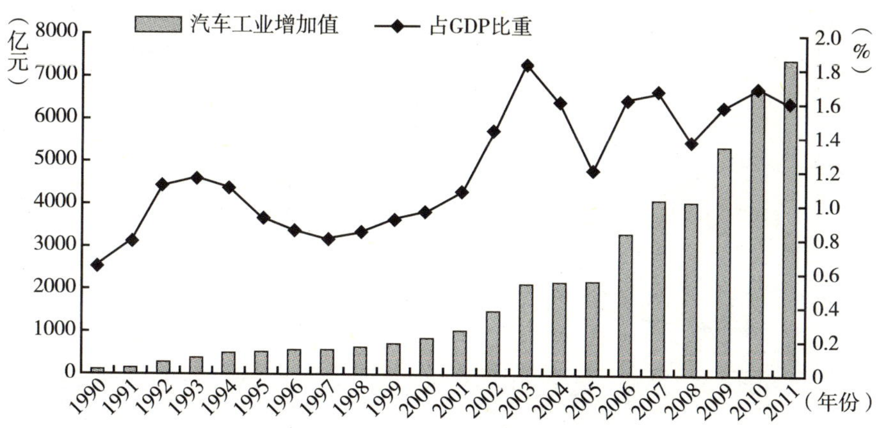

图 4　1990～2011 年汽车工业增加值及占全国 GDP 比重

资料来源：历年《中国汽车工业年鉴》。

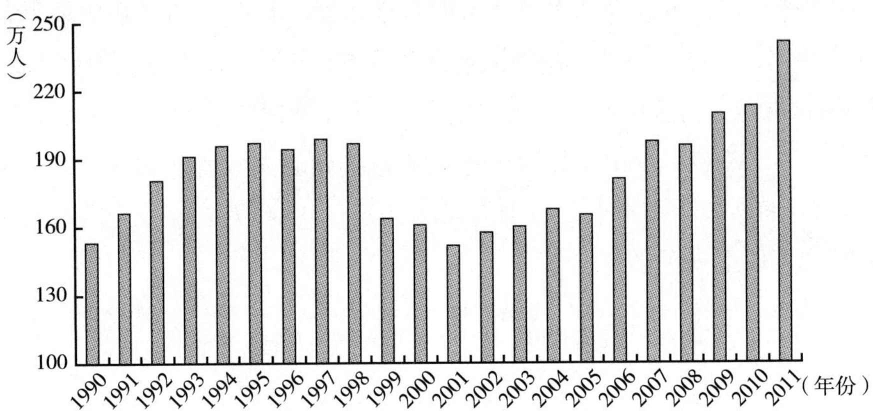

图5　1990～2011年全年汽车工业职工平均人数

资料来源：历年《中国汽车工业年鉴》。

汽车产业不仅已经成为我国经济的重要支柱产业，而且在全球汽车市场中的重要地位也与日俱增。1997～2012年，我国汽车年产量占全球比重从不足3%迅速提高到22.90%，平均每年提高1.33个百分点（见图6）。同期，全球汽车年产量共增加3102.42万辆，而我国汽车年产量增加对全球汽车增量的贡献达到57.02%。自2009年以来，我国汽车产量已经连续四年位居全球第一，至今仍在不断刷新单个国家汽车年产量的世界纪录。

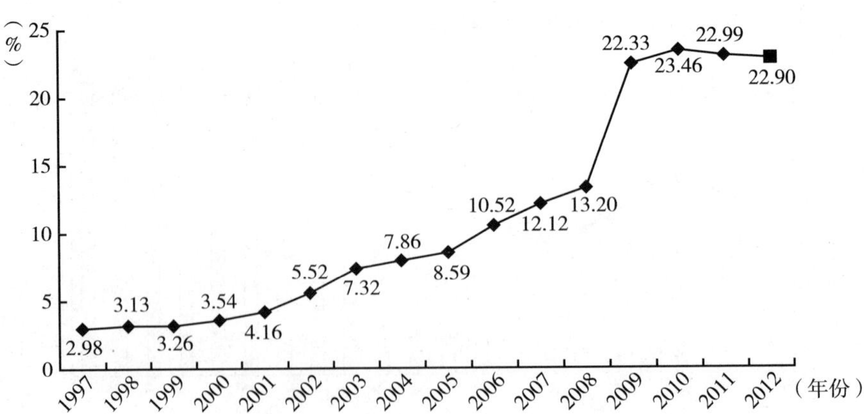

图6　1997～2012年中国汽车产量占全球比重

资料来源：历年《中国汽车工业年鉴》、世界汽车制造商协会（OICA）。

我国汽车产业企业规模较小、布局较为分散的问题由来已久。自 1958 年出现运输紧张、运力不足、汽车供不应求的现象以来，各个方面发展汽车工业的积极性就一直很高。在 20 世纪 60 年代后期，中央提出要调动地方积极性，建设地方工业体系。大致从 1969 年开始，全国各省、市、自治区（除西藏外）均建起汽车制造厂，主要生产已有产品，“重复生产”现象严重。据统计，截至 1980 年，全国共有汽车制造企业 56 家，改装车企业 192 家，汽车零部件企业近 1900 家，汽车生产的分散局面已经形成。1980～2011 年间，我国汽车工业企业数从 2379 个增加至 3367 个。① 同期，我国汽车企业数从 56 个增加至 115 个，翻了一番还多（见图 7）。

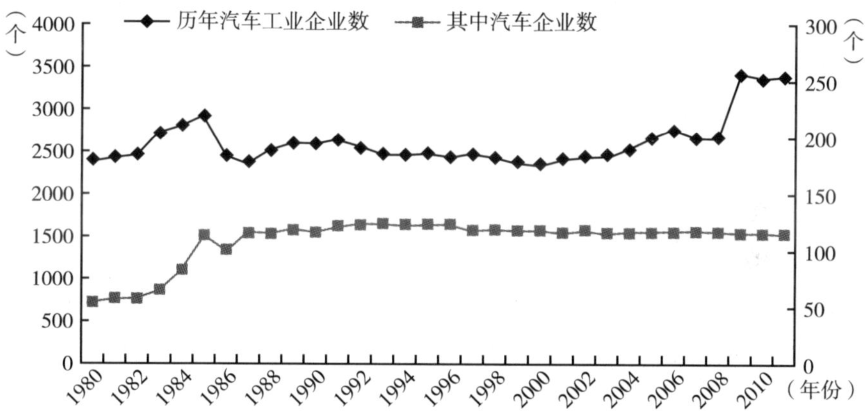

图 7　1980～2011 年中国汽车工业企业数情况

资料来源：历年《中国汽车工业年鉴》。

以轿车企业为例。1987 年 8 月，国务院北戴河会议确定建设一汽、二汽、上海这 3 个轿车生产点，在车型和发动机档次上拉开差距，合理分工。之后，轿车生产供不应求，在轿车生产附加值较高的诱惑之下，引发了地方、部门的不少企业也准备上轿车项目。1988 年 12 月，国务院发出通知，重申除已经国

① 自 1986 年起，全国汽车工业企业数中不含配套相关行业企业数，而且汽车配套相关企业统计并不十分全面。因此，如果按可比口径做比较，事实上全国汽车工业企业数在这个时期内增加的更多。

务院批准的轿车生产点之外，不再安排新的轿车生产点，轿车生产应按“高起点、大批量、专业化”原则，重点抓好零部件生产及相关工业，加速提高国产化率。天津、北京、广州3个生产点进口轿车散件试行差别税率，以促进国产化进程。1989年3月，国家发布《产业政策要点》，将已经批准的轿车项目列为国家重点支持项目。至此，我国的轿车工业形成了一汽、二汽、上海、天津、北京和广州这6个生产厂的格局。这种确定的产业组织结构在合资合作开展之后被迅速打破。

汽车产业结构调整和兼并重组的原因有很多，包括汽车工业在地方政府GDP追逐过程中的作用比较突出等，但合资合作也是非常重要的。合资合作在初始之时就直接增加了企业数量。事实上，我国汽车企业数的增加几乎全部集中在1984年和1985年，这两年分别增加了17家和32家。同时，合资合作导致的决策权分散问题加剧了汽车产业兼并重组的难度，在不同的合资合作企业之间甚至是不可能的。在此后的若干年中，汽车企业数量几乎没有发生明显变化，1992年和1993年均为124家，为历史最高点，而20年后的今天依然只是115家汽车企业。

（2）横向评价

合资合作的主体是乘用车特别是轿车领域，因此合资合作对市场结构带来的负面影响在轿车领域中表现得较为明显。相比相对较少开展合资合作的商用车领域，轿车领域的市场集中度明显偏低。

在开展合资合作之前，我国轿车主要依赖进口，而国内生产受制于行政指令，基本只有“红旗”牌和“上海”牌轿车。在开展合资合作之后，轿车市场集中度基本处于下降趋势之中。在1994年，我国共生产25.03万辆轿车，其中上海大众、天汽公司、一汽集团就占了19.41万辆，CR3达到77.55%，而CR10更是高达97.70%。直到加入WTO之后，这种局面并没有发生明显变化，只是CR3由近80%下降到60%以上。自2001年之后，轿车市场结构明显出现更加分散化的局面。2007年，轿车产量前三位分别是一汽大众、上海大众和上海通用，但CR3却仅为29.03%，6年下降了31个百分点；CR10也仅为65.76%，下降了约32个百分点。近年来，这种市场格局基本没有发生显著变化（见表8）。

表 8　典型年份轿车市场集中度情况

单位：万辆，%

年份	总产量或销量	前十位企业	前三位企业合计	CR3	前十位企业合计	CR10
1994	25.03	上海大众、天汽公司、一汽集团、北京吉普、长安机器制造厂、一汽大众、东风汽车公司、广州标致、江南机器厂、吉林江北机械厂	19.41	77.55	24.45	97.68
1997	48.77	上海大众、天汽集团、一汽大众、神龙汽车、长安汽车、一汽集团、北京吉普、西安秦川汽车、贵州航空工业总公司汽车厂、广州标致	37.20	76.28	47.93	98.28
2001	70.35	上海大众、一汽大众、上海通用、神龙汽车、广州本田、天汽夏利、长安铃木、上汽集团奇瑞公司、东风公司、一汽集团	42.27	60.09	68.73	97.70
2007	479.77	一汽大众、上海大众、上海通用、奇瑞汽车、一汽丰田、东风日产、广州本田、长安福特马自达、吉利集团、神龙汽车	139.31	29.03	315.50	65.76
2011	1012.27	上海通用、上海大众、一汽大众、东风日产、北京现代、奇瑞汽车、吉利集团、长安福特、神龙汽车、一汽丰田	310.03	30.63	647.22	63.94

说明：除 2011 年为销量数据外，其余年份均为产量数据。事实上，以产量或者以销量衡量的区别非常小。

资料来源：相应年份的《中国汽车工业年鉴》。

与此相对照，商用车领域则有明显不同。以 1999 年和 2011 年进行比较来说明。1999 年，我国重型汽车的产量是 47074 辆，其中一汽集团、重汽集团、东风公司三家企业集团的产量之和约占总量的 96%；中型载货车生产 18.5 万辆，其中东风公司和一汽集团两家企业集团的产量之和占全行业的比重就高于 96%；在轻型载货车分类中，北汽集团、东风公司、一汽集团、跃进汽车集团、庆铃汽车公司五家企业集团的销量之和占全行业的比重约为 68.9%；在微型载货车领域，当年产销量分别为 13.77 万辆和 13.67 万辆，仅柳微和长安两家企业集团的销量之和占全行业的比重就达到 81.4%。而 2011 年，我国重型载货车共生产 82.27 万辆，产量实现了大幅度的增长，其中东风汽车、一汽集团和中国重汽共生产 45.90 万辆，CR3 达到 55.8%；轻型载货车共销售 188.0 万辆，其中北汽福田、东风汽车、安徽江淮汽车共销售 81.24 万辆，

CR3 达到 43. 21%。

此外，合资合作因素以及地方保护因素等结合在一起，使得轿车领域竞争加剧，集中度不高。例如早在 1996 年，国务院办公厅就曾转发当时国家计委关于取消地方限制经济型轿车使用的意见，指出“近一个时期，一些地方和城市自行制定政策，用行政办法，限制一些型号轿车（包括小排量微型轿车）的使用，特别是限制一些非本地生产轿车的使用，人为地造成了市场分割和地区保护”。但近年来在这方面取得的进展并不明显。

2. 合资合作对技术进步和创新能力的影响

纵向来看，自开展合资合作以来，我国汽车产业不仅在生产设备、制造技术、研发中心建设等硬件方面取得了长足进步，而且在管理水平、工艺流程、研发团队建设、市场营销等软件方面也有明显提高，显著拉近了与世界先进水平之间的距离。横向来看，一方面，在乘用车领域中，相比自主体系，自主品牌拥有更大的技术主动权；另一方面，相比更多开展合资合作的乘用车领域，较少开展合资合作的商用车领域在技术进步和创新能力建设方面并不落后，甚至在某些方面更具竞争力。

（1）纵向评价

自开展合资合作以来，我国汽车产业在技术进步和创新能力建设方面取得了长足进步。总体上看，近年来随着研发投入力度的不断加大，自主品牌骨干企业集团已经初步掌握了先进发动机、变速箱等核心技术，在碰撞安全、噪声震动舒适性（NVH）、动力性与经济性、行驶性等核心技术领域，也已经初步具备了国际水平。目前虽然在关键核心技术的自主研发方面仍落后发达国家 8～10年，但相比合资合作之初时落后 30～40 年的差距，进步是非常明显的。同样，在管理水平、产品质量和人才队伍建设方面，也表现出类似情况。例如，随着市场竞争的加剧，各个自主品牌企业逐渐意识到产品质量对于企业竞争力的重要影响，目前在新车质量、稳定性等诸多方面都取得了明显进步。综合来看，汽车工业全员劳动生产率的快速提高就是一个明显印证。虽然汽车产品价格总体处于下降趋势，但我国汽车工业全员劳动生产率保持持续大幅上升态势。1990～2011 年，我国汽车工业全员劳动生产率从 7840 元/（人·年）增加到 327476 元/（人·年），年均增幅高达 19. 45%（见图 8）。

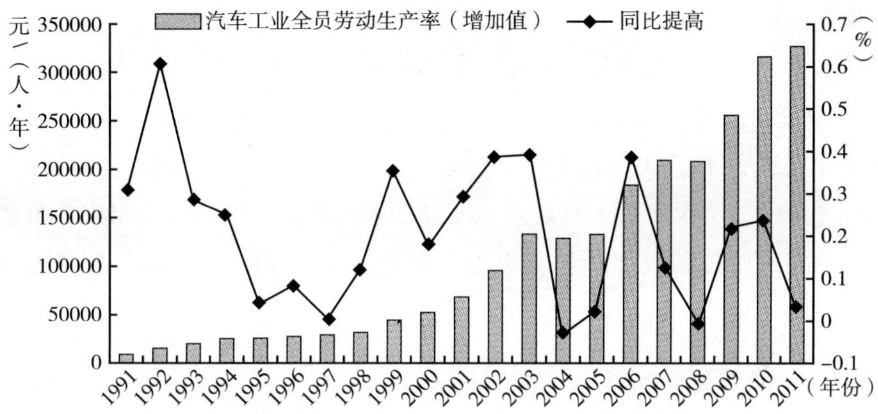

图 8　1991～2011 年汽车工业全员劳动生产率情况

资料来源：历年《中国汽车工业年鉴》。

开展合资合作是我国汽车产业技术进步加快和创新能力提高的主要原因。事实上，缺少发展资金和技术也是我国汽车产业选择合资合作道路的主要考虑因素。开展合资合作之后，我国汽车产业在引进技术方面迅速取得了进展。例如，根据《中国汽车工业年鉴 1991》的数据，截至 1990 年，我国汽车产业已经与日本、美国、德国、法国、意大利、英国等汽车产业发达国家的汽车企业集团开展了广泛的合作，全国引进汽车领域的技术共计 170 余种，包括整车技术 21 种，发动机、变速器、车身等主要总成技术 22 种，咨询改进老产品 10 余种，计算机应用、科研开发、制造技术等 50 余种；建立“三资”企业 39 家，已批准的利用外国贷款项目 16 个。在 20 世纪 90 年代同样如此，根据《中国汽车工业年鉴 2000》，截至 1998 年底，我国汽车产业已与世界上 20 多个国家和地区建立了 600 多家外商投资企业。外商投资企业总规模为 209 亿美元，其中注册资本 105 亿美元，占总投资额的 50. 5%；外商协议出资 52. 9 亿美元，占注册资本的 50. 0%；外商实际到位资金 45. 4 亿美元，占外商协议出资的 85. 9%。

在通过合资合作取得起步之后，我国汽车产业技术进步和创新能力增强还依赖于资金、人员等研发要素的不断投入。从资金投入看，2011 年我国汽车工业研发经费投入达到 548. 0 亿元，是 1998 年的 14. 35 倍，年均增速达到 22. 74%；与此同时，研发经费投入占主营业务收入（销售收入）的比重也有所提高，2011 年达到 1.63%，比 1998 年提高了 0.24 个百分点（见图 9）。从人员投入看，2011 年我国汽车行业工程技术人员数量达到 35.5 万人，是 1990 年的 2.59 倍，近年来增长尤为迅速；与此同时，2011 年工程技术人员占职工总数的比重达到 14.7%，比 1990 年提高了 5.9 个百分点（见图 10）。此外，汽车行业中的高层次研发人员数量也明显增加，而且这种趋势近年来在节能与新能源汽车研发领域表现得更为突出，例如，仅长安汽车就有入选“千人计划”的高级专家 10 人。

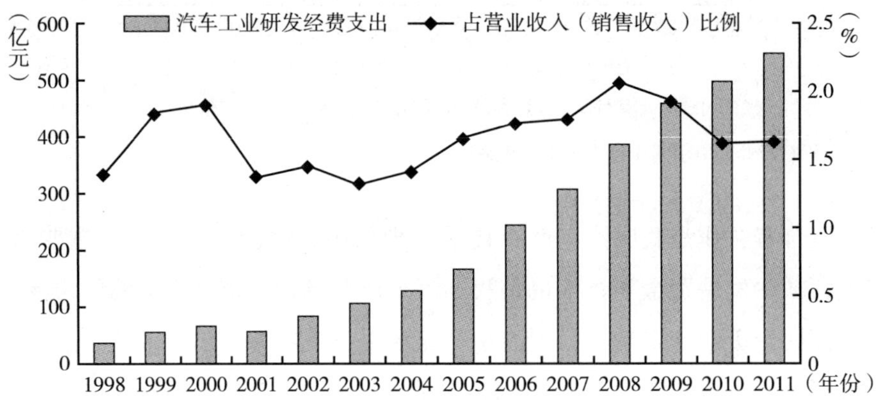

图 9　1998～2011 年汽车工业研发经费支出及比例

说明：2004 年以前为“销售收入”，此后为“营业收入”。

资料来源：历年《中国汽车工业年鉴》。

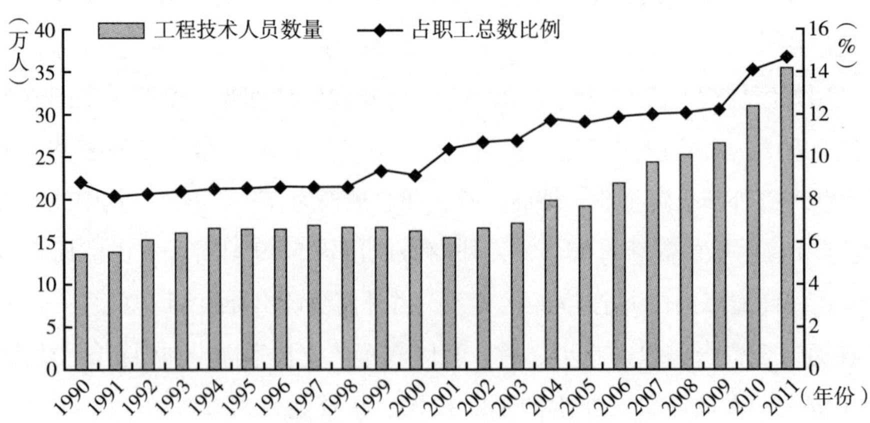

图 10　1990～2011 年汽车工业年末工程技术人员数量及比重

资料来源：历年《中国汽车工业年鉴》。

（2）横向评价

在乘用车领域中，自主品牌、自主体系拥有更大的技术主动权。目前，在大多数开展合资合作的汽车企业中，由于先进技术、核心知识产权、关键零部件主要还是依靠外方，所以合资合作企业中的自主体系发展独立性依然不强，对合资合作企业的依赖程度也较高。当然，近年来出现的一些合资合作新动向，例如，吉利汽车完全收购沃尔沃，也在一定程度上改变了既有格局，但这种案例依然只属于个别现象。与之相对照，自主品牌汽车企业通常依靠引进消化吸收和自主研发取得核心技术，基本不存在知识产权障碍，拥有较高的技术创新自主权和主动权。而且，在目前我国汽车产业发展势头较好并且在全球市场中占据突出地位的大背景下，自主品牌汽车企业在与国外企业开展技术合作时也拥有了更多的话语权。

此外，和乘用车领域相比，商用车领域在国内市场的表现也比较突出。当然，这种现象与乘用车更多被看做“生活资料”，商用车更多被看做“生产资料”，以及由此产生的对两者的评价标准和需求不同有很大关系。与此同时，和乘用车自主品牌的情况类似，由于市场环境发生了巨大变化，商用车在开展技术合作、合作经营等方面也拥有了更大的话语权。

3. 合资合作对自主品牌发展的影响

纵向来看，自改革开放以来，我国自主品牌汽车企业也取得了长足进步，在企业规模、技术水平、管理水平、人才队伍、产品质量等方面比合资合作开展之前都有明显提高，拉近了与外资品牌之间的差离，值得注意的是，自主品牌的市场占有率实质上有所提高。横向来看，与商用车领域相比，乘用车领域自主品牌市场占有率明显更低；在乘用车领域中，自主体系与外资体系、合资体系相比，仍处于落后状态。

（1）纵向评价

得益于我国汽车市场规模的迅速扩大，以及受到合资合作所施加的竞争压力的影响，我国自主品牌汽车企业在企业规模、技术水平、产量质量等方面都有了长足进步。

在企业规模方面，乘用车领域和商用车领域中领军企业的产销量都经历了快速增长。以我国轿车自主品牌的旗帜之一——夏利为例，天汽集团夏利股份有限公司在引进日本大发汽车公司技术的基础上，于1986年推出了“夏利”品牌，当年产量为60辆，1988年的产量就迅速增加至2873辆，到1997年更是达到95155辆，到2011年的产量达到199907辆，是当年唯一入选轿车销量前十位的自主品牌，25年来经历了高速增长（见图11）。除此之外，奇瑞、长城、比亚迪等自主品牌更是从无到有，目前也已经具备了相当的规模，其中长城汽车2012年共销售62万辆，位居自主品牌企业之首。

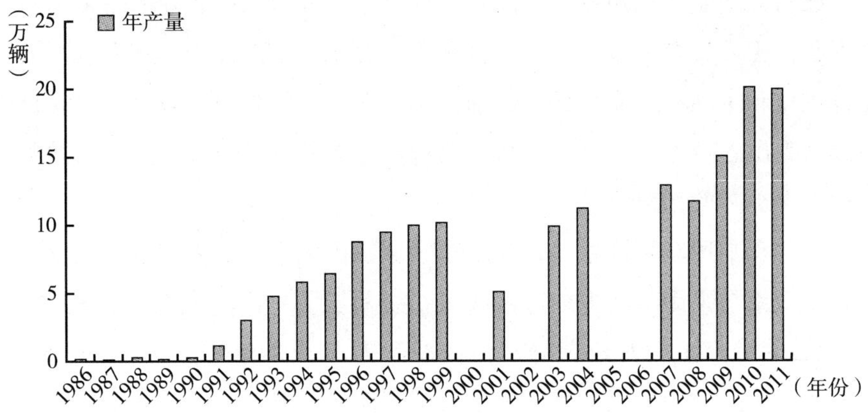

图11　1986～2011年夏利品牌年产量

说明：部分年份数据缺失。
资料来源：历年《中国汽车工业年鉴》。

在技术水平、管理水平、人才队伍、产品质量等方面，自主品牌企业也取得了很多进展。其中，前三个方面在之前已有评价，最后一个方面将在后续阐述。

值得关注的是，自主品牌的市场占有率并没有随着合资合作而出现明显下降，甚至还出现了上升趋势，这和普遍的认识有所不同。在乘用车领域，1980年全国共生产轿车5418辆，不足部分只能依赖进口，当年进口轿车19570辆，相当于国内轿车产量的3.6倍，使用外汇2亿多美元，自主品牌市场占有率仅为21.68%。在1981～1990年间，我国共进口轿车351042辆（含CKD散装件），相当于同期国内轿车产量165910辆的2.1倍，累计使用外汇约30亿美元。考虑到国内生产轿车的主体依然是外资品牌，自主品牌市场占有率甚至不足20%。例如，1990年全年国内共生产轿车4.24万辆，其中“奥迪”4201

辆、“桑塔纳”18537辆、“上海”6072辆、“夏利”2920辆、“切诺基”7500辆、“标致”3415辆、“奥拓”35辆；全国共进口轿车34063辆，自主品牌轿车市场占有率还不到12%。与之相比，2010年自主品牌轿车市场占有率达到近年来的新高，为30.89%。导致这个差别的主要原因包括：开展合资合作之前轿车大量依靠进口，当时自主品牌更为缺乏（20世纪80年代主要依靠“上海”，90年代主要依靠“夏利”）。而2000年之后，随着一批自主品牌轿车企业的快速成长，自主品牌轿车市场占有率有了明显提高，2010年达到高点30.89%（见图12）。事实上，随着合资合作的深度开展，实现了进口替代，自主品牌与外资品牌共同发展。

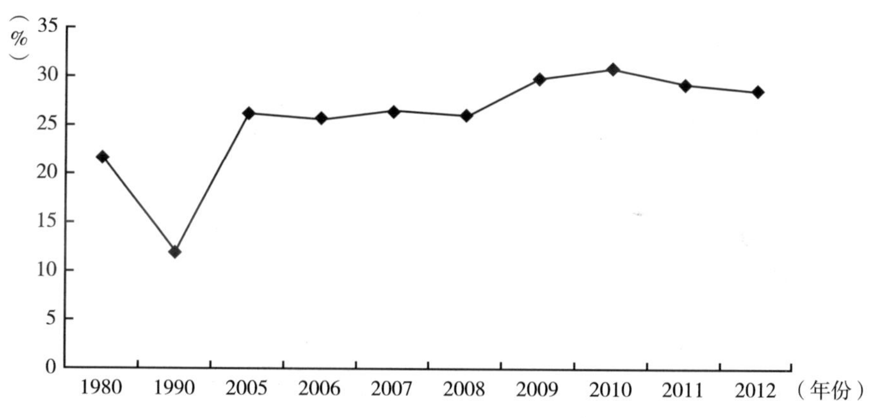

图12　典型年份自主品牌轿车市场占有率

说明：其中1980年、1990年以产量数据和进口量数据计算得出。

资料来源：历年《中国汽车工业年鉴》。

（2）横向评价

鉴于合资合作主要发生在乘用车领域，而商用车领域依然主要以自主发展为主，因此比较乘用车领域自主品牌发展和商用车领域自主品牌发展可以发现，乘用车特别是轿车领域的自主品牌市场占有率明显低于商用车领域。在商用车领域，我国自主品牌商用车得益于50多年的经验和技术积累，加之产品贴近市场、适应国情、有较高的性能价格比，市场占有率多年来一直保持在90%以上。

以典型年份的比较为例。1995年，我国载货汽车（仅包括轻型、中型、重型货车）的国内销售和进口分别为58.78万辆和12073辆，客车的国内销售和进口分别为37.77万辆和11177辆，自主品牌都占据了绝对的主导地位。同年，国内轿车销售和进口分别为32.11万辆和129861辆。再考虑到自主品牌基本靠夏利的65000辆左右在支撑，自主品牌市场占有率仅为20%左右。2010年的情况基本相似，只是自主品牌市场占有率都有进一步提升，自主品牌在商用车和轿车领域的市场占有率分别为30.9%和99.7%（见表9）。此时，由于国内销量大幅增加而进口量基本保持稳定（2010年，载货车和客车合计进口20069辆，轿车进口343653辆），进口对市场占有率的影响已经很小。

表9　2010年国内市场分类型市场占有率情况

单位：万辆，%

车　　型	总销量	自主品牌销量	占比
汽车销量总计	1806.2	1056.5	58.5
乘用车合计	1375.8	627.3	45.6
其中:基本型乘用车(轿车)	949.4	293.3	30.9
多功能乘用车(MPV)	44.5	30.4	68.3
运动型多用途乘用车(SUV)	132.6	54.4	41.0
交叉型乘用车(微面)	249.2	249.2	100.0
商用车合计	430.4	429.2	99.7
其中:客车	35.6	34.7	97.5
载货车	318.6	318.4	99.9
汽车地盘	76.2	76.1	99.9

说明：不包含进口车数量。

资料来源：中国汽车技术研究中心。

另外，在乘用车领域特别是轿车领域，自主品牌与外资品牌的综合性差距还是比较明显的，突出表现在品牌形象、品牌溢价等方面。由于我国汽车自主品牌的品牌建设还处于初期阶段，消费者对自主品牌的认知度还不高。在零部件构成、技术和性能水平等基本接近的情况下，外资品牌比自主品牌普遍还有20%甚至更高的品牌溢价。

4. 合资合作对零部件及产业配套体系发展的影响

纵向来看，汽车零部件及产业配套体系的规模迅速扩大，零部件出口数量

和金额也迅速提高，但国内零部件企业在一些关键零部件的市场占有率呈现下降趋势。横向来看，合资合作阻碍了零部件产业市场结构优化，也使国内零部件企业被边缘化。

（1）纵向评价

汽车零部件产业的合资合作基本开始于20世纪90年代中后期。在《汽车工业产业政策》颁布之前，汽车产业的合作有一定的盲目性，合作主要集中在轿车领域，以CKD、SKD方式组装整车。1994年的《汽车工业产业政策》和1995年的《外商投资产业指导目录》对外商投资我国汽车工业以及中方合作目标有了明确规定，合作重点开始转向零部件、汽车发动机、轿车关键零部件等。截至2000年，我国共有汽车零部件合资企业400多家，占汽车行业合资企业总数的70%以上。

自开展合资合作以来，随着整车市场规模的迅速扩大，汽车零部件及产业配套体系也迎来了广阔的市场空间，产业规模迅速扩张。以典型年份的零部件企业数量及产品产量对比为例。以曲轴为例，1997年，全国生产曲轴的企业共有26家，总产量为43.41万根，其中最大企业的产量仅为3.87万根；而到2009年，尽管全国生产企业数量为29家，但总产量迅速扩大到2632.59万根，其中最大企业的产量也达到902.28万根，产业规模和集中度都有很大幅度地提升。再以传动轴为例，1997年，全国生产传动轴的企业共有40家，总产量为229.48万根，其中最大企业的产量为40.79万根；而到2009年，尽管全国生产企业数量减少到36家，但总产量迅速扩大到1945.40万根，其中最大企业的产量为659.08万根，产业规模和集中度也有较大幅度提升。

此外，零部件出口规模迅速扩大也是一个重要变化。汽车零部件出口一直是我国汽车商品出口的主体部分，近年来出口金额增长非常迅速。1997年，我国全年共出口发动机7.43万台，仅为0.11亿美元，出口其他汽车零件4.47亿美元；而到2012年，我国全年共出口发动机315.18万台，出口发动机金额达到14.86亿美元，全年汽车零部件累计出口金额达到553.22亿美元。

但同时，国内汽车零部件企业在关键零部件领域仍旧处于弱势地位，一些关键零部件仍主要由外资和合资零部件企业所控制。以分动器总成为例，2001年“三资”企业仅有1家，但产量占总产量的比重为56%；而到2009年，

“三资”企业共有两家，其产量占总产量的比重达到97%。其他很多关键零部件也有类似表现。1997年，“三资”企业在微电机、中央控制器、安全气囊等零部件中的产量占比分别为50%、91%和0%；而2009年，“三资”企业产量在这些零部件中占比分别提高到99%、100%和100%。此外，2009年，“三资”企业在进排气管垫、发动机管理系统（EMS）、液力变矩器、车用ECU的市场占有率分别达到100%、96%、100%和100%。

（2）横向评价

因为各合资合作整车企业在零部件采购方面仍存在相对比较封闭的情况，国内零部件企业相对分散、市场结构有待优化的问题持续至今。据统计，目前我国国有、国有控股及销售收入在500万元以上的非国有汽车零部件企业共5000多家，但80%以上的年销售额在1亿元以下，超过1亿元的只有130家，与合资合作之初的情况相比没有很大改观。

此外，由于合资合作乘用车企业在零部件采购方面通常更照顾本体系的零部件企业，而国内零部件企业很难进入其采购体系，最终导致国内零部件企业在乘用车关键零部件的市场占有率明显更低。例如，2009年，柴油泵、柴油滤清器、柴油机电喷单体组合泵等全部由国内零部件企业供应。

5. 合资合作对国际竞争力的影响

纵向来看，开展合资合作30年来，我国已经发展成为全球汽车产业中最大的制造基地，同时国内汽车产品出口数量、结构和范围都有了很大进步，而且国内汽车企业全球化发展初现成果。横向来看，与商用车相比，我国轿车产品单价更低，低端化特征依旧比较明显。

（1）纵向评价

除已经成为全球汽车产业中最大的制造基地之外，我国汽车产品出口变化也是国内汽车产业国际竞争力提升的一个重要方面。我国汽车产品出口最早可以追溯到20世纪50年代末期，几乎和我国汽车工业的起步在同一时期。改革开放之前，汽车产品主要根据国家间的协定以无偿援外形式出口，并不能算是真正意义上的汽车出口。自改革开放特别是加入WTO以来，我国汽车产品出口开始快速增长，整车出口数量和金额均有明显提高，出口范围也更广。这都是我国汽车产业国际竞争力不断提高的坚实证据。从整车出口数量看，1980

年，我国整车出口仅有 80 辆，经过 10 年发展，到 1990 年提高至 8862 辆，2000 年达到 27136 辆，而 2012 年则首次突破 100 万辆，达到 101.50 万辆，30 多年来增长了 1 万多倍。从整车出口金额看，1980 年为 57 万美元，而 1990 年和 2000 年分别达到 9342 万美元和 19533 万美元，2012 年则达到历史最高点 137.08 亿美元，也实现了飞速增长，30 多年来增长了 24000 多倍。从整车结构看，轿车产品占整车出口的比重虽然有所反复，但近年来已经成为拉动我国汽车整车产品出口的最大动力。例如，1980 年当年根本没有出口轿车；1993 年出口轿车 2866 辆，占当年整车出口的 25.06%；此后这个比例出现了迅速下降，2003 年出口轿车 2849 辆，占整车出口比重迅速下降至 6.22%；此后几年，轿车出口数量及占比均迅速提高，2011 年出口轿车 372083 辆，占当年整车出口比重为 43.78%（见图 13）。从出口范围看，尽管依然局限于东南亚、非洲、中东和南美地区，在发达国家市场占有率非常低，但我国整车出口涉及的国家和地区已经超过 180 个，进步是非常明显的。

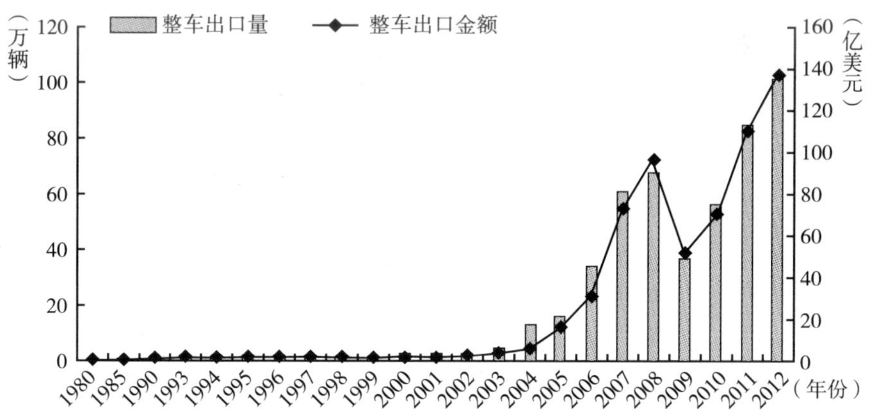

图 13　部分年份整车年出口数量及金额

说明：各个年份的《中国汽车工业年鉴》所给出的数据有所不同，以最新的为准。

资料来源：历年《中国汽车工业年鉴》。

与此同时，我国国内汽车生产企业在国际市场兼并收购、海外建厂、全球布局研发中心的行为日益增多，这既说明我国汽车产业的国际化程度不断加深，也是我国汽车产业国际竞争力不断提升的一个重要表现。在兼并收购方

面，自2004年起，上汽集团收购韩国双龙、南京汽车收购英国名爵、吉利收购沃尔沃等都是典型案例。在海外建厂方面，奇瑞汽车、长城汽车、一汽集团、东风汽车、江淮汽车、长安汽车、华晨汽车等国内主要的汽车企业集团在巴西、埃及、俄罗斯、中东等新兴经济体国家不断加强生产布局。在整合全球研发资源方面，以长安汽车为例，目前已经形成了“五国九地”的全球研发格局。

（2）横向评价

与商用车产品出口相比，轿车产品出口单价更低，低端化特征依然比较明显，我国自主体系轿车企业的国际竞争力依然不高。1993年和2003年，虽然轿车产品出口占整车产品出口的比重有较大差异，但轿车出口金额占出口总金额的比重均高于轿车出口数量占出口总数量的比重。尽管当时出口产品基本都以劳动密集型、低端产品为主，但轿车出口产品的单价还是相对较高。但2008年和2011年这种情况则出现了逆转。例如，2008年轿车产品出口数量占整车出口数量的比重达到46.78%，而轿车产品出口金额占整车出口总金额的比重却仅为18.64%，数量的巨大扩张并没有相应地带来效益的明显提升（见表10）。2011年的情况有所改观，但总体趋势并没有发生大的逆转。这至少说明，相比几乎全部是自主发展的商用车领域，我国轿车领域出口依然以低附加值产品为主，国际竞争力提升的幅度相对比较有限。

表10　典型年份整车产品出口结构变化情况

年份	整车出口数量（万辆）	其中，轿车出口数量及比重（万辆，%）	整车出口金额（万美元）	其中，轿车出口金额及比重（万美元，%）
1980	99	0(0.00)	57	0(0.00)
1993	11436	2866(25.06)	14839	4990(33.63)
2003	45777	2849(6.22)	37190	3086(8.30)
2008	681008	318593(46.78)	962991	179501(18.64)
2011	849808	372083(43.78)	1094586	259749(23.73)

资料来源：历年《中国汽车工业年鉴》。

6. 合资合作对消费者福利的影响

纵向来看，因合资合作带来的激烈竞争极大地改善了消费者福利，不仅选

择范围更广，产品质量更高，售后服务体系越发完善，而且价格更贴近百姓生活。横向来看，合资合作带来了汽车产业的快速发展，也带来了一些外部性问题。

（1）纵向评价

合资合作事实上是一种对外开放，在我国汽车产业中更好地引入了竞争，而竞争通常都能够有效改善消费者福利。自我国汽车产业开展合资合作以来，汽车产品选择越来越丰富，产品质量越来越可靠，产品价格越来越贴近日常生活，售后服务体系也越来越完善，这都极大地改善了消费者福利。

首先，我国汽车产品的结构自开展合资合作以来发生了重大变化，突出表现为乘用车特别是轿车占汽车总量的比重越来越高，而轿车的发展和人民群众的生活有着更紧密的联系。改革开放之初，我国轿车年产量仅为 0.26 万辆，占汽车产量的比重也仅为 1.34%。1986 年，轿车年产量首次突破 1 万辆，占汽车产量的比重依然仅为 3.30%。2002 年，轿车年产量首次突破 100 万辆，占汽车产量的比重迅速上升到 33.59%。在“轿车进入家庭”政策的指引下，近年来轿车产量快速增长，2006 年轿车产量占汽车产量的比重首次突破 50% 的大关，此后多年基本保持稳步增长。2011 年，轿车年产量首次突破 1000 万辆，2012 年达到 1076.74 万辆，占汽车产量的比重达到 55.87%（见图 14）。1978 ~2012 年间，我国轿车年产量增长了 4100 多倍。在产量增长的同时，消费者在购买轿车时也拥有了更多选择，几乎能够接触到全球主要汽车品牌的所有车型，而不是仅有富康、夏利、捷达、桑塔纳等少数车型，消费者的选择权利得到了极大扩展。

其次，消费者获得了质量更高的汽车产品。以对新车质量水平的连续性统计数据为例，据 J. D. Power 亚太公司发布的历年中国新车质量研究（IQS）显示，2000 ~2012 年，中国市场上出售的新车质量水平有明显改善和提高，其中自主品牌的新车总体问题发生率从 834 个 PP100 快速下降至 212 个 PP100，降幅高达 74.58%。同期，国际品牌的新车总体问题发生率也从 438 个 PP100 快速下降至 117 个 PP100，降幅也达到 73.29%（见图 15）。此外，从实际感受来看，当今市场上的汽车产品在整体性能、驾驶体验和舒适度等方面确实都有明显提高。

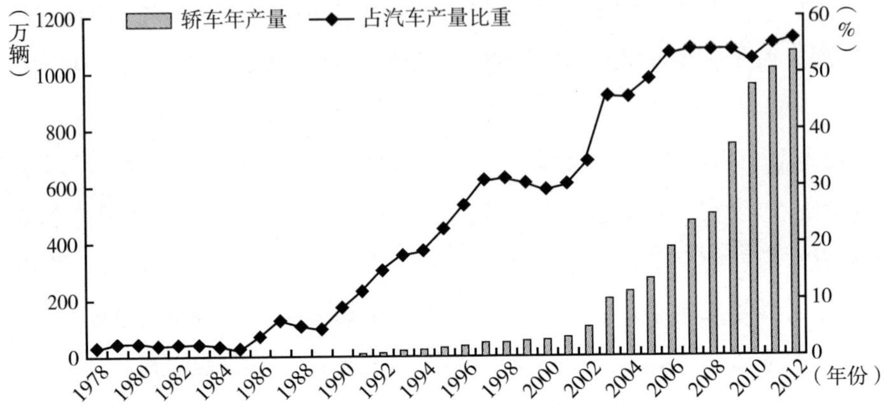

图 14　1978～2012 年轿车年产量及占比情况

资料来源：历年《中国汽车工业年鉴》；中国汽车工业协会。

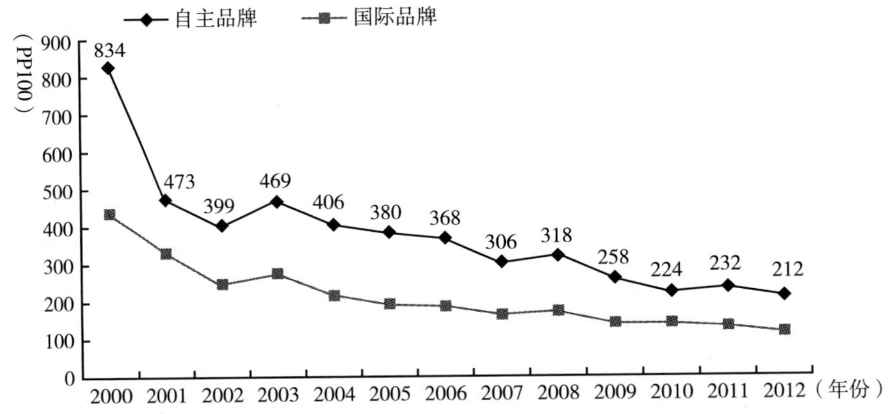

图 15　2000～2012 年汽车自主品牌和国际品牌 PP100 数值比较

资料来源：J. D. Power 亚太公司。

再次，汽车价格越来越贴近日常生活，大部分甚至已经从“奢饰品”变成了“生活必需品”，这对消费者福利是极大改进。在竞争加剧、规模经济、本地化生产和营销等多种因素的共同作用下，近年来汽车价格基本呈现明显的下降趋势。例如，20 世纪 90 年代时，捷达等基本款轿车都需要十几万元，而如今则只需几万元，一些基本款轿车甚至已经降至 3 万元以下。考虑到近年来居民收入水平的大幅提高，“轿车进入家庭”已经在相当大程度上实现，甚至

出现了“车满为患”的负面结果。与此同时，汽车产品相对于其他很多产品的相对价格更是出现明显的下降趋势。

最后，汽车售后服务体系更加完善也是消费者福利改进的重要方面。相比合资合作之初，如今的汽车售后服务体系虽然还有诸多问题，但进步是非常明显的，在政策环境、制度建设、服务理念、网点建设、人员素质等方方面面都让消费者拥有了更好体验。

（2）横向评价

自开展合资合作特别是加入WTO以来，我国汽车保有量快速增加，目前的千人拥有量已经约70辆。在如此短的时间之内，汽车产业的发展特别是城市私人汽车的快速发展引发了交通拥堵、环境污染等一些外部性问题，事实上也造成了消费者福利的损失。但是应该看到，这些外部性问题的产生和解决已经超出了汽车产业自身的能力范围，而涉及城市规划、交通、能源等多个领域。

（三）合资合作对汽车产业发展影响的总体判断

在以上分条评价的基础之上，还应该看到，合资合作以来，我国汽车产业已经形成了合资企业、国有企业、民营企业共同竞争和发展的局面；形成了外资品牌和自主品牌共同发展的局面；跨国汽车企业集团之间存在的激烈竞争带来了很多技术外溢效果（包括直接和间接方式）。当然，合资合作只是我国汽车产业发展取得巨大成绩的原因之一，将所有成绩都归因于合资合作是非常片面的，我国汽车工业自主发展的贡献也不能磨灭。同样，合资合作也只是我国汽车产业发展面临诸多问题的原因之一，将所有不足都归因于合资合作也是非常片面的，对内开放和对外开放不对等、管理体制仍待理顺等也是缘由之一。

在改革开放之后，我国汽车产业创造性地选择了一条合资合作道路。我国汽车产业选择的合资合作道路，在全世界范围内都难以找到其他样本，因此仅仅通过跨国比较来揭示其影响是不现实的。而且，我国汽车产业合资合作近30年，我国汽车产业高速发展近30年，以及我国改革开放30多年在时间上是高度重合的，汽车产业的发展不仅受到其内部的机制和动力变化的影响，更是与我国逐渐融入全球经济的进程及我国整体的经济发展形势密不可分。因此，本节只是试图从一些重要的角度来梳理其发展变化过程，并且尽力展示其重要影响。

在今天看来，合资合作给我国汽车产业当前的发展带来一些制约因素，如自主品牌发展滞后、自主发展权受到限制等，“上台阶”似乎更加困难。但在当时的客观环境下，我国汽车产业几乎还是从零开始，严重缺乏发展资金、先进技术等必要发展条件，“起步”才是首先要解决的问题。遗憾的是，人们通常会不自觉地忘记历史，正如人们只会在经济危机来临之后才会反思过去，而在经济繁荣时只是享受当下一样。正是这种难以避免的认知偏差，加大了今天客观评价合资合作历史的难度。

四 合资合作面临的国内外环境、机遇和挑战

（一）汽车产业合资合作的国际环境和影响因素

1. 汽车产业全球化程度不断提高，扩大了合资合作的幅度，加深了合作深度

全球化改变了汽车产业格局，形成了由跨国公司主导的全球性生产、销售、采购和研发体系，产生了新的专业化分工协作模式。汽车产业是经济全球化进程中最具典型意义的产业之一，汽车产业链的全球性配置已经成为汽车产业全球化发展的重要标志，具体表现为大型跨国公司利用全球资源，实现投资、开发、生产、采购和销售的优化配置，以适应不同地区的独特环境和市场偏好。此外，产业链中重要的生产和研发环节，不再局限于汽车厂商的母国范围内，而是立足于全球平台进行布局。例如，过去跨国公司在本国建立研发机构进行产品开发，对于目标国市场采取移植产品的方式进行生产性投资，而现在则采取将产业链各个环节和资源在全球市场进行配置。汽车产业的国家发展战略从过去主要立足于依赖本国的市场和资源，转向利用全球性市场和资源，进而采取比较优势战略和开放竞争战略。

汽车产业全球化的具体表现有以下几方面。

一是不断的兼并重组形成了为数不多的全球性跨国公司。“二战”后到

1980 年，全球大汽车企业集团经过不断兼并重组，从 50 多家减少到 30 家左右。1990 年以来，由于全球汽车生产能力普遍过剩，跨国汽车集团通过相互之间的收购、兼并、控股和参股等联合和重组方式，已减少到目前不到十大汽车集团。与整车企业重组相比，汽车零部件企业的兼并重组规模和范围更大。1990 年以来，90% 以上的美国汽车零部件厂商进行了合并、重组。随着零部件企业的并购重组，全球汽车工业一级零部件供应商的数目已经从 20 世纪的 600 余家减少到目前的不到 100 家，未来 20 年还会进一步大幅度缩减。

二是形成了由跨国公司主导的全球性生产、销售、采购和研发体系。从生产的角度看，2010 年，大众、丰田和通用三大汽车公司在本国生产汽车 815.2 万辆，仅占自身总产量 2437 万辆的 1/3，海外生产的比重越来越高；从销售的角度看，世界汽车出口量占世界汽车总产量的比重已经达到 40% 左右，海外销售的分量越来越重；从采购的角度看，各大汽车跨国公司的自制率普遍在 30% 左右，整车制造企业越来越普遍的做法是将通用零部件的开发、制造、装配工作外包给零部件供应商，而自己仅掌握几种关键性零部件的制造；从研发的角度看，全球范围内汽车技术扩散、转移和利用速度大幅度提高，当地人才和市场的优势促使跨国公司在海外设立的研发中心越来越多，汽车设计和研发的全球化趋势日益明显。

三是全球化产业体系内形成新的专业化分工协作模式。全球汽车工业产业组织结构最重要的变化之一，是整车与零部件企业改变了过去垂直一体化结构中的一对一关系，转向以合同为纽带的网络型组织关系。从垂直关系中解脱出来的零部件企业服务于全球所有的整车企业，满足整车企业全球范围内采购零部件的需要。尽管独立的整车和零部件企业集团数量大幅减少，但随着新的专业化分工协作模式的出现，汽车产业链的主要环节也日益由企业内部封闭运作转向全球配置资源、以合资合作的方式进行开放式运作。汽车产业全球化发展推动了跨国界、大规模的企业重组，扩大了合资合作的幅度，加深了合资合作的深度，企业集团之间的股权交叉、相互合作明显增多。

四是平台共享战略的采用推动了跨国界、大规模的企业重组，扩大了合资合作的幅度，加深了合资合作的深度。对整车企业而言，汽车产业全球化大幅度改变了汽车产业规模经济的界定。20 世纪 80 年代，几十万辆的生产数量足以跨过最低规模经济门槛，而90年代以来却变得规模不经济，主要原因在于面向全球化的研发、制造、销售成本大幅度增加的压力，必须通过大得多的生产和销售规模才能摊销。为了应对全球化对产业规模大幅提高的挑战，各大跨国公司普遍采用平台共享战略，借助通用零部件更大规模的生产，摊销不断增多的车型数量和不断缩短的产品生命周期而导致的高昂开发成本。

五是平台共享战略能够实现降低成本与提高产品多样性的统一。通过实施平台共享战略既可满足客户多样化需求，又可达到理想的规模效应，降低单件成本。目前各大汽车厂商普遍采用平台削减战略，全球前15个制造平台能够生产的汽车总量为1780万辆，占全球汽车总产量的30%（见表11）。从发展趋势来看，包括大众、福特、丰田、雷诺－日产、PSA等在内的各大跨国汽车公司正在进一步强化全球共享平台在生产组织中的关键作用，平台上不同车型产品的生产活动将根据不同市场的差异化需求部署在不同地区，以充分发挥其规模效应。

表11　世界汽车工业的平台战略

单位：个

国　别	平台数量		
	1990年	1995年	2000年
日本公司	72	76	59
欧洲公司	58	49	34
美国公司	44	41	30
合　计	174	166	123

资料来源：大众汽车公司提供。

在汽车产业全球化和以平台共享战略为主要竞争手段的推动下，跨国公司之间兼并重组与战略联盟的形成明显加快。为了进一步争夺发达国家和新兴国家市场，进一步完善全球产业链的配置和发挥比较优势，进一步增强规模经济效应，跨国公司之间通过兼并、控股、参股等方式，逐步形成了“6＋3”的全球汽车产业格局，汽车跨国战略联盟成为世界汽车工业发展的主流。客观地说，这一阶段的联合、兼并、重组并不是相关企业发展困难的无奈选择，而是在全球化背景下出于战略考虑的主动选择。跨国公司之间的强强联合使得跨国公司的实力和竞争力更加突出，汽车企业、技术和产品的国际化特征更加

明显。

与此同时，一些汽车产业后起国家放弃了封闭性的进口替代战略，以及保护性的产业政策，转而进行面向全球市场的开放竞争战略，其方式逐步从自主发展型或依赖国内资源实现竞争，转变为通过与先发国家跨国企业建立合资合作关系来提高本国汽车产业竞争力。新兴市场国家通常具有广阔的市场和低成本的劳动力，这些优势吸引跨国公司有强烈的意愿进入这些地区。而新兴市场国家希望与跨国公司共同发展的愿望和政策，促使跨国公司更多地采用跨国投资和跨国经营的方式进入，而非直接贸易的方式销售产品，从而推动了跨国投资和生产转移的加快发展。这就形成了既有汽车先行国家之间的兼并重组和战略联盟，又有汽车先行国家和新兴国家之间的合资合作，合作中竞争和竞争中合作并存的全球化发展格局。

2. 新兴国家快速崛起和国际金融危机的冲击改变了合资合作态势

新兴国家汽车市场快速崛起，推动了跨国投资和生产转移的加快，也使后发国家以不同模式融入全球体系。在 20 世纪 90 年代以前，全球汽车生产主要是集中在西欧、北美以及日本。90 年代以后，特别是进入 21 世纪以来，全球汽车市场的重心逐渐由传统的发达国家市场向日益活跃的新兴国家市场转移，特别是除日本、韩国之外的亚洲市场、东欧市场和南美市场。在市场需求的拉动下，20 世纪 90 年代以来，整车及零部件的制造和组装环节加快向劳动力、土地等要素成本较低、制造加工和相关配套能力较强的地区转移。继南美之后，中国、印度、俄罗斯和中、东欧地区成为跨国公司整车和零部件制造转移的重点地区。由于新兴市场汽车需求量的快速增长，国际汽车集团纷纷加大在新兴市场的产能投入。截至 2010 年，新兴市场汽车产量占全球汽车总产量的份额已接近 1/2。四大老牌汽车强国美国、日本、德国和法国市场份额萎缩，2006 年，四大汽车强国汽车产量约占全球产量的 50%，2010 年市场份额已经降至 30%。

对于包括南美、中国、印度、俄罗斯和中、东欧地区在内的新兴国家来说，由于难以在本国框架内建立起完整、有竞争力的汽车产业体系，经历时间上长度不等的自主发展探索之后，融入全球体系不得不成为发展汽车产业的必然选择。而且印度和俄罗斯汽车产业发展的事实证明，融入全球体系的时间越

晚，本国汽车产业的发展越滞后；解除外资进入限制的时间越晚，对民族汽车工业的冲击越大。国际经验充分说明，对于新兴国家来说，主动融入优于被动融入全球体系。但是，融入全球体系并不等于放弃民族汽车工业，而是在新的全球框架下参与分工合作，从一个相对较低的起点开始参与全球化竞争，并通过学习和开放创新逐步向产业链高端攀登。事实证明，具有自主发展战略的汽车后起国家（如韩国），有机会也有能力摆脱全球汽车产业链低端位置的锁定，向汽车强国发起挑战。

国际金融危机对全球汽车产业格局带来巨大冲击，改变了国际汽车集团的相对地位，亚洲国家汽车工业获得了难得的发展机遇。金融危机发生后，美国、欧洲、日本几大传统汽车市场销量迅速下滑，低迷的汽车消费市场迫使美国、欧洲和日本的汽车企业通过裁员、减产和关闭工厂等措施来应对这种局面。在自身缩减之外，跨国公司还纷纷通过出售前期收购的汽车品牌来应对全球金融风暴。在美系、日系车企因受金融危机冲击较大遭遇衰退的同时，中国、印度、俄罗斯的汽车企业在本国市场快速恢复的支撑下却快速崛起，并积极主动地介入这场由国际金融危机导致的全球汽车业重组中。金融危机后，经过全球汽车产品和资本市场的新一轮洗牌，传统的北美、日本汽车集团实力有所衰退，以德国为代表的欧系汽车集团进一步壮大，韩系力量加快发展并挤进世界汽车主力阵容，新兴市场汽车公司开始崛起并登上世界竞争的舞台。在此背景下，世界汽车制造中心、运营中心和研发中心的布局也会渐次发生变化。

印度的汽车产业是通过国际合作与自有技术开发等方式培养出具有出口能力的汽车产业，而且已经在南印度区形成汽车产业集群。随着 GDP 的持续高速增长、人口年龄结构的变化、基础设施建设的不断改善、居民出行需求的日益增长，以及印度政府强有力的减税政策和信贷政策的持续推动，印度汽车消费市场未来几年有望保持两位数的增长速度。此外，由于中国和印度低成本研发人才优势开始显现，在部分领域（如中低端车型）可能会形成较高水平的研发能力。借助收购的国际品牌和先进技术，新兴国家的本土企业（如印度的塔塔）也有可能逐步发展成为具有世界影响力的汽车企业。因此，美国和欧洲通过再工业化战略重点推动汽车设计开发、核心部件及模块研发等高附加值业务向本国集中的同时，以中国和印度为代表的新兴汽车制造中心也将通过

研发资源的重组获得难得的发展机遇。

从全球角度看，后金融危机时代的全球汽车工业基本格局并没有改变，仍然是美国、日本、欧洲三大体系左右下的汽车工业体系，但是在这一体系中，各个汽车企业的位置与态势发生了变化。以更广阔的眼光看，随着中国和印度汽车工业的崛起，亚洲汽车工业（中国、印度、日本与韩国）将成为全球汽车工业的一极，其地位也将越来越重要。

3. 平台化、模块化、定制化生产以及全球专业化分工改变了合资合作的传统模式

模块化和定制化生产方式在提高效率的同时，改变了传统的整车、零部件企业关系，使生产的纵向组织深度不断提高。模块化生产方式是在汽车产品的制造过程中，把汽车零部件及总成按其在汽车上的功能组合在一起，形成一个高度集中的完整的功能单元，以供总装厂根据市场需求的多样化情况进行简单快捷总装。模块化从根本上改变了汽车的开发、工艺设计、采购和制造的流程。从设计上看，模块化把整车分成几十个大的模块，要求零部件企业在整车开发的早期就参与到开发设计之中，完成一部分原来由整车厂承担的产品开发、模块组装工作。从制造上看，大规模生产方式下，汽车制造厂从零件开始组装整车；而在大规模定制生产方式下，汽车被分解成 10 ~ 20 个大的模块，每个模块实际上是若干个零件的集成，由模块、系统供应商组装供应，汽车厂只需要把这些模块组装起来。从采购来看，整车厂逐步从采购单个零件转到采购整个系统，也就是系统配套。由于模块化的出现，世界汽车业将会出现整车制造商与模块供应商在开发、制造、服务方面的紧密合作。实现产品的模块化生产，可以加快产品的开发速度，降低产品的开发成本，增加产品的可靠性。目前欧洲的整车厂模块化配套额有的已高达 80% ~90%。模块化生产给整车厂普遍带来了平均 15% 左右的成本降低。

从发展趋势上来看，平台化和模块化再往后是定制化生产（BTO），它实际上是把消费和生产紧密结合起来，以缩短汽车厂商对消费者需求变化的反应时间。定制化方式在新车型开发和生产过程中已经凸显出其独特的优势：在提供多样化产品方面，全球消费者能在众多产品组合中找到自己所需的车型；在新车开发速度方面，由于拥有共同的产品开发和工艺流程，可以对市场变化做出迅速的反应，主要体现在一些新车型能够在三个月之内开发出来投放市场；在质量和可靠性方面，一旦某个模块单元或零部件被改进，整个产品系列的质量都会得到提高；零件共享和及时运输方面，减少必须单独生产的零部件和相应的库存，降低了管理费用，并使得适时供货（JIT）更容易实现；高效生产方面，共同的生产流程使其能够在全球工厂的流水线上生产同一系列的汽车，大大减少了供应商的数量，简化了整车厂的生产过程，提高了整车厂的装配效率（见表12）。

表12　汽车定制化生产模式与传统大规模生产模式比较

项　　目	定制生产服务	大规模生产
产生背景	信息产业与汽车工业紧密结合	工业时代
生产导向	顾客导向	生产导向
生产方式	订单生产	计划生产
生产特征	柔性生产，快速响应的生产机制	刚性生产，规模效应的高效率
优　　势	产品的高度个性化	高生产效率，低成本
服务范围	多元、不可预测的需求市场	消费者趋于稳定的市场

世界汽车产业的生产组织结构正随着生产方式的变革向产业分工进一步深化的方向发展。模块化要求模块供应商具备系统模块的设计、制造能力和物流协调管理能力。由于模块化的出现，世界汽车业将会出现整车制造商与模块供应商在开发、制造、服务方面的紧密合作。模块化生产“集成与共享”的特点改变了传统的采购体系和整车生产方式，能够充分调动零部件供应商的主观能动性，使他们拥有了更广阔的发展空间。在模块化生产方式下，整车企业可以集中精力做品牌和市场开发，零部件企业则在技术创新上下功夫，具备更强的独立开发能力，与整车厂的关系由“受制”转为互动，从而可以更加深入地介入新车型的开发，使生产的纵向深度不断提高，为大规模定制的实施提供了坚实基础。例如，奥迪公司1996年的开发深度为80%，而到2000年其开发深度降低到55%，其余则由零部件生产企业完成。

平台化、模块化和定制化生产方式深化了汽车产业的分工协作，使跨国公司在强化对全球生产体系控制的同时，也给了新兴国家企业更多参与竞争的空间和机会。在新兴国家快速崛起，全球汽车市场规模迅速扩大的背景下，平台

化、模块化和定制化生产方式既是跨国公司回应全球化挑战，维持其对全球生产体系控制力的战略举措，同时也是响应地方化、个性化需求，扩大对新兴国家消费者影响力的重要措施。平台上不同车型产品（无论是整车还是零部件）的生产活动部署在不同的、最有利于其发展的地区，以充分发挥规模效应。每个地区仅从事车型系列当中某些产品的专业化生产，地区性的子公司仅拥有特定的生产体系，而不是一个完整的体系。模块化使跨国公司汽车产业链的全球化布局更容易实现在所在国的经营意图，即不只是克服所在国的贸易壁垒，而且更能充分利用全球资源，从而实现产品生产网络和销售网络的全球化布局。

从分工与协作关系看，模块化更加强调企业组织结构的扁平化和网络化，而不是过度的专业化。专业分工的扁平化一方面增强了企业业务外包等横向联系，另一方面则促进了区域产业集群的发展和资源的全球化配置。跨国公司认识到模块化生产的优势，于是纷纷将属下的零部件生产企业出售，让专业化的模块化零部件企业更有效地进行专门化经营，公司则从全球以最小的成本选择购买质量最优的零部件来生产汽车。对于模块化供应商，大型跨国公司主要通过控制标准和增强话语权来满足需求。由于形成了创新驱动的背靠背竞争及业务外包趋势，跨国公司在与模块化零部件企业的合作过程中不再局限于控制成本，而是着眼于提升整体价值，在合资合作过程中更加强调合作共赢和利益分享。

由于模块化推动了跨国汽车公司零部件采购的全球化，使零部件企业能够面向全球性企业实现零部件供货，从而给了新兴国家汽车企业更多参与全球分工的空间和机会。模块化生产的优势在于，新产品可以在零部件企业当中分散地开发与生产，大幅度降低了研究开发与生产制造成本，汽车产业后发国家可以采取基于新技术的跨越式发展，这对于后发国家企业是十分有利的。面对新的全球化分工形势，汽车产业后发国家既可以选择做模块供应商，也可以利用模块产品的中间市场组织生产整车产品，通过在新的模块化生产方式下探索新的发展模式，逐渐形成独特的整车或零部件开发及生产体系，在新的竞争环境中谋求发展。

4. 汽车产业的激烈竞争和技术创新推动了汽车产业兼并重组形态的变化

发达国家之间汽车产业的合资合作发展到当前阶段，更多体现为以技术开发、成本控制和业务共享为中心的兼并重组，而不是单纯以资本为中心的兼并重组。国际金融危机发生后，通用汽车被迫卖掉很多当年收购过来的汽车股份或资产，包括早期的菲亚特、五十铃、富士重工和铃木，近期的萨博、欧宝；福特汽车在卖掉当年收购过来的路虎和捷豹后，又卖掉了沃尔沃。结合 2007 年戴姆勒集团亏本卖出当年重金收购的克莱斯勒品牌，不难发现，在乘用车领域，跨国兼并重组少有成功的案例。而雷诺－日产以联盟形态的兼并重组模式比直接并购、合二为一的整合运营模式更具有生命力。

雷诺－日产联盟形态的兼并重组主要具有如下特点：一是整而不合。由雷诺和日产共同设立联盟管理主体负责制定联盟战略，指导两家公司在全球的共同业务活动，但是对两家公司各自的经营活动不予干涉。二是联合采购。双方组建了联合采购公司，在提高双方的采购质量的同时，降低采购和物流成本。三是平台共享。平台共享的车型，可以根据目标市场所处的地理位置，选择在雷诺或日产中的任何一家工厂进行生产。四是市场互助。联盟关系确立后，双方利用各自的市场优势帮助对方在尚未进入或份额非常小的市场进行业务拓展。

电动汽车的研发，推动了跨行业汽车产业联盟的发展，新兴国家获得了更多平等参与竞争的机会。国际金融危机后，在环境保护和能源安全的压力下，发达国家针对各种新能源技术的研发力度不断加大。世界主要汽车厂商如通用、大众、丰田、雷诺－日产等均加大了对电动汽车的研发力度。目前全球电动汽车产业尚面临着诸多的发展瓶颈，其中的技术瓶颈主要体现在电池技术和电机驱动系统两方面。解决技术瓶颈的主要手段就是不断进行技术研发。但是在新的竞争环境下，新能源汽车的技术研发与以往有明显不同。一是时间快慢成为研发者需要考虑的重要因素，技术的领先者能够获得竞争的主动权和领先者的高回报。二是多条技术路线决定了研发的高投入、高风险和高不确定性。三是电动汽车技术瓶颈的突破需要传统汽车制造商与电子和电器制造商进行跨行业利益协作。以上三点决定了电动汽车研发比以往更加自觉地运用战略联盟的形式。

从国外电动汽车研发战略联盟的实践来看，主要有两种类型：一是各大跨

国汽车企业之间的战略联盟，如丰田和宝马、福特和丰田、通用和标致－雪铁龙、标致－雪铁龙和宝马在新能源汽车领域形成的战略联盟。二是著名车企与著名电子和电器制造商之间的跨行业战略联盟，如丰田和和松下电器、日产和NEC、现代和LG、大众和三洋、克莱斯勒和A－123之间的战略联盟（见表13）。

表13　著名车企与著名电企强强合作的研发战略联盟情况

企　业	研发方式	合作伙伴	合作内容
丰田	联合研发＋独立研发	松下电器	2008年5月，携手松下电器公司大幅生产用于混合动力汽车等环保型汽车的车用电池
日产	联合研发	NEC	2008年5月，与NEC共同出资200亿日元，在全球首次量产混合动力车及电动车等环保车型汽车专用锂离子电池
现代	联合研发	LG化学公司	2011年2月，摩比斯宣布，现代将与LG化学公司合资成立车用锂电池公司
大众	联合研发	三洋电机、比亚迪	2008年6月，与三洋电机共同研发大容量锂电池；2009年5月，与比亚迪在锂电池驱动的混合动力和纯电动汽车方面进行合作
克莱斯勒	联合研发	A－123系统公司、通用电气	2011年，与A－123合作研发模块化电池系统；与通用电气研发新型集成式能量存储系统
标致－雪铁龙	采购＋联合开发	智能能源公司、三洋电机	2008年7月，与智能能源公司对外展示“零排放”汽车；2009年1月，与三洋电机达成协议，后者为标致电力混合动力汽车供应镍镉电池

资料来源：http：//www.chinanewauto.org/2011/gjlbj_ 0409/20.html。

（二）汽车产业合资合作的国内环境和影响因素

1. 加入WTO以来，中国在全球汽车产业体系中的融入度越来越高

加入WTO以来，随着合资合作政策的放开，整车和零部件合资企业纷纷成立，在中国企业产量在其全球总产量中所占比重越来越高。2001年中国加入WTO，是中国汽车产业发展具有里程碑意义的一年。“入世”前，相关机构和政府管理部门专门针对汽车产业全球化的发展趋势特点，以及加入WTO后中国汽车产业的定位进行了分析，得出的判断是：相对于具有

先发优势的美、欧、日等汽车强国，中国汽车产业尽管发展总体落后，但具有大国市场优势、劳动力成本优势和较强的制造业整体能力，“入世”后要改变以往汽车产业链配置局限于国内，主要依赖国内市场和国内资源的思路和方法，应分阶段地逐步融入汽车产业的全球采购、制造、销售、研发体系，合理利用国内国际两个市场、两种资源，在一个适当长的时间后，实现有国际竞争力的整车产品和零部件大量出口，并逐步提高其在全球市场上的份额。回过头来看，“入世”之初的判断基本上是正确的。“入世”后，中国政府严格履行了自己的承诺，逐渐降低了进口汽车关税，取消了外汇平衡、国产化比例和出口实绩等与“入世”承诺不一致的内容。除整车保留了50%的股比限制外，放开了汽车零部件的投资限制，放松了对合资合作的管制。

“入世”后，中国整车和零部件合资企业纷纷成立。据不完全统计，2002～2010年，中国汽车行业新签订成立的中外合资企业为242家（其中汽车整车44家，汽车零部件130家，其他相关企业68家），日本、美国、德国、韩国仍是主要的投资国家。2009年外商投资企业的资产总额是2001年的3.9倍，工业总产值为5.3倍，缴纳税金为4.6倍。高峰时，外资企业资产总额、工业总产值和缴纳税金分别占到中国汽车工业相应总额的29.2%（2007年）、37.2%（2006年）和48.1%（2006年）。到目前为止，世界汽车跨国公司已悉数在中国建立合资公司，为其配套的零部件公司也相继进入，包括德尔福、伟世通、博世、电装等跨国零部件公司纷纷以合资、控股、独资的方式在中国建立起零部件企业超过1200家。“入世”以来，跨国汽车公司在中国的产能提高迅速，在中国企业产量在其全球总产量中所占比重越来越大。2003年只有大众一家在中国合资企业的产量在其全球总产量中的比例超过了10%，而其他跨国汽车公司在中国的合资企业产量在其全球总产量中所占的比例均没有超过4%。到2009年，共有五家跨国汽车公司在中国的合资企业产量在其全球总产量中所占的比例均超过15%，其中德国大众和美国通用公司超过了20%。2010年德国大众在中国合资企业的产量超过了本土产量（见表14）。

表 14　2009 年部分跨国汽车公司在全球及中国产销情况

单位：万辆，%

企业名称	全球产量	在中国产量	在中国产量占全球	全球销量	在中国销量	在中国销量占全球	中国市场在海外市场排名
丰田	723.00	60.57	8.28	781.00	70.90	9.08	2
通用	832.50	168.61	20.25	748.00	182.60	24.41	2
福特－马自达	537.00	32.00	5.96	491.00	44.06	8.97	—
大众	629.00	136.80	21.75	629.00	140.00	22.26	1
现代－起亚	463.00	81.41	17.58	463.00	81.44	17.59	1
本田	339.20	60.24	17.76	339.00	57.60	16.99	3
日产	335.80	52.30	15.58	336.00	75.55	22.49	2
PSA 集团	320.00	26.29	8.22	318.00	27.00	8.49	1
铃木	231.00	21.43	9.28	231.00	20.92	9.06	—
奔驰	101.20	4.24	4.19	113.00	6.85	6.06	3
宝马	128.60	4.40	3.42	129.00	9.05	7.01	4

资料来源：《中国汽车产业发展报告（2010）》，社会科学文献出版社，2009，第 263 页。

随着国际化战略的实施，中国资本开始向全球汽车产业反向融合，在全球体系中的参与度越来越高。在整车领域，2002 年上汽集团投资约 5970 万美元，以承债的方式与通用汽车和日本铃木共同收购了韩国大宇汽车，持有 10% 的股份，这是国内汽车企业首次走出国门，参与到国际汽车产业的重组中。2005 年 1 月，上汽集团宣布斥资 5900 亿韩元收购了韩国双龙 48.92% 的股份，正式成为韩国第四大汽车公司的最大股东，此次并购是中国汽车企业首次成功地并购国外企业。2005 年，上汽和南汽分别对英国已经破产的罗孚汽车进行了技术和资产方面的收购。2010 年，吉利收购了福特控股的沃尔沃汽车，成为整车领域中国汽车企业的最大海外收购项目。零部件领域，2000 年，万向集团与美国 LSB 公司合作，以 42 万美元的价格买下舍勒品牌、技术专利以及专用设备。随后的 2001 年，万向收购了美国上市公司 UAI 公司。2003 年，万向收购全球最大的翼形万向节传动轴一级供应商美国洛克福特公司。2005 年，万向收购了美国方向连杆企业 PS 公司，成为美国福特、通用和克莱斯勒三大主机厂的一级供应商。这一系列的运作后，万向已在美国、英国、德国、加拿大、澳大利亚等 8 个国家拥有 18 家公司，使万向在海外的地位不断提高。

海外投资方面，2006 年 11 月，奇瑞汽车和伊朗 IKCO 集团总共投资 2 亿美元在伊朗建厂生产奇瑞 S21。2005 年，吉利与马来西亚 IGC 集团在当地合作建厂。长城汽车在俄罗斯设立年产 5 万辆 SUV 和皮卡的基地。2006 年东风汽车股份有限公司在乌克兰合资建设 CKD（散件组装）工厂，生产“东风”轻型商用车系列产品。海外上市方面，1992 年华晨汽车在海外成功上市，为中国企业利用国际资本市场开辟了新的途径。为筹集发展资金，增强企业发展的后劲和活力，吉利、东风、长城、比亚迪、广汽等整车企业，万得等汽车零部件企业，新焦点等汽车服务业企业先后实现了海外上市。

除了汽车产业资本走出国门，对整车和一些关键零部件、技术公司收购以外，中国的金融资本也开始海外投资。比如中投购买戴姆勒公司的股份，如果最终谈判取得成功，中投很可能成为戴姆勒公司第一大股东。这种反向融合是资本的融合，是在大集团层面上的融合。随着中国对外投资的强劲增长，用不了多长时间，中国对内吸引来的外资和对外投资将基本上持平。这样一个大的趋势，是中国经济发展转型在汽车领域的缩影。在新一轮的反向融合当中，中国扮演的角色和十年前完全不一样，特别是吉利收购沃尔沃和中投入资戴姆勒，从被动到主动，从应对到融合，中国汽车产业的合资合作开始了质的转换。国际化发展的最终结果，就是你中有我，我中有你。一方面，中国汽车产业通过主动打开国门，融入世界获得了较快的成长；另一方面，中国汽车产业已经成为全球体系的重要组成部分，在全球体系中的参与度越来越高，其国际地位也将越来越重要。

2. 国际金融危机和国内市场增速放缓对合资合作的格局产生影响

国际金融危机发生后，尽管自主品牌汽车发展遇到困难，但中国汽车产业合资合作的主体地位得到加强。中国加入 WTO 后，跨国公司的进入和民营企业的崛起，使中国汽车产业多种所有制并存、混合所有制为主导形式的格局初步形成，从根本上改变了此前相对单一的所有制结构，激发了市场活力，也导致了市场竞争更加激烈，主要细分市场的集中度都出现了不同程度的下降。特别是在乘用车领域，2001 年上海大众和一汽大众两家企业轿车市场占有率超过 40%，到了 2010 年市场占有率已下降到 18%。与之对应，2001 年仅有上海

奇瑞进入轿车市场销量前十位，2010 年则有比亚迪、奇瑞与吉利三家民营企业销量进入了前十位，市场占有率也由 2001 年的 3.89% 上升到 2010 年的 15% 左右。

国际金融危机发生后，随着跨国车企将更多产能布局到中国，加剧了国内汽车产业的竞争激烈程度。一方面体现在产品市场方面，在小型车已经成为市场趋势、增长重点的情况下，跨国车企加大了小型车、低端车的投放；另一方面也体现在对高级技工、技术人才、销售渠道等资源的争夺方面。随着购置税和“汽车下乡”政策的取消，合资企业产品的下移，部分城市限购，以及本身品牌和技术相对较弱等原因的影响，自主品牌乘用车市场份额从 2010 年的 45.6% 下降到 2012 年的 41.9%，产能利用率更是不足 70%。根据银河证券发布的一份报告显示，在统计的 18 家自主品牌车企中，长城的产能利用率达 89%，奇瑞、江淮在 70% 左右，比亚迪为 57%，其余自主车企多在 50% 以下。相比之下，上海通用、一汽大众、上海大众产能利用率均超过 110%，华晨宝马产能利用率高达 154%，仅有东风日产、长安福特和广汽丰田三家低于 80%。

综合全球和国内汽车产业格局受国际金融危机影响的结果，可以看出：一是国际金融危机后，尽管原有的汽车产业全球化格局发生了调整，但基本格局并没有变，仍然是美国、日本、欧洲三大体系左右下的汽车工业体系，大型跨国企业通过加大新技术研发投入，通过平台化、模块化和定制化生产方式的变革，加紧恢复和积蓄控制、主导全球产业体系的力量。二是中国自主品牌汽车产品尽管在市场上已经三分天下占其一，但是可以凭借的国内市场和低成本的优势正在减弱，国际金融危机的冲击使自主品牌汽车品牌力弱、技术储备不足、规模经济性不强的弱点暴露无遗。但是，自主品牌汽车适应本土化、国内政策支持和依托国内制造业整体实力的优势仍然存在，并且可以充分利用金融危机后全球汽车业重组的机会获取国际资源来充实壮大自己。2013 年第一季度，自主品牌乘用车销售比 2012 年同期增长 18.3%，高于乘用车总体增长速度 1.1 个百分点，占乘用车销售总量的 43.3%，比 2012 年同期提高 0.4 个百分点。三是国内、国外两个市场的关联性越来越强。在汽车传统国家市场萎缩和新兴国家市场崛起的大背景下，中国大国市场的优势越来越凸显出来，未来一段时间对跨国车企的吸引力依然强大。这既是中国汽车产业保持合资合作主体地位的基本前提，又是提高合资合作质量水平，通过合资合作提高自主创新能力的强大基础。

3. 自主创新的政策推动下，技术合作逐渐增多，但合资企业创新能力仍然薄弱

在自主创新的政策推动下，合资企业的研发投入逐渐加大，技术创新能力得到提高，技术合作逐渐增多。自20世纪80年代中期中国乘用车领域引入外资以来，国外品牌产品一直在唱主角，特别是以捷达、桑塔纳和富康为代表的外国品牌“老三样”长期占据着国内轿车市场。受初始发展阶段、市场竞争不充分、技术积累薄弱、高端人才缺乏和外资股权限制等多种因素影响，以“市场换技术”的创新思路并没有收到预期效果，合资企业多年来一直没有形成独立的品牌和整车开发能力。随着国内市场日益壮大，如果不能尽快提高自主创新能力，中国汽车产业发展的自主权就会受到严重削弱，国内汽车生产企业将被长期锁定在价值链的低端。在此背景下，中国2004年实施的《汽车产业发展政策》明确将激励汽车生产企业提高研发能力和技术创新能力，积极开发具有自主知识产权的产品，实施品牌经营战略作为产业政策的一大目标，并给予相应的规划核准、税收、知识产权保护、参与重大科技攻关项目等政策扶持。在此政策的激励下，合资企业研发投入不断增加。2009年达到115.12亿元，相当于2001年研发投入总额的5.3倍，投资增长迅速（见图16）。

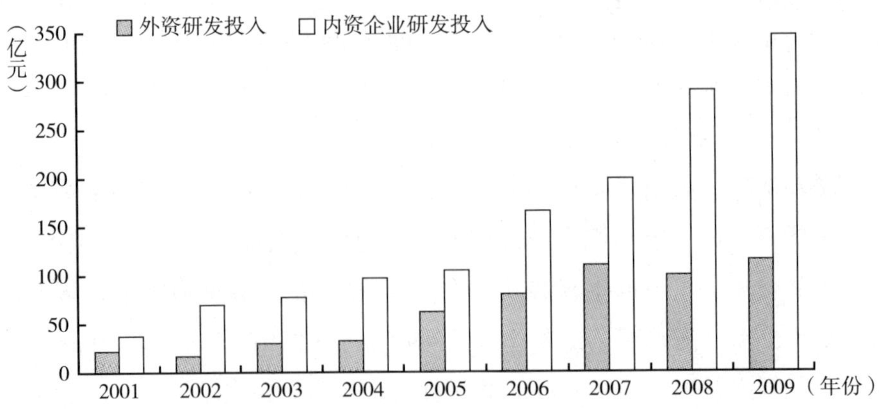

图16　2001～2009年外资企业与内资企业研发投入情况

除了政策的推动外，中国汽车消费市场的快速发展坚定了跨国汽车在中国设立研发机构的信心。在整车领域，到目前为止几乎所有跨国企业都在中国设有研发机构，这些机构有些设在合资企业内部（如上海大众研发中心、广州本田研发中心、神龙汽车技术中心等），有些则以合资（如上海泛亚）或者独资（如丰田汽车在中国设立的技术中心或研发中心）方式独立设立。随着时间的推移，这些机构的工作从早期以引进产品国产化为主逐步转向以针对中国市场的产品优化设计为重点，甚至包括一些新产品的开发。在这些项目中，中国工程师扮演的角色越来越重要。而 2009 年 9 月通用汽车中国科学研究院的成立，标志着跨国企业在中国的研发工作进入一个新的阶段，也体现了跨国企业在先进汽车技术研发领域全球布局的调整。

在零部件领域也一样，跨国汽车零部件企业十年来加快了在中国设立研发中心的步伐，包括博世公司、大陆集团、德尔福汽车系统、伟世通公司、博格华纳公司、康明斯公司和天纳克公司等，其中德国博世集团在中国已经设有 4 个技术研发机构和 1 个冬季试验场。这些机构多数承担着为其在中国企业提供技术支持、产品检测和其他服务的职责，但其中的一些已经承担起针对中国市场特点和使用环境开展产品开发和技术研究的职责。

在当前的合资合作模式下，中国汽车产业自主品牌发展和自主创新能力提升仍然有较大难度。按照形成过程，中国自主品牌企业可以分为三类：一是国内骨干汽车企业集团成立的自主品牌汽车子公司，如上海汽车乘用车公司、一汽轿车、北汽股份有限公司、广汽乘用车等。二是从一开始就选择自主创新模式的汽车企业，如奇瑞、吉利、比亚迪等。三是合资企业的自主品牌。如广汽本田的“理念”、东风日产的“启辰”以及上海通用五菱的“宝骏”等。目前来看，第一、二类自主品牌开发能力弱，新产品推出明显落后于国外大公司，其根源除了技术基础薄弱、技术领先人才匮乏、研发投入长期不足等问题外，支持自主品牌政策体系和支撑机制不完善也是主要原因。而合资自主品牌产品一般定位较低，主要追求性价比，不可避免地会和现有自主品牌形成竞争。在成熟技术和合资厂商品牌、渠道的支持下，合资自主品牌将会挤压“自主品牌”的生存空间。

从是否能够成为中国汽车产业创新主体的角度看，国有汽车集团与跨国汽车公司通过合资结成的仅仅是战略合作关系。在合作过程中，国有汽车集团主要利用跨国公司的技术外溢，通过消化、吸收这些先进技术提升自主创新能力。虽然跨国汽车公司通过技术转移和培训向合资企业注入先进技术，但这种方式的技术扩散是有选择性的，主要是生产制造环节的技术，国有汽车集团很难从合资企业中获取整车设计和匹配技术的技术和知识，因此提升自主研发设计能力的难度较大。而且，国内大型汽车企业集团即使已经成立了自主品牌汽车子公司，但由于更注重合资企业的盈利性和在竞争中的快速发展，加之对外资在技术和产品上存在较强的依赖性，因此如不从发展战略和经营方式上进行调整，将难以成为自主品牌发展和自主创新的担当者。

4. 新能源汽车发展和新商业模式推广有利于形成新的合资组合，推动合作向更高层次发展

新的合资合作组合有利于实施新能源汽车开放合作创新战略。国际金融危机引发的行业重组，以及低碳、绿色、节能的发展趋势，使得全球汽车产业步入一个全新的时代。新能源汽车代表汽车产业未来的发展方向，而开发新的动力技术将采用不同于以往的开放合作模式。在主要跨国汽车集团纷纷通过战略联盟的形式寻找同行业和跨行业技术合作伙伴的条件下，封闭式的技术创新已经不可能适应这一轮技术创新的内在要求。坚持自主品牌，走全球开放合作创新之路，是中国新能源汽车发展更可行的战略选择。例如，戴姆勒与比亚迪在电动汽车领域共同开发新能源汽车，在中国共同设立技术中心，共同开发、设计和测试电动汽车，是这一战略的最好体现。

我国电动车在关键技术研发、基础设施建设、产业化应用等方面与发达国家起步时间相差不多，但在发展中差距正在拉大。为了推动电动车产业化加快发展，2011 年的《外商投资产业指导目录》中，把新能源汽车发动机制造、新能源汽车关键零部件制造列入外商投资的重点领域，鼓励外商投资企业进入相关领域，加速新能源汽车技术和汽车关键零部件的研发与制造。以上政策的出台，表明了中国政府在新能源汽车领域开放合作的态度。受中国新能源汽车产业化政策的推动，中外合资项目更加重视新能源汽车关键零部件的产业化发展，合资生产为新能源汽车配套的产品逐渐增多，如上汽集团与美国 A 123 成立了生产动力电池系统的合资公司，浙江万向电动汽车公司与美国 Enerl 签署

协议合资生产电动车电池，韩国 LG 与长安汽车签署协议开发生产车用锂离子电池系统等。

新的合资合作方式有利于汽车产业商业模式的创新和推广。以替代燃料和电驱动为代表的各种新型汽车能源动力技术迅猛发展，相互竞争，引发了一场新的技术变革，预示着人类将要进入后石油时代过渡期和车用能源动力技术创新突破的机遇期。而在全球能源结构正由一次化石能源为主向二次电力能源为主转变的大背景下，以混合动力汽车、纯电动汽车和燃料电池汽车为代表的汽车电动化被普遍认为是未来汽车能源动力系统转型的主要方向。特别是近两年动力电池的能量密度、寿命和安全性等技术水平显著提高，插电式混合动力汽车和纯电动汽车技术发展迅速，使得电动汽车成为新能源汽车发展的主要方向。

分析电动车的总体结构会发现，电动汽车和传统汽车的本质区别在于动力系统和动力储存方式的不同。与此相关的动力电池、电机和电控是电动汽车产业化发展的关键，是新型动力电池和电池产业链的重点。因此，制定统一的技术标准是零部件产业化的基础，也是整车产业化的基础。同时，要加快电动汽车的产业化和市场推广步伐，还必须配备安全、可靠、便捷的充电设施和建立社会化服务支撑体系。汽车电动化不仅仅是汽车驱动技术本身的创新，同时还将引发技术标准、配套设施和商业模式等系统性的变革，也需要生产方式和合资合作方式的对应性变革和创新。

如果说汽车电动化是汽车的“换心”，那么汽车智能化则是汽车的“换脑”。车联网、自动驾驶、车载移动平台等技术的逐渐成熟和应用，将引入更多的“业外”企业参与全球汽车产业的分工体系，会显著改变汽车产业的竞争格局，同时也改变了合资合作的范围和方式。一方面，会强化信息、电子产业发达国家的合资合作地位；另一方面，汽车的智能化离不开产业属地通信、交管等基础服务能力的支撑，因此会强化属地产业合资合作的谈判地位。汽车“心脏”和“大脑”的技术创新大大拓展了汽车产业的参与者范围，从而扩展和提高了合资合作的范围和数量。对于后发国家来说，汽车产业合资合作的谈判地位将不仅仅取决于汽车产业本身的能力，而且取决于包括信息、电子、电化学等在内的相关产业的竞争力，取决于基础设施的服务能力。

汽车社会、城市交通等问题，促使汽车租赁共享模式加快发展，对私人购买私人使用的传统汽车社会发展模式构成挑战。兼具汽车购买、拥有、租赁服务、维修保养和充电（电动车）一体化功能的服务型公司兴起，将以其大规模采购的方式，改变汽车产业“集中生产，分散购买”的产销格局，有可能成为汽车供需关系的“规则改变者”。这种商业模式创新尽管和汽车制造业有着千丝万缕的联系，但其发展并不是发达国家汽车产业竞争力的延伸，由于具有较强的服务业态和属地化特征，反而有可能以“服务的本地化”与“制造的全球化”进行博弈，最终形成新的“制造－服务－消费”均衡。基于这样的分析，合资合作不仅限于汽车制造领域，其将向汽车服务领域扩展，并形成新的合资合作格局。

（三）中国汽车产业合资合作面临的机遇和挑战

1. 中国汽车产业在进一步提高全球参与度的同时，对合资合作的自主创新提出了更高的要求

中国汽车产业将提高自主创新能力作为开放式发展的中长期目标，由参与全球制造向参与全球研发和创新转变。中国目前已经是汽车工业大国，但还远不是汽车工业强国。中国汽车工业的研发能力正在形成中，但还不是新技术的输出地；中国汽车自主品牌在国内已经占据一定比例的市场份额，但具有较高溢价的全球知名品牌还未出现；中国汽车出口主要还是发展中国家、新兴国家市场，所占比重也不高。进入21世纪以来，全球汽车生产中心向中国转移的趋势已经开始显现。2005年以后，跨国公司开始在中国设立研发中心，中国汽车工业也开始在研发等方面取得很大进展。但是，中国汽车企业的研发能力和品牌知名度获得全球认可还需要走很长的路。

改革开放以来，合资合作战略的实施初步实现了中国汽车大国地位的目标，而新一轮外资战略将推动中国汽车步入合资合作的新时代。在资源环境约束日益加剧和要素成本不断上升的形势下，中国汽车产业新的比较优势正在形成，主要表现在能够提升汽车产业整体水平的创新要素日益充裕，特别是与汽车产业相关的高等教育、职业培训逐渐普及，汽车产业工人队伍的职业素质整体提升，知识和创新型人力资源的优势开始显现。未来中国汽车产业战略转型的方向是要从单一的低成本战略向全方位、多层次、宽领域的开放创新战略转变。生产要从简单加工型向知识型、技能型转变，汽车产业要由参与全球制造向参与全球研发和创新转变。在这样的背景下，汽车产业合资合作的价值同样需要转型升级，需要从产业链低端向高端升级，从聚焦于制造向聚焦技术创新升级，从买技术向卖技术、输出技术升级。

中国汽车产业在进一步提高全球参与度的同时，对合资合作的技术创新提出了更高的要求。改革开放以来，中国汽车产业走过了近 30 年的合资合作道路。在这 30 年中，跨国公司投资对中国汽车产业的发展壮大做出了不可替代的贡献，存在的主要问题就是技术“溢出”没有达到初始政策制定的预期。在新一轮跨国公司投资和进一步合资合作过程中，解决中国汽车产业核心技术缺失问题，培育自主创新能力仍是关键。

在相当长一段时间内，合资与自主发展仍将是中国汽车产业发展的主要模式。但从长远看，汽车产业的战略转型必须服从并服务于“创新型国家”的转型，汽车产业的合资合作也必须通过战略转型与再定位实现“由产业链低端逐步攀升到产业链高端，由国外品牌主导转向自主品牌主导，由缺乏核心技术转向拥有核心技术”这一发展目标的调整和转变，进而推动中国由汽车产业大国向汽车产业强国的转变。

2. 中国汽车产业进一步开放市场的同时，对合资合作“走出去”发展提出更高的要求

中国汽车产业将进一步放开市场，优化市场环境，完善市场竞争机制。2008 年之前，中国汽车产业的合资合作主要集中在乘用车领域。随着中国对外开放步伐加快，从 2009 年开始，商用车领域的合资合作成为中国整车合资领域新的热点。随着中国服务贸易领域逐步开放，跨国公司的投资由传统的汽车生产领域向汽车服务领域进行扩张，跨国公司将在汽车金融、汽车租赁、汽车交易、汽车展览等更多领域有所作为。中国汽车产业的对外开放合作基本上兑现了加入 WTO 时的承诺。同时，在优化市场环境和完善市场竞争机制方面，相对于民营汽车企业来说，合资合作企业获得了相对优惠的待遇。

中国汽车产业进一步开放市场的同时，对合资合作“走出去”发展提出了更高的要求。由于中国的汽车市场广大且处在成长期，能够支持以满足国内市场为主的大规模整车组装生产。但是，具有国际竞争力的整车产品出口是中国加入 WTO 的初衷之一。在经历一个适当长的发展阶段后，建立在产业竞争力上的一定规模的汽车整车出口，以及提高中国汽车占全球汽车出口市场的份额，是中国汽车产业发展追求的主要目标之一。只有在全球市场上占有一定的出口份额，才意味着中国不仅是最大的汽车潜在消费国，同时也是具备较强国际竞争力的汽车产业强国。

2012 年，中国汽车出口量突破 100 万辆，是中国汽车产业发展的一个标志性年份。但和中国汽车总产销 2000 万辆的规模相比，中国汽车出口只占国内产销量不到 5%，这一比例不但远远落后于德国（75% 的产量用于出口）、日本（50% 的产量用于出口），甚至落后于巴西、印度等新兴汽车产业国家。从国际化视角来看，中国汽车的出口额只占全球汽车贸易金融的 2%，而且主要是低端市场，说明中国汽车产业“走出去”发展任重道远。从出口企业的构成来看，民营企业占据主要份额。合资企业受合资协议的约束，对产品出口有严格的限制。根据对等协议，中方引进的汽车产品，外方不能再进口，中方也不能出口。但应该看到，20 年前定的东西现在已经逐步被打破，说明在新合资时代，合资合作在“走出去”方面要有创新、有变化、有发展。

3. 中国汽车产业在资源环境的制约下，对合资合作的质量和水平提出更高的要求

中国加入 WTO 的初衷之一是在开放中逐步融入汽车产业全球分工体系，将提高国际竞争力作为中长期目标。改革开放 30 年以来，中国经济高速发展，也推动了我国汽车产业的爆发式增长和整体规模的扩大。目前，中国经济处于工业化发展的中后期向后期过渡阶段，新型城镇化仍然处于快速发展阶段，这既是我国经济未来持续快速发展的基础，也是汽车产业未来持续、稳定、较快增长的物质基础。国际金融危机之后，尽管中国的经济增速趋缓，汽车产销量增速有所下降，但中国仍然是世界上增长最快的市场。

强大的市场潜力是中国汽车产业对外合资合作的基础，是长期保持稳定的合资合作关系的关键。有了这样的强大依托，中国汽车产业在进一步融入全球产业分工体系过程中，必须高度关注提高国际竞争力的目标。在新合资时代，无论是原有合资企业还是新成立的合资公司，合作范围都在扩大，不只是限于

建立制造工厂、生产某种产品，而是将技术合作、研发团队交流等作为深入合作的方向。将提高国际竞争力作为中长期目标，对新形势下的合资合作提出了更高要求。如一汽集团与大众签署了一汽－大众合资合同延长25年的联合声明，双方约定将全力加强合资企业的研发能力，拓宽合作领域，包括建立自主品牌汽车，在新能源领域、金融服务等方面加强合作等。

在继续鼓励合资合作发展的同时，也对合资合作企业节能环保提出更高要求。随着中国汽车产业规模不断扩大，面临资源环境的压力也越来越大。这既是对中国汽车产业整体发展的挑战，也对合资合作生产节能环保汽车提出了更高的要求。新一轮投资中，中国汽车产业应该利用跨国公司规模、资金、技术的优势，发展新能源汽车和中低排量节能型汽车，不断地开发新的车型，更新汽车技术，以市场为导向优化汽车产品结构，推进汽车产业的升级。

新合资时代需要推动中国汽车产业合资合作的战略转型，即从单纯的“资金＋技术”合资模式向全方位、多层次、宽领域的开发式合作模式转变，提高合资合作的平等性；合资合作的领域从传统汽车整车产业向国家重点培育的关键零部件产业和新能源汽车产业转变；合资合作的重点从简单加工型向价值链高端环节转变；从数量、规模型合资合作向质量、效益型合资合作转变；从应对外方股权控制的基础层面上升到应对外部控制和收益控制的更高层面，保证国内企业与外资企业的共同发展。

五　新形势下中国汽车产业合资合作的思路、模式、路径和政策建议

随着2011年中国汽车产业正式告别多年超高速增长阶段，转入中低速增长轨道，汽车产业发展的增长动力、生产结构、消费结构和竞争格局等正在发生一系列显著的内在变化。与此同时，能源消耗、尾气排放、交通拥堵等诸多外部挑战正日益成为国内汽车产业发展的制约。这些内外部因素的交织与互动，无疑促动着中国汽车产业发展方式的历史性转变。

在新形势下，合资合作这个曾经在中国汽车工业特别是轿车工业从无到

有、从小到大的过程中扮演了重要角色的战略杠杆，正面临“向何处去”的重大抉择。特别是近年来，国内汽车业界现行合资合作政策特别是对于外商直接投资整车制造的股比限制政策一直存在广泛争议，不啻成了摆在汽车产业管理者面前的一道难解的谜题。

实际上，除了合资企业股权比例限制问题之外，自主品牌政策、合资对象选择、外资并购重组、合资企业异地投资等也都成为近年来合资合作政策的焦点问题。破解这些难题，需要全新的思路、新的模式与新的路径。

建立合资合作的新思路、新模式和新路径绕不开三个主题：为什么（why）、是什么（what）和怎么做（how）。“为什么”涉及开展合资合作的必要性，即我们推进合资合作的最终目的，它决定了未来汽车产业合资合作政策的最终落脚点；“是什么”主要指合资合作政策应该涵盖哪些重点领域和主要方面，这关系到“一揽子”合资合作政策框架的核心内容；“怎么做”指的是如何增强合资合作政策的适应性与合理性，这关系到合资合作政策的实际效果评估与动态调整、完善。

（一）我们还是否需要鼓励中外合资合作

在中国已经连续四年稳居世界第一汽车生产大国和消费大国宝座的背景下，中国的汽车产业是否还需要继续鼓励合资合作这种曾经对中国汽车工业特别是轿车工业发展起到过重大推动作用的发展模式？答案似乎并不明了，否则，针对这个问题的争论也不会延续多年。

1. 从历史和现实的视角来看合资合作的必要性

中国民族汽车工业就是在借鉴国外技术和生产组织体系基础上发展起来的。其中，卡车工业在20世纪50年代中期依托苏联的技术而艰难地起步。自20世纪80年代中期开始，轿车工业通过与德国等汽车工业大国的合资合作也逐步发展起来。之所以当时选择以中外合资合作形式来推动国内轿车工业的发展，主要是因为当时国内的轿车工业相比于已经发展了近一个世纪的汽车强国而言，基本上处于一片空白，缺资金、缺技术、缺人才、缺管理，单凭自身能力去摸索和积累将是一个漫长和艰辛的过程。借船出海，借力发力。通过合资合作来近距离学习，实现从小到大、从弱到强、从幼稚到成熟、从模仿到创新

的跨越，这是日本、韩国等后起汽车强国的普遍成功经验。

时至今日，我们有必要重新审视和梳理新时期进一步推进合资合作的必要性。应当承认，相比 30 年前，驱使我们推动合资合作的一些主客观因素已经发生显著变化。例如，自 2009 年开始，我国已经连续多年稳居全球第一汽车生产和消费大国的宝座，不仅建立了相对完整的汽车生产体系、研发体系、销售体系和人才体系，而且中国汽车工业也已经逐步融入全球汽车工业体系当中，自主品牌汽车也已经走出国门。

从企业层面上看，国内本土汽车企业特别是大型汽车集团在现行合资合作政策允许（如“一手托两家”政策）的范围内，基本完成了与全球知名跨国汽车公司的合资合作。经过近 30 年的合资合作，国内汽车企业的技术能力、资金实力、人才资源、管理经验等都已经迈上新台阶，在商用车和经济型轿车等细分市场上已经形成了一定的竞争优势。越来越多的国内汽车企业开始走出国门，在国外建立生产基地和研发中心，甚至整体收购跨国汽车公司。在这种情况下，有些人开始发出这样的疑问，我们还需要鼓励合资合作的产业政策吗？

答案是肯定的。尽管中国已经成为第一汽车生产大国和消费大国，但是从总体上讲，我们与世界汽车强国之间仍然存在较大差距。特别是从技术层面上看，我们不仅在传统内燃机汽车的若干核心技术上与发达汽车国家存在五年甚至更长时间的差距，而且在新能源汽车这个我们曾经认为能够实现后来居上的领域也已经显现被逐渐甩开的紧迫态势。这种技术差距仍然需要通过合资合作来加以缩短。

退一步讲，即使将来国内汽车工业在总体技术上实现了与世界汽车强国的齐头并进，但仍然需要通过合资合作来实现优势互补，特别是在局部技术领域保持领先地位。强强联合、优势互补是必需的战略选择。从国际经验来看，任何一个国家，任何一家企业，都不可能在所有技术领域保持全球领先地位。与竞争对手建立战略联盟和伙伴关系，将有限资源首先用于巩固自己技术特长的基础上，在相对薄弱的技术领域与竞争对手开展合作，同时又能够显著降低开发成本和生产成本，对于企业而言无疑是合理的战略选择。当然，在这方面既有成功经验（如雷诺和日产），也有失败教训（如戴姆勒和克莱斯勒）。产业政策应当也必须要适应企业发展战略调整的需要。

从自主创新能力培育角度来看，内资汽车企业在一定时期内还需要通过与跨国汽车公司开展合资合作来提供资金保障。虽然已经过二三十年的合资合作，但是从总体上看，国内几大国有汽车集团仍然没有建立起基于自主研发和自主品牌的稳定赢利模式和自主发展机制。一旦合资企业经营状况陷入困境，就会影响到整个集团的财务状况，自主品牌发展也必然会后劲乏力。

人才支持也使得合资合作的重要性日益显现。虽然没有准确的统计数据，但是我们仍然可以肯定，近十年来民族汽车企业的快速发展，在很大程度上得益于与合资企业之间的人才流动。以至于业内有一种说法，合资企业是内资企业的人才培养基地。当然，如果没有一个良好的激励机制，这些从合资企业吸引来的人才就会用不好，也留不住。

与跨国汽车公司的合资合作，对于中国汽车产业优化重组也具有非常积极的意义。国际知名咨询机构麦肯锡公司（McKinsey Analysis）曾就跨国汽车公司（MNCs）对中国汽车产业重组的作用进行过总结归纳（见图17）。

	理论依据	影响
通过促进竞争来推动结构调整	由于地区之间的市场分割造成经济低效，因此引入跨国公司成立合资企业有助于提高竞争，也有助于增强市场的统一性	地方骨干汽车企业纷纷与跨国公司联手成立合资企业，有助于通过兼并重组来提高市场统一性
提高专项技术能力	跨国汽车公司帮助地方车企提高技术水平和制造能力，以缩短与国际先进水平的差距	地方车企能够很快地学习跨国汽车先进技术迅速提高产品质量和多样性
引进先进的采购与分销管理	跨国汽车公司能带来先进的分销技能（例如销售商管理、物流和库存管理），这些技能是地方企业所不具备的	放松分销领域管制，允许合资企业参与竞争；提高分销系统效率；发展新业态（3S、4S）
提高零售与市场营销技能	跨国汽车公司可以培训地方零售商，以提高其零部件供应和融资项目管理能力；地方汽车业不能提供售后服务、二手车交易或零配件销售	有助于地方汽车工业极大地改进品牌管理和零部件供应系统整合效率；启动二手车交易和以旧换新业务，发展汽车配件早期市场

图 17　跨国汽车公司参与中国汽车产业重组的重要性

资料来源：McKinsey Analysis, *Automobile Industry Restructuring*, by Tian-Cho Chu etc. , http://autoassembly. mckinsey. com。

从图 17 中可以看出，通过与跨国汽车公司的合资合作，有助于中国汽车产业特别是地方汽车企业提高整体技术水平、采购与分销管理和售后服务技能等。

2. 关于股权比例限制政策的争论

一直以来，国内汽车业界关于是继续执行还是大幅调整现有合资合作政策存在广泛的争论，特别是关于放开还是坚持现行股权比例限制政策成为多年来汽车业界广泛争论的一个焦点问题。支持派与反对派两大阵营都言之凿凿，难分胜负。这也使得汽车产业政策的制定者面临两难选择。

支持继续执行现行合资企业股权比例限制政策一派的主要观点包括以下方面。

——股权比例关乎产业发展主导权。汽车产业作为国民经济的支柱产业，国内资本特别是国有资本应该占据主导地位，否则，产业发展自主权和话语权将会丧失。

——“股权换技术”策略应该坚持。通过合资合作学习到外方先进技术和管理经验，从而为我所用。由于内资企业在核心技术上与跨国汽车公司相比仍然存在较大差距，因此继续坚持股权比例限制仍然十分必要。

——内资汽车企业羽翼尚未丰满。由于内资汽车企业尚未成长壮大到能与跨国汽车公司分庭抗礼的程度，因此继续实行股权比例限制政策为内资企业提供一定程度的市场保护是应该的。

与上述观点相反，认为应该放开股权比例限制政策的一派观点则认为：

——股权比例要求与产业发展主导权之间并不存在必然联系。如果缺失自主创新能力，再高的内资股权比例也难带来产业竞争力和话语权的提高。

——股权未必能换来技术。相反，股权比例限制会使得跨国公司在引入先进技术时变得谨慎或慢半拍。一个显见的例子是当四挡自动变速器早在发达国家汽车销售市场上销声匿迹的时候，国内一些合资企业仍然把它作为主流技术应用于其主导产品上。

——企业竞争力的培育是在市场竞争环境下进行的，而不是在长期的政策保护下形成的。长期依赖股权比例限制政策的庇佑，使得内资企业（包括合资企业中方）难以感受到市场竞争压力，很容易产生对跨国汽车公司的技术依赖和利润依赖。

以上两派观点可以说是非此即彼，都有一定道理，又似乎都不尽然。我们在此不妨做些深入分析。

关于产业发展的主导权问题。从一般意义上讲，主导权是一个价值判断，它是指能够按照某种主体意愿来控制事物发展方向、发展路径和发展成果的支配力量。从此内涵出发，我们不难理解“产业主导权”应该是指掌控一个国家某个产业的发展方向、发展路径和发展成果的支配性力量。那么，是哪些因素形成了这样的支配力量呢?

实际上，产业政策、市场需求、知识产权、股权结构、市场结构、价值链分布等，都可能成为影响甚至左右产业发展方向和路径的重要力量。控股权只是其中之一，其重要性虽高，但不是唯一的，很多情况下也不是决定性的。例如一汽大众公司的外方股权只有 40%，但拥有 60% 股权的一汽集团很难说就掌握了合资企业的话语权。话语权需要谈判，归根结底取决于自身实力。将主导权完全等同于股权，实际上是把问题过于简单化了，也存在以偏概全的问题。

当然，这并不是说股权对于企业主导权毫无意义。在一定时期内，在一定条件下，控股权对于掌握主导权有一定积极意义。比如我们前面所说的学习效应（包括技术和管理）、资金效应和人才效应，这些都需要以控股权作为基础。问题在于我们要尽快缩短学习和追赶的时间、经验积累的时间和要素集聚的时间。当我们真正形成能够与跨国汽车公司平起平坐的竞争实力时，股权的重要性就自然会削弱。产业政策等制度设计就应该围绕如何缩短能力差距，特别是创新能力的差距而展开。无限期地以股权比例等为企业提供政策保护伞，只能使受保护对象产生政策依赖，削弱国内企业自主创新的动力。

关于“以股权换技术”问题。技术是企业创新能力的外在表现和物质载体。技术的获得有多种渠道，专利申请、know-how、购买专利许可等，都是企业可以选择的技术来源。但对于任何企业而言，核心技术却是买不来、换不来的，因为它关系到企业的生死存亡，它是企业数据库建设、信息系统、核心人才、研发流程、知识产权战略、创新文化等一系列软实力的综合体现。它只能依靠企业在长年的激烈市场竞争中去试错、去积累、去演进。即使国内企业与

跨国汽车公司或国外知名独立研发机构合资组建了研发中心，如果没有好的创新激励机制去源源不断地激发新的思想和新的知识，并使之物化到产品当中，我们得到的也只能是不断贬值的专利技术和品牌价值，不断流失的人才队伍和空空荡荡的办公大楼。

对于当下国内合资企业而言，股权比例确实对企业技术创新活动有一定影响。但是放松股权比例限制就一定能换来外方主动转移先进技术吗？答案是未必。即使是外商独资企业，如果过时的技术也能够产生可观的利润，那它就没有动力把最先进的技术应用到生产线上。能够让它们主动这样做的动力有两个，一是企业之间（包括合资企业与内资企业以及合资企业之间）的激烈竞争，会驱使合资企业甚至外商独资企业不断引入先进适用技术，甚至直接在中国建立研发中心；另一个是来自于进口替代品的竞争。20 世纪八九十年代，桑塔纳、捷达和富康“老三样”之所以能够长期占据国内轿车市场大部分份额，除了国内市场竞争不充分、内资企业竞争力疲弱等原因外，还有一个很重要的原因是当时国家设置了高昂的进口关税，使得“老三样”感受不到替代竞争的压力。因此，合资企业中方通过掌握控股权来获取外方先进技术只是一个美好的愿望。

（二）我们需要什么样的合资合作模式：推动合资合作的六大转型

应该说，在新合资时代里，我国汽车产业的合资合作应该被赋予新的内涵和新的构成要件。相比原有的合资合作，新合资合作模式应该能够推动以下几个方面的转型。

1. 从以整车制造为主的旧模式向覆盖全产业链为主的新模式转变

改革开放以来，中国汽车产业的合资合作基本上是以生产制造环节为重心。特别是在轿车领域，国内基本上是一片空白，对于如何组织高水平、大规模、现代化的先进轿车生产体系，如何形成复杂、庞大、优质的配套体系，如何实施与国际接轨的企业生产管理和财务管理等，都知之甚少。在这种情况下，通过合资合作借船出海，首先建立起大规模、现代化和高水平的轿车生产体系，对于刚刚跨入现代化汽车制造大门的国内企业而言，已经是一个重大挑战。

与此相适应，合资合作的相关政策如股权比例要求、合资对象选择（“一手托二家”）、异地投资设厂要求[①]等也大多是围绕汽车整车的生产制造而展开的。上述政策在国内汽车工业快速发展初期市场规模小、国内企业实力弱、市场竞争不够充分的大背景下具有一定的合理性。但是随着中国全面融入全球化进程并成功地跻身世界第一汽车生产大国和消费大国，自主品牌企业实力不断增强，国内汽车市场竞争日益充分，以整车制造为主的合资合作政策已经不能完全适应新形势的变化，需要将政策覆盖范围扩展到全部产业链的各个环节。

从汽车产业价值链上看，全球汽车产业正呈现服务化趋势，传统汽车企业正由制造型企业向服务型企业转变。历史地看，当一国汽车产业由高速发展的成长期转入中低速增长的成熟阶段后，汽车服务业创造的价值开始超过汽车制造业创造的价值。以汽车租赁、融资销售、汽车保险、设计研发、维护美容等为主要内容的后市场服务已经成为各国汽车产业价值链的主体。目前，相比汽车制造领域而言，我国在汽车服务领域的合资合作起步晚，发展慢，水平不高。我们在制造环节与跨国汽车公司间的差距已经大大缩短，但在汽车服务领域的巨大差距依然明显。近年来，我国汽车后市场服务发展迅猛，年均增长40%以上，相对于一位数缓慢增长的新车销售市场，向后市场服务转型将成为未来中国汽车价值链竞争的重点领域。

目前，国家对于汽车服务领域的相关政策限制还比较多，监管手续繁杂，激励机制不够健全。如商务部、发改委和工商总局在2005年联合发布的《汽车品牌销售管理实施办法》第十条规定，外商投资设立品牌经销商要将符合规定的相关材料报送所在地省级商务主管部门，然后再由后者报送国务院商务主管部门，由国务院商务主管部门会同国务院工商行政管理部门做出是否予以批准的最终决定。合资性质的汽车金融服务公司的业务范围和经营模式相对于跨国汽车金融服务而言还显得比较狭窄和单一。

汽车智能化和集成化正在成为全球汽车技术发展的主要方向。目前汽车产业领域超过90%的创新都与汽车智能化系统相关。[②] 车载智能通信技术在汽车

① 2009年3月26日，工业和信息化部发布《关于加强汽车生产企业投资项目备案管理的通知》，规定“汽车生产企业异地设立分厂必须在兼并现有汽车生产企业的基础上进行”。

② 张祝彬、王雅婧：《汽车智能化步伐加快　成汽车产业研发重点》，《经济日报》2012年7月10日。

上的应用大大提高了汽车的安全性、人性化、舒适性与娱乐性，使得汽车不再是安装在四个轮子上的一堆冷冰冰的铁皮，而是有思想、有智商、可交互的伙伴。为了未来在这场汽车智能化的饕餮盛宴中成为主角，一批有战略眼光的中外企业开始联手出击。如2012年6月20日，全球知名汽车厂商日本丰田汽车公司就牵手名不见经传的北京四维图新科技股份有限公司和北京美达雅科技术开发有限公司（丰田汽车公司2005年在中国成立的企业），合资成立了北京图讯丰达信息技术有限公司，合资开发全新车载导航智能系统。① 奇瑞汽车和韩国SK电讯于2011年11月联合组建“车联网技术联合实验室”，瞄准车联网技术的应用。

2. 以中方被动应对和垂直分工为主要特征的旧模式向以主动出击和水平分工为主要特征的新模式转变

从以往的合资合作历程来看，国内汽车企业在与跨国汽车公司开展合资合作中多处于相对被动的状态。一方面，对于尚处于起步阶段的国内企业而言，跨国汽车公司体量庞大，技术资金和人才实力雄厚，与这样的对手进行合资合作，很难掌握谈判的主动权，特别是车型引进、市场定位、产品规划、价格体系、技术标准、采购配套等，中方企业的话语权往往很弱；另一方面，国内不同企业之间存在激烈的竞争。与跨国汽车公司开展合资合作对于不同国内企业、各地方政府来说，无疑都会带来巨大的经济利益。在现行“一手托两家”的合资合作政策下，跨国汽车公司无疑倾向于在不同中方企业之间讨价还价，以寻求自身利益的最大化。

此外，以往的合资合作模式还有一个典型特征，就是基于垂直分工的合作模式和分配关系。跨国汽车公司输入车型、品牌、技术、标准、资金、工艺和管理等高级生产要素，中方企业提供生产工人、土地、厂房、流动资金等初级生产要素，双方在价值链体系中形成了一强一弱的合作关系。在分配关系上，中方企业处于相对弱势的地位。

但是，这样的合资合作模式将随着国内汽车产业逐渐走向成熟、中方企业综合实力的不断增强而发生显著变化。首先是国内市场竞争特别是跨国汽车公司

---

① 苏瑞琦：《丰田成立新合资公司，研发智能车载导航》，凤凰网·汽车，2012年6月21日，http：//auto. ifeng. com/xinwen/20120621/790062. shtml。

之间的竞争日趋激烈，中方母公司陆续推出竞争性自主品牌产品，使得中方企业的谈判地位明显提高。中方在车型引进、市场定位、产品规划、价格体系、技术标准和采购配套等方面的主动性和话语权明显提高，特别是中方企业可以根据自身战略考虑主动提出今后合资企业的发展方向、产品规划和技术需求。

其次是中外双方的合作模式开始由合作初期的垂直分工模式向水平分工模式转变。这当然得益于中方企业的综合实力，特别是技术实力、配套能力和管理能力的全面增强。中方合作伙伴不再处于价值链低端和从属地位，开始在新产品的适应性开发、新技术应用、新工艺改进、合资自主品牌等方面与外方伙伴进行对等的商讨与合作。这是一种向强强联合方向发展的长期趋势，是更有利于合资双方利益最大化的趋势。

3. 从立足于国内市场，以“请进来”为主的旧模式，向基于全球视野、“请进来”与“走出去”相结合为主的新模式转变

在合资合作的初期，跨国汽车公司进驻中国的首要目标是开拓潜力巨大的中国本土消费市场，因为拥有13亿人口的潜在大市场是无论如何也不能不重视的。由于中国国情的特殊性（如中国城乡路况、排放标准、燃油品质、安全标准等与发达国家不同）和多样性（如发达地区市场较成熟、消费能力强，而欠发达地区市场不太成熟、消费能力弱），合资企业在车型引入、产品定位、质量标准、市场定价等方面的竞争策略都与其在成熟发达汽车市场上的策略行为存在一定的差异性。跨国汽车公司的中国市场战略与其全球市场战略相隔离，以至于有的合资企业产品谱系出现老、中、青“三代同堂”的尴尬局面。

此外，由于跨国汽车公司在技术、品牌、资金、人才、供应链和工艺等方面都占据着明显的优势地位，因此，“请进来”就不可避免地出现合资企业主导合作模式。经过近二三十年的“请进来”和近距离学习，中方企业在合资合作中学会了如何运用现代化流水线来制造组装轿车，学会了如何管理供应链和控制配套采购质量，学会了如何组织和实现工艺流程，学会了如何提高物流效率和管理效率，学会了如何进行产品改型和适应性开发，学会了如何开拓消费市场和完善销售网络，学会了如何提供高水平、标准化的售后服务等，企业综合能力已经迈上一个台阶，已经具备了一定的冲击跨国公司的实力（特别是在轻型商用车和经济型轿车市场）。一汽集团、东风集团和上汽集团等合资

企业的中方母公司陆续推出了自主开发的新车型，建立了自己的研发体系、新品牌和销售网络。中外双方由以“请进来”为主的单向合作模式向“请进来”与“走出去”相结合的双向合作模式转型，时机不断成熟，特别是“走出去”的全球战略意义对于中外双方而言将日益凸显。

对于合资企业而言，在“请进来”的过程中逐渐培育“走出去”的能力，将“请进来”与“走出去”这两种不同战略方向的竞争与发展战略进行有机结合，实现全球战略利益的最大化，是未来合资双方必须要破解的难题。但能否将“请进来”与“走出去”整合在一起，成为中外双方的自觉战略选择，还需要双方共同努力和市场考验。

对于跨国汽车公司而言，“走出去”比“请进来”具有更大挑战性，因为这不仅涉及跨国汽车公司在合资企业中的利益，更关系到跨国汽车公司母公司全球竞争战略的重大调整。是投资“走出去”（海外投资设厂）还是产品“走出去”（海外委托销售）？是技术“走出去”（海外技术许可）还是服务“走出去”（建立海外销售网络）？是品牌“走出去”（品牌销售或品牌许可）还是研发“走出去”（海外建立研发中心）？当“走出去”由战略思维变成实际行动时，跨国汽车公司遇到的最大问题将是如何协调其全球战略与中国战略，如何协调全球利益与中国利益。限于此前的合资合作协议，中外合资企业生产的产品还不能出口到海外市场去，因为合资企业产品中捆绑了太多的中外双方共同利益（特别是股东权益）。同样的，合资自主品牌产品能否输出海外，与跨国公司自己的品牌展开面对面的竞争？这种挑战无疑是巨大的，但无法回避。

对于合资企业的中方企业而言，且不论是否能与外方合资伙伴达成战略一致，即使双方一致同意“走出去”，能否在海外市场上站稳脚跟，也存在很大疑问。此外，如何协调合资自主品牌与中方自主品牌在海外市场上的竞争关系，也是中方企业不能回避的问题。

4. 从传统六大国有汽车集团与跨国汽车公司进行单一化的资本联合为主的旧模式，向中外各种类型企业之间、多种联合纽带为主的新模式转变

自20世纪80年代中期以来，汽车工业领域的中外合资合作一直是围绕传统国有大型集团和传统汽车产业基地（主要集中在东北、长三角、珠三角、京津和重庆等地区）展开的。例如，克莱斯勒公司与北汽集团（1984）[①]、大众汽车集团与上汽集团（1985）和一汽集团（1991）、标致公司与广汽集团（1985）[②]、雪铁龙公司和东风公司（1992）、通用汽车公司与上汽集团（1997）和一汽集团（2009）、丰田汽车公司与一汽集团（2000）和广汽集团（2004）、本田汽车公司与广汽集团（1998）和东风集团（2003）、福特汽车公司与长安集团（2001）、韩国现代汽车公司与北汽集团（2002）和东风集团、江苏悦达公司（2002）、东风集团（2003）、日产汽车公司与东风集团（2003）、宝马汽车公司与华晨汽车（2003）、戴姆勒集团与北汽集团（2005）等先后成立合资乘用车公司，面向中国市场生产销售乘用车，并长期占据国内轿车市场70%左右的市场份额。从国内大型汽车集团来看，除少数跨国汽车公司外（如克莱斯勒汽车公司），在现行政策框架下基本完成了与跨国汽车公司之间的资本联姻（见图18至图23）。

这种六大传统国有汽车集团与知名跨国汽车公司之间以资本金联合为主要纽带的合资合作模式，在未来中国汽车产业发展格局中将发生微妙变化。一是越来越多的非传统汽车制造类企业开始步入与外商开展合资合作的行列当中。特别是随着奇瑞、吉利、长城、比亚迪等以乘用车为主的民营汽车企业，以及江淮、陕汽、北汽福田等以商用车为主的汽车企业的成长壮大，它们与国外汽车企业之间的合资合作将成为中国汽车合资合作版图中的另外一道风景线。毕竟传统跨国汽车集团在现行“一手托两家”政策的框架下尚存在发展空间。[③]

二是跨国汽车公司在新兴业务领域与国内非传统汽车企业之间开展新兴业务的合资合作。如前所述，丰田汽车公司2012年6月与北京四维图新科技股份有限公司等企业合资成立北京图讯丰达信息技术有限公司，联合开发新型车载导航智能系统。这种中外合资合作未来将更多地涌现。

① 克莱斯勒公司与北京汽车制造厂于1984年1月15日合资成立的北京吉普汽车有限公司系新中国第一家中外合资汽车公司，后由于经营不善于2005年宣布解散。1998年，克莱斯勒公司被德国戴姆勒集团以330亿美元价格收购。2007年7月，戴姆勒以74亿美元价格将所持克莱斯勒公司80.1%的股份出售给美国瑟伯勒斯资本管理公司。

② 1997年，本田汽车公司以象征性的1美元价格买断标致在广州标致汽车公司的所有股份和债务。

③ 有的跨国汽车公司在同类型产品中尚有合资余额，如克莱斯勒公司尚未再次投资中国，宝马和奔驰公司在中国仅成立了一家乘用车合资企业。

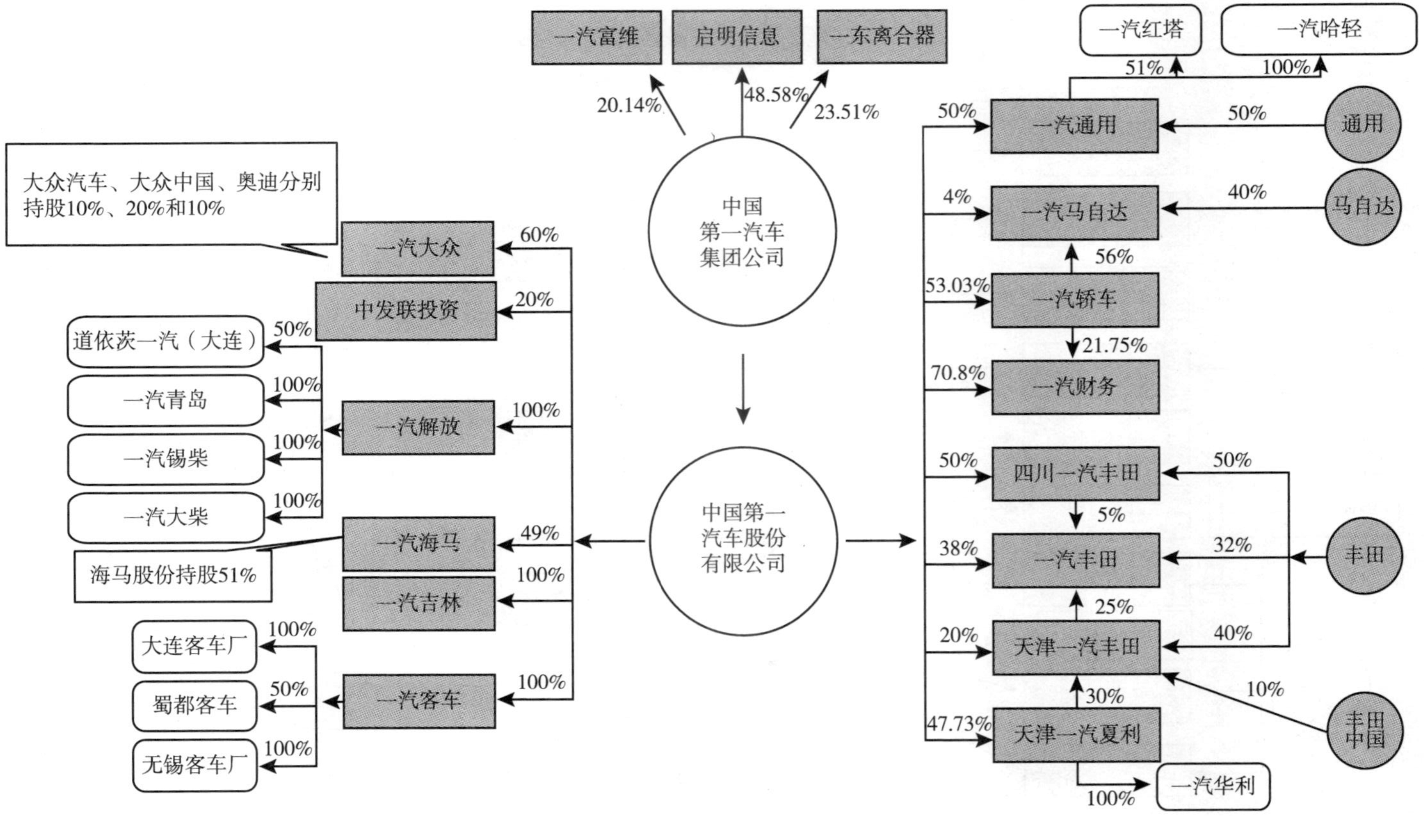

一汽富维
启明信息
一东离合器
20.14%
48.58%
23.51%
中国第一汽车集团公司
中国第一汽车股份有限公司
大众汽车、大众中国、奥迪分别持股10%、20%和10%
60% 一汽大众
20% 中发联投资
100% 一汽解放
50% 道依茨一汽（大连）
100% 一汽青岛
100% 一汽锡柴
100% 一汽大柴
49% 一汽海马
海马股份持股51%
100% 一汽吉林
100% 一汽客车
100% 大连客车厂
50% 蜀都客车
100% 无锡客车厂
50% 一汽通用
51% 一汽红塔
100% 一汽哈轻
通用 50%
4% 一汽马自达
马自达 40%
56%
53.03% 一汽轿车
21.75%
70.8% 一汽财务
50% 四川一汽丰田
5%
38% 一汽丰田
25%
20% 天津一汽丰田
30%
47.73% 天津一汽夏利
100% 一汽华利
丰田 50% 32% 40%
丰田中国 10%

图 18　一汽集团资本布局（2012 版）

资料来源：《2012 年中国六大汽车集团布局图》，《中国汽车报》2012 年 1 月 9 日至 1 月 15 日。

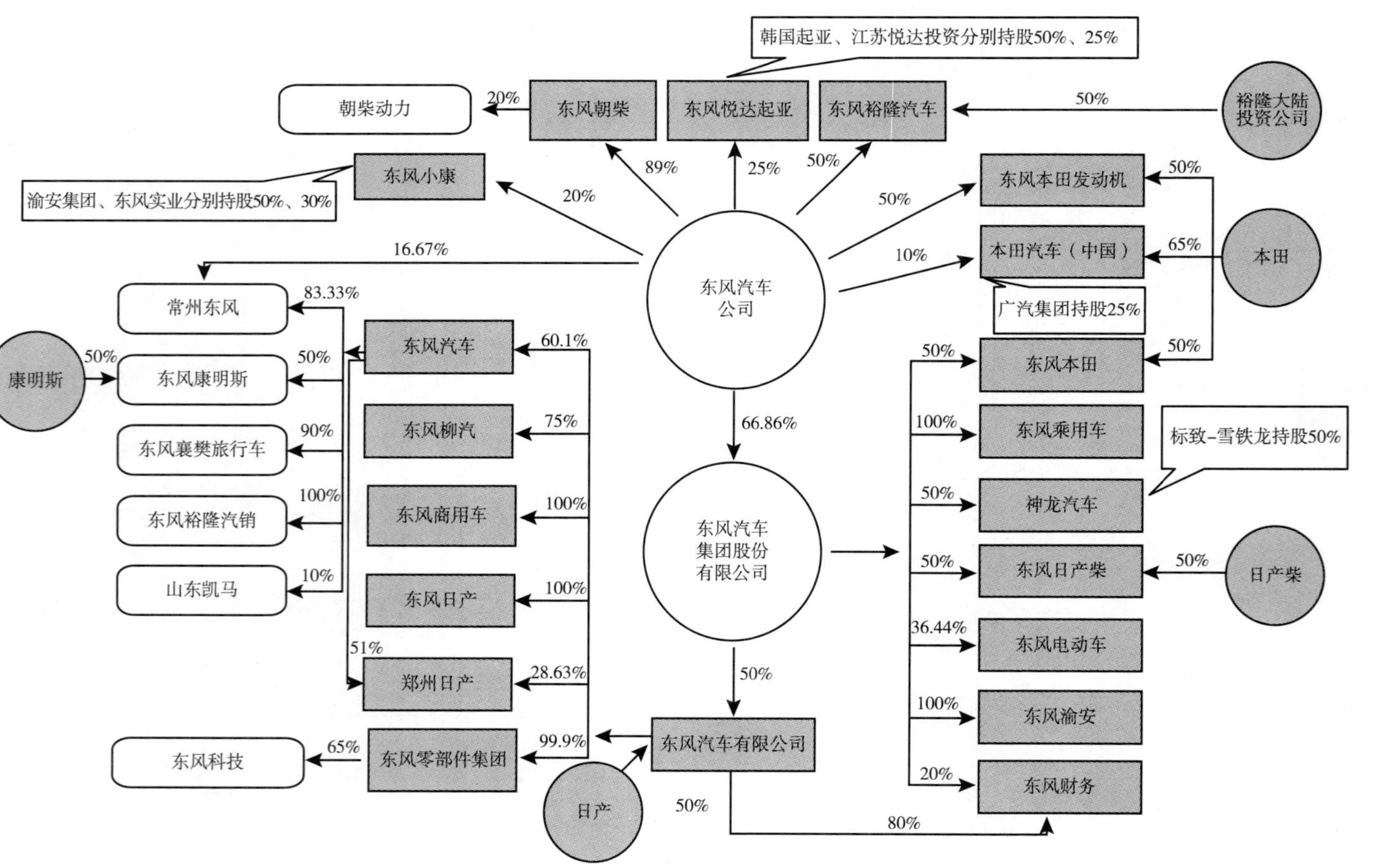

图 19 东风集团资本布局（2012 版）

资料来源：《2012 年中国六大汽车集团布局图》，《中国汽车报》2012 年 1 月 9 日至 1 月 15 日。

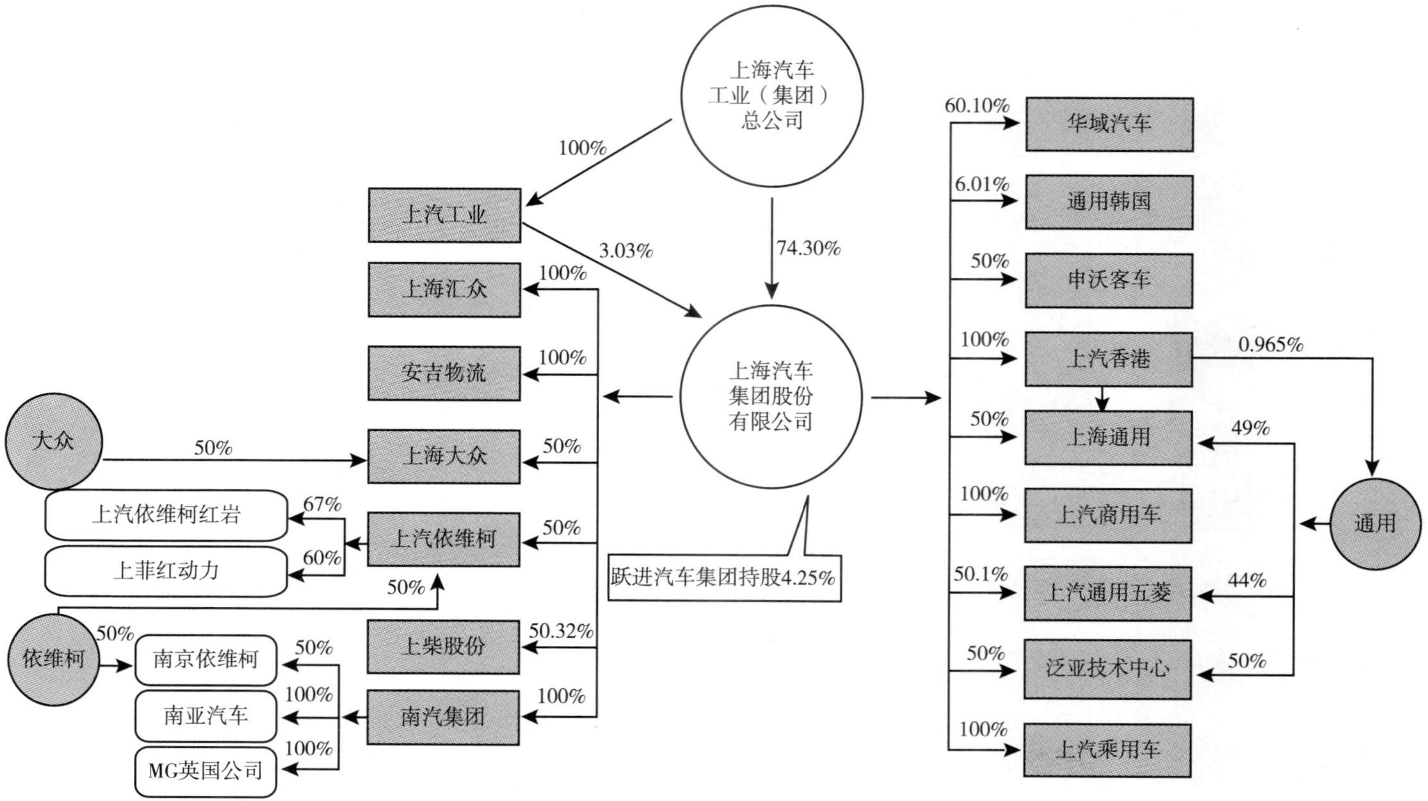

图 20　上海汽车集团资本分布（2012 版）

资料来源：《2012 年中国六大汽车集团布局图》，《中国汽车报》2012 年 1 月 9 日至 1 月 15 日。

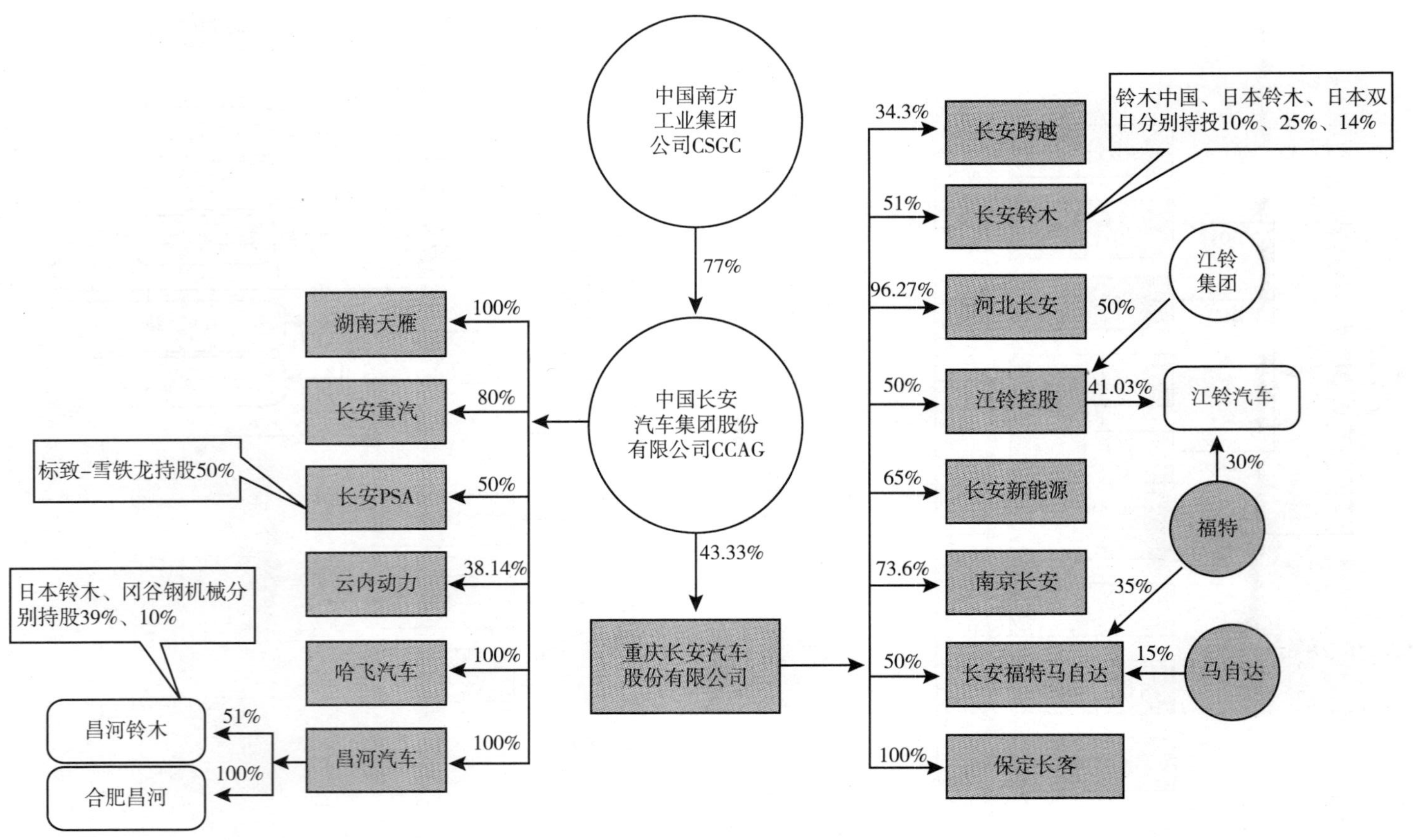

图21 长安汽车集团资本分布（2012版）

资料来源：《2012年中国六大汽车集团布局图》，《中国汽车报》2012年1月9日至1月15日。

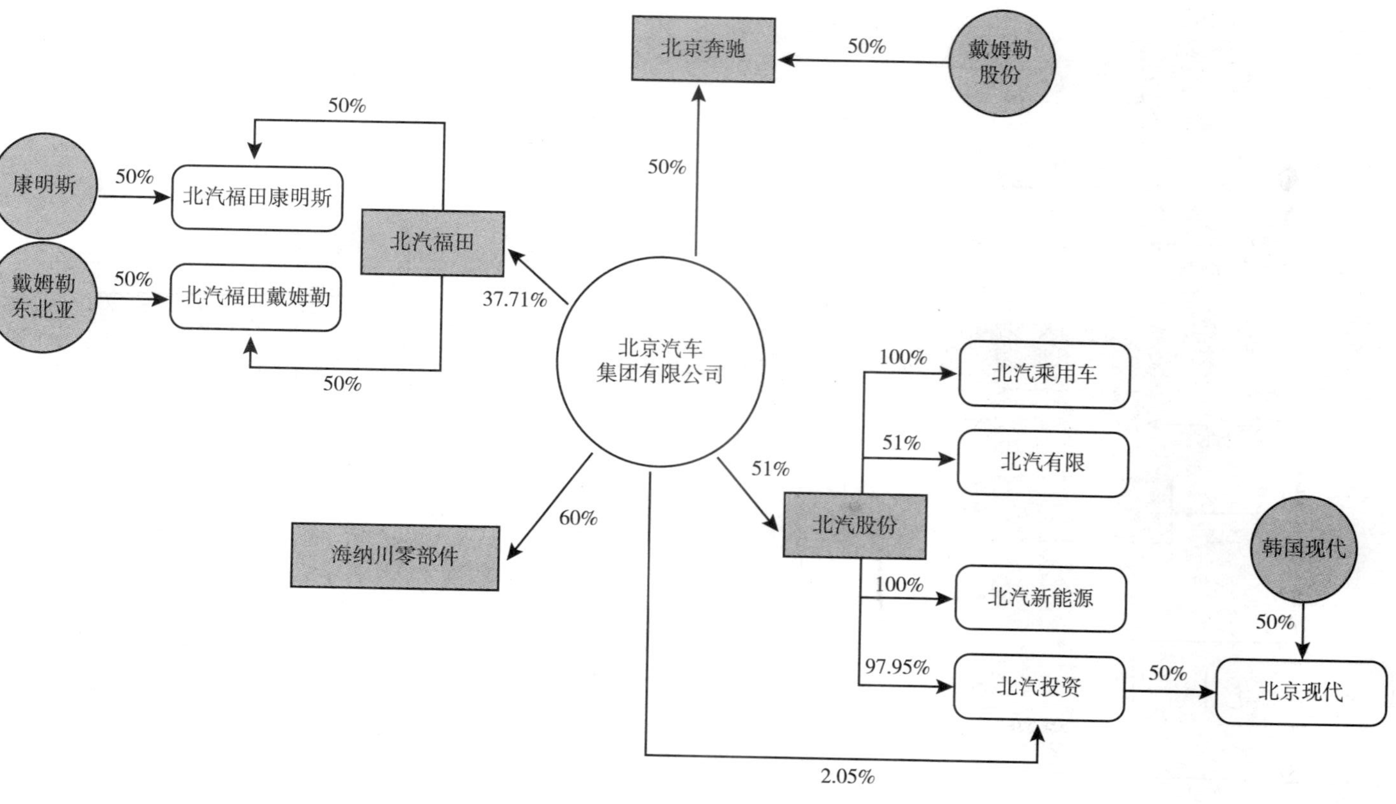

图 22　北京汽车集团资本布局（2012 版）

资料来源：《2012 年中国六大汽车集团布局图》，《中国汽车报》2012 年 1 月 9 日至 1 月 15 日。

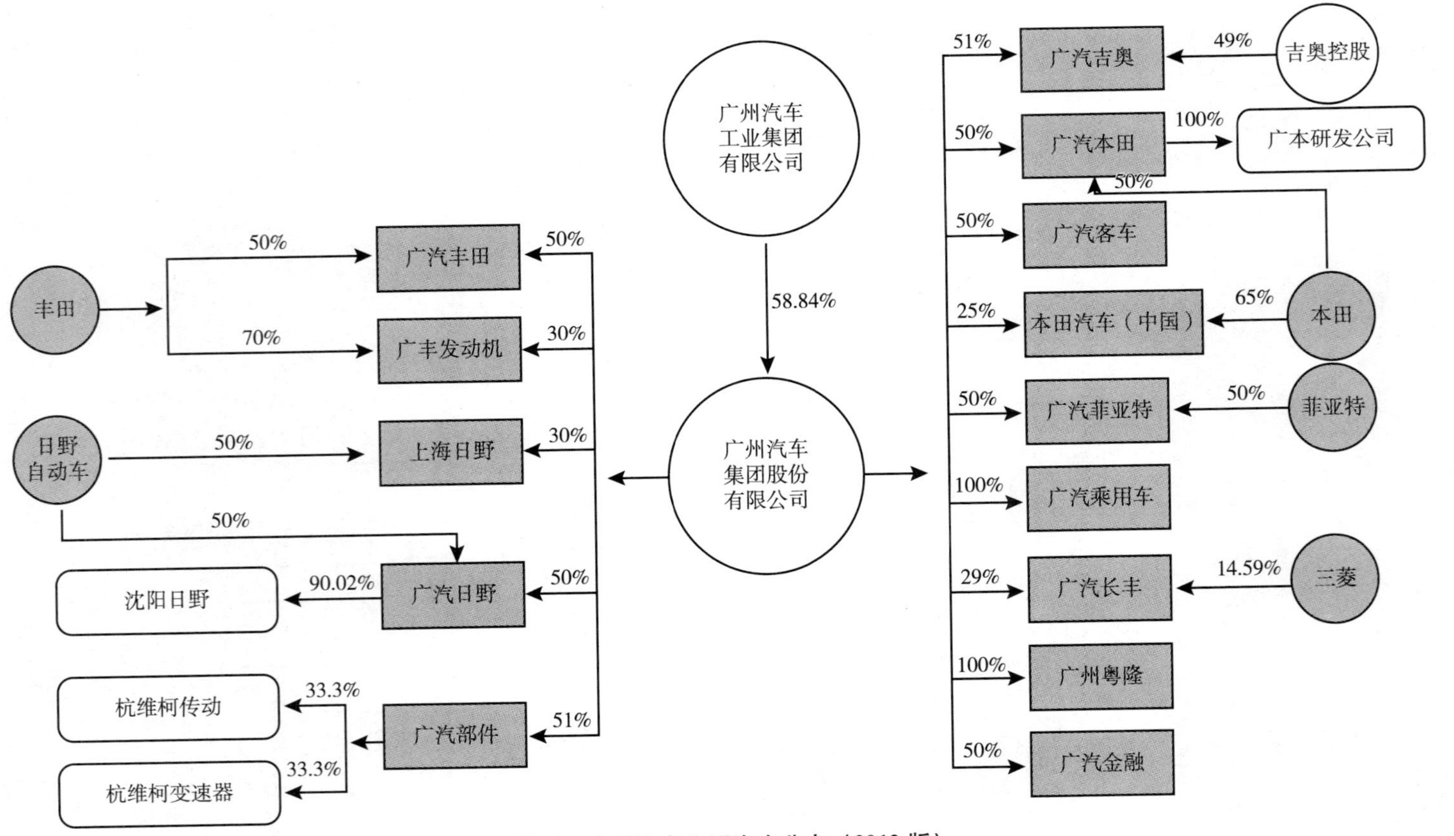

图 23　广州汽车集团资本分布（2012 版）

资料来源：《2012 年中国六大汽车集团布局图》，《中国汽车报》2012 年 1 月 9 日至 1 月 15 日。

三是国外一些非传统企业（汽车企业和非汽车企业）在车载定位导航、车载移动通信、车载娱乐系统等新兴领域与国内汽车企业和高科技企业之间的合资合作将更加频繁，其业务增长速度可能会以两倍甚至更高于传统汽车制造业务的速度增长。

未来中国汽车产业中外合资合作在我们面前呈现的将是一幅传统跨国汽车集团、非传统汽车企业、民营汽车企业、高技术企业之间阡陌交错、多姿多彩的图景。

5. 由传统内燃机整车制造为主要领域的旧模式，向新能源汽车及其核心部件等新兴领域为主要领域的新模式转变

中国汽车工业的合资合作是围绕传统内燃机整车制造组装而展开的。相应的产业政策也是基本上瞄准了内燃机整车制造。尽管在2004年版《汽车产业发展政策》当中，国家也明确鼓励发展节能环保型小排量汽车以及新型燃料汽车，但是由于市场与技术不成熟、激励政策不到位等多种原因，传统内燃机汽车仍然占据着压倒性优势。在这种情况下，国家陆续出台的一系列汽车产业政策仍然是以规范、引导和调控传统汽车产业健康发展为重点的。然而近年来，上述这种局面随着新能源汽车的逐渐兴起正在发生微妙变化。

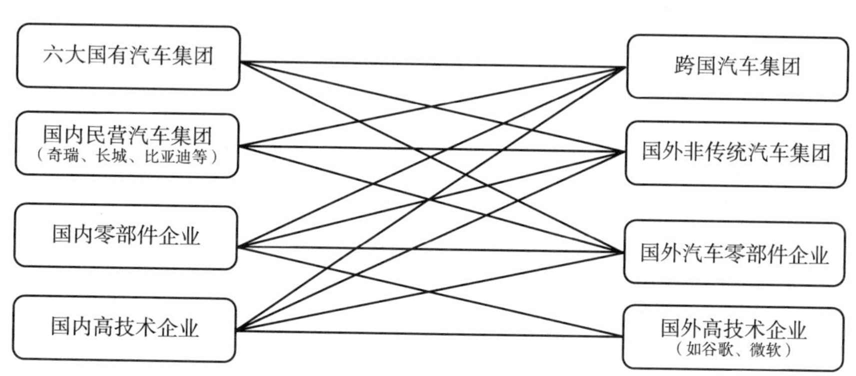

图24　未来中外企业之间在汽车产业领域的合资合作

2009年1月，国家正式启动“十城千辆节能与新能源汽车规范推广应用工程”，确定北京、上海、重庆等13个城市作为第一批试点城市，鼓励在公交、出租、公务、环卫和邮政等公共服务领域率先推广使用节能与新能源汽车。2010 年，国家又启动了第二批、第三批试点工作，将厦门、苏州等 12 个城市纳入试点行列。同年 5 月，国家有关部委又在上海、长春等 5 个城市启动私人购买新能源汽车补贴试点工作。

2011 年 12 月 24 日，国务院批准发布了《外商投资产业指导目录(2011)》(已于 2012 年 1 月 30 日起正式施行)。在这一版的汽车产业政策当中，一个显著的变化是将汽车整车制造及研发机构建设从鼓励类目录中予以删除，代之以新能源汽车关键零部件制造，并对能量型动力电池设定了外资股权比例（不超过 50%）。这也意味着以往合资整车生产企业一直享受的相关优惠政策（如进口设备减免关税及进口环节增值税）将面临取消或调整。

2012 年 6 月，国家正式公布了《汽车与新能源汽车产业发展规划(2012～2020 年)》，明确了以纯电驱动为新能源汽车和汽车工业转型的主要战略取向。国家计划投资 1000 亿元支持新能源汽车产业发展，到 2020 年纯电动汽车和插电式混合动力汽车生产能力达到 200 万辆，累计产销量超过 500 万辆。

在一系列国家重大战略规划与激励性财税政策的感召下，国内节能与新能源汽车产业方兴未艾。近年来，一大批中外合资合作项目应运而生。如由国内丰泰集团和澳大利亚第二大汽车公司 BCI 公司联合投资 4 亿元的厦门丰泰国际新能源汽车有限公司，计划将生产组装的混合动力和纯电动汽车等 100% 出口到欧美等发达国家和地区。① 美国 ZAP 电动车公司宣布成功收购浙江永源汽车公司 51% 股权后，欲凭借其在新能源汽车技术，特别是在电池管理系统上拥有很强的技术优势，在中国合资生产销售电动汽车。② 中矿集团与意大利 HTM 公司合资成立山东奥特姆新能源汽车有限公司，生产城市轻型智能电动汽车。③

6. 由传统的以资本纽带为主要合作方式的旧模式，向联合开发、战略联盟等多种合作方式共存的新模式转变

以往的国内汽车产业合资合作是以中外大型汽车企业之间的资本联合为

① 参见《厦门丰泰成首个保税港区新能源汽车生产企业》，《福建日报》2011 年 5 月 16 日。

② 参见《美国电动车公司 ZAP 收购浙江永源汽车》，2011 年 1 月 31 日中国新闻网。

③ 参见《山东烟台奥特姆公司首辆智能电动汽车下线》，2013 年 5 月日电动汽车网。

主要联结纽带的。中外双方合作企业共同出资组建成立新的合资企业，引进外方合作伙伴的车型（通常要根据产销量不同支付外方金额或比例不等的技术许可费）、生产工艺、质量标准、供应链管理等，生产组装悬挂外方品牌的汽车整车，并几乎全部在国内市场进行销售。在此过程中，资本联合成为中外双方开展一系列生产合作的最重要联结纽带。应该承认，这种旧的合作模式对于中国汽车工业从小到大，成长为世界第一大汽车生产国起到了关键作用。

放眼未来，资本联合将不再是唯一甚至不是最重要的中外企业合作纽带。以项目为导向的联合开发、以共享利益为基础的战略联盟和以产学研用相结合的商业化应用等多种合作方式将逐渐上升为中外企业之间的主要联结纽带。

跨国汽车公司竞争对手之间围绕共性技术平台进行强强合作，开展联合研发或深度技术合作，以降低研发成本，这在国际上是非常普遍的现象。例如，近年来美国两大汽车巨头通用汽车和福特汽车联手研发九速和十速自动变速箱，以改善两大集团主要产品的燃油经济性。奔驰公司与宝马公司合作研发动力传动系统。奔驰公司与雷诺－日产公司在汽柴油发动机方面开展合作。丰田公司和宝马公司在燃料电池、跑车、轻量化技术和锂空气电池等领域进行深度合作。这样的横向合作将随着国内汽车企业技术能力的提高而越来越普遍。特别是在新能源汽车领域，中外汽车企业之间的联合开发更具战略意义。但是，如何形成利益共享、风险共担的有效合作机制，不仅需要一个完善的合作协议，更需要中外企业文化的认同。

组建战略联盟以推动新技术和新产业发展，在中国汽车产业发展中已经由理念变为现实。如新能源汽车联盟、汽车轻量化联盟等，都呈现非常好的发展态势。尽管目前国内汽车产业战略联盟仍然以国内企业居多，外资企业对战略联盟的参与度还不够高，内容还不丰富，规模也有限，但是其发展速度是非常可观的，中外联盟成员队伍不断壮大。例如，在上海市经济和信息化委员会指导下，上海汽车工业（集团）总公司、上海市交通电子行业协会等单位于2011年4月发起组建了“上海车联网与车载信息服务产业联盟”（Shanghai Vehicle Connectivity and Telematics Alliance，SVCTA），首批46家成员单位涵盖汽车整车、电子信息、软件和信息服务、通信网络、城市交通、公共服务等领域。可以预见，这种产业联盟和创新联盟将成为未来中国汽车产业重要的中外合作形式。

专栏　上海车联网与车载信息服务产业联盟

“上海车联网与车载信息服务产业联盟”（Shanghai Vehicle Connectivity and Telematics Alliance，SVCTA）在上海市经济和信息化委员会指导下，由上海汽车工业（集团）总公司、上海市交通电子行业协会等单位发起组建，于2011年4月7日成立，首批成员单位46家，涵盖汽车整车、电子信息、软件和信息服务、通信网络、城市交通、公共服务等领域的国内外知名企事业单位、大学及科研院所、行业组织、产业园区等，在国内外同行业中具有广泛的影响力和引领作用。

上海车联网与车载信息服务产业联盟首届理事会由23家理事单位组成，首任理事长单位由上海汽车工业（集团）总公司担任，秘书长单位由上海市交通电子行业协会担任。联盟秘书处设在上海市交通电子行业协会。业务主管部门为上海市经济和信息化委员会。

联盟以“合作、共赢、创新、发展”为宗旨，致力于建设行业车联网与车载信息服务产业创新公共平台，以行业共性与关键技术为重点，构建以市场为导向，产、学、研、用、资相结合的技术创新体系，推动智慧城市建设，推动产业升级和竞争力提高。

联盟以平等自愿、统一规划、产业分工、权利义务对等、开放共享为原则，实现企业、大学和科研机构等的相互紧密合作，突破产业发展核心技术，建立产业技术重大标准，加速科技成果的商业化应用，加快汽车与电子技术、汽车与通信网络、汽车与智能交通、汽车与信息服务等的融合应用，提升联盟成员单位在国内外同行业中的整体优势。

资料来源：上海车联网与车载信息服务产业联盟官方网站，www. stea2008. org。

（三）我们需要什么样的合资合作政策

对于中国汽车产业合资合作而言，尽管市场竞争是基础性的驱动因素，但

同时，政府的产业政策也是至关重要的。面向未来十年乃至 20 年，中国汽车产业的合资合作将走向何方，这是摆在中国汽车产业政策决策者面前的一道现实难题。虽然我们无法替代国家汽车产业政策主管部门勾勒出未来合资合作政策的具体框架和政策要点，但是，我们不妨在此描绘一下我们所期望的合资合作政策的未来走向。结合前述中国汽车产业合资合作模式的转型需求，未来的合资合作政策可以考虑进行适当调整与完善。

一是推动由经济性管制为主向以社会性管制为主的政策方向转变。

以往的汽车产业合资合作多是建立在政府设定各种约束性条件基础上的。如股权比例限制、合资对象数量、异地投资扩产、合资自主品牌、品牌销售等，这些约束条件构成了严格的政府前置性审批事项。这样的前置性审批事项还包括投资规模、投资方式、地区布局、准入资格、产品品牌等微观层面经济性管制手段。突破这些政策性管制，对于合资企业而言是一件难度极大的事情。而放松这些政策性管制，对于决策者而言又是一件极具挑战性的工作。这种政策模式在中国汽车产业发展初期有一定合理性。但是随着中国汽车产业不断做大做强，更深入地融入汽车产业全球化浪潮当中，其局限性逐渐显现出来。例如，有一种观点认为，现行“一手托两家”的合资对象选择政策强化了跨国汽车公司在合资企业车型引进、市场定价、技术许可等方面的主动地位。两家国内企业之间的替代性竞争往往会使中方整体利益受损。

此外，合资自主品牌政策是业界议论较多的政策。应该说，此项政策的初衷是好的，旨在推动合资企业发展独立品牌，增加属于合资企业的附加价值。[①] 但是在实践中，合资自主品牌政策的效应却存在较大不确定性，甚至不排除可能出现异化的可能性。因为许多合资企业推出自主品牌可能是一时应对之策，未必符合其立足全国、立足全球的长远战略利益（例如合资自主品牌

---

① 在“2012 中国汽车产业发展高峰论坛”上，工业和信息化部副部长苏波首次在公开场合力挺合资自主。在此之前，国家发改委等相关部门曾将“是否有合资自主项目”作为审批汽车企业新合资项目的重要条件之一，但这一标准从未以公文形式正式对外公布。目前，国内汽车市场上的合资自主品牌主要有广本理念、东风日产启辰、上汽通用五菱宝骏、北京现代首望、一汽大众开利、一汽丰田朗世、华晨宝马之诺、东风悦达起亚华骐等。参见《21 世纪经济报道》2012 年 9 月 5 日文章《工信部力挺合资自主　自主车再遇政策危机》。

与外资品牌存在明显的利益冲突）。但是为了迎合政策需求，一些合资企业把原有的已经淘汰的车型产品改头换面为合资自主车型，其中的一些关键零部件甚至还停留在十年前的水平上。[①]

放眼未来，这些以限制性、经济性管制为主要特征的合资合作政策将有望更多地融入激励性因素，更加注重激励性政策的作用，更加注重将产业整体利益与合资企业利益、中外双方母公司的利益结合起来，实现激励相融。因为已有的一系列事实已经表明，单纯使用限制性甚至惩罚性的管制手段并不能完全激发出企业的合作热情和战略配合。相反，企业往往会以各种理由和手段去说服政府，或者采取变通手段来规避政策限制。

未来的合资合作政策应该更加注重社会性管制内容。特别是应将解决节能、排放、安全、资源回收等外部性问题作为合资合作政策的首要方向。结合财税、研发、标准、采购等各种政策工具，形成政策合力。特别要解决好社会性管制政策实施中的中央与地方关系。因为从以往政策实践来看，在机动车能耗、排放、安全、资源再利用等问题上，存在着中央与地方激励不相容的问题。

二是实施分类指导，用好用活股权比例等准入政策。

股权比例政策可谓是目前中国汽车产业最重要的一项外资政策。由于其关系到中国汽车产业的整体战略利益和竞争格局，因此，对于这一政策的重大调整（如取消股权比例要求）一定要慎重。

由于目前大多数合资企业尚未进入全面战略合作的阶段，因此，当前及今后一个时期，股权比例政策仍然有其合理性，但要用好、用活，避免绝对化和长期化。

用好、用活股权比例政策，要求政策的存续与调整应视中方企业是否真正具备足够的竞争力特别是技术实力而定。否则，不讲条件地立即取消股权比例限制，就可能造成大量外资企业结束合资、选择单飞的不利局面。一味强调股比政策的绝对化和长期化，又会造成合资公司的中方企业因缺少生存压力的激励，抑制了自身的自主创新动力。

---

① 参见《21 世纪经济报道》2012 年 9 月 5 日文章《工信部力挺合资自主　自主车再遇政策危机》。

用好、用活股权比例政策，要求对现有合资企业进行分类指导。例如，对于老整车合资企业，可以考虑在第二合资期结束时再由中外双方一起商讨股权比例。对于新成立的整车合资企业，可考虑在第一合资期结束时再讨论股权比例调整问题。

对于新能源汽车的研发、制造与产业化，要在国家鼓励的投资方向（如外商投资指导目录鼓励类）、专项规划（《节能与新能源汽车中长期规划》）等基础上，对核心技术（如动力电池、驱动电机和电子控制系统等）领域，中方企业应适度绝对控股。待时机成熟后，再放松股权比例要求。

三是要为合资企业发展提供更加公平的竞争政策。

应当将合资合作政策放到公平竞争的市场环境去筹划。以往国内汽车产业合资合作政策存在超国民待遇和欠国民待遇并存的问题。如合资汽车企业可以在《外商投资产业指导目录》、开发区内生产型企业外资政策等框架下享受企业所得税、进口设备税收减免等各种“显性”优惠政策①。加之地方政府往往从地方经济利益出发给予合资企业较低土地出让价格和能源价格、地方税收返还等“隐性”优惠政策，因此，合资企业事实上形成了对内资企业的政策“高地”。另外，在国家重大研发项目、产业联盟等领域还存在一些“欠国民待遇”问题。要让合资企业更好地发展，就应该让合资企业更公平地参与市场竞争。毕竟，合资企业的利益既不同于合资企业中的中方利益，也不同于合资企业中的外方利益，而是融合了中外双方共同利益的集合体。

四是形成完整的、覆盖全产业链的战略合作激励政策。

要改变以往侧重于整车制造组装的局面，政策着力点要向全产业链的战略合作延伸，并给予相应的激励政策扶持。例如，应鼓励中外双方合资成立汽车金融服务公司，在为国内消费者提供更加高效和完善的融资服务外，可以适度放宽经营业务范围，向融资租赁、保险等业务领域延伸，以有利于中

① 2010年11月17日，国务院发布了《国务院关于统一内外资企业和个人城市维护建设税和教育费附加制度的通知》，决定对外商投资企业、外国企业及外籍个人征收城市维护建设税和教育费附加，统一内外资企业城市维护建设税和教育费附加制度，宣告了外资企业在中国享受16年的“超级国民待遇”寿终正寝。

方企业可以近距离地从中学习到外方在各种汽车金融业务领域里的先进经验。

深化在车联网等智能化应用等领域的合资合作。在各地智能交通和车联网等产业规划中，要鼓励外资企业全面进入，利用内资企业在移动通信基础设施等方面的网络优势，将车载智能系统等纳入国家鼓励发展的重点领域，并给予财税、研发资助等激励政策。

五是鼓励合资企业全面融入战略联盟，充实和完善创新激励政策。

要鼓励合资企业全面参与国内车身轻量化、新能源汽车、替代燃料汽车、车载智能系统等领域的各种技术联盟和产业联盟，积极发挥合资企业在技术、人才和标准等方面的优势，使技术联盟和产业联盟不断做大做强。政府可以给予战略联盟以资金、税收、场地、信息等方面的优惠政策。在政府采购活动中，也可以战略联盟名义参与投标活动。

要鼓励合资企业成立独立的研发机构，与国内汽车企业、大学和科研机构开展各种形式的科研合作，瞄准一些重要的基础性技术和先进适用技术，以项目及产业化为依托，开展联合开发活动，促进研发成果的产业化。合资企业可以在联合开发活动中发挥骨干作用。鼓励合资企业组建独立研发机构（有可能是非传统汽车生产企业），从事全球最先进技术的研发，并为中外广大客户提供技术解决方案。

六是鼓励合资企业参与产业重组，完善外资并购审查制度。

在完善产业优化重组和企业退出机制的基础上，鼓励合资企业全面参与汽车产业重组。国家应考虑在外汇、税收、信贷、清算、人员安置等方面给予政策扶持。同时，要完善外资并购的审查制度，对于控股性的兼并收购活动，要加强从公平竞争、产业安全、债权债务和外汇管理等角度进行合理审查。

B.6

全球化新形势下中国汽车产业“走出去”战略

一　中国汽车企业“走出去”的总体状况

1. 中国汽车产品出口状况

在过去的十年中，中国汽车出口贸易额增长较快。2012 年与 2002 年相比，汽车出口贸易额增长了 22 倍，汽车出口贸易额占全国货物出口贸易总额的比例增长了 2.6 个百分点，由 2002 年的 1.03% 上升到 2012 年的 3.63%。但汽车产品出口额占国际汽车产品出口份额的比例没有大的变化（见表 1），这与中国汽车产销量占世界汽车 22% 以上的产销量极不相称（见图 1）。

表 1　2001 ~ 2012 年中国汽车产品（含整车和零部件）出口贸易额

单位：亿美元，%

年份	出口额①	汽车出口额占全国货物出口贸易总额比例②	中国汽车产品出口国际市场占有率③
2001	27.1	0.53	—
2002	33.6	1.03	0.43
2003	80.3	1.83	0.49
2004	124.2	2.09	0.74
2005	167.7	2.20	1.08
2006	289.1	2.98	1.41
2007	412.6	3.38	1.95
2008	476.3	3.33	2.32
2009	383.5	3.19	2.04
2010	541.4	3.43	1.07
2011	719.7	3.79	—
2012	744.5	3.63	—

资料来源：

①《中国汽车工业年鉴》，《中国汽车工业产销快讯》。

② 根据相应年份的《中国统计年鉴》和《2012 年国民经济和社会发展统计公报》数据计算得到。

③ 中国贸易促进会汽车分会《2011 中国汽车出口发展研究报告》。

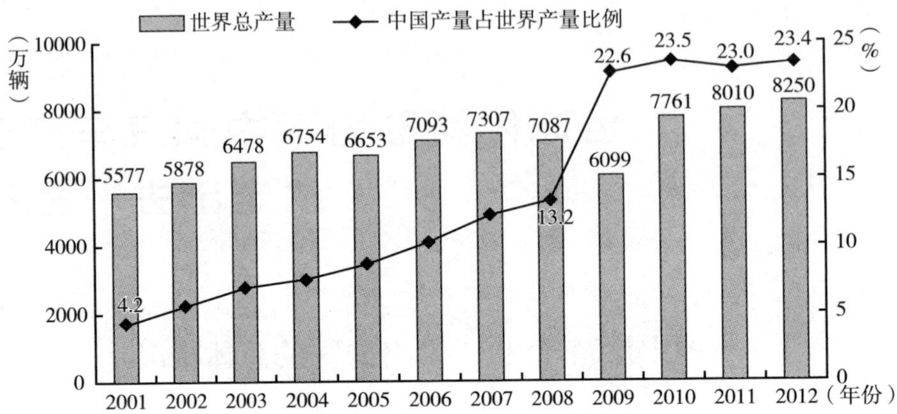

图1　中国汽车产量及占世界汽车总产量的比重

资料来源：2001～2011年数据来自《中国汽车工业年鉴》，2012年中国数据来自《汽车工业产销快讯》，2012年世界汽车产量按照OICA预测的增长3%预测。

在中国汽车产品出口结构中，从产品类别看，汽车零部件产品仍是汽车产品出口的主力（见表2）；从企业类别看，中资企业是整车出口的主力，独资企业和合资企业占据着高端汽车零部件出口市场。

表2　2006～2012年中国汽车产品出口结构

单位：%

年份	汽车零部件	摩托车	汽车整车	其他
2001	60.18	7.89	27.54	4.39
2002	49.46	7.38	19.35	23.80
2003	67.53	4.63	13.23	14.60
2004	63.98	5.27	11.53	19.21
2005	58.97	9.00	13.40	18.62
2006	66.58	10.84	10.53	12.05
2007	69.53	17.71	8.86	3.90
2008	57.10	20.22	9.57	13.11
2009	66.42	13.53	7.37	12.67
2010	66.95	12.90	7.38	12.76
2011	63.85	15.22	7.52	13.41
2012	74.31	18.41	6.81	0.47

资料来源：《中国汽车工业年鉴2012》、《中国汽车工业产销快讯》。

在整车出口方面，2008 年中国整车出口量占汽车总产量的比重达到历史最高峰，为7.3%，2012 年汽车整车出口数量达到历史最高峰，为 105.61 万辆（见图2）。尽管如此，与美国、日本、德国、韩国等国相比（见表3），中国汽车产品出口的比例仍然很低，内需拉动发展仍然是中国汽车工业发展的主要特征。

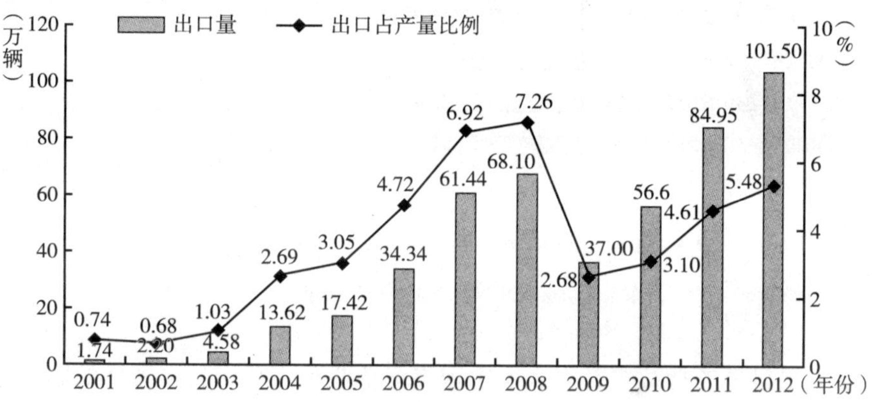

图 2　2001 年以来中国整车出口量及产量比重

资料来源：2001 ~2011 年数据来自《中国汽车工业年鉴》，2012 年中国数据来自《汽车工业产销快讯》。

表 3　2010 年部分国家汽车出口量及占其产量比例

单位：万辆，%

国　家	产量	出口量	出口占产量比重
德　国	590. 6	448. 1	75. 9
韩　国	427. 2	277. 2	64. 9
日　本	926. 6	484. 1	52. 2
美　国	776. 1	108. 1	13. 9

资料来源：根据《中国汽车工业年鉴 2012》数据整理。

近些年中国整车出口的另一特点是，按企业统计集中度明显提高。2012 年，出口量排名前十企业的出口量合计占到了全部整车出口总量的 80. 87%，而 2008 年这一数字只有 68. 85%。这反映了政府在出口秩序整顿方面取得的成果，也反映出这些企业在调整出口战略思路方面取得的成效（见图3）。

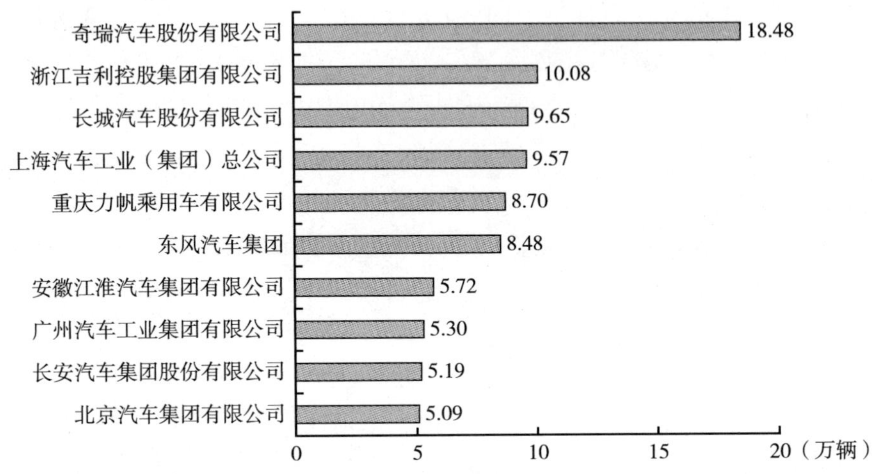

图3　2012年中国整车出口量排名前十企业及出口量

资料来源：中国汽车工业协会《中国汽车工业产销快讯》。

整车出口量的持续提升，表明中国汽车企业和汽车产品在国外的影响力在不断提升，为中国汽车实现从“走出去”到“走进去”的转变奠定了良好的基础。但值得注意的是，近年来参与到中国产整车产品海外市场竞争的已经不再仅仅是内资企业（见表4），很多整车合资企业也都制订了将中国产汽车出口到其他国家的计划，并建立了专门的海外销售事业部，表明这些企业在全球生产布局方面出现的新变化，不排除一些跨国汽车企业在重新考虑在中国合资企业的全球定位。

表4　2012年部分合资企业轿车出口情况

单位：辆

汽车企业＼年份	2009	2010	2011	2012
上海通用汽车有限公司	12	5670	31181	61636
本田汽车(中国)有限公司	28299	25009	24249	29034
神龙汽车有限公司	5	5	3129	3528
东风日产乘用车公司	0	389	148	10
一汽大众汽车有限公司	86	194	38	10
华晨宝马汽车有限公司	0	0	31	0

资料来源：中国汽车工业协会《中国汽车工业产销快讯》。

2. 中国汽车企业海外生产状况

图4、图5和表5是北京富欧睿汽车咨询有限公司（Fourin）对中国汽车企业近年来海外生产情况的统计和他们对2015年中国汽车企业海外生产量的预测。这些资料表明，目前中国汽车企业海外设厂还处于尝试阶段，规模小、布局分散，主要以CKD或SKD组装形式，基本没有什么当地采购率高的现地生产，与跨国公司的全球生产布局不可同日而语，但中国汽车企业已经坚定并执著地迈出了海外生产的步伐，并得到世界的关注。

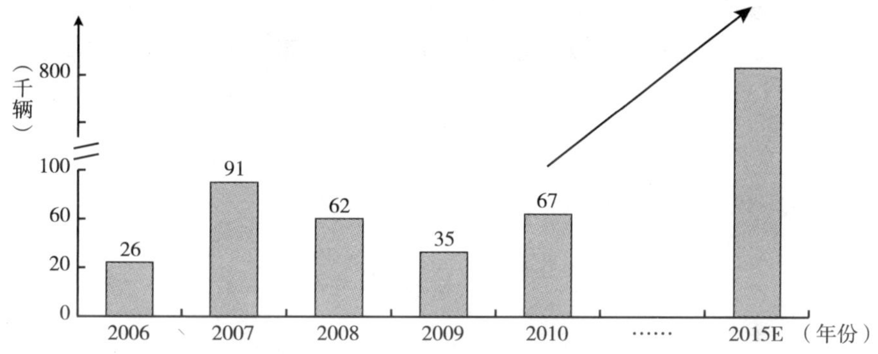

图4　中国汽车企业海外生产量

资料来源：《瑞银全球证券研究报告》，2012年7月25日。

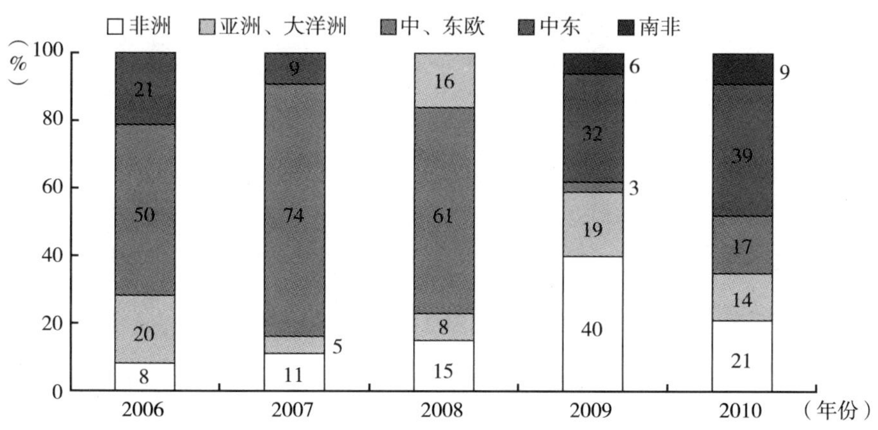

图5　中国汽车企业海外生产地区分布

资料来源：《瑞银全球证券研究报告》，2012年7月25日。

表 5　中国汽车生产商的海外工厂（截至 2011 年底）

	亚洲・大洋洲	中东欧/CIS	非洲	中东	南美	西欧	北美	备　注
奇瑞汽车	●○	●○△×	●△	●×	●○△	○△		拥有中国汽车制造商中最大的海外生产基地。其俄罗斯、乌克兰、伊朗、埃及、印度尼西亚、乌拉圭等基地处于投产状态。正在巴西建设年产 5 万辆的工厂
长城汽车	●△	●○×	●	●	●○			俄罗斯、印度尼西亚、伊朗、越南、埃及基地处于投产状态。计划到 2015 年将 KD 基地数量从目前的 14 家增加到 24 家。合计形成 50 万辆的组装能力
中国一汽	●○△	○×	●○			△	×	在越南、坦桑尼亚、南非生产商用车。正在陆续从中、东欧撤资，但俄罗斯的一个项目仍在推进当中
北汽福田	●○	○×	○	●	○△		△	正在推进的海外生产项目最多的中国汽车制造商之一。正在研究在印度、泰国、肯尼亚、巴西、哥伦比亚、墨西哥建立生产基地
力帆汽车	●○△	●×	●×	●○	●○			俄罗斯、阿塞拜疆、埃塞俄比亚、伊朗、伊拉克、乌拉圭基地处于投产状态。在巴西不仅拥有研发基地，而且正在准备新建基地
吉利汽车	●○△	●△×	●△				×	印度尼西亚、中国台湾地区、俄罗斯、埃塞俄比亚的基地处于投产状态。正在研究在印度尼西亚、俄罗斯、乌干达新建基地
江淮汽车	●△	●△	●		○△			在越南、印度尼西亚、中东的轻型货车生产基地处于投产状态。计划 2014 年在巴西投产年产能力为 10 万辆的生产基地
东风汽车	●	●○		●	●			2002 年与伊朗、2003 年与马来西亚、2006 年 6 月底与乌克兰设立轻型货车生产基地。塞尔维亚的基地正在处于进展之中
中国重汽	●○△	●	●	●				越南、俄罗斯、摩洛哥、伊朗的基地处于投产状态。正在筹备在缅甸开设生产基地，也在研究在中国台湾地区和印度设立基地
比 亚 迪	○△	●	●				△	俄罗斯、埃及的基地处于投产状态。不过，俄罗斯基地因合作方的业绩的恶化，是否生产前景不明。有意在美国成立 EV 生产基地

说明：表中各企业在海外均有多个工厂，●代表有企业投产；○代表有新的计划且已准备发布；△代表有新的计划但尚未发布；×代表曾有工厂但已停产。

资料来源：根据 2012 年 7 月 25 日《瑞银全球证券研究报告》资料整理。

3. 中国汽车企业“走出去”的目标和动力

中国汽车企业目前“走出去”的方式多种多样，各种方式均围绕着两大目标，一是获取市场，拓展生存空间，以提升规模经济效益，二是集聚更多发展所需资源，包括获得技术、品牌、知识产权和研发能力等，以提升竞争力，而其动力主要来自以下方面。

第一，国内竞争性加剧刺激了中国汽车企业。

受中国巨大的市场空间和较低的制造成本的吸引，几乎所有汽车跨国公司都先后以合资、合作形式来到中国，使中国成为世界上竞争最激烈的汽车市场。一直以来，中国自主品牌汽车企业和产品在这种激烈竞争的环境中成长、发展，虽是与狼共舞，但由于与合资品牌产品分属中高端和中低端两个不同的市场分部，倒也大体相安无事。

2008 年金融危机以来，两大因素改变了这种状况。一是中国汽车市场经过连续十几年高速增长，在一举成为世界最大的汽车市场之后进入了平稳增长期，企业产能扩张的惯性与市场增长趋缓的预期加剧了市场竞争程度；二是国际汽车市场陷入低迷，中国汽车市场上的外资品牌开始将竞争的触角伸向原本自主品牌占有优势的中低端汽车市场，致使自主品牌汽车生产企业发展压力陡增，自主品牌汽车发展增速放缓，市场份额下降，面临前所未有的困境。借助海外市场拓展生存空间、提高产能利用率，成为中国汽车企业的动力之一。从对“走出去”企业的调查看，出口产品的附加值往往高于在国内销售，“走出去”的企业也因此获得比国内有更好的单车收益。

第二，局部较强的比较优势促进了中国汽车企业“走出去”。

在中国汽车市场上，在与跨国公司品牌产品长期竞争、学习和共同发展的过程中，中国自主品牌汽车生产企业及产品在中低端产品生产能力上形成了局部竞争优势。尤其是中国加入 WTO 之后，随着私人消费市场的迅速扩大及多层次市场需求的排浪式发展，中国自主品牌汽车也从低端市场逐步发展起来，并在这一细分市场上占据了较大份额。以轿车为例，自主品牌产品的市场占有率已经占到三分之一左右。在这种情况下，中国汽车企业愿意，并有能力到某些海外市场，去展示和发展这一优势。

第三，“走出去”是集聚发展资源的一种有效方式。

在中国汽车市场“国内市场国际化，国际竞争国内化”的竞争格局面前，无论是否自觉自愿，自主品牌汽车生产企业及自主品牌产品都已没有退路，只能积极应对，其重要措施之一就是持续提高自身实力。而为获得这样的实力，必须集聚更多的资源。

在过去的30年中，中国汽车企业借助合资合作或是利用合资企业技术溢出效应取得了各方面能力的提升，但只是一种被动的学习，不能满足未来国家激烈的市场竞争需要。而且随着中国汽车企业技术能力的提升，跨国企业对中国汽车企业技术开放度越来越小，从发达国家引进关键技术的成本将越来越高，困难将越来越大，企业技术进步的速度与适应激烈的市场竞争需求之间的矛盾愈发突出，拓展各种资源的来源渠道是企业取得持续发展必须解决的问题，“走出去”是其中的选择之一。

第四，全球汽车产业动荡、调整为中国汽车企业带来了机会。

2008年全球金融危机以来，随着世界汽车市场下滑，一些国际知名、具有先进技术的汽车及零部件企业由于产业全球布局、竞争力结构的变化等各种各样的原因，开始寻求新的合作者或投资者，为我国汽车企业“走出去”提供了难得的机遇。

另一方面，由于汽车产业在国民经济中特有的地位，全球汽车产业动荡也让各国政府对本国汽车产业是否能够健康发展有了比以往更多的关注，这使得想要“走出去”的中国汽车企业必须面对与日韩企业“走出去”时代大不相同的局面。换言之，全球化汽车生产体系给中国汽车企业走向世界创造了机会，但目的国政府操纵下的货币汇率波动压力、产品进口政策调整和其他各种贸易壁垒措施，也让中国产品直接出口的压力加大，迫使更多的中国汽车企业选择尽快从产品直接出口迈向海外生产。

二　中国汽车企业“走出去”的基本情况

随着中国汽车市场规模由高速增长向平稳增长过渡，以及汽车市场竞争性日益加剧，越来越多的中国汽车企业把海外发展战略视为企业长远发展战略的重要内容。近年来，名不见经传的中国汽车企业及其产品正悄然走入国际市

场，并开始在一些市场的细分领域逐步占据一席之地。在此仅对奇瑞、吉利、长城、上汽、力帆、东风、江淮、广汽、长安、北汽等部分汽车及零部件企业的情况和特点进行简述，以使我们对当前中国汽车产业“走出去”的整体态势和基本特征有一个概括性的认识。

1. 奇瑞汽车

奇瑞是我国最早涉足海外市场的中国轿车生产企业。就出口数量而言，到2012年，奇瑞已连续9年位列中国乘用车出口第一品牌，连续6年位列中国汽车出口第一大企业，出口量占其产品总销量的近1/3，海外生产在其全部出口量中占比超过50%。

奇瑞从2001年出口10辆汽车起步，增长到2012年的184757辆，已经累计出口80万辆，年均增长144%。2012年，奇瑞出口量占国内乘用车出口总量的27.5%，占奇瑞整体销量的近1/3。目前，奇瑞的产品已经走进世界80余个国家和地区的市场，而且出口产品结构得到优化，出口产品档次有所提升，瑞虎、A3和风云2等车型在出口总量中的比例占到70%以上。

近年来，奇瑞加速发展经销商网络的举措是推动汽车出口快速增长的有力推手。截至2012年，奇瑞已经在海外建立销售网点1500余家，服务网点1000余家，仅2012年一年就规划新建海外销售网点500家，覆盖亚、欧、非、南美和北美五大汽车市场。其中对伊朗、伊拉克、乌克兰、委内瑞拉、俄罗斯和阿尔及利亚的出口占到全部出口量的74.9%（表6）。

表6　2012年奇瑞汽车主要出口国及出口量

单位：辆

序号	出口国	出口量	序号	出口国	出口量
1	伊朗	44879	4	委内瑞拉	16536
2	伊拉克	25995	5	俄罗斯	20386
3	乌克兰	20162	6	阿尔及利亚	10440

资料来源：《中国海关统计月报》2013年第1期。

奇瑞也是我国最早进行海外建厂的中国轿车生产企业，目前在中国汽车制造商中拥有最大的海外生产基地。根据从“走出去”到“走进去”、再到“走

进去扎根发展”的海外发展战略，并为了适应部分海外市场关于“本土化”生产比例的要求，奇瑞逐渐加快了海外生产基地的建设步伐。截至2012年，奇瑞在17个国家和地区建成（或正在建设）17个KD工厂，总共将具备年产90万辆整车、90万台（套）发动机及变速器的生产能力。这些国家包括俄罗斯、乌克兰、伊朗、埃及、马来西亚、印度尼西亚、乌拉圭、肯尼亚、委内瑞拉、土耳其、巴西等（见表7）。目前，奇瑞海外汽车生产量已占全部出口量的55.5%。其中，巴西圣保罗的KD工厂项目为奇瑞的首个独资境外建厂项目，投资额为4亿美元，将于2013年9月建成投产，初期规划产能为4万辆，全部建成后年产能达到15万辆，建设规模远超奇瑞另外16家海外工厂。

表7　奇瑞部分海外生产基地布局

序号	所在国或地址	合作方(或委托方)
1	乌克兰	CKD工厂,与ZAZ合作
2	埃及	CKD工厂,委托大宇汽车组装生产
3	土耳其	乘用车CKD工厂,委托Zamazam Spring组装生产
4	俄罗斯	CKD工厂,委托Avtotor组装生产
5	俄罗斯	委托TagAz组装生产
6	伊朗	CKD工厂,委托SKT组装生产
7	伊朗	与伊朗Khadra和加拿大Solitao合作
8	马来西亚	与Alado、LTA合资,委托Oriental Assemblers组装生产
9	越南	CKD工厂,委托Vietnam Motors Co. 组装生产
10	中国台湾	CKD工厂,委托太子汽车组装生产
11	缅甸	缅甸微型车CKD工厂
12	印度尼西亚	CKD工厂,与Indomobil合资
13	巴西	独资生产基地,生产A1和风云2,面向巴西、阿根廷市场
14	乌拉圭	CKD工厂,与Argentina Socma合作
15	土耳其	将投资5亿美元,联合德国FEV发动机技术公司和奇瑞汽车土耳其经销商Mermerler集团建发动机厂和整车组装厂
16	印度尼西亚	正与PT Gaya汽车公司洽谈组建新子公司,组装生产东方之子MPV汽车

资料来源：《FOURIN中国汽车调查月报》。

在产品开发上，一方面奇瑞内部建立了面向海外市场的产品适应性开发和改进机制，另一方面也着手在重点市场建立研究开发中心。例如，巴西是奇瑞未来最重要的海外市场之一，在独资建设KD工厂基础上，奇瑞计划追加投

资，建立研发中心。

在进军亚洲、非洲、东欧、南美洲一些新兴市场或发展中国家市场的同时，奇瑞也开始把目光投向欧洲。奇瑞与以色列控股公司建立的合资企业——观致汽车拟于2013年年中正式投产，初期产能为年产15万辆，逐渐扩大至年产30万辆，其中一半将出口至欧洲。观致汽车拥有一支包括来自中国、欧美和亚太合作伙伴在内的3000余人的专业技术团队，该团队目前正与全球著名独立汽车研发机构奥地利麦格纳斯太尔合作，全力开发新车型。初期计划推出两款小型轿车和一款越野车，预计售价1.1万~1.5万欧元。奇瑞将成为第一家按照欧洲质量、安全和环保标准生产面向欧洲市场的汽车的中国企业，并完全拥有自主知识产权。

奇瑞公司计划，到2015年，汽车总销量将达到200万辆，其中海外市场占比将超过30%。由此可见，奇瑞的海外发展战略在其整体发展战略中具有举足轻重的地位。

2. 吉利汽车

目前吉利是中国整车企业中唯一的跨国公司。

2006年10月，吉利收购英国锰铜公司（Manganese Bronze Holdings PLC，MBH），以23%的股比成为该公司最大股东，开创中国企业控股外国汽车企业的先河。吉利与锰铜在上海成立合资公司——上海英伦帝华公司，专门生产伦敦出租车。

2007年吉利开始实施战略转型，从“低价”向“技术先进、品质可靠、服务满意、全面领先”转型，造车理念也从“造老百姓买得起的好车”转变为“造最安全、最环保、最节能的好车，让吉利汽车走遍全世界”。在这一背景下，吉利加快了走向世界的步伐，以资本为纽带进行国际并购是吉利汽车“走出去”国际化发展的一大特色。

2009年3月，吉利收购了全球第二大变速箱公司——澳大利亚DSI（Drivetrain System International Holding Pty. Ltd.）自动变速器公司。这是一家有着80多年自动变速器生产历史的澳大利亚企业，拥有年产18万台自动变速器的生产能力，是美国福特、韩国双龙和印度马新爵等汽车企业的重要供应商。2011年8月，DSI中国第一个工厂在湘潭建成，用统一的技术标准和质量标准进行自动变速器生产。

2010 年 3 月 28 日，吉利与福特签订关于沃尔沃轿车公司收购协议，8 月 2 日完成全部股权收购。至此，吉利拥有了沃尔沃轿车 100% 股权，包括沃尔沃轿车商标的全球所有权和使用权、产品平台、设计开发平台、专利和专有知识产权及遍布百余国家的销售服务体系等。

进入 2012 年，沃尔沃吉利技术转让协议签字仪式于 3 月 9 日在上海举行，标志着沃尔沃与吉利之间的技术合作项目全面展开。8 月 30 日，总投资达 40 亿元的浙江豪情汽车制造有限公司成都分公司年产 5 万辆沃尔沃 XC60 SUV 车和 S60L 轿车的生产能力建设项目获批，预计 2013 年建成投产。上述事件表明，吉利利用国际资源取得国内、国外两个市场同步发展的战略正在从梦想转变为现实。通过引入沃尔沃的技术优势，无疑将对吉利提高产品竞争力、扩大出口及海外市场、加快集团自主品牌的全球化发展起到巨大的推动作用，而且显著提升了吉利的全球品牌形象。

在积极开展海外并购的同时，吉利并没有放弃整车直接出口和推动自主品牌产品走向世界。2011 年，吉利开始大张旗鼓地启动出口战略。他们认为，“金砖四国”及其他新兴市场的规模与中国汽车市场规模相仿，在 2000 万辆左右，因此吉利汽车应首先关注这部分市场，并为向发达国家市场发展打好基础。

经过多年的探索，吉利在 2012 年实现整车出口量大幅度提升，出口量达到 100779 辆，较 2011 年增长 165%（见图 6），占吉利整车总销量的 20%，其中高端车型帝豪是出口的主力车型，占出口总量的 1/3 以上，帝豪 EC7 车型在英国的成功销售，是吉利自主开发产品第一次进入发达国家市场的重要标志。

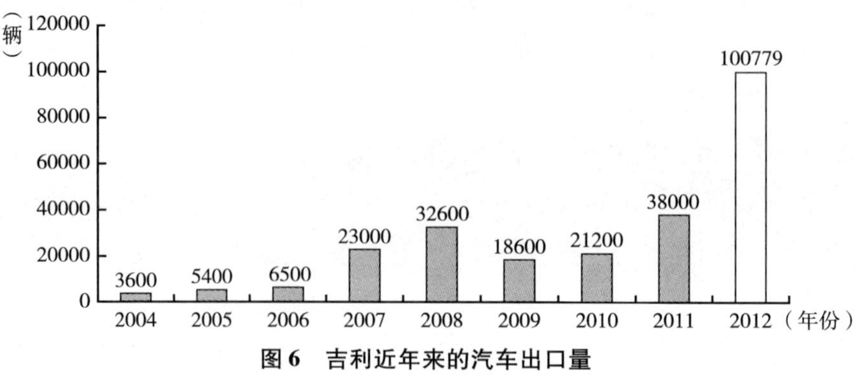

图 6　吉利近年来的汽车出口量

资料来源：浙江吉利控股集团有限公司。

从地区分布看，目前吉利产品已经出口到美洲、东南亚、中东、非洲和东欧等地区的30多个国家，建立了200多家海外销售网点。其中，俄罗斯、伊拉克、沙特阿拉伯、乌克兰目前是吉利的四大重点市场（见表8）。

表8　2012年吉利汽车主要出口国及出口量

单位：辆

序号	出口国	出口量	序号	出口国	出口量
1	俄罗斯	24501	4	乌克兰	13310
2	伊拉克	20825	5	伊　朗	4165
3	沙特阿拉伯	15823	6	智　利	3864

资料来源：《中国海关统计月报》2013年第1期。

在产品直接出口的渠道方面，吉利初期主要依靠英国锰铜控股有限公司现有的销售网络，随后开始了自己的销售网络建设，预计到2014年将拥有60家左右的经销商。与此同时，吉利还计划以网络销售方式登陆意大利市场，预计第一年销量在500～1000辆，并将在意大利设立300多个服务中心，为客户提供周到的服务。

除了产品直接出口和海外并购，吉利也在加快海外建厂的步伐。他们认为，在当地建厂不仅有利于中国汽车打破贸易壁垒，而且有利于提升品牌形象，提高产品的适应性和市场竞争力。目前，吉利已在乌拉圭、印度尼西亚、斯里兰卡、乌克兰、俄罗斯、埃及、埃塞俄比亚、伊拉克等国合资或合作建立了KD工厂，在印度尼西亚、乌拉圭和俄罗斯设立了子公司。由于看好巴西、印度、伊朗、马来西亚等新兴市场的巨大潜力，未来还将考虑进入甚至建厂的可能性。

吉利计划，到2015年全球销售达到200万辆，其中出口和海外现地生产占到一半以上。

3. 长城汽车

长城走向世界的行动可以归纳为借皮卡、SUV车型涉足国际市场，借保加利亚KD厂觑觎欧盟，借达喀尔拉力赛提升品牌形象

针对新时期的机遇与挑战，长城汽车实施了差异化竞争的国际化战略。在建立一流产品研发能力基础上，不仅关注重点潜力市场，同时努力突破新兴潜

力市场。采用从KD组装到建立本地化生产基地，从单纯贸易到以顾客为导向进行营销等多种创新业务模式。其目标是：到2015年力争实现海外销量突破30万辆，占公司总销量的1/4。

目前，长城汽车已出口到120多个国家，在全球80多个国家建立了营销网络，海外营销网点800多个。2012年出口汽车96465辆，比2011年增长16.06%，占整体销量的15%（见表9）。出口产品为皮卡、SUV和轿车，其中哈弗H6、长城C50、长城C20R将是未来出口的重点产品。在出口目的国中，伊拉克、阿尔及利亚、南非、智利、伊朗和澳大利亚相对较多，对6国2012年出口量合计占到总出口量的55.6%（见表10）。

表9　2012年长城汽车主要出口国及出口量

单位：辆

序号	出口国	出口量	序号	出口国	出口量
1	伊拉克	14635	4	智利	8649
2	阿尔及利亚	9473	5	伊朗	5985
3	南非	9155	6	澳大利亚	5695

资料来源：《中国海关统计月报》2013年第1期。

俄罗斯市场在长城海外战略中具有重要地位。长城汽车从2004年开始出口俄罗斯，在当地的KD组装厂于2006年投入运行。莫斯科伊利托集团是长城汽车的独家经销商，拥有位于莫斯科市中心最大的汽车专卖店，总面积8000多平方米。截至2011年，长城在俄罗斯拥有78家专卖店，其中4S店6家，还有正在建造中的4S店6家，覆盖俄罗斯除远东之外的所有地区。2012年长城计划在俄罗斯利佩茨克地区与当地一家公司以50∶50的股比合资建设另一家KD工厂，规划产能5万辆。该厂建成后长城在俄罗斯的总产能将超过7万辆。

2012年2月，长城汽车在保加利亚的KD组装工厂投入运行，这是中国汽车制造商在欧盟地区的首家KD工厂。第一年产量预计为8000辆，最终年产能为5万辆。除保加利亚当地市场外，还将销往周边的罗马尼亚、土耳其。然后再逐步由东欧向北拓展，2015年后在瑞典和挪威开展业务，然后再向英国发展。在英国，目前长城已设立了50多个经销点，2012年3月当月通过经销

商销售风骏双排皮卡 50 辆。该车售价 13998 英镑（不含增值税），与其他二手皮卡相当。除风骏外，长城还将向英国市场引入中型 SUV 哈弗 H6。

截至目前，长城海外 KD 工厂有近 20 家（见表 10），在巴西、土耳其、委内瑞拉、哈萨克斯坦、印度等国的 KD 项目也在积极开拓中（见表 10）。预计到 2015 年，长城汽车海外 KD 组装厂将达到 24 家，海外年产能达 50 万辆，KD 年销量达 30 万辆以上。其中，在印度的 KD 项目是长城的独资项目，计划 2016 年投产。

表 10　长城部分海外生产基地布局

序号	所在国	合作方（或委托方）
1	乌克兰	CKD 工厂，与 Atlant-M 合资，委托 AvloKrAz 组装生产
2	塞内加尔	与 CCBM 合资
3	苏丹	CKD 工厂
4	埃塞俄比亚	CKD 工厂，与 BG trading 合资
5	埃及	CKD 工厂
6	保加利亚	CKD 工厂，与 Litex 合资
7	俄罗斯	SKD 工厂，与当地政府合作
8	俄罗斯	委托 Derways Automobile Co. 组装生产
9	俄罗斯	CKD 工厂，与 Irito Automobile 合作
10	斯里兰卡	CKD 工厂
11	伊朗	与 Diar Khodro 合作

资料来源：《FOURIN 中国汽车调查月报》。

在建设海外生产基地的同时，长城计划在市场比较成熟的欧洲和巴西分别设立两个汽车设计中心。这两个设计分中心建成后将成为国内技术中心大本营的重要辅助机构，将对当地消费者群体的生活和驾驶习惯进行数据搜集，并据此进行有针对性的技术研究和车型研发。

长城汽车在“走出去”的过程中，十分注重品牌形象的塑造和提升。参加达喀尔汽车拉力赛是长城汽车树立品牌形象、扩大品牌影响力的一项重要举措。长城从 2010 年开始参加达喀尔汽车拉力赛，随着赛事地点从非洲国家改为南美国家，其在非洲和南美国家的品牌形象得到提升。赛事举办地的当地经销商往往借赛事之机在比赛现场组织大型活动，为长城车队助威。此外，长城汽车还通过在海外市场持续举办各类家庭日、客户体验日活动，拉近与消费者的距离，提升品牌在大众心目中的地位。

4. 上汽集团

上汽集团用资本输出迈开了国际化发展的步伐，用“借船出海”实现了对印度和埃及的技术输出、管理输出，以名爵（MG）为平台实现了产品从欧洲来再到欧洲去，用组建泰国合资公司实现了面向东盟的发展。

上汽集团“走出去”的第一个途径是资本输出，这一方式可以追溯到2002年。以出资5970万美元、持有通用大宇汽车科技公司（在韩国首尔注册，简称“通用大宇”）10%股份、上汽集团总裁胡茂元作为中方股东代表进入该公司董事会为标志，上汽集团开创了中国企业参与国际汽车业资本重组的先河（其他持股人为通用汽车公司42.1%，大宇债权人33%，日本铃木14.9%），被认为是“上汽集团找到了国际化的跳板”，同时也奠定了上汽集团进入世界500强的基础。

上汽集团资本输出的第二个举措是2004年10月收购双龙48.9%的股权（后增持到51.3%，总收购价约5亿美元），这是中国汽车企业真正“走出去”的第一个案例，对中国汽车工业而言，具有里程碑意义。尽管这次收购以2009年2月10日韩国首尔中央地方法院批准双龙汽车进入“企业回生程序”而终结，但不可否定它对之后其他企业“走出去”所给予的帮助和借鉴意义，让中国企业对如何“走出去”有了更多的思考。

上汽集团“走出去”的第二个途径是“借船出海”，即上汽通用五菱利用通用汽车在印度和埃及的合资公司及销售渠道实现KD生产和产品出口。对上汽通用五菱来说，通过这种合作模式不仅可以迅速提升海外销售量，更重要的是能够尽快熟悉海外业务运营，为今后独立开拓海外市场积累经验。

这一方式的特点是成功实现了技术输出和管理输出。自2012年以来，上汽通用五菱的生产线相继出口到通用汽车在印度和埃及的合资工厂，并已分别开始组装生产CN100（五菱宏光）和N300（五菱荣光）车型，通过通用汽车的销售网络以雪佛兰品牌投放当地市场。根据通用汽车与上汽通用五菱之间的技术转让协议和工程服务协议，上汽通用五菱将从印度和埃及项目中获取基于汽车销售量的知识产权技术提成费、CKD零部件散件管理费和一次性的生产线工装费、人员培训费。应投资方的要求，上汽通用五菱向这些企业派出了管

理人员，并拥有企业生产经营的实际控制权，由此实现了技术、车型由国外引进到向国外输出的转折，实现了知识产权费由“缴”到“收”的转折，实现了从学习国外管理经验到管理输出的转变。

上汽通用五菱的产品目前已出口至中南美洲、非洲、中东、东南亚的近40个国家和地区。而来自这些市场的积极反馈又成为上汽通用五菱建立海外工厂和合资公司的动力。目前，上汽已在探讨在哥伦比亚、巴西、智利建合资公司和KD工厂，发展自己的品牌和渠道的可能性。按照计划，2015年上汽通用五菱将实现整车产销200万辆的目标，其中10%为出口，即20万辆。

上汽集团“走出去”的第三个途径是把从欧洲收购的品牌通过原有和新建双重渠道再返回欧洲。

在收购罗孚知识产权时，上汽集团保留了英国的工厂，恢复了部分罗孚海外经销商。其中位于英国伯明翰的子公司MG汽车英国有限公司定位于MG欧洲制造业务中心，生产全新的名爵（MG）车型，这也是自2005年英国名爵罗孚（MG Rover）公司破产后该工厂的首次大规模生产。

2010年6月，上汽集团斥资470万英镑（约4800万元）的MG英国设计中心正式揭幕，作为上汽集团的全球设计总部，负责名爵品牌车型的设计和研发工作，形成中英两地合作研发格局。2012年12月，上汽在自主研发基础上整合全球技术和资源优势，由欧洲技术中心领衔，推出首款面向欧洲的柴油汽车MG6 DTi，并将在英国销售。

上汽集团“走出去”的第四个途径是与当地企业合作，实现海外现地生产。2012年12月，上汽在泰国与正大集团组建合资公司。该项目初期投资约18亿元，上汽集团将通过上汽香港投资公司和上汽英国公司共持股51%，正大集团持股49%。上汽集团以技术许可和商标许可方式，授权泰国合资公司生产和销售上汽自主品牌名爵系列轿车，销往东盟市场。计划2014年开始陆续投放产品，形成每年5万辆产销规模。未来将利用东盟内部税收优惠政策，引入更多满足当地需求的产品，出口至东盟及其他右舵车国家，力争实现20万辆产能规划。在此期间，上汽将通过技术转让费、业务提成费等实现盈利，还将借助正大集团力量，扩大上汽自主品牌影响力。

在上汽集团实现国际化发展的多种方式中，产品直接出口依然占有很重要位置。2012年，上汽集团共出口汽车95653辆，占其产品总销售量446.14万辆的2%。按国别统计，出口国家最多的分别是智利、阿尔及利亚、秘鲁、伊拉克和安哥拉，占总出口量的38.7%（见表11）。在上汽集团旗下的企业中，上海通用东岳出口汽车最多，为38020辆，占总产量的8%。到2015年，上汽集团计划产销目标为600万辆，其中海外销售80万辆。

表11　2012年上海通用东岳汽车主要出口国及出口量

单位：辆

序号	出口国	出口量	序号	出口国	出口量
1	智利	15466	4	伊拉克	1296
2	阿尔及利亚	13305	5	安哥拉	1262
3	秘鲁	5677			

资料来源：《中国海关统计月报》2013年第1期。

5. 力帆汽车

力帆无疑是汽车业的后起之秀，2005年才进入汽车领域，但从2007年就开始进军海外市场，当年即实现出口汽车4990辆。2012年，力帆汽车共出口87014辆，位列中国汽车企业出口第五名，比2011年增长102.31%，占全部销售量的32%，其中对俄罗斯、伊朗、伊拉克、阿尔及利亚、智利和秘鲁的出口占到其全部出口量的48.7%（见表12）。根据规划，力帆计划到2015年实现当年出口12万辆。

表12　2012年力帆汽车主要出口国及出口量

单位：辆

序号	出口国	出口量	序号	出口国	出口量
1	俄罗斯	19535	4	阿尔及利亚	2433
2	伊朗	12354	5	智利	1619
3	伊拉克	5207	6	秘鲁	1197

资料来源：《中国海关统计月报》2013年第1期。

俄罗斯是力帆最大的出口目的国，2012年向俄罗斯出口汽车1.95万辆，比2011年增长9%。自2012年5月成立力帆汽车俄罗斯有限公司以来，力帆在俄

罗斯实现了从散件制造到销售、品牌推广和售后服务的全线管控。除了大力推进直营网络计划，力帆也进一步加强了对俄罗斯市场渠道的建设。截至目前，力帆汽车在俄罗斯79个城市已开拓了100多家经销商和超过130个销售网点。

力帆的海外KD工厂建设涉及俄罗斯、伊朗、埃塞俄比亚、乌拉圭、叙利亚、阿塞拜疆、伊拉克和巴西等国家（见表13），其中巴西工厂预计产能1万辆/年，2014年投产。今后，非洲和南美是力帆汽车海外扩张的重点。继2010年在埃塞俄比亚设立独资工厂后，力帆计划2013年在当地再建一座整车厂。力帆在乌拉圭的CKD组装工厂主要组装力帆320、力帆520和力帆620三款车型，设计产能4万辆/年。未来3年内还将投资1.5亿美元，在乌拉圭建立汽车发动机厂，产品将面向巴西乃至其他南方共同市场（MERCOSUR）国家。

表13　力帆部分海外生产基地布局

序号	所在国	合作方(或委托方)
1	叙利亚	CKD 工厂
2	埃塞俄比亚	委托 Hoilang Car 组装生产
3	埃塞俄比亚	独资
4	伊拉克	CKD 工厂,委托 Zamazam Spring 组装生产
5	阿塞拜疆	CKD 工厂
6	俄罗斯	CKD 工厂,委托 Derways Automobile Co. 组装生产
7	伊朗	CKD 工厂,与 KERMAN Motor Co. 合资生产

资料来源:《FOURIN 中国汽车调查月报》。

为了提高产品的适应性，力帆汽车在巴西圣保罗设立了研究院，专门针对南美不同国家的标准和客户需求建立生产体系，并在此基础上，专门开发适合南美当地动力、排放及燃油系统需求的新车型。

为增强力帆汽车品牌的国际影响力，力帆汽车计划今后每年投资2000万~2500万美元，其中在俄罗斯投资约为800万~900万美元，以期在未来3~5年内在国际市场打造力帆品牌。

6. 东风集团

由商用车出口向商乘出口并举转型是东风集团“走出去”的主要特征。2013年乘用车海外战略将全面启动，通过海外收购和跨国合作推动国际化进程的步伐也在加快。

2012 年，东风汽车公司共出口汽车 84783 辆，比 2011 年增长 32.26%，占总销售量的 2.75%。根据东风汽车发布的海外战略计划，到 2016 年将实现汽车出口 30 万辆，占到自主品牌产品总销量的 10%，年均增长 37%。在 30 万辆出口量中，70% 将通过 10 个战略市场来完成。东风汽车还将在这些战略市场上建设全价值链子公司、区域运营中心和 KD 组装工厂。为此，东风汽车成立了国际事业部，并将其与东风旗下各海外事业运营单元以资本为纽带进行连接，统一规划出口产品，统一谋划海外市场，统一树立海外形象，统一安排海外业务。

乘用车方面，根据东风乘用车发展计划，2012～2016 年间将累计销售 100 万辆，其中 2016 年达到 35 万辆。以 2012 年 4 月和 8 月分别向智利和委内瑞拉出口 1000 辆和 4000 辆 S30 车型为起点，2013 年起将全面启动海外销售，至 2016 年计划累计出口 9 万辆。东风日产合资自主品牌启辰也将考虑出口。

在出口产品生产布局上，东风汽车公司与广西建立战略合作关系。东风汽车公司将发挥在产品、技术、品牌上的优势，利用其在广西的汽车生产基础，结合广西作为中国对接东盟的前沿及西南出海大通道的区位优势，加快东风汽车公司在广西的发展，使广西成为东风汽车公司在南方重要的研发、生产基地和面向东盟市场的出口基地。

在海外 KD 厂建设上，东风公司在乌克兰和伊朗建有轻型载货车 KD 工厂。2012 年 4 月，东风汽车与巴西 CFS 公司签署合作意向书，双方将通过 KD 组装形式在巴西生产乘用车。

海外收购和与跨国公司技术合作也是东风公司国际化战略的组成部分。2012 年 10 月，东风汽车公司相继与瑞典原萨博动力团队 TEngineering AB 公司和德国格特拉克国际公司（GETRAG International GmbH）签署协议。对于前者，东风公司将收购其 70% 的股权，并将在两年内完成剩余 30% 股权的收购，使其成为东风汽车第一家海外研发中心，为东风大自主乘用车和商用车业务提供动力总成电子控制方面的技术支持和服务。对于后者，东风公司将与其共同出资 1.2 亿欧元在内地成立合资公司，联合开发 DCT 低扭矩变速箱。这都将有助于充实东风汽车的研发资源，加快推动东风汽车的国际化进程。

7. 其他企业

前述六家企业的出口量位列2012年中国汽车出口前六名，合计出口64万辆，占中国汽车出口总量的61%。根据它们各自的海外发展计划，到2015年，这六家企业整车的海外销售总量（包括出口、海外KD组装和本地化生产）将超过300万辆。

实际上，正在“走出去”的中国企业远不止这些，而且，很多零部件企业也在通过各种方式进行“走出去”的尝试，整个汽车产业呈现积极的“走出去”态势。这些企业在产品直接出口、海外销售渠道建设、生产基地建设和研发基地建设等方面进行了不同深度的尝试。

江淮汽车。江淮汽车产品目前已出口至世界上100多个国家和地区，遍及非洲、亚洲、中东、中南美和东欧。建有一个海外合资公司、13个海外办事处、14个海外KD组装工厂、100家海外经销商和300个维修服务网点。江淮的汽车出口从2002年的1000多辆增长到2011年的6.6万辆，年均增长55.7%，其中2011年比2010年增长207%。2012年，由于巴西市场对进口汽车征收工业税的缘故，江淮汽车出口量同比下降了15%，为57210辆，占总体销量的11.8%。在其构建的五层次的研发体系中，包括意大利都灵和日本东京两大海外设计中心，同时还与意大利宾法、英国莲花、韩国VENS、奥地利AVL和德国Hofer等国外优秀设计公司在项目合作上形成广泛的战略联盟。

广汽集团。广汽旗下的出口企业包括吉奥、广汽乘用车、广汽客车和本田汽车，其中吉奥和本田是出口主力。2012年广汽共出口汽车52952辆，占总体销量的7.4%。广汽自主品牌传祺的发展规划是“以国际品质为基础，以高端品牌和出口战略为突破口，推动汽车自主品牌成长为国际品牌”，其中东盟市场将是其重要的海外战略市场。广汽还计划利用与奇瑞的合作关系，借助奇瑞在海外的KD工厂资源，降低海外战略成本，在2013年使传祺海外销售达到5000辆。

长安集团。长安先后在中国重庆、北京、上海、哈尔滨、江西、意大利都灵、日本横滨、英国诺丁汉和美国底特律建立了汽车研发中心，构建了“五国九地，各有侧重”、24小时不间断的全球研发格局，体现了利用全球资源的国际化视野。其中在意大利都灵的汽车研发中心建于1999年。长安汽车目前

在墨西哥、埃及、马来西亚、越南、伊朗、乌克兰建立了6个海外工厂，未来还将在巴西和俄罗斯建立独资子公司。2012年长安集团共出口汽车51933辆，占总体销量的2.65%。

北汽集团。目前北京汽车产品出口以商用车为主，约占北汽集团产品出口总量的95%。对于出口目的国，“十二五”期间，北京将首先巩固并扩大在亚、非、拉地区国家的三类市场的市场空间，通过建设KD组装厂和整车贸易方式，出口各类商用车、自主品牌轿车和SUV产品。然后，重点开拓以“金砖五国”为代表的三类市场，投资建厂生产高端轻卡、皮卡、SUV、中重卡等产品。最后，争取在传统汽车市场实现突破。2011年12月，北京汽车在意大利都灵成立造型办公室。2012年北汽出口汽车50869辆，占总体销量的3%。近几年，北汽集团先后收购了萨博的整车和动力总成技术、威格尔的变速箱厂和国际知名零部件企业荷兰英纳法公司。根据规划，北汽集团2015年自主品牌轿车出口要达到4万辆，中重卡、高端轻卡、轿车等产品出口金额比重要超过60%。

福田是北汽集团的出口主力。据福田汽车2020年战略规划，2020年前将首先突破印度和俄罗斯两大战略市场，在印度、俄罗斯、巴西、墨西哥和印度尼西亚五个国家建设5座海外工厂，每厂设计产能为10万辆，并在北美、欧盟、日本、韩国等汽车发达国家市场取得突破。计划在2020年400万辆的整车销量中，海外销售达到120万辆，占总销量的30%。

比亚迪。比亚迪将“走出去”的重点放在了新能源汽车方面，希望通过这一战略为其新能源汽车技术找到更大的发展空间。自2012年6月在荷兰弗里斯兰获得欧洲首个电动大巴公开招标项目以来，比亚迪已在荷兰、芬兰、丹麦、美国、加拿大、乌拉圭等国家签下电动大巴订单，其电动大客车已在西班牙、比利时、匈牙利、哥伦比亚、智利、秘鲁等成功进行了试运营。2012年12月11日，比亚迪与欧洲保加利亚Bulmineral公司签约，双方以50:50的股比成立电动大巴合资公司。2012年12月12日，比亚迪正式组建南美第一支纯电动出租车队。2013年，比亚迪将在美国加州建立新能源电动车大巴工厂，2014年产量计划为50~100辆，2015年计划达到500辆以上。

万向集团。万向集团是最早“走出去”并进行跨国并购的中国汽车零部

件企业。早在1984年，万向集团生产的汽车万向节就销往美国，并于1994年收购了美国万向节生产企业舍勒公司的品牌、技术专利、专用设备及市场网络等主要资产。此后，万向在北美、欧洲和澳洲收购了逾20家汽车零部件生产企业，再结合自建渠道，使万向产品成功立足于国际市场。2012年12月6日，万向集团在美国芝加哥举行的竞拍中，以约2.5亿美元的价格击败美国江森自控和日本电气公司，成功拍得美破产电池生产商A123系统公司资产。A123系统公司是美国一家专业开发和生产锂离子电池和能量存储系统的公司，是宝马、通用等汽车企业的一级供货商。此次收购，让万向集团有机会在先进汽车动力电池开发和生产技术领域迈上一个新台阶。

宁波华翔。2012年2月4日，宁波华翔收购了德国汽车配件供应商塞尔纳集团（Sellner）及其下属的塑料内饰配件企业IPG Industrieplast GmbH的资产和业务，并同时收购了捷克企业Wech CHEB，后者为美国塞尔纳公司，并为德国塞尔纳集团提供天然桃木制品。2012年6月30日，宁波华翔再次宣布，出资400万欧元收购德国HELBAKO公司30%的股权。HELBAKO主要从事轿车电子类产品的研发和生产，主要客户为宝马、奔驰、大众、奥迪和保时捷等。华翔希望通过本次收购进入汽车电子这一汽车零部件行业的核心领域。

河北凌云。2012年3月13日，中国兵器工业集团旗下凌云集团联合国内其他企业收购德国凯毅德（Kiekert）公司100%股权。凯毅德公司是一家有着150多年历史的国际知名汽车门锁企业，是大众、福特、宝马、奔驰等汽车厂家的核心供应商，汽车门锁市场占有率世界第一。除德国总部外，凯毅德在捷克、美国、墨西哥、南非、中国拥有五家全资子公司和两家参股公司。本次股权收购标志着中国汽车零部件企业在汽车门锁制造方面拥有了国际领先的核心技术、优质产品、高端客户以及成熟的研发体系，将进一步推动中国企业以跨国公司的身份进军国际汽车零部件行业高端市场，参与全球竞争。

中升集团。2012年5月28日，汽车经销商中升集团控股公司收购了德国汽车个性化改装专家卡尔森汽车技术有限公司（Carlsson Auto Technik）70%的股权。卡尔森是德国顶级的汽车改装公司，是奔驰四大御用改装品牌之一。中升控股表示，此次收购的目的主要是为了提升旗下汽车4S经销店的销售收入和赢利能力。

四川波鸿。2012 年 7 月，四川民营企业波鸿集团以近 16 亿元（2. 45 亿美元）的价格，全资收购了加拿大威斯卡特工业集团。波鸿集团全面接管了威斯卡特在加拿大、美国和匈牙利等世界各地的所有工厂等资产，还将拥有该企业在排气管、涡轮增压器壳体等领域的全部核心技术。通过此次收购，波鸿集团不仅扩大了市场份额，更重要的是，未来将成为亚太地区最大的涡轮增压器壳体、涡轮增压器总成以及发动机排气管的研发、制造、销售和服务基地。

青年汽车。2012 年 7 月 24 日，浙江省发改委网站刊登公告，青年汽车拟以 1000 万欧元（约 7800 万元）收购德国威盛巴士有限公司（VISEON Bus GmbH）74. 9% 股权，已得到浙江省发改委核准批复。威盛巴士主要从事开发设计、生产、销售公交车辆、客车、机场摆渡车业务。

恒天集团。2012 年 7 月 25 日，国内纺织装备制造巨头恒天集团以 900 万欧元（约 7600 万元）收购荷兰重卡企业 GINAF。GINAF 创办于 1948 年，是荷兰专门生产专用车的厂家，其主要业务为定制自卸车和混凝土运输车，产品定位于高端市场。此外，GINAF 公司还定制生产救火车、暴乱控制车、军车、垃圾车、机场燃料车等。

国能电动。2012 年 8 月 31 日，国能电动完成对萨博汽车有限公司、萨博汽车动力总成有限公司、萨博汽车模具有限公司资产的收购，未来将整合瑞典、日本和中国三地的优势推动电动汽车产业发展。收购资产包括萨博新型 9 -3与凤凰平台的全部知识产权、工装模具、工厂以及测试和试验设备，还与萨博公司就在全球范围共同使用萨博品牌达成许可协议。

三　中国汽车企业“走出去”的特点及挑战

关于企业“走出去”国际化发展的普遍理论认为，这是一个渐进的过程，大致经历国内经营、出口、设海外代理、建海外销售公司、建海外生产基地、跨国并购等阶段。在这个过程中，企业通过不断的实践，逐步加深对海外市场的认识和理解，逐步积累相关经验，提升“走出去”的质量和水平。

对于中国企业，“走出去”实现国际化发展也将是一个渐进的过程。但由

于汽车产业具有区别于其他产业的以规模收益递增为本质特点的规律，中国汽车企业面临汽车产业日益成为全球性产业这样一种特殊历史背景，同时又面临着国内市场国际化、国际竞争国内化的特殊的竞争环境，使得中国汽车企业所采用的方式更加多样，特点更加突出。

1. 整车出口数量经历了三个阶段的变化

如图5－2所示，中国自加入WTO以来，整车产品出口量的变化大致可分为三个阶段。2001～2007年，整车出口量快速增长，从2.6万辆增长到61.4万辆，年均增长69%；受全球金融危机影响，从2008年第四季度开始一直持续到2009年，整车出口量增幅快速下滑，2008年仅比2007年增长10.8%，2009年整车出口量降至37万辆，仅相当于2006年水平；2010年以来，整车出口量再次大幅度增长，2010年比2009年增长53%，2012年整车出口量突破百万辆，达到105.61万辆，2010～2012年年均增长42%。

与出口数量的变化相对应，整车出口占整车生产的比例变化也可大致分为三个阶段。2001～2007年，整车出口占整车生产的比例从1.11%增加到6.92%；2008年增长幅度减小，但达到7.29%的历史高点，2009年大幅下降到2.68%，仅相当于2004年水平；2010年以来，再次开始增长，2012年为5.5%，且出口增幅大大高于产销增幅。

整车出口的另一个变化是我国汽车出口产品结构以载货车为主的状况正在迅速改变，乘用车出口占整车出口的比例从2001年的13.73%逐步提高到2012年的62.61%（见图7）。同时发生变化的还有轿车出口占整车出口的比例，从2001年的2.9%逐步提高到2012年的45.3%（见图8）。

从市场分布看，中国出口到海外的产品仍以经济型产品为主。换言之，与进口到中国的产品相比，我国出口整车产品附加值不高，价格远低于外资品牌同类产品。以2012年为例，根据海关统计，我国整车出口平均价格为1.35万美元，同期我国进口汽车82777辆，进口金额33.06亿美元，平均价格为3.99万美元。

2. 出口辗转世界各洲，从“游击战”转向“阵地战”

中国汽车出口海外市场是从中东地区起步的。中东地区汽车市场的特点是对价格的敏感程度远高于对油耗的敏感程度。中国的SUV车型虽然油耗较

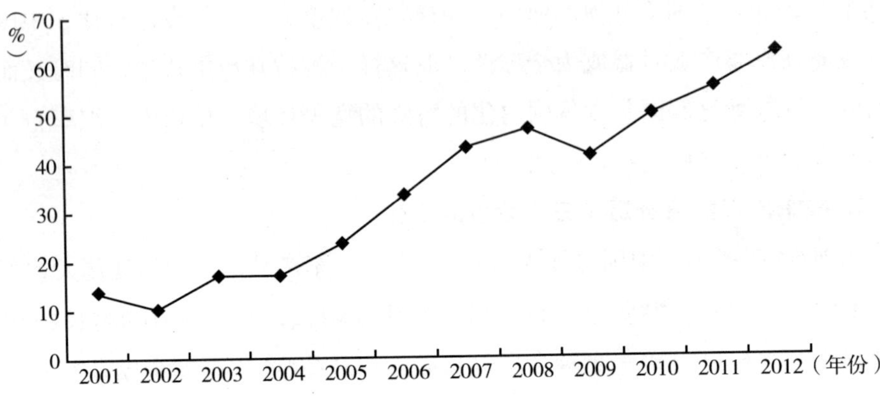

图 7　乘用车出口占整车出口比例

资料来源：中国汽车工业协会。

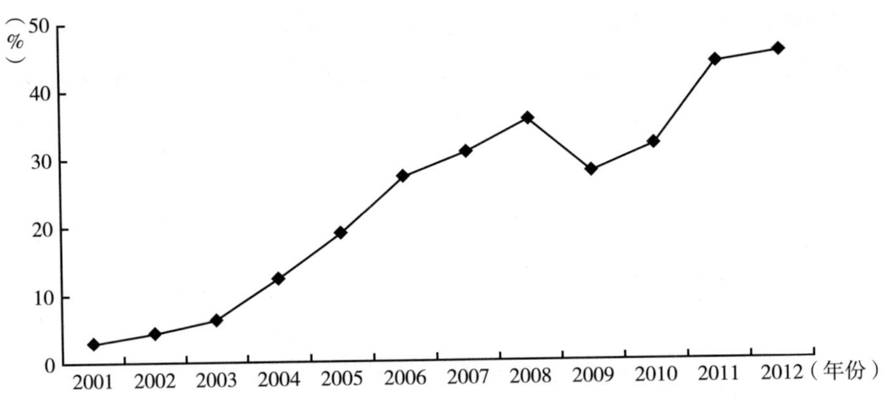

图 8　轿车出口占整车出口比例

资料来源：中国汽车工业协会。

高，但价格较低，结实耐用，中国汽车产品凭借这些特点首先进入了这一地区。

随后，中国汽车开始加速对俄罗斯市场的开拓，在 2006～2008 年期间，俄罗斯市场是中国汽车最大的出口市场。在全球金融危机背景下，2008 年下半年开始，俄罗斯政府采取了旨在保护本土汽车产业的强硬政策。2008 年 7 月，俄罗斯政府实施修订后的进口汽车认证体系，进口汽车从原先只需通过 11 项认证增加到需要通过 55 项认证，且证书有效期由 1 年缩短到半年，其中

部分认证项目还必须在俄罗斯进行。此外，自2008年11月14日起，俄罗斯开始实施为期9个月的新关税政策，对进口汽车散件按整车价格征收15%的关税。这些政策的出台，使中国汽车对俄罗斯的出口严重受挫，直到2011年中国汽车才重返俄罗斯。

当中国汽车出口在俄罗斯遭遇困境时，中国汽车对“金砖国家”巴西的市场开拓取得可喜进展。2009年，巴西在我国汽车整车出口目的国中出口数量排第17位，2010年跃居第6位，2011年上半年，巴西成为我国汽车出口量最大的国家。但是，2011年9月巴西政府出台政策，对进口汽车征收的工业产品税（IPI）税率从7%～25%提高到37%～55%，平均税率提高30%。受此影响，巴西进口汽车价格上涨25%～28%。以江淮汽车为例，在巴西的汽车月销量从原先的3000辆骤降到1800辆。

以上案例说明了中国汽车企业“走出去”过程中所经历的各种艰辛。近十年来，中国汽车企业在开拓海外市场的过程中，屡挫屡战，辗转各洲，涉足众多国家和地区。经历了这些之后，中国企业开始了反思，政府也在引导和规范企业行为方面采取了诸多措施，“游击战”的局面有所转变。

2012年，中国汽车产品一般贸易性质的出口目的国（或地区）共160多个，出口量为94.06万辆。在这近百万辆整车出口中，对中东地区（指西亚和北非部分国家）的出口为39.24万辆，占出口总量的41.72%；对南美地区的出口为22.60万辆，占出口总量的24.02%；对欧洲地区的出口为12.03万辆，占出口总量的12.79%；对亚洲地区的出口为11.10万辆，占出口总量的11.8%。对中东、南美、欧洲和亚洲的出口合计占出口总量的90.33%（见图9）。

在对中东国家的出口中，对阿尔及利亚、伊拉克、伊朗、埃及、沙特阿拉伯的出口量分别为14.93万辆、8.94万辆、7.50万辆、3.41万辆和2.54万辆，占对中东地区出口总量的95%。在南美国家中，对智利、秘鲁、哥伦比亚、委内瑞拉和巴西的出口量分别为6.22万辆、3.69万辆、3.12万辆、2.94万辆和2.09万辆，占对南美地区出口总量的80%。在欧洲国家中，中国汽车的出口目的国主要是东欧地区，对东欧地区国家的出口量为11.63万辆，占对欧洲出口总量的96.6%。在东欧国家中，对俄罗斯和乌克兰的出口量分别为

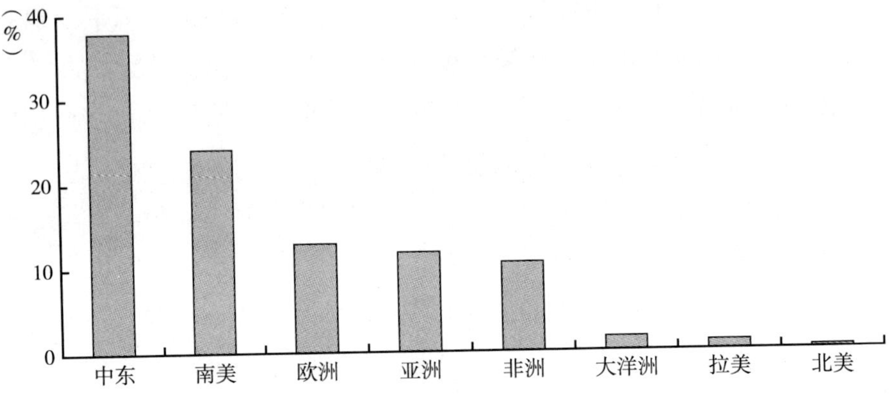

图 9　2012 年世界各地区中国整车出口分布（一般贸易）

资料来源：根据海关统计整理。

8.05 万辆和 3.02 万辆，占对东欧地区出口总量的 95%。在亚洲地区中，中国对东南亚国家的出口量为 5.66 万辆，占对亚洲出口总量的 51%。在亚洲国家中，出口量最大的三个目的国是越南、哈萨克斯坦和缅甸，出口量分别为 1.43 万辆、1.26 万辆和 1.17 万辆。

表 14　2006～2012 年中国汽车出口量前十的国家

年份 / 排名	2006	2007	2008	2009	2010	2011	2012
1	叙利亚	俄罗斯联邦	俄罗斯联邦	阿尔及利亚	阿尔及利亚	巴西	阿尔及利亚
2	俄罗斯联邦	叙利亚	乌克兰	越南	叙利亚	阿尔及利亚	伊拉克
3	阿尔及利亚	乌克兰	越南	叙利亚	越南	俄罗斯联邦	俄罗斯联邦
4	美国	南非	阿尔及利亚	埃及	俄罗斯联邦	智利	伊朗
5	比利时	越南	伊朗	伊拉克	智利	伊朗	智利
6	越南	阿尔及利亚	叙利亚	德国	伊朗	伊拉克	秘鲁
7	伊拉克	伊朗	埃及	伊朗	埃及	秘鲁	埃及
8	马来西亚	委内瑞拉	南非	美国	巴西	埃及	哥伦比亚
9	利比亚	英国	智利	利比亚	孟加拉国	叙利亚	乌克兰
10	伊朗	哈萨克斯坦	德国	智利	伊拉克	乌克兰	委内瑞拉
TOP10 集中度	61.5%	67.0%	59.3%	53.5%	53.8%	59.1%	65.7%

资料来源：中国汽车工业协会《汽车产销统计快讯》、《海关统计》。

综上所述，尽管目前中国整车产品的出口目的国仍然众多，但已开始向少数国家集中，中国对中东、南美、东欧和亚洲的15个国家的汽车出口占一般贸易汽车出口总量的75%，其中对出口量前十的国家出口合计占出口总量的65.7%。中国汽车企业对发展中国家汽车市场的开拓已经从“游击战”逐步转向“阵地战”。

3. 升级加速，各阶段交织

按照国际化阶段理论，企业开拓国际市场是一个渐进的过程，企业从偶然的产品外销到有组织的国际市场营销，再到海外生产基地建设，最后形成跨国业务布局。

从中国汽车企业“走出去”的主要事件可以看到（见专题报告附录），中国企业正在经历一个渐进的过程，主要方式包括产品出口、海外设厂、技术输出、跨国并购、海外建研发中心等，基本符合国际化阶段理论揭示的规律，但这些方式又被交织在了一起，呈现出升级加速，各阶段并存的特点。

产品直接出口是中国汽车企业最先采取的“走出去”方式。经过近30年的市场磨砺，中国汽车企业在中低端产品生产方面形成了一定的比较优势，把国内作为生产基地向海外销售产品，能够较好地利用这一优势。在具体行动中，很多企业经历了先是开展一些不规则的出口活动、再到针对特定市场增大出口规模、再到加大力量积极投入其中的变化。在销售渠道上，目前大多数企业由于出口规模小，主要还是依靠海外代理商或合作伙伴销售，在建立自己主导的营销网络和售后服务体系方面才刚刚起步。但对于一些具有一定出口规模和资金实力的企业，已经开始积极建立自己的营销网络和售后服务体系。

在直接出口产品的同时，一些企业开始探索海外投资设厂。2004年之前国内企业到海外设厂仍是凤毛麟角，时至今日中国整车全年出口量仍不能与发达国家比较，但从2005年开始，中国企业就迈出了海外设厂的步伐，并持续大大加快。根据Fourin的统计，中国汽车企业的海外工厂数量已经不少于120个。虽然相比产品直接出口，海外设厂是企业的更高级阶段，但考虑到合理利用原产地规则规避和突破贸易壁垒、减少汇率变化影响等多重因素，刚刚开始的中国汽车企业不得不把海外KD厂建设或现地生产作为实现企业稳健发展的重要举措。如前所述，俄罗斯政府对进口汽车认证体系和进口汽车散件关税政

策的调整以及巴西政府对进口汽车税率大幅上调的新政，都促使企业加快了在俄罗斯和巴西设厂的步伐。此外，海外设厂也说明企业的理念正在升级，积极寻求更好地接近当地市场，更方便地利用当地资源，更准确地满足当地的市场需求。

通常情况下，技术输出往往伴随着海外投资行为，即在海外进行 CKD 或 SKD 生产时以技术作为出资物，但上汽通用五菱的技术输出有所不同，走出了一条新路，利用跨国企业海外基地，实现了从“向跨国企业缴学费”到“从跨国企业收学费”的转变，这是中国汽车企业“走出去”的又一种方式。这一方式之所以能够获得成功，源于上汽集团与通用汽车的紧密合作，源于通用汽车对上汽通用五菱技术能力和管理能力的认可，也源于上汽通用五菱对微车市场的深入理解。尽管目前借助这一方式出口的产品并未以中国品牌的形象出现，但相信上汽通用五菱在其中获得的经验将为今后海外投资活动提供极大帮助。

跨国并购一度是发达国家汽车跨国公司的“专利”。按照传统理论，对于技术能力仍然相对薄弱的中国汽车企业，实现跨国并购是不可想象的，中国汽车企业应当按照出口产品、建渠道、树品牌、建工厂的步骤循序渐进地发展，实际上很多企业一开始就是这样做的。但这样做要真正树立起自己的品牌、掌握先进的汽车技术仍然需要较长时间、需要较大投入。在这种情况下，并购方式无疑是加快步伐的一种非常积极的战略选择，跨国并购可以使企业更快地获得品牌、技术和渠道，尽快融入全球制造系统。正是在这一思路促使下，从 2002 年上汽收购通用大宇汽车科技公司 10% 股份开始，中国汽车企业开始了一系列跨国并购的大动作，引起了世界的关注。到 2009 年之后，海外并购已成为中国汽车整车企业及零部件企业的一大亮点，整车和零部件企业纷纷行动起来，在短短的几年中，利用金融危机带来的全球汽车产业动荡、调整机遇，将 VOLVO 等世界知名整车企业和澳大利亚 DSI 等世界知名零部件企业纳入中国企业旗下。这些行动向全世界宣布，海外并购不再是发达国家汽车跨国公司的专利。总结近些年所发生的一切，中国汽车企业在实力尚弱的情况下开始跨国并购的原因是多方面的，甚至一些并购项目在实施之初并非以开拓国际市场为目的，只是想要利用收购对象的研发能力和具有的核心技术，提高企业在国

内的竞争实力，但之后的发展却成为企业开拓国际市场的有利条件，表明中国企业引进、消化吸收、再创新能力快速提升，上汽集团让 MG 从欧洲来再到欧洲去的做法即是一例。

在许多国家迈向国际化的进程中，海外研发基地的建设往往发生在出口量和海外生产能力达到一定水平之后，是企业了解当地市场、缩短开发周期、使产品贴近市场的重要举措。而在中国，最早的海外研发基地诞生于 1999 年，当年中国汽车总产量只有 183.2 万辆，轿车产量还只有 56.6 万辆，整车出口只有 10095 辆，且轿车出口只占整车总出口量的 3.2%。在这一背景下，长安汽车率先行动，在意大利都灵建立了研发中心，之后扩大了“五国九地”，全球化协同研发格局已渐成体系。此后，北汽在意大利都灵成立了造型办公室，长城在欧洲和巴西建立了海外研发设计基地，力帆在巴西设立了汽车研究院，上汽集团以收购的方式在英格兰投资建立了研发中心，东风集团也通过收购瑞典原萨博动力团队，建立了第一家海外研发中心。这些行动（见表 15）让中国企业能够及时跟踪世界先进技术，缩小与国际先进水平的技术差距，吸引当地技术人才服务于企业的发展，并为之后企业以此为窗口，更好地理解当地消费者的需求特点，为将来其产品进入发达国家市场奠定了基础。

表 15　部分自主车企海外研发中心一览

车企	海外基地	成立时间	核心内容
东风	瑞典特罗尔海坦	2012 年 9 月 23 日签约	东风汽车 9 月 23 日与 T Engineering AB 公司在瑞典签署了协议，收购后者 70% 的股权。此举意味着东风公司首个海外研发基地正式落户瑞典。按照双方于 2011 年 12 月 8 日签署的股权收购基础协议，东风此次收购分两期实施：先期完成收购该公司 70% 的股份，两年内完成剩余 30% 的收购。T Engineering AB 公司团队曾服务于萨博，加盟东风后，将作为东风公司技术中心下属的海外研发机构承担相应的开发任务
北汽	意大利都灵	2011 年 10 月 31 日成立	都灵造型办公室的主要工作内容是按照北汽研究院的产品规划和样车制作计划，寻找和利用当地资源，为北汽自主品牌新车提供前端的设计、造型、样车制造服务；根据北汽研究院的需要，在当地招聘优秀的造型与设计人才。目前北汽已向都灵办公室派驻了数名造型设计人员，预计在一两年内，都灵造型办公室将升级成一个初具规模的设计开发中心

续表

车企	海外基地	成立时间	核心内容
上汽	英国沃里克郡、伯明翰	2007 年 5 月 ~2010 年 6 月成立	2007 年 5 月，被上汽收购的“里卡多 2010 研发中心”更名为“上汽英国技术中心”，并由上海汽车委托 Ricardo UK 管理。在完成正式更名后，不仅意味着英国技术中心已是上海汽车全资控制的研发机构，同时也标志着上海汽车对原罗孚研发资源整合的结束以及欧洲海外研发工作迈入新阶段。 2010 年 6 月，上汽集团投资 470 万英镑（折合人民币约 4800 万）设立 MG 英国设计中心，该汽车设计中心作为上汽全球设计总部，负责名爵品牌车型的设计和研发工作
长安	意大利都灵、日本横滨、英国诺丁汉、美国底特律	2006 年 5 月 ~2011 年 1 月先后成立	从国内到国外，长安已经构建了“五国九地，各有侧重”的全球研发格局。2006 年 5 月，意大利代表处正式升级为欧洲设计中心，主攻方向确定为汽车造型趋势研究、外观设计和车身开发；2008 年 4 月，长安汽车日本设计中心于横滨挂牌，主攻汽车内外饰造型和工程化设计；2010 年 6 月，长安汽车英国设计中心于诺丁汉挂牌，主攻发动机、变速器等动力系统产品研发与新能源技术研究；2011 年 1 月，长安汽车美国研发中心于底特律挂牌，主攻汽车底盘技术研究
长城	欧洲、巴西	规划中	长城将分别在欧洲和巴西设立两个设计中心，建成后将成为保定技术中心大本营的重要辅助机构。选择欧洲和巴西是因为当地的汽车市场比较成熟，分中心将对当地消费者群体的生活和驾驶习惯进行数据搜集，并以此进行技术研究和车型研发
力帆	巴西	规划中	为了符合当地消费者的购车需求，力帆正在同其在巴西的合作伙伴埃法集团合作，计划在巴西本土建立首个海外研发基地，以巴西为区域中心（包括研发以及销售市场）向其周围市场进行辐射，从而满足这一区域市场的各种需求
江淮	意大利都灵、日本东京	2005 年 6 月 ~2006 年 11 月成立	江淮意大利研发中心如今已具备完整的前期开发、操作及管理能力。在发展建设过程中，意大利研发中心一直坚持与当地学术及科研机构保持紧密的合作，建立国际平台，吸收国际优秀人才，同时引进国际先进的设计理念、流程及系统，并组织联络和引进国际一流的零部件及技术供应商。 江淮日本设计中心主要负责内饰零部件及电气系统的设计

资料来源：新华信汽车网。

因此我们可以说，正是由于汽车产业区别于其他产业的特质，也正是由于中国汽车企业所面临的完全不同于欧洲、美国、日本、韩国汽车公司迈开国际化步伐之初的国际、国内环境，才使得中国汽车企业在国际化进程中表现出的行为有其特殊的一面。

4. 对中国汽车企业“走出去”状况的基本评价

从产业角度，积极鼓励有条件的企业迈出国际化发展的步伐是中国汽车工业实现由大到强的重要组成部分。从企业角度，努力实现“走出去”，是积极应对国内市场竞争日趋激烈、规避国际化发展中各种问题、集聚和利用国外资源服务于企业长足发展所采取的重要举措。而许多企业之所以敢于采取这样的行动，原因是多方面的。从总体上看，中国汽车企业的“走出去”才刚刚起步，各种挑战不可低估。

（1）中国汽车企业的“走出去”尚处于初级阶段

尽管中国汽车企业“走出去”已初见成果，但国际化发展的程度还很低，只能说是刚刚起步，主要表现在以下方面。

从“走出去”的成果来看，我国汽车出口占汽车生产的比例 2012 年仅为 5.48%，历史最高水平的 2008 年也仅为 7.29%。不仅远低于欧洲、美国、日本、韩国等汽车发达国家 50% ~75% 的水平，甚至低于巴西 20%、印度 13% 的水平，且出口车型基本为附加值较低的低端车型。

从“走出去”企业的情况看，国际竞争力还很弱。中国汽车企业，特别是自主品牌汽车生产企业，在国内市场国际化的激烈竞争中仍然面临诸多挑战，其中很重要的一个方面就是没有支撑强大的国内根据地。在海外与跨国公司共舞的过程中，也仅仅处于学习和适应阶段，与跨国公司相比，无论硬实力还是软实力都处于幼稚和弱势地位，距离形成真正具备国际市场竞争力、拥有国际知名品牌和自主知识产权的跨国公司还很远。

虽然已有一些企业的“走出去”正从最初偶然的、被动的状态转变为常态化的、主动的状态，海外战略也开始成为企业战略的组成部分，但是，在企业的观念和指导思想上，还做不到使企业的战略服务于企业的总体发展战略，还不能像跨国公司那样从区域市场甚至全球市场的角度来考虑自身的发展。

（2）中国汽车企业已经具备了“走出去”的基本条件

据盖世汽车网消息，2013 年 1 月，吉利 CK 车型以 418 辆销量成为乌克兰最畅销车型，吉利品牌以 940 辆销量成为 2013 年 1 月乌克兰市场销量亚军，仅低于现代的 948 辆；奇瑞 QQ3 是缅甸 2012 年销量最高的车型；2012 年由泛亚汽车技术中心设计、上海通用生产的新赛欧，在智利市场的销量为 14760

辆，占4.4%的市场份额，是智利唯一销量过万的车型；东风风神S30车型，2013年1月在委内瑞拉销售643辆，市场份额为11.6%，仅低于菲亚特Siena的13%，名列第二。这些数据表明，中国汽车企业已经具备了在特定汽车消费市场与跨国企业一较高低的能力，而实现这些靠的是中国汽车企业对中低端市场的认识能力、“走出去”的决心、自身能力的提升和政府的支持。

过去的30年中，中国市场的强劲需求对国际资本产生极大的吸引力。据加拿大温莎大学汽车研究中心发布的报告，自2002年开始，中国已经连续10年位居汽车行业最热的投资集中地，成为吸引汽车行业最多投资的国家，即使在2009年国际金融危机至今的三年里，中国仍吸引了一半以上的全球投资。2012年，中国吸纳了全球汽车业超过93亿美元的投资，占全球汽车行业投资总额的59.6%。这些国外资本的引入帮助中国较快摆脱了汽车工业“缺重少轻”的局面，形成包括乘用车、客车、载货车以及各种专用汽车在内的较完整的产品系列，掌握了先进的汽车制造技术，建立起比较完整的汽车生产体系和零部件配套体系，更是取得了合资合作的经验和人才。

2009年以来，中国汽车产销量已经连续四年位列世界第一，中国成为名副其实的世界最大汽车制造国和最大汽车市场，同时也让中国成为世界上竞争最激烈的汽车市场，所有中国汽车企业必须面对国外跨国公司的直接竞争，甚至在一些地方政府热衷于招商引资的背景下，中资企业所处的竞争环境是不公平的。在这种状况下，得以生存和发展的中国汽车企业必然有过人之处。

从市场布局看，目前自主品牌产品在中低端市场占据着相对优势，形成了在这一市场的局部优势，包括了解这一市场消费群体的需求，能够低成本组织生产，掌握这一市场营销手段。尽管这一优势在国内市场正面临挑战，但在一些特定的海外市场仍然奏效。

中国汽车企业从来都不缺自主发展的勇气和决心，再经过20年左右的努力实现由大到强的转变，基本建成世界汽车强国，已经成为中国汽车业的共识。成为世界汽车强国，其重要的标志之一就是要拥有跨国经营的企业和世界知名的品牌，要能够在世界范围内进行产业整合和资源整合。因此，“走出去”不仅是中国汽车企业做大做强的需要，更是中国汽车产业由大到强一种必然选择。

此外，多年来在主要以“引进来”方式融入世界汽车产业的过程中，中国汽车企业特别是一些自主品牌汽车生产企业，在竞争激烈的国内市场上，在与跨国公司面对面的竞争中，得到了锻炼，得到了发展。从质量水平看，据 J. D. Power 的调查结果，在中国市场上，2008 年自主品牌汽车的质量（以百车缺陷数衡量）已经与 2001 年合资品牌汽车的质量相当。从技术水平看，吉利 EC7 获得欧洲 NCAP 四星级安全认证、长城汽车通过欧盟认证、上汽 MG6 在英国获好评。这些事例都说明中国汽车企业自身能力方面取得了长足进步。

近年来，为推动中国企业向海外发展，中国政府出台了一系列的支持政策。

2009 年 3 月颁布的《境外投资管理办法》，明确要简化境外投资核准手续，下放核准权限，进一步提高境外投资便利化。

2011 年 3 月颁布的《关于发挥出口信用保险政策性优势，加快转变外贸发展方式》，强调要进一步加大部门协作力度，发挥信用保险的政策优势，继续稳定和拓展外需，推动企业加快转变外贸发展方式，并特别指出将对船舶、汽车、成套设备出口给予专项支持。

2012 年 6 月颁布的《关于鼓励和引导民营企业积极开展境外投资的实施意见》，提出支持重点民营企业结合境外投资项目需要在境外发行人民币债券，继续扩大人民币在企业境外投资中的使用；在创新投资方式方面，提出指导和推动有条件的企业和机构成立涉外股权投资基金，发挥基金对促进企业境外投资的示范和带动作用。重点从大力加强宏观指导、切实完善政策支持、简化和规范境外投资管理、全面做好服务保障和加强风险防范、保障人员资产安全五个方面提出了 18 条主要措施。

每年更新发布的《对外投资合作国别（地区）指南》、《对外投资国别产业指引》，为中国企业了解有关国家的投资机会和应注意的问题提供了帮助，对企业境外投资提供了指导。

同时，政府还利用多、双边经贸机制或投资促进工作机制，协调解决企业境外投资遇到的问题和困难，商签双边投资促进保护协定和避免双重征税协定。这些政策为企业实现“走出去”提供了良好的外部环境。

(3) 中国汽车企业“走出去”面临的挑战

近年来中国汽车企业“走出去”的步伐较快，但同时面临诸多挑战。这些挑战可以归纳为自身实力尚弱和外部环境复杂多变两个方面。

在自身实力方面，主要面临国内市场支撑能力、品牌形象、产品质量和海外零部件供应体系的挑战。

第一，国内市场不能对企业形成强大支撑。在国际化程度日益提高的背景下，自主品牌汽车生产企业在国内市场特别是在高端市场的竞争力弱，自主品牌影响力小，缺乏国内市场的强大支撑，缺乏国内的根据地。换句话说，企业在技术、品牌、研发能力、知识产权、服务能力等方面的实力还较弱。

第二，在品牌形象上有很大差距。目前，自主品牌企业及产品的最大特点是采用低价战略，在获得市场份额的同时，品牌形象较弱的问题比较突出，而品牌形象的塑造需要技术、质量、服务等方面的全面提升，需要进行长期的努力。

第三，产品质量不高是影响品牌形象的首要问题。尽管目前中国汽车企业的定位于低端车，但低端并不意味着低质。这些质量问题可能并不致命，但却会严重损害中国汽车的声誉。面对这方面问题，除需大力提高产品质量外，当务之急是建立健全由企业主导的销售和售后服务体系，而不是主要依靠国外代理商进行销售和售后服务。最后，中国汽车企业的粗放式发展和无序化竞争局面必须尽快改变。在企业技术能力较弱，企业竞争方式单一的情况下，中国汽车企业目前呈现出产品上同质化的倾向，市场竞争靠拼价格和拼规模，粗放式发展和无序化竞争的局面依然存在，影响了中国汽车整体品牌形象。这种状况如不改变，将会严重阻碍中国汽车企业的进程。

第四，海外生产基地的陆续投产，对零部件配套体系和物流保障能力提出了新的挑战。从美国、德国、日本、韩国进入中国的历程看，都有大量的零部件企业紧随其后进入中国，有效解决了生产配套和售后配件供应问题，也为确保整车产品质量和确立其品牌的市场地位提供了支撑。回望中国汽车企业走向世界的进程，难以看到优秀中国零部件企业的身影。尽管全球一体化的汽车生产格局为中国汽车海外采购零部件提供了条件，但同时也将中国企业的发展置于跨国汽车零部件企业的控制之下。

在复杂多变的外部环境方面，首先是复杂的目标国国情。中国汽车目标市场的法律环境、商业文化、市场规模、增长潜力、消费者喜好等方面情况各不相同，深入研究这些情况，并采取针对性的措施，对中国汽车企业来说既是机会又是挑战，而缺乏这样的深入研究是不可能拿出适应于当地情况的产品的。第二，发展中国家的国际贸易保护和政局动荡风险。在发展中国家，目标国政府出于对当地汽车产业的保护，往往出台高关税和贸易壁垒政策。中国汽车企业2008年以来在俄罗斯市场受挫及2011年以来在巴西市场受挫均源于此。同时，也不乏中国汽车产品出口受当地政局动荡影响的例子。第三，发达国家的技术壁垒和贸易保护措施。一方面，发达国家环保、安全的准入壁垒大幅提高，使整车产品的进入难度大大增加；另一方面，因关税、技术壁垒及专利等原因导致的汽车零部件方面的贸易摩擦逐渐增多。近年来，涉及汽车零部件方面的“反倾销”调查已十余起。如何积极有效应对，将关系中国汽车企业的成败。

四　日韩汽车产业国际化发展经验及启示

1. 日本汽车产业的国际化

在汽车产业高度国际化的今天，衡量一个国家的汽车产业发达程度，不能仅仅局限于该国的汽车产量，还应该考虑该国企业在世界市场上的表现，包括对海外的出口和海外生产。从这个角度来看，日本汽车产业已经非常符合国际化的定位。

（1）国际化水平

日本汽车业始于1898年从美国、法国等国进口汽车之后。1933年和1937年，日产汽车公司和丰田汽车公司先后成立。1945年，在政府的积极扶持下，“战后”的日本汽车业开始快速发展。20世纪60年代末期，开始出口汽车。进入20世纪70年代以后，日本汽车的出口数量迅速增加，从1970年到1980年的十年时间，出口量从108万辆攀升到596万辆。进入21世纪后，日本汽车出口数量保持高位，金融危机爆发后有所下降（见表16）。从出口数量和大量出口所持续的时间来看，日本都是汽车产业国际化非常成功的国家。

表 16 日本汽车出口情况统计

单位：万辆

年份	乘用车	商用车	总计
1970	72.56	36.12	108.68
1975	182.73	85.03	267.76
1980	394.72	201.98	596.70
1985	442.68	230.37	673.05
1990	448.21	134.91	583.12
1995	289.62	89.46	379.08
2000	379.59	65.90	445.49
2005	436.32	68.99	505.31
2006	529.55	67.12	596.67
2007	581.19	73.80	654.99
2008	591.54	81.17	672.71
2009	320.97	40.75	361.62
2010	427.23	56.61	483.84
2011	392.99	53.45	446.44
2012	419.61	60.51	480.12

资料来源：The Motor Industry of Japan 和日本汽车工业协会网站。

日本汽车不仅出口数量多，而且多集中在发达国家。在北美和欧洲这些汽车巨头云集的地区，日本汽车已经占有一定的市场（见表 17）。从出口地区分布上看，北美和欧洲是日本汽车出口的重点地区。

表 17 日本汽车出口地区分布

单位：万辆

年份＼地区	亚洲	欧洲	北美
2005	42.01	117.82	185.44
2006	38.16	130.59	248.84
2007	44.09	149.78	245.51
2008	52.51	158.91	231.83
2009	37.88	68.50	137.92
2010	57.33	93.65	172.73
2011	57.24	99.53	142.68
2012	57.06	84.87	188.64

资料来源：The Motor Industry of Japan 和日本汽车工业协会网站。

（2）国际化背景

与欧洲、美国相比，日本汽车工业起步晚，并不具有技术及资源优势。在这样的情况下，日本汽车能够成功进入美国、欧洲，离不开日本汽车企业优秀的管理和优秀的产品。

一是先进的管理理念。丰田管理经验“Just In Time”，即“在必要的时候、按需要的量、生产需要的产品”的生产方式引起了世界的轰动。美国将其总结为精益生产方式。这种生产方式与传统生产方式的区别主要表现为：改变了品质控制手段，消灭（减少）了各种缓冲区，增强了职工的参与感和责任感，培训职工并与职工交流，仅在需要的地方采用自动化，精益组织结构。日本汽车业在建设过程中，能够批判地吸收大规模生产方式的精髓，并结合日本的国情和文化，形成了一套以人为中心的精益生产方式，并以此推动了日本汽车产业的发展。

之后，丰田将“Just In Time”的制度进一步深化，将原材料与零部件直接送往生产线，立即投产，实现“以资源运转为中心”向“以物流速度为中心”转化，以低成本和高质量获得更高的竞争力。

二是独到的发展眼光。日本企业非常重视对海外市场的调研。以在美国的发展为例，从 20 世纪 50 年代日本汽车业快速发展开始，日本汽车企业开始对美国市场进行调研。当时的调研发现，美国有更多居民有购车需求，期待出现较低价位的车型。日本汽车厂商观察到这一点后，坚持推出物美价廉的小型车。20 世纪 70 年代，日本汽车企业对出口市场进行调研，挖掘出当地居民对美国车和欧洲车的不满之处，遂有针对性地设计出了优势明显的轿车。20 世纪 90 年代，日本车企在调研中发现美国消费者偏好 SUV，随即推出几款有竞争力的 SUV 车型。

另外，日本企业对节能环保技术的坚持也很令人敬佩。由于日本本国的资源有限，日本企业都非常重视节能和环保，并一直坚信这是全球发展的趋势。这是近些年来日本混合动力汽车能够在全球市场销量迅速扩大的最重要原因之一。

三是丰富和高品质的产品组合。日本企业比如丰田、本田、日产，都针对消费者的不同需求推出了高端品牌和低端品牌，产品类型比较齐全。尽管每个产品类型下的车型较少，但少而精，很多车型都是“常青树”。

日本汽车企业走出国门，是靠自己的实力，但也离不开外界的有利条件。

先看日本汽车出口量最大的美国市场，当时有利的条件就是石油危机冲击带来的消费者观念的变化。受 1973 年石油危机的影响，美国国内市场对汽车的需求转向小型省油的乘用车，同时，美国政府也出台了一系列支持政策。而小型节油车正是日本车区别于美国车和欧洲车的优势。

再看欧洲市场。日本进入欧洲市场比进入美国市场困难很多。由于欧洲市场对汽车的要求高，并且欧洲各国市场多元化导致其经营环境复杂，日本汽车在欧洲的发展远落后于美国市场。2003 年之前，日本车企在欧洲基本都处于亏损状态。2004 年以后，丰田、本田、日产等企业在欧洲的汽车销量开始稳步上升。主要原因有三：一是日元贬值，日系汽车价格下降。二是欧洲之前出于对当地汽车产业的保护，用进口配额等制度限制日本车进口，到了 1998 年，进口配额才放宽，2000 年取消，到了 2003 年、2004 年，其负面影响逐渐消失。三是日本继续采用在美国市场的做法，认真研究欧洲人的消费习惯，逐步掌握了欧洲人购买、使用汽车的规律，采取在当地进行设计的方法，利用在欧洲国家制造的新车来替代进口车型。

日本汽车企业的另一大海外市场是在亚洲。20 世纪五六十年代，印度尼西亚、泰国等东盟国家出于“战后”发展本国工业的需要，鼓励国外企业在本国成立 SKD、CKD 等工厂，当时实力还不强大的日本汽车企业抓住了机会。之后的几十年，日本致力于开拓欧美市场。与欧美市场相比，日本在亚洲市场的投入增长速度并不快，但进入 90 年代以后，随着东盟自由贸易区的建设以及亚洲汽车需求潜力的凸显，日本对其投资又急剧增加。2008 年之后，日本企业在东盟各国生产以及出口汽车量达到了较高的水平。

（3）国际化进程及特征

日本企业国际化经历了五个阶段，按从销售活动到生产活动再到研究开发活动的顺序渐进式发展，各阶段的发展除受国际投资环境等外部因素影响外，还与企业经济和管理水平的发展密切相关。因此，日本在国际化各阶段的目的、地区、手段以及投资特点都有所不同。

第一阶段：20 世纪 60 年代——散件出口到发展中国家。

20 世纪 60 年代，日本企业的产品出口主要面向东南亚、拉丁美洲等比日本技术落后、劳动力低廉的发展中国家，出口的方式是向其他国家出口零部件，在当地建立组装（KD）工厂，完成最后一道生产工序。比如 1962 年，日产在泰国设立了 Siam Motors & Nissan 公司。1963 年，三菱在菲律宾建立组装厂。1964 年，日野、本田、丰田在泰国建立组装厂。1968 年，马自达、日产、丰田在马来西亚建立组装厂。

第二阶段：20 世纪 70 年代——在发达国家建组装厂。

20 世纪 70 年代，日本企业海外投资的方向发生了改变。由于日本企业国际竞争力和国际经营能力的提升，其投资地已从经济落后地区转向发达地区，日本企业开始开拓美国市场。特别是 1973 年石油危机之后，日本车在美国的销量迅速提升。可是由于日本企业在发达国家投资经验不足，起步阶段的投资额度不大，基本以组装工厂为主。

第三阶段：20 世纪 80 年代——由出口为主转向由投资为主。

日本汽车大量出口到美国、欧洲，导致了巨额的贸易逆差，遭到了当地政府的抵制，对日本进口汽车有严格的限制，一是限制进口数量，二是要求当地采购的比例。为了应对欧美的限制政策，日本汽车企业转变思路，由以出口为主的国际化发展转为以投资为主的国际化发展，主要方式是日本汽车企业在当地投资建设整车厂，与欧美汽车企业相互购买对方股票、合资建设新厂、共同投资研发领域以及与行业外的其他公司共同投资等，这一系列的举措得到了欧美政府的支持。比如丰田在加利福尼亚建立汽车生产厂时，当地政府出资改善了周边道路。

第四阶段：20 世纪 90 年代——全球化发展阶段

进入 20 世纪 90 年代，日本汽车企业进入全球化发展阶段，主要有两个表现：一是全球化的采购，日本汽车企业开始重视在东道国以及东道国近邻的国家调配零部件。二是在世界其他地区进行扩张，追求长期持续发展。以丰田为例，20 世纪 90 年代丰田在多地投资（见表 18）。

第五阶段：21 世纪——深化全球化发展。

进入 21 世纪，日本汽车企业的全球化发展继续深化，其海外发展的理念已由原来单个海外市场按区域运作的局面转变为全球配置资源的局面。日本企

表 18　20 世纪 90 年代丰田海外投资情况

建厂时间(年)	所在国家	建厂时间(年)	所在国家
1992	哥伦比亚	1996	尼日利亚
1992	马来西亚	1996	越南
1992	菲律宾	1997	阿根廷
1993	巴基斯坦	1998	中国
1993	阿尔及利亚	1999	巴西
1994	土耳其	2000	中国
1996	摩洛哥		

资料来源：丰田网站。

业的全球配置不仅是生产体系，还包括研究开发体系和管理体系。不仅在世界各地设立生产基地，还在美国、欧洲和亚洲等地设立研究开发中心和地域总部，日本企业正在建立更扁平化的全球化管理体制。

(4) 国际化过程中面临的问题及解决办法

日本汽车产业的国际化是从 19 世纪 60 年代开始的。日本政府也在这一时期放开保护，走对外开放的路线，此时面临的最大问题是让国内企业在激烈的市场竞争环境中生存。日本政府认为，应对的办法是国内各汽车公司兼并重组。

1965 年，日本政府促使当时汽车工业排名第二的日产汽车公司和第七名的 Prince 汽车工业公司合并，实现了日本汽车工业第一次大规模合并。Prince 汽车工业公司把全部事业和全体员工移交给日产汽车公司，成立了在生产规模上略微超出丰田的汽车公司。1974 年，日野、大发两家汽车公司并入丰田。

随后，日本各汽车公司的发展战略出现了新探索，从国内企业间合作转变为与外国企业联合。1969 年，三菱汽车工业公司从克莱斯勒汽车公司筹措资金。1970 年，五十铃汽车公司成为通用汽车公司的子公司。通用汽车公司向五十铃汽车公司出资 34.2%，派遣 4 名董事。从此之后，中小汽车公司接受外国企业投资的情况越来越多。

此外，日本政府为了扶持国内汽车企业，为其提供了低息贷款以及所得税减免等优惠政策。首先，通过日本开发银行、日本长期信用银行、日本兴业银行、中小企业金融合作社等官方银行向汽车企业发放低息贷款。其次，从

1957 年起就开始实施一系列减免公司所得税的制度，减少企业负担，促进其国际化发展。

19 世纪 70 年代的石油危机给日本汽车工业提供了与国际接轨的好机会。日本汽车企业集中力量向美国、欧洲出口汽车，可是由于出口数量庞大，造成贸易不平衡，引发当地政府对“日本制造”的抵触。比如，1975 年，英国政府将日本在英国市场的汽车份额限制在 11%。1977 年，法国政府将其限制在 3%。1981 年，美国也用政治手段将日系车的年进口数量限制在 176 万辆，比前一年降低了 7.7%。

面对欧美的限制，日本汽车企业开始改变国际化的发展方式，由原来的以出口为主转变为以投资为主，进入了之前介绍的国际化第三阶段。以丰田为例，1991 年，赞助了全美家庭教育中心以及其他公益事业，另外赞助医院等机构，不仅带动了当地的经济发展，而且提供了更多的就业机会，使美国、欧洲政府的态度有所转变。

同时，在这一时期，日本汽车企业在产品和服务方面也在不断努力。在产品方面，为了适应当地顾客对不同车型的需求，日本各汽车公司生产的车型也趋于多样化。各公司都研发出了不同车型弥补轿车等级间的市场空隙，并重点将换车的顾客引导到更高层次的轿车上。在服务方面，汽车公司不但设置了新销售渠道，而且让经销商延长服务时间，并与社区保持密切关系，与其他产业合作创办综合店铺，为顾客提供综合性汽车生活服务。

日本汽车工业面临的又一次挑战是在 1985 年。1985 年 9 月，为了解决美元汇率偏高问题，西方五国财政部长会议商定成员国同心协力干涉外汇市场，促进日元快速升值。日元汇率越高，生产成本越高，依靠出口生存的汽车公司利润越低。从 1986 年到 1999 年的三年间，日本汽车的出口额占销售总额比例从 60% 降低到 48%，日本汽车企业把产品主要销往国内。

为了避免日元升值引起经济萧条，日本政府推动了低利息政策。这也引致地价、股价都暴涨，固定资产投资和国内需求也不断上升。从 1980 年到 1986 年，日本本国每年汽车销量平均为 400 万辆，然而在 1988 年和 1990 年，年销量分别达到了 500 万辆和 600 万辆，而且高档车比例扩大。尽管国外市场表现不佳，但本国市场非常红火，日本汽车公司依然能够快速发展。

1991 年，日本泡沫经济破灭。受此影响，国内汽车需求大量萎缩，而这一时期又遭遇美国、欧洲汽车业复苏、韩国汽车业崛起，日本汽车公司在种种不利的条件下只能过“寒冬”。日本汽车工业萧条景象一直持续了十年之久，各汽车公司都面临明显的供需脱节，各汽车公司开始裁员、关厂。比如，三菱汽车工业公司关闭了国内两家工厂，日产公司关闭座间车辆工厂，丰田汽车公司关闭了关东汽车公司、本田科研工业公司缩小其铃鹿制作所的生产线。

除了关闭工厂外，日本汽车企业将重点放在压缩零部件成本上。之前日本汽车零部件采购费占到了生产成本的 70%，如不压缩，很难改善收益。从 90 年代开始，通过产品种类和零部件数目的大幅度削减，零部件开始通用化和模块化，并且日本汽车在全球采购零部件的比例扩大，零部件采购费压缩了 20%。零部件企业为了更好地生存，也开始与欧美企业之间进行兼并和重组，日本的零部件厂商也开始走出日本。

尽管实施了很多补救措施，但在此期间的市场竞争中，只有丰田汽车公司能够很好地生存，其他公司都有不同程度的财务问题。最终，日产汽车不得不在 1999 年将 36.8% 的股份转让给法国雷诺汽车集团，组建雷诺 – 日产汽车联盟。福特也实现了对马自达的绝对控股。

进入 21 世纪，随着环保车和新兴国家需求的爆发，日本汽车企业迎来了新的发展机遇。如今，石油价格依然在高位徘徊，日本最擅长的小型车仍然畅销，并且随着环境问题的日益突出，日本车因为环保特性更加受宠。日本汽车业历来重视环保问题，特别是在混合动力汽车领域拥有较大的优势，令其未来的国际化发展更加光明。日本能够在混合动力方面具备优势的主要原因有：一是日本的特殊地理环境，既有助于让日本人有节能环保的意识，也客观上形成大规模城市的用车需求。汽车主要集中使用在山区和城市之间的联络公路上，混合动力汽车有发挥作用的空间；二是日本政府的相关政策。日本政府非常认可混合动力汽车的发展前景，给予其很多政策支持，比如出台税收优惠政策及奖励措施，促进混合动力汽车销售，大力扶持产业技术发展，完善普及混合动力汽车相关配套设施。三是日本汽车企业对技术的执著。日本汽车企业已经拥有世界领先的技术，且技术追求精益求精。四是相关零部件产业的发展。整车企业与零部件企业之间建立起的相互依托发展关系被带到了整车企业与电池、

电机等电动汽车生产领域。

在现阶段国际化的发展过程中，日本尽管有优势，但面临的挑战也很巨大。2007 年以后，日元持续升值，特别是由于国际金融危机对美国汽车市场的冲击，使得日本汽车企业相对于韩国的竞争力有所下降。2012 年韩国车的欧洲占有率逆势上升，在美国市场的销量同比增长 11.4%，而日本在欧美的市场份额都有所下降。安倍晋三再度当选后推行无限量货币宽松政策，促使日元贬值，有利于提升汽车产业竞争力，但长期效果如何仍有待观察。

（5）国际化经验

如上分析，日本自 20 世纪六七十年代开始实行国际化战略，其间有企业的努力，也有政府的支持。

日本政府的经验

日本政府在日本汽车工业实现国际化发展中给予了充分的支持，既有战略指导也有具体措施，形成了良好的出口氛围，可以总结为以下方面。

一是保护与扶持本国汽车工业。日本汽车工业的飞速发展以及能够形成出口优势，离不开国家采取的关税和非关税措施及国内税收政策。1958 年，日本加入了关贸总协定，但是直到 1978 年才彻底消除汽车进口关税壁垒。除了征收高关税以外，日本政府还设置了进口配额等非关税壁垒，限制国外汽车进入日本市场。这些措施为日本企业创造了相对封闭的市场环境，为其提升产品品质和竞争力提供了时间、空间。

二是强化对出口企业的管理。日本政府对汽车产品出口实行许可证制度，对于质量达不到要求的产品拒绝发放许可证。在这一政策的推动下，出口到国外的日本汽车都拥有较高的质量水准，避免了企业成为短期利益的牺牲品，为日本企业和汽车产品赢得了良好的国际形象，进而促进了出口，推动了企业在海外市场的可持续发展。

三是注重海外市场。由于日本本国资源有限，日本政府很早就确立了全球化发展的战略。为了促进本土企业向海外发展，政府不仅在资金方面给予支持，还通过《海外投资保险制度》和《海外投资亏损准备金制度》等具体措施对企业的投资行为给予保护。同时，政府对企业的指导和建议还深入许多细节，如支持企业做海外调研，帮助企业发现进入海外市场的契机和当地消费者最真实的需求信息等。

四是帮助企业提升竞争实力。技术实力是企业赢得海外市场的重要因素之一。为提升日本企业的技术实力，日本政府在汽车产业发展初期的技术引进阶段采取了资金援助、财政补贴和减免税款等积极政策，在技术再提升阶段，日本政府的支持力度进一步加大。与此同时，政府通过推动汽车的兼并重组（包括跨国兼并）使企业的综合实力得到快速提升，通过保持日元汇率稳定为日本汽车产品竞争力的提升创造了机会。

日本企业的经验

综观世界各国汽车工业的发展，政府支持固然是企业实现国际化发展的重要条件之一，但并非每个有国际化发展意愿的企业都能够真正成长为跨国企业。日本汽车企业实现国际化发展的主要经验可以总结为以下方面。

一是重视对市场充分且深入的分析，推出符合市场需要的产品。日本汽车企业高层领导有坚定的国际化决心，在行动上非常理智，在做出决策之前，对目标市场进行了长期深入分析，适时推出市场需要的产品，而不是盲目地进行出口，发现不可行时再撤出市场。

二是重视差异化发展，找准自己的位置。最初进入美国市场时，日本企业意识到无法与福特、通用等抗衡，因此选择了竞争相对较小的小型车市场，并为这一产品赢得市场做好了充分的准备。当因石油危机出现了扩大市场份额契机时，日本产品迅速在美国站稳了脚跟。

三是重视国际化人才培养，鼓励员工进步。在海外扩张的初期，日本企业就开始了两方面国际化人才的培养。一方面是培养企业管理层的国际化意识；另一方面是培养海外企业的本土化领导，以促使企业在海外更好地发展。同时，日本企业也将人才培养延伸到普通员工层面，为保证产品品质提供了有力保障。

四是重视产品质量，提供高性价比产品。质量是企业赖以生存的根本，日本汽车企业一贯重视汽车质量。在谈及国际化发展的成功经验时，日本汽车企业往往会反复强调对质量问题的重视。从日本企业所经历的几次大规模的召回事件中也可以发现，尽管曾一度导致人们对日本制造的重新审视，但基于日本汽车企业对质量的高度重视，日本产品一次次迅速摆脱了在市场中的被动

局面。

五是重视售后服务，保持客户稳定。日本企业在进入海外市场时，建立了完善的售后服务体系。即使在美国发展受挫后，日本企业依然提供售后服务，没有让已经购买丰田汽车的海外消费者失望。

日本行业组织的经验

在日本汽车工业的国际化进程中，除了政府的支持和企业的努力外，也不难发现行业组织在其中发挥的重要作用，可以归纳为以下方面。

一是做好海外公关和国内协调。从有国际贸易开始，国与国之间就有很多的贸易摩擦。出现贸易摩擦后，在运用有效的办法巧妙地解决问题的过程中，除了政府间的协调外，行业组织的作用也是不可替代的。例如，当日本与美国、欧洲国家发生摩擦后，日本的汽车行业组织与相关机构进行了多轮谈判，体现了对行业的负责态度。通过对内、对外两方面的深入细致工作，最大限度地保护了本国汽车企业的利益。

二是做好本国企业的海外服务。日本行业组织在搜集、审核、整理世界经济和市场研究统计资料方面所做的工作值得各国汽车行业组织学习借鉴，它不仅帮助日本企业了解了世界，也帮助其他跨国企业和当地政府更深入地了解了日本汽车工业，为促进相互理解和合作提供了平台。

2. 韩国汽车产业的国际化

（1）国际化水平

1961 年 5 月，当时的韩国政府提出“出口第一主义”口号，推行出口导向型发展战略。1976 年 2 月，现代汽车公司首次向厄瓜多尔出口两辆“福尼”牌小轿车，开创了韩国汽车出口的历史。19 世纪 80 年代后，韩国政府认为汽车工业前景广阔，决定大力发展汽车产业，把汽车产业列为十大战略产业之一，在赋税、贷款、保险、财政等方面给予特殊支持。同时，还同美国、日本、法国等发达国家的汽车和零部件制造厂建立了技术合作关系，汽车性能和零部件自给率不断提高，汽车的出口量逐年上升。

1988 年，韩国汽车产量突破百万辆大关，达 108.7 万辆，其中出口 57.2 万辆，占当年汽车产量的 52.6%。到了 1993 年，汽车产量突破 200 万辆，达 204.94 万辆，出口为 60 余万辆。1994 年，出口 73.8 万辆；1995 年，出口达到110万辆，增长近50%。1997年，汽车总产量达到281.8万辆，世界排名第五；汽车出口131.7万辆，世界排名第四。在1997年亚洲金融危机后，韩国汽车工业经过惨痛调整后又恢复了生机和活力，汽车产销量迅速增长。1999年，汽车出口1万辆，排世界第八位。

从2002年到2005年，世界汽车出口年均增长率为33.26%，而韩国汽车的出口年均增长率为53.94%，远远高于世界的平均出口率。近五年来，韩国汽车的出口情况继续呈现较好势头，其中2012年出口总量为3170634辆，与2011年基本持平，仅增加0.06%，其中乘用车同比增长了1.07%，但商用车市场不景气，同比下降了7.6%（见表19）。

表19　近四年韩国汽车出口情况统计

单位：万辆，%

年度	总计	其中		同比增长
		乘用车	商用车	
2009	214.89	200.72	14.17	-19.94
2010	277.21	261.09	16.12	29.00
2011	315.17	298.07	17.10	13.69
2012	317.06	301.26	15.80	0.06

资料来源：中国汽车工业协会网站。

中国汽车工业协会出版的《世界汽车统计年鉴》中，记载了韩国汽车对德国、日本、美国、瑞典、英国五大发达国家出口的具体情况（见表20）。从2005年到2009年，出口量基本保持增长，其中2009年受金融危机影响，出口量有所下滑。2010年，韩国汽车对美国的出口实现了7倍以上的增长，对英国的出口量实现近30倍的增长。2011年，韩国对德国的汽车出口量增长在2倍以上。

《世界汽车统计年鉴》中还记载了韩国各个汽车企业对外出口的具体情况（表21）。从数据上看，受金融危机影响，2009年韩国各个制造商的出口量有所下降，但2010年、2011年出口又呈现增长势头，比如现代汽车2011年出口超过120万辆，2010年为107万辆，2009年仅为91万辆。

表 20　韩国分国家整车出口量

单位：辆

国家＼年份	2005	2006	2007	2008	2009	2010	2011
德　国	17768	23535	28808	31524	32187	39818	81573
日　本	10770	14701	21575	26942	16761	—	—
美　国	4933	4476	8172	8122	6852	51095	58818
瑞　典	1859	1730	2198	2105	1699	6028	10213
英　国	715	969	1762	1311	1984	58623	46227

资料来源：《世界汽车统计年鉴》。

表 21　韩国汽车制造商整车出口量

单位：万辆

制造商＼年份	2008	2009	2010	2011
现代汽车	109.92	91.11	107.27	120.42
起　亚	73.85	73.60	92.01	107.59
通用大宇	70.29	42.93	61.09	65.64
雷诺三星	9.50	5.62	11.58	13.77
Ssangyong	4.32	1.27	4.78	7.36
塔塔大宇	0.39	0.19	0.40	0.26

资料来源：《世界汽车统计年鉴》。

（2）国际化背景

韩国汽车起步晚，但发展速度快，并且汽车出口量大，这种快速发展的原因主要是政府的直接干预给予汽车行业很大的指导和支持。

一是政府坚决保护本国汽车工业。政府主要通过严格限制汽车进口措施来保护本国汽车工业：一方面，大幅度提高进口汽车关税，比如 1987 年之前，关税一直在 50% 以上，1989 年降到 25%，到 1995 年降到 8%，并稳定下来；另一方面，实施非关税壁垒，比如限制建立进口汽车销售网络，禁止在电视和报刊上做广告，对购买外国高级车的顾客进行特别的税务检查，实施反奢侈和买韩货的运动等。另外，政府还对出口企业给予支持，比如优先提供紧缺原材料，提供低息贷款和长期贷款，对主要汽车厂家给予出口补贴等。

二是控制整车企业数量，推行大规模的发展策略。20 世纪 70 年代，韩国政府实行“汽车国产化”政策，控制汽车企业的数量，发展大规模汽车企业。1972年，韩国政府颁布《中小装配厂废止措施》，规定中小企业只能从事汽车零部件生产，不能从事整车生产，整车生产集中在了现代、起亚、亚细亚、大宇四家汽车企业，另外，政府对每家企业生产的车型也有明确的规定。这种大规模的发展策略，除了推动韩国汽车快速提升形成规模外，还奠定了坚实的零部件工业基础，为日后出口奠定了产业链基础。

三是注重技术创新，推动技术快速进步。比如，20世纪90年代初期，政府出资5.65亿美元，企业出资4.35亿美元，共10亿美元，用于汽车厂家以及金星、大宇电子、三松电子等汽车产业相关企业共同突破技术瓶颈，共同合作开发的项目包括4座电动轿车、计算机一体化制造系统以及智能制造系统。

韩国汽车能够在世界范围内取得成功，特别是在美国、欧洲这样的发达地区获得一席之地，也与当年特殊的国际条件有一定关系。

首先是时机有利。由于20世纪七八十年代世界贸易保护主义盛行，日本汽车受到了欧美的汽车出口配额限制，出口数量不再增长甚至有些下滑。此时，日本采取了向高档车转移的策略，逐步提高售价。由于欧美对低档小型的经济车仍有需求，这个细分市场出现了缺口，给韩国汽车打入欧美市场提供了机会。

其次是货币有利。由于韩元对美元相对稳定，比价基本不变，而美元对日元大幅度贬值，韩元对日元也就相对贬值，这就使韩国汽车的美元成本大大低于日本汽车的美元成本。

最后是低价策略。韩国汽车开始进入欧美市场时，采用的是晚于日本五年左右的技术，此时，该技术已经获得了欧美市场的认可，产品可靠，耐用性高，其定价比同等级的日本车约低1000美元。

（3）国际化进程及特征

纵观韩国汽车产业国际化的进程主要分为五个阶段。

第一阶段为起步期，约从1976年到1985年底，特点是以出口贸易为主，产品较少。在此阶段，主要进行出口贸易的探索，出口业务的运作模式是以一般贸易为主，按国家或地区向代理商出口，公司在国外不设分支机构，没有海外销售（包括境外的广告宣传、售后服务体系建设的投资预算等），所有销售

服务活动都由代理商自己来设计和完成。

以韩国现代汽车为例，此阶段主要出口 PONY 车型，不仅出口到了埃及、巴基斯坦等一些不发达市场国家，还出口到英国等较发达国家。

第二阶段为扩张期，约从 1986 年到 1992 年底，特点是以建立全球分销体系为主，设立海外销售机构，也在海外建设工厂。在此阶段，韩国汽车企业在美国等地成立分支机构，出口业务的运作模式由一般的自由贸易转为建立全球的销售服务体系。公司在国外成立分支机构，在海外销售方面有投资预算，比如境外产品宣传、企业宣传、售后服务、培训等。销售管理人才本地化，拓宽销售服务网络，加强销售的渠道管理，将由代理商自己处理业务转变为按企业的要求处理业务，对经销商的管理力度加大。

以现代公司为例。在 1985 年，现代成立现代美国汽车公司，1986 年正式运行。现代建立了一系列的出口分销体系，将汽车出口到美国市场，当年在美国销售 16 万辆，1987 年达到 26.4 万辆。到了 1992 年，现代在美国的汽车销量累计超过 100 万辆，当年现代汽车的出口量为 40 万辆。

第三阶段为调整期，约从 1993 年初到 1996 年底，特点是加强全球分销体系建设，同时大力扩展 CKD 组装方式出口。韩国汽车经历了在北美发达市场的短暂繁荣后，由于质量问题迅速挫败，韩国汽车开始调整出口战略。一方面，继续强化出口分销体系，加大在竞争对手投入较少的不发达市场的销售力度，并采用了如 CKD/SKD 出口、技术转让等较灵活的方式；另一方面，关闭在发达市场的生产基地，强化公司内部质量管理，将本土生产精品出口到发达市场。

以现代公司为例。由于质量问题，现代在美国市场产品形象损坏，销量大减，从 1993 到 1997 年，现代汽车在美国每年销量只有 10 万辆左右，与高峰期的 40 万辆年销量相比减少了近 3/4。尽管现代汽车在美国表现不佳，但在新兴市场却有所突破。1993 年，为了避开进口关税，现代汽车在津巴布韦设立 CKD 工厂，随后在埃及、巴基斯坦、越南、博兹瓦纳、泰国、菲律宾、印度尼西亚、委内瑞拉、马来西亚、中国台湾和中国建立 CKD 工厂或进行相关技术转让。

第四阶段为战略转型期，约从 1997 年初到 2007 年，特点是继续建立海外销售体系，并开始大力建立海外的生产基地和研发基地。在此阶段，韩国汽车在海外设立的诸多生产基地已经成功运营，能结合当地的市场情况进行营销，并进行本土化采购甚至本土化设计，还能够利用当地的资源向周边地区出口。从这些方面可以看到，韩国汽车产业已经从依托韩国本土资源的出口导向型企业转变成为可以整合国际化资源，在全球范围内进行价值链整合的国际性公司。

以现代公司为例，比如 1997 年，现代在土耳其建厂，不仅是为了满足当地的需求，而且是着眼于亚洲市场。1997 年，现代在日本、美国、德国建立研发中心，进行本土化研发。1998 年，现代印度工厂投产，满足亚洲市场的整体需要。2001 年，现代建立斯洛伐克工厂，满足欧洲市场需要。另外，有了在美国市场的失败经历后，现代更加注重质量管理，于 1999 年在美国市场推出行业最高的质保承诺，重新在美国树立形象。到了 2004 年，现代在美国的出口量达到了 43 辆，超越了短暂辉煌期的最好水平。

第五阶段为逆势深化发展阶段，约从 2008 年至今，特点是在欧盟等受金融危机影响严重的地区实现逆势增长。在 2008 年美国经济危机后，2009 年 1 月，通用汽车销量下降 49%，丰田汽车下降了 32%，但现代汽车在美国的销售业绩却不降反升，实现了 14.3% 的增长。在近两年的欧洲经济危机中，欧洲汽车市场需求连续四年萎缩，但 2011 年，韩国汽车对欧盟的出口依然取得 44% 的增长率，2012 年现代在欧洲市场的销量增长了 10.2%。

现阶段，现代能够在欧盟实现逆势增长，主要原因有二：一是韩国与欧盟在布鲁塞尔正式签署韩国欧盟自由贸易协定（FTA）。协定于 2011 年 7 月正式生效，有利于韩国车出口到欧洲。二是韩国制造得到了欧洲用户很大的认同。韩国企业一直很重视汽车的质量、性能以及售后服务，最终获得了欧洲客户的认同。

除了政策和产品的优势外，韩国人独有的胆识和智慧也非常值得称赞，比如在 2008 年金融危机爆发后，大多数汽车企业在美国市场都出现了销量下滑，减产和降价成为很多汽车企业的应对措施，但韩国现代推出了一个名为“失业退款式”的服务，承诺“消费者购买了一台新的现代汽车，如果此后一年内失业，可以无须支付任何费用将车退回”，此举措迎合了经济危机下消费者

的心理，助力了销量增长。

（4）国际化过程中面临的问题及解决办法

韩国汽车企业在向海外市场出口的过程中，由于企业自身技术原因和企业自身的财务漏洞导致了一些比较大的挫败，具体来看有以下方面。

一是质量问题。20 世纪 80 年代，以现代 PONY 车型为代表的韩国自主研发品牌成功打入北美市场，在低价诱惑下，美国消费者购买了大量现代汽车，但质量问题不时出现，需要随时更换零部件，使得现代汽车在美国消费者的印象中变成了“故障车”的代名词，销量也因此一路走低。

为了整治汽车质量顽症，现代汽车先把矛头对准了汽车配件的供应商。经过对配件供应链条的整顿，现代汽车的质量很快取得明显提升。随后，改革又深入技术研发领域，企业提出“把赚到的钱拿出 1/3 做研究，扩大研发能力”。经过长达十年的质量改进工程，1998 年，现代汽车以“EF 索纳塔”为主打车型，再次进军美国市场。为了平复质量信任危机，1999 年，现代向全世界消费者做出了一个史无前例的承诺——“10 年 10 万英里保修制度”。这意味着，现代汽车如果在 10 年 10 万英里内出现故障，将对发动机和变速箱进行免费更换。2004 年 4 月，在美国最具权威性的汽车评价机构——J. D. POWER 实施的品质调查中，现代汽车的 EF 索纳塔在中型车中被评为全美第一名。这是现代汽车在这一评选中首次取代日本的丰田汽车。韩国汽车彻底扭转了质量不佳的印象。

二是财务问题。在 20 世纪 90 年代那场席卷亚洲的金融风暴中，韩国汽车企业暴露出内部的财务问题，韩国汽车业遭遇了前所未有的严冬。1997 年，韩国最老牌的汽车公司起亚汽车破产。同年，双龙汽车公司因资不抵债被大宇集团收购。1999 年，大宇汽车公司的母公司大宇集团破产。2000 年，大宇汽车破产，现代汽车也裁员 25%。但在 1998 年，并未渡过难关的现代却合并了竞争对手起亚，而事实上，当时现代汽车的市值只有 10 亿美元，负债却高达 66 亿美元。在此次大规模的兼并重组浪潮下，韩国的汽车集团除了现代起亚以外，都成了合资企业，可谓损失惨重。

韩国汽车业整体发生如此大规模的财务问题有三个原因：一是政府和企业过分强调大规模经营。韩国汽车业从 1984 年进入急速扩张期，在 12 年内，产

量增长 10 余倍，规模增长过快，导致没有足够的时间进行结构和战略调整，资金结构恶化。二是政府和企业过于强调多元化经营。韩国汽车业过于求大、求全，只重视形式上的联合，忽视实质的联系，没有形成规模优势和竞争力，反而导致管理成本过高，生产效率低下。比如，破产前韩国起亚公司有 28 家子公司，涉及钢铁、建筑等诸多领域。三是政府的盲目支持。在韩国汽车企业的扩张过程中，政府起了推手的作用，给予了过多倾斜性的金融政策，导致企业头脑过热。有代表性的企业就是韩国大宇，从 1967 年建厂到被收购，在近 30 年的时间里，依靠政府贷款支持，国内企业多达 40 余家，海外公司曾多达 600 余家。

（5）国际化经验

韩国汽车工业的国际化进程同样是政府和企业共同努力的结果，许多做法与日本不乏相似之处。

韩国政府的经验

韩国政府在韩国汽车工业发展中始终扮演着重要的角色，是韩国汽车工业实现国际化发展的重要推手，主要体现在以下方面。

一是对本国汽车工业采取主动保护措施。在韩国汽车工业发展之初，为保护国内汽车市场，韩国政府实行了严格的抑制汽车进口的措施，包括在较长时间内采取高进口关税和非关税壁垒措施，对国外汽车企业“严防死守”，使得本国企业能够在相对封闭的空间内发展，为其提升自身实力创造了有利条件。

二是制定积极稳妥的本国汽车发展规划。20 世纪 90 年代初，政府制定了汽车工业中长期发展规划，将此后十年韩国汽车工业的发展分为三个阶段，都与出口相关。第一阶段为扩大生产能力，建立出口基地（以轿车为主）；第二阶段是提高产品质量，扩大出口（出口车型由轿车发展到商用车）；第三阶段是推进国际化，使汽车产业成为出口创汇的先导产业。目前政府的三阶段规划都已经实现。回头望去，政府积极、稳健的发展规划是韩国汽车工业快速发展的指导性准则，对于韩国汽车业的发展起到了稳定军心的作用。

三是强化研发和质量建设。为提高韩国汽车企业的技术实力，政府持续提供了大量研发资金，每年政府在汽车研发方面的投入约占总投资额的 12%。为了提高产品质量，韩国政府对汽车零部件工业的发展给予了极大的关注，支

持汽车零部件企业进行收购和合并，积极吸引国外先进汽车零部件企业来韩国建厂，建立世界水平的大型零部件专门企业以及汽车零部件信任度中心，每年对10种零部件进行信任度认证。这些措施奠定了韩国汽车工业走向世界的根基。

四是坚持出口导向战略。政府认为，韩国地域狭小，资源相对贫乏，资本不足，经济基础薄弱，经济要繁荣，除了走出口导向型经济发展的道路外，别无他途。由此可见，出口导向战略反映了韩国政府的前瞻性意识，更被认为是韩国屹立世界的基础。为此，韩国政府于1973年首次提出出口导向战略。随后，在政策上制定有利于出口的政策，并在政府的推动下形成了现代等一批汽车整车和零部件产品出口龙头企业。

韩国企业的经验

韩国汽车企业被誉为是发展的“神话”。以韩国现代－起亚为代表的汽车企业，在国际化的过程中也有很多经验值得借鉴。

坚持走自主创新发展的道路，维护民族品牌。韩国汽车工业的发展也曾经历过引进技术、散件组装的阶段，但从20世纪80年代起，韩国各汽车公司纷纷将发展的重点转向“自主”，强调加快研发人才培养，通过国际合作开发出韩国自己的汽车产品。随着研发资金投入的不断加大和强有力产品研发机构的建立，韩国汽车企业利用政府保护和支持下相对封闭的发展环境，通过技术引进和坚持不懈的国产化，迅速提升了企业的综合实力。

同步发展汽车零部件工业。韩国汽车业能够壮大并在国际上站稳脚跟，与韩国汽车零部件工业的发展分不开。他们是韩国独立、完整的民族汽车产业体系中的重要组成部分。韩国汽车零部件企业不论是在技术还是在资金上，都满足了韩国汽车企业的生产和出口需要。当某个企业迈开走向世界的步伐时，所看到的并不是一个企业的个体行动，而是一个产业的协同努力。

重视营销手段和宣传。为了加深全球消费者对韩国汽车的了解和认知，韩国汽车企业在进军世界的过程中，十分重视在各地展开各种宣传、促销措施。比如现代汽车集团在美国、欧洲和日本都建立了研究中心，设立了专卖店，还赞助大规模的商业活动提高企业名气、树立企业形象。

3. 日韩经验对中国的启示

综观世界上的汽车巨头，无一不是实力雄厚的跨国公司。特别是20世纪

90 年代以后，世界市场上各大汽车公司广泛地进行并购及战略联盟活动，形成了新的世界汽车业竞争格局。作为后起的中国汽车业，积极参与国际竞争是成为汽车强国的必由之路。更多地融入全球汽车市场，大力开展国际化经营，是成为世界汽车强国的客观要求。如今，我国主要的自主品牌汽车企业都已根据自身条件开始了国际化行动，如果能够积极吸取日、韩国际化经营的经验，无疑对及早实现中国汽车强国的梦想是非常有益的。纵然当今时代下中国与日本、韩国启动国际化进程时所面临的外部环境和竞争环境已经有了很大的变化，国际化的途径也不尽相同，但日本和韩国的经验仍然值得中国汽车产业研究和借鉴。当然，日韩在国际化进程中特定阶段所犯的错误，也值得中国关注。

从日韩经验看，政府的战略指导和保护、激励措施是不可缺少的。尽管中国汽车工业走向国际化所面临的国际环境已经不允许我们采取相对封闭的措施，但做好顶层设计和战略规划对坚定企业信心是十分必要的，通过保险和信贷等扶持措施对企业行为给予支持仍是可行的。

整车产品要想在国际立足，企业要在海外得以生存和发展，强大的零部件工业是基础。中国汽车工业要实现国际化发展，必须将中国零部件产业的发展和汽车整车的发展放在同等地位，实现共同进步。

要实现国际化发展，深入研究市场、找准自身定位、强化质量意识、提升研发实力、培养国际化人才和建立完善的服务体系缺一不可。中国汽车企业应树立长远发展的眼光，从细节入手，加快树立起应有的国际形象。

五　关于中国汽车企业“走出去”的几个认识问题

1. “走出去”不是权宜之计，而是战略选择

如前所述，国内竞争性加剧、局部比较优势和全球汽车产业动荡、调整所带来的机会是激励中国汽车企业决心“走出去”的重要原因。表面看来，中国汽车企业的动机确有生存空间受到挤压后的无奈成分，但时机上顺应了内外部条件的变化，是顺势而为的。而这里我们更想强调的是，我们应该从一国汽车产业做大做强与其国际化的内在逻辑上来审视中国汽车企业的必然性。

第一，汽车产业是全球性的产业，一国汽车产业的竞争力很重要地体现为其在全球市场上的总的竞争力。这意味着，在汽车产业链上，包括投资、研发、生产、采购、销售及售后服务等在内的主要环节，均以全面的成本削减为目的日益全球化了。在这一背景下，仅在一个国家范围内发展已经越来越难以建立起完整的、有竞争力的汽车产业体系了，更何况中国汽车市场又是这样一个几乎被所有汽车跨国公司涉足的市场。那么，中国汽车产业要做大做强就必定有风险，不出去风险更大，这是中国汽车产业面临的现实。

第二，汽车产业是规模经济效益显著的产业，并且随着生产技术水平、研发费用的提高和研发风险的增大，其长期平均成本曲线上的最小有效规模（或称有竞争力的最小生产规模）在不断加大，这是全球汽车企业无不需要国际化发展的最直接原因之一。有研究指出，1947 年时轿车工业的最小有效规模是 15 万辆，1977 年时达到 200 万辆。而近年来的平台化、模块化促进了汽车产业最小有效规模的进一步提高，目的是不断提高产品的成本竞争力。有资料指出，目前全球 40% 的汽车产量来自 20 个主流汽车平台，其中大众的 PQ35 平台全球年销量超过 200 万辆，共计 20 款车型。显然，如果这个规模大于一国的市场规模时，拓展海外市场就成为必然选择。按照汽车产业这一自身发展规律，如果自主品牌汽车及产品不拓展海外市场，仅靠暂时的劳动力成本优势，仅以每平台不足 5 万辆的销售规模，不要说与全球配置资源的跨国公司抗衡，就连能否生存都是问题。

第三，为企业掌握核心技术提高长期国际竞争力开辟了新途径。30 多年来，通过“引进来”的对外开放式发展，中国汽车企业制造能力大幅提升，技术研发能力有了长足进步，但技术能力薄弱、汽车产品关键核心技术欠缺仍是中国汽车企业特别是自主品牌汽车企业的“软肋”。随着中国汽车市场规模的扩大、国际地位的提升及与跨国公司之间技术势差的缩小，中国汽车企业技术能力的进一步提升需要另辟蹊径。而通过跨国并购使技术引进从合资合作条件下的被动方式转变为条件下的主动方式，就是这样的一个新途径。可以预见，随着并购格局的改变，中国汽车企业和国外跨国企业之间的合作关系将有可能从原来的技术转让转变到更多地携手共同开发新产品和更多的技术交流上来，从而为中国汽车企业技术能力的持续提升并逐步向产业链高端攀升创造条件。

综上所述，如果中国汽车企业能够借国内市场增长放缓的推动，通过走上一条较持续增长的道路，那么增长放缓反倒不是一件坏事；如果中国汽车企业能够很好地利用机会，那么海外市场将可能变成中国汽车产业提高长期国际竞争力、长期持续健康发展的机遇。因此，中国汽车企业的当下不应该被当做权宜之计，而应该视为长期的战略选择。

2. "走出去"具有现实可能性，但绝非易事

近几年来中国汽车企业"走出去"的步伐明显加快，特别是一些重大的跨国并购事件在国内外引起了强烈反响。面对中国汽车企业日益发展的"走出去"态势，社会各界投来不同的目光，有兴奋和赞许，也有担心和怀疑，对中国汽车产业在未来的国际分工中如何定位存在争议。其中两种截然相反的观点较具代表性：一是认为中国汽车企业已经没有做大做强的机会，只能甘做国外跨国公司的"小伙计"；二是认为中国汽车企业能够从对发展中国家的产品出口自然过渡到对发达国家的产品出口，从而自然取得国际竞争力，取得成功。

前一种观点太过悲观，后一种观点乐观又太过简单化，两种观点均不符合中国汽车产业的发展现实，也缺乏对世界汽车产业发展历史和未来的客观认识。

前一种观点的主要依据，一是基于对国外跨国公司发展历程的研究，认为国外跨国公司近百年来从一开始的初步国际化到跨国经营再到全球化经营，发展环境非常有利，发展过程非常完美，时至今日已经如此强大，中国汽车企业面对这样强大的跨国公司已经不可能再有那样的发展机会，不可能再有后来者居上的机会了。二是基于中国汽车产业的现状，认为中国汽车产业起步晚、规模小、技术落后，成功建立有国际竞争力的汽车产业的可能性不大，中国汽车企业应主要利用劳动力成本低的比较优势，成为汽车制造大国，成为国外跨国公司全球布局的一部分。面对这种悲观论调，要说明三个问题。第一，日本汽车产业从20世纪70年代加速国际化发展之初，欧美老牌跨国公司是不以为然的。20世纪90年代，当韩国汽车产业加速国际化发展时，国际舆论认为其不可能成为第二个日本。但不可能也罢，罕见特例也罢，日本和韩国都取得了成功。基于日韩的例子，再加上中国目前的市场规模优势、完整的工业体系优势

及较低的劳动力成本优势，中国汽车产业并非没有成功的机会，至少比韩国当初的条件要有利得多。第二，这是一个不断发展变化的世界、不断发展变化的时代。30 年前，当中国全部汽车产量还不及韩国现代一个企业的产量时，谁能料到今天的中国发展成为世界最大的汽车生产国和最大的汽车市场；十年前，当中国加入 WTO 前夕中国汽车产业成为最令人担忧的产业时，谁能料到自主品牌企业特别是自主品牌轿车企业在强势竞争对手面前抢占到 30% 的市场份额；五年前，当受全球金融危机波及使中国汽车企业面临新的挑战时，又有谁能料到中国汽车企业成为这一轮跨国并购的积极参与者呢？第三，退一步说，就算我们甘于跨国公司“小伙计”的地位，但随着经济的发展，所仰仗的劳动力成本优势将逐渐缩小，这是不可能长久和持续的。因此，这种想法是幼稚的、行不通的，中国汽车产业必须积极进取，做大做强。

然而，认为中国汽车企业能够通过对发展中国家的产品出口自然取得国际竞争力，取得成功的观点，是盲目乐观的。对发展中国家出口低端产品与在世界范围内获得产业竞争力之间没有必然的联系，在新兴市场的成功也未必能带来在发达国家市场的成功。正如克莱斯勒中国区前总裁所说，“在‘中国制造’能够吸引更多富裕的中国消费者之前，认为中国汽车制造商能够争取到更成熟市场中更有经验、更有识别力的消费者是不切实际的想法”。而从新兴市场到达成熟市场的桥梁，只能是利用新兴汽车市场启动这一有限的机会迅速提高自身的技术能力，迅速获得核心竞争力。这对于中国汽车企业来说，既是难得的机遇，又是严峻的挑战，只有抓住机遇才能赢得未来，具有现实可能性，但也绝非易事。

3. 企业“走出去”需要具备一定条件，但也是一个“干中学”的过程

企业是实施战略的主体，“走出去”对企业的实力和素质提出了很高的要求。首先，无论是出口产品，还是海外设厂、海外并购等，其基础都是企业的核心竞争力。例如，有竞争力的产品、技术，有影响力的品牌，独特的经营方式，强大的资本运作能力等。第二，企业要有纵观全局、高瞻远瞩的战略。战略是企业总体战略的组成部分，战略应置于企业的全球战略之下来考虑，并使之有利于企业总体竞争力的提升。此外，企业应拥有优秀的企业文化和具有国际化运作经验的人力资源和团队等。与跨国公司相比，中国汽车企业的实力和素质还不高，核心竞争力弱，品牌溢价能力低，国际经验缺乏，总体上处于认识、学习、尝试、适应国际化经营的阶段。

另外，国外企业的实践表明，企业“走出去”是一个学习的过程，其间充满各种风险，如经营中的风险或外部复杂环境变化带来的不可控风险等。日韩等企业在过程中都付出过昂贵的“学费”。以丰田汽车当初开拓美国市场为例，所遇到的风险包括：1957 年首次挑战美国市场的“皇冠”产品由于质量问题败下阵来，直到 7 年后的 1964 年才发起第二次挑战；20 世纪 70 年代，由于美元贬值和进口税政策，使日本车在 2 ~ 3 年内失去了原有的价格竞争力，并面临石油危机造成的世界性市场萧条；20 世纪 80 年代初，日美贸易摩擦开始出现，日本不得不自愿限制对美国的轿车出口；1985 年后，日元开始急速升值，日本汽车企业不得不改变策略在海外大量建立移植厂；等等。

在不同的历史背景和竞争环境下，不同的企业有不同的内在条件和不同的具体战略，也会遇到不同的风险和阻力。我们的企业虽然可以从日、韩等以往成功或失败的经验和教训中获得启示，也可以彼此之间相互借鉴，但从本质上说，不同企业赖以成功的国际化经验只能从实践中来，“走出去”只能在“干中学”。企业只能在“走出去”的成功与失败的实践中成长，企业的各方面能力只能在这样一个动态的学习和反馈过程中逐步提高，要求企业在有了很强的战略把控能力和实施能力后再“走出去”才是不现实的。

4. 跨国并购有机会问题，但必须置于企业整体发展战略之下考虑

近年来中国汽车企业的步伐明显加快，并没有完全按照先出口、再建渠道、再设厂、再跨国并购的顺序，而是几种模式几乎同时出现，特别是 2008 年国际金融危机和欧债危机爆发以来，开始出现对国外整车企业、关键零部件企业、技术公司的收购，其中最大的案例就是吉利对沃尔沃的整体收购事件，收购金额达到 18 亿美元。

在“走出去”的初期就进行跨国并购，似乎有些跳跃。从动机上看，主要是为了迅速获取市场（如销售渠道）和技术（包括品牌）。从驱动因素上看，最主要的是中国汽车企业目前所处的发展环境，与日本和韩国当初的发展环境有很大不同。20 世纪 80 年代以来，中国就比日韩更开放，20 世纪 90 年代以来，几乎所有的汽车跨国公司都来到中国，利用中国汽车市场规模迅速扩

大的机会，迅速取得中高端市场优势。2008 年国际金融危机以来，在国内市场发展放缓的条件下，跨国公司利用巨大的核心技术优势，并利用中国的低成本制造，用“他们的中国制造”应对“中国人的中国制造”，使中国本土汽车品牌和产品在中低端市场的发展受到进一步挤压。在这种情况下，企业获取市场和技术的愿望比任何时候都强烈，而跨国并购是加快实现这一愿望的有效途径。与此同时，在全球金融危机背景下，全球汽车产业的动荡调整为部分有一定竞争优势的中国汽车企业提供了进行跨国并购的机会。因此，动力加机会，这是中国汽车企业在初期、总体实力尚弱情况下，开始跨国并购的原因。

进行跨国并购确实在很大程度上取决于机会，但我们必须牢记，企业“走出去”战略的实质，是以中国企业为主导，服务于中国企业总体发展战略的一种跨国整合模式。跨国并购只是企业发展跨国经营的手段，而跨国经营只是企业发展的手段。因此，国际化战略应是企业发展战略的组成部分，跨国并购是企业国际化发展战略的具体步骤，缺少战略指导的并购，其中的风险将难以规避，其结果注定将成为企业发展的羁绊。

当然，企业进行跨国并购的经验和能力在本质上也只能是“干中学”。经验和能力只能从实践中来，不可能要求企业先具备能力和经验后再进行跨国并购。但是，在这一过程中，企业首先应明确基本的战略目标和设想，要识别和评价影响跨国并购成败的各方面影响因素，并在目标、决心和策略上做好全方位的准备。只有这样，才能使跨国并购活动真正服务于企业的总体战略，使跨国并购的机会真正服务于企业的做大做强。

5. 虽然总体实力尚弱，但仍有成功希望

与国外跨国公司相比，中国汽车企业特别是自主品牌汽车企业在诸多方面差距巨大，主要表现在技术、品牌、质量、管理、国际经营经验等方面。那么，在中国汽车企业总体实力尚弱情况下，能否成功呢？从发展潜力、比较优势、市场机会和企业自身努力几方面的分析来看，机遇大于挑战，企业是有成功希望的。

第一，目前中国汽车出口占比很低，追赶空间很大。与各国汽车出口情况相比，目前中国汽车的出口比例不仅明显低于发达国家，也低于一些发展中国家。根据《2012 年中国汽车工业年鉴》（见表 3），韩国汽车出口占汽车生产的比例为65%，德国为76%，日本为52%，美国为14%，巴西和印度分别为21%和13%。而中国2012年汽车出口仅占汽车生产的5.48%。另据2008年资料，国外跨国汽车集团轻型汽车海外销量（包括出口和现地生产）占总销量比例平均在70%以上，日本本田、德国大众、韩国现代均在80%以上。而中国汽车出口第一大企业奇瑞，2012年出口仅占整体销量的30%左右。这一巨大的差距意味着，中国汽车企业在出口产品及海外经营方面拥有很大的追赶空间和发展潜力。

目前，中国汽车的比较优势首先体现在低成本小型车及商用车上。据有关资料，平均而言，中国乘用车出口价格比跨国公司低30%～50%，商用车价格只有跨国公司的1/3左右，但中国汽车产品是同价位车辆中性价比最好的。因此，在低成本小型车、商用车等细分市场，应是中国汽车企业的起点。

第二，中国汽车企业总体实力较弱，但仍在一些方面具有比较优势。除如上所述的在特定市场的局部优势、自身能力、政府支持等方面外，劳动力成本的相对优势也在其中。近年来中国劳动力成本不断上升是不争的事实，但与欧美和日韩等竞争对手相比，这一优势依然显著。据有关资料，2010年美国制造业工人平均时薪为34.74美元，德国和法国分别为43.76美元和40.55美元，日本和韩国分别为31.99美元和16.62美元，而中国的平均水平为2～3美元。在资本和技术方面，中国汽车企业对发展中国家、新兴经济体是具有比较优势的。中国汽车企业相对于发展中国家的资本和技术优势，及相对于发达国家仍然存在的劳动力成本优势，从而使中国汽车在世界市场上具有一定的比较优势。

第三，新兴经济体逐渐进入汽车普及期，将是中国汽车企业的市场机会。近年来新兴经济体较快的经济发展速度和目前较低的汽车拥有水平，将会使这些国家逐步进入汽车普及期。未来十年，世界汽车销售增长的大部分将有可能来自发展中国家，特别是新兴经济体国家。而且可以预见，正像2000年前后中国汽车刚进入普及期那样，这些增长将以低成本小型车为主。从2002年到2012年的十年间，世界汽车产量从5878万辆增长到8414万辆，在2536万辆的净增产量中，中国的贡献为1602万辆，贡献度为63%。据德国杜伊斯堡大学汽车学院预测，到2030年，全球销售的比传统汽车价格至少低30%的低成

本车将翻两番，从现在的600多万辆增加到2500万辆。那么，在这净增的2000多万辆低成本汽车产量中，在中国汽车企业目前具有比较优势的这一细分市场上，我们有理由期待中国汽车企业能够有所作为。

第四，中国汽车企业要获得成功，还有赖于抓住有限的机会迅速提升国际竞争力。目前，不仅中国汽车企业寄希望于发展中国家的低成本车市场，跨国公司巨头同样也希望靠廉价车进入这一市场，虽然中国汽车企业在这一细分市场仍具有成本优势，但随着中国劳动力成本上升，在与跨国公司巨头争夺这一市场时，中国的成本优势是难以长期持续的。如果我们不抓住现在新兴市场启动的机遇“走出去”，通过跨国竞争促进自身发展，不断提升在价值链中的位置，不断提升国际竞争力，今后若再想实现国际化发展将更加艰难。日韩汽车企业“走出去”的经验告诉我们，“走出去”直面跨国企业的竞争，同样是中国汽车企业做大做强的机遇。

六　对中国汽车企业“走出去”的建议

在经济全球化背景下，在市场增长放缓、竞争不断加剧的国内市场竞争环境下，积极地“走出去”是中国汽车产业的必然选择，更是由大变强的一项长期战略。目前，中国汽车企业“走出去”已经起步，并取得了初步成效，但同时面临诸多挑战和风险。为此，应在政府政策引导、行业服务支持及企业自身努力三个层面采取积极措施，不断提高中国汽车企业“走出去”的实力和水平。

1. 政府政策：对内积极支持，对外合理保护

在政府政策引导方面，主要应体现在：对内通过一系列政策措施，支持和促进我国汽车企业提高“走出去”的实力；对外应利用WTO争端解决机制对企业的“走出去”给予合理的保护。

（1）积极支持企业“走出去”发展，同时加强出口秩序监管

汽车工业之所以被各国列入国民经济的支持产业，是因其具有广泛的关联效应。目前，以国内市场规模的迅速扩张为推动力，中国已经发展成为最大的汽车生产国，加快实现由大到强的转变已经被列入汽车工业下一阶段的发展目

标，实施“走出去”战略，具有重要的社会经济意义，它将有助于中国汽车工业获得更大的发展机会，在与跨国企业的竞争中促进中国汽车工业向价值链高端攀升，实现其竞争力的提升，也有助于拉动汽车产业链中各相关工业领域的结构调整和转型升级。

因此，政府积极支持具备局部竞争优势的中国汽车企业积极地“走出去”，充分利用全球资源，培育具有国际竞争力的龙头企业。与此同时，应进一步规范出口秩序，加强对汽车企业“走出去”的整体战略规划和组织引导，尽快改变中国汽车企业在海外市场同室操戈的恶性竞争局面，维护中国汽车的整体形象，推动汽车企业“走出去”持续健康发展。

（2）加大支持汽车企业“走出去”的政策力度

目前我国已有部分企业基本具备了“走出去”的条件，但我们的企业实力弱、经验少，难免会走弯路，甚至会经历失败，因此需要社会各方面的支持，特别是需要政府政策的支持。

“走出去”不仅涉及国家的外汇管理政策、国别政策，还涉及产业政策、信贷政策、税收政策等，还会面临在目标国市场信息获得、文化差异、目标国政策法规变动、汇率变动等方面的风险和挑战。这就需要政府具有明确的政策支持思路，形成完整的政策支持体系。

由于政府政策资源有限，政策体系的健全完善需要时间和条件，目前政府政策应从产业和企业“走出去”发展的现状和需求出发，重点支持那些对产业国际竞争力提升具有战略意义的，以获得技术、开拓市场和建立跨国公司为目的的企业活动，在宏观政策指导、税收政策、信贷政策、人员进出管理政策等方面加大政策支持力度。

（3）支持企业“走出去”应与支持企业在本土的发展相结合

中国自主品牌汽车企业目前“走出去”的最大问题是实力弱，包括产品实力、技术实力、研发实力、品牌影响力等。在国内市场，特别是在中高端产品市场竞争力弱，没有“走出去”的国内根据地。企业“走出去”的成败根本上取决于企业的竞争实力，因此政府支持企业“走出去”应与支持企业在本土的发展相结合。例如，要鼓励企业自主研发能力建设，鼓励企业兼并重组，通过政府采购政策鼓励全社会支持自主品牌产品树立品牌形象，支持有局

部比较优势的汽车企业在国内更好地发展，奠定“走出去”的根基。再如，要鼓励和支持整车与零部件企业建立更加稳定的战略合作关系，联手走向世界。

（4）利用产业技术联盟加大对共性技术研发投入，提升产业整体技术实力

目前中国汽车企业在创新能力建设上，正在从整车创新向关键核心技术创新转变。关键核心技术的突破难度大、投入大、风险大，汽车企业往往难以独立进行相应的开发活动。在这一背景下，政府应通过一定的政策措施，整合产学研及产业链各环节技术资源，加强对共性技术进行联合开发，以提升产业整体技术实力。一段时间以来的实践表明，跨行业、跨部门的以攻克汽车关键共性技术为目的的技术创新联盟是产、学、研结合的有效方式，在进行联合攻关、节约研发成本、缩短开发周期、适应激烈的市场竞争需要方面正在取得成效。

（5）加强国际协调，为汽车企业“走出去”提供有力保障

近年来，随着中国汽车企业“走出去”的发展，因关税、技术贸易壁垒以及专利标准等原因导致的贸易摩擦不断增多。我们应该认识到，贸易摩擦是不可避免的，是后起国家在追赶过程中的必经之事，而且最激烈的情况往往发生在赶超之时，同样的现象也曾经发生在日本汽车产业赶超美国的20世纪80年代，我们对此应有充分的思想准备。一方面，政府应积极利用与有关国家的政府间双边、多边协定，扩大和利用双边、多边及区域国际合作机制，为企业“走出去”发展提供良好的外部环境；另一方面，应利用WTO争端解决机制，引导企业积极应对各种贸易争端，对企业的“走出去”给予合理的保护。

2. 行业服务：建立服务体系，促进企业协调

在行业服务方面，应充分利用行业组织与政府机构、行业企业等的广泛联系和在汽车产业中的中介地位，通过建立汽车企业“走出去”服务体系，沟通、协调企业状况和发展需求，为企业“走出去”提供多方面服务。

（1）加强对企业的信息服务，降低企业盲目性风险

对于刚刚迈出“走出去”步伐的中国汽车企业来说，复杂多变的目标国国情、国际贸易保护措施和政局动荡风险，无疑都会使企业在进行“走出去”决策时面临很大的不确定性。为了降低这一不确定性所带来的一定程度的盲目

性风险，行业组织应就企业“走出去”需求提供有针对性的信息服务。行业组织的中介地位决定了他们具有更多的信息资源，包括“走出去”目标国的政策状况、宏观经济形势、要素成本状况，以及与产品进口、外资投资有关的法律、税收制度、政府管理程序等基本信息。行业组织应采取多种形式组织相关信息的采集，建立方便快捷的信息传播渠道，及时提醒有关风险。还应加强对“走出去”目的国产业政策、产品认证政策等方面课题和信息的研究，及时为企业提供服务。

（2）促进行业自律、协调“走出去”秩序

目前，中国汽车企业“走出去”刚刚起步，在一定程度上存在偶然性、盲目性和无序性。行业组织应引导企业树立全局观念和战略眼光，制订明确的长远战略和切实可行的行动规划；通过服务方式创新，建立某种形式的协调机制，促进行业自律，促进企业自觉规范各自经营行为；引导企业克服盲目性冲动，重视产品质量、技术、信誉、品牌等的提升，尽快扭转中国汽车“低价低质”的低端形象；促进企业之间形成良性的互动支持，促进中国汽车产业国际竞争力的整体提升。

此外，还应鼓励行业组织为企业“走出去”提供项目可行性研究、风险评估和防范等专项服务。

（3）促进企业积极参与国际技术标准制定，争取发展的主动权

在世界汽车产业的发展历程中，技术标准对于技术进步发挥着巨大的引领作用、推动促进作用，同时也对汽车产业的竞争格局产生着深刻的影响，掌握了标准就掌握了竞争的主动权。中国汽车产业起步晚、规模小、技术落后，一直以来在技术标准上主要采取跟随、仿效战略，在国际技术标准的制定方面没有多少话语权。中国汽车企业在“走出去”的过程中，也日益面对技术壁垒的挑战。但是，中国已经成为世界最大的汽车制造和消费国，中国汽车技术进步取得了长足进展，中国汽车产业应该而且有可能积极争取在国际标准制定过程中获取有利地位。我国汽车行业组织作为行业中介，应在组织企业、引导企业积极参与国际技术标准制定方面发挥积极作用。

（4）开展人才培训及为企业“走出去”提供专项服务

“走出去”是一个大的概念，不仅是产品“走出去”，企业还需在经营管

理、技术研发、资本运作等各个方面与国际接轨。当前，“走出去”人才的缺乏是困扰我国汽车企业“走出去”的一个重要问题。应鼓励汽车行业组织利用自身与国内企业及国外相关机构联系密切的优势，培训“走出去”急需的各类人才。通过组织各种形式的行业经验交流、业务研讨，彼此互相借鉴，促进人才成长。

3. 企业努力：明确战略目标，迅速提升实力

政府和行业组织在企业“走出去”过程中的作用不可忽视，但必须明确的是，企业是实施“走出去”战略的主体。因此，从某种意义上说，企业的素质、核心竞争力决定“走出去”战略的成败。

（1）必须方向明、决心大、方法对

“走出去”应是企业整体战略的组成部分，是具有明确战略动机的审慎、理智的决策。在这一决策过程中，企业必须方向明、决心大、方法对。

所谓方向明，是说企业不仅应对中国及世界汽车市场的过去和现在有正确的认识，还必须对中国和世界汽车市场的未来有正确的判断。应该认识到，在经济全球化背景下，中国汽车产业以至中国汽车企业的未来只有放到国际竞争中去比较、衡量和判断，才是唯一正确的方法。这就要求企业有纵观全局、高瞻远瞩的“走出去”战略。

所谓决心大，是说企业要对“走出去”过程中将会遇到的各种困难和风险有充分的思想准备，要对重要的战略影响因素及其影响有充分的认识。

所谓方法对，是说企业要获得“走出去”的成功，不但要有正确的战略和坚定的决心，还要制定一系列正确的行动策略，包括技术策略、产品策略、市场策略、品牌策略等。

（2）必须加强质量意识、品牌意识，加强售后服务体系建设

目前，中国汽车企业“走出去”在很大程度上是依靠价格优势，大部分企业仍处于价格竞争阶段。但是，价格竞争是低级竞争手段，随着劳动力成本的上升是不可持续的。中国汽车企业国际竞争力的提升必须走质量竞争和品牌竞争的道路。

首先，必须牢牢树立质量意识，低价车并不等于低质车。日韩的经验告诉我们，后发汽车产业第一要解决的问题不是技术而是质量。

第二，品牌是企业更高层次的竞争实力，品牌的建立需要长期的积累，但是，竞相压价、恶性竞争等有损中国汽车品牌形象的状况必须改变。

第三，日韩的经验还说明，完善售后服务体系建设对维护品牌形象和客户满意度具有重要作用，他们进入美国市场的措施之一就是提供比竞争对手更长的保修期。中国汽车企业目前主要依赖国外分销商和经销商进行售后服务的做法，必须随着出口规模的扩大逐步转变到自行建立海外售后服务网络上来。

（3）必须利用有限的机会，迅速提升自身的国际竞争力

日韩汽车企业的发展经验告诉我们，“走出去”不仅可以获得市场，更重要的是在“走出去”的过程中，不断吸取成功与失败的经验和教训，不断提升自身的竞争能力，不断提高在产业链中的位置，从而不断做大做强。

目前，中国汽车企业“走出去”的目的国主要是新兴市场及发展中国家，主要产品是低端产品，主要优势是成本优势。但是，我们必须看到，新兴市场和发展中国家的经济一定会发展，适应于这些市场产品的档次一定会升级，我们自己的成本优势也一定会越来越小。因此，我们的企业必须抓住新兴市场和一些发展中国家汽车市场刚刚启动的宝贵机会，使自己迅速地成长起来，在独特产品、专有技术、研发能力、技术集成能力、品牌、质量等方面打造自身的核心竞争能力。机不可失，时不再来，中国汽车企业能否利用这一有限的机会迅速提升自身的国际竞争力是中国汽车产业能否做大做强的关键。

本章附录

一　中国汽车企业“走出去”的部分事件

（根据《中国汽车工业年鉴》有关内容整理）

【1999 年】

长安投资意大利都灵，建立长安汽车海外研发中心。

【2001 年】

万向集团收购在美国主要控制销售网络的汽车零部件生产商 UAI。

【2002 年】

上汽以 5970 万美元收购通用大宇 10% 的股份。

【2003 年】

奇瑞与伊朗 SKT 公司合作在伊朗建设奇瑞汽车 CKD 组装厂。

【2004 年】

上汽以 5900 亿韩元收购韩国双龙汽车 48.92% 股份，成为最大股东。

长城、东风、奇瑞和华南摩托车公司共同在非洲加纳与当地汽车公司合资建立生产卡车、摩托车、轿车、皮卡和旅行车的 CKD 基地。

奇瑞与 23 个国家签署整车或 CKD 出口合同，全年出口整车和成套散件约 8000 辆。

【2005 年】

中大集团与阿联酋 ICP 公司合作在该国建设中大客车 CKD 组装厂。

华晨与埃及 BAG 签订合作建立埃及中华轿车 CKD 组装厂的协议。

吉利与马来西亚 EGC 集团就整车及 CKD 项目合作签约。

长安与马来西亚财团签订合资在该国建设 CM8 汽车制造厂协议。

南汽以 5000 多万英镑收购英国罗孚汽车公司及其发动机动力总成公司全部资产。

【2006 年】

吉利汽车、上海华普汽车与英国锰铜控股公司合资成立上海英伦帝华汽车有限公司。

【2007 年】

长城汽车与亚特兰特签署协议，合作在乌克兰生产销售长城系列车型，亚特兰特负责当地的生产销售，长城负责提供技术和 SKD 组件。

长城汽车与俄罗斯联邦鞑靼斯坦共和国土地和财产管理局签署合资公司合同，从事汽车和零部件生产及贸易，设计年产能 5 万辆，长城占股 75%。

中大集团与越南汽车工业总公司签订合资组建越南中大汽车有限公司协议书，一期工程规划年产 5000 辆客车及客车底盘。

奇瑞汽车与阿根廷 SOCMA 集团签约成立合资公司，以乌拉圭 OFEROL 工厂为生产基地，组装奇瑞瑞虎。零部件主要来自中国、阿根廷和巴西，将在三年内实现 60% 的零部件本地化生产。

吉利集团与印度尼西亚政府签署在当地进行 CKD 生产的合作协议。

奇瑞与伊朗 IRAN KHODRO 汽车集团及加拿大投资公司 SOLITAC 组建合资公司，股比为 30∶49∶21，使用奇瑞公司生产的 CKD 件生产和销售 QQ6，在伊朗及周边国家销售。

华晨汽车集团中华骏捷俄罗斯 KD 组装项目正式签约。华晨将利用依利托集团在俄罗斯的厂房设备，由华晨提供配套件及装配技术。这是华晨的第四家海外生产基地。

一汽集团与墨西哥 SALINAS 集团签约，合资建设经济型轿车生产基地，计划 2010 年建成，年生产规模 10 万辆，产品使用 FAW 商标。

江淮首家海外服务中心在越南成立。自 2003 年江淮首次对越出口以来，已累计出口整车和底盘近 4000 辆。

【2008 年】

中国重汽与俄罗斯吉尔汽车公司合资建 HOWO-ZLL 公司，双方各持股 50%。先利用吉尔公司销售网络销售重汽 HOWO 系列产品，2008 年年中开始进行 CKD 合作生产，2012 年产量计划达到 2.5 万辆。

华泰、奇瑞和长城汽车公司与博世公司合作开发柴油发动机，主要用于所产 SUV、皮卡和多用途车。其中，奇瑞和长城将借此使其生产的汽车达到出口要求。

【2009 年】

长安汽车与墨西哥 AUTOPARK 公司签署合资合作框架协议，将在墨西哥生产并销售奔奔、志翔、悦翔等产品，出口市场则瞄准包括美国在内的整个美洲市场。

吉利汽车收购澳大利亚 DSI 自动变速器公司。DSI 是全球仅有的两家独立于汽车整车企业之外的自动变速器公司之一，福特、克莱斯勒及韩国双龙均为其客户。

双环汽车公司与苏丹 GIAD MOTORS 公司合作在苏丹的 SKD 工程基本完成建设，这是双环汽车在海外的首个 SKD 工厂。

华晨汽车与中非发展基金和埃及 BA 签署战略合作协议，合作生产和销售华晨系列轿车、轻型客车等产品。

海马公司与俄罗斯 DERWAYS 公司签署海马 3 两厢和三厢的组装合作协议。海马输出汽车 KD 件，提供生产技术支持，DERWAYS 负责进口 KD 件、组装与经销。

【2010 年】

吉利与福特签署股份收购协议，获得沃尔沃轿车公司 100% 的股份以及相关资产（包括知识产权），收购涉及金额 18 亿美元。

比亚迪收购日本大型模具生产企业——日本荻原公司旗下一家工厂。

长安汽车在英国诺丁汉科技园区建设的长安汽车英国研发中心正式挂牌成立，这是长安汽车的全球第八个研发中心，拥有欧洲 200 多名汽车领域专家。

【2011 年】

力帆集团同巴西 DFFA 集团联合投资 7000 万美元在巴西建立汽车研发中心。

北京汽车制造厂和北京汽车国际贸易有限公司与俄罗斯 AMS 汽车集团全资子公司 BMC 成立俄罗斯汽车制造公司 BAW-RUS 汽车有限公司。中外双方各持 50% 的股份。规划年生产能力为 6 万辆商用车，以散件组装方式生产，以 BAW 品牌销售。

浙江青年乘用车公司与瑞典萨博汽车公司将合资设立瑞典萨博汽车开发公司，总投资 1980 万美元，双方各占 50%，将研发萨博 9－1、9－6 及 9－7 全新车型。

一汽集团和俄罗斯 GAZ 集团签署协议，在俄罗斯建立合资子公司。GAZ 集团负责乌拉（URAL）工厂的生产，并提供自己的服务体系，一汽提供技术支持及其在俄罗斯的销售网络，汽车以一汽品牌销售。

比亚迪与阿根廷政府签订协议，将在阿根廷建厂生产电动客车，用于公共交通。

江淮与巴西经销商 SNS 公司签署协议，将在巴西建立合资公司，生产江淮汽车。

中信戴卡轮毂制造股份有限公司并购德国 KSM 公司 100% 股权，为该企业从全球最大的单一铝轮毂制造商成为世界最大的汽车铝制品零部件企业打下坚实的基础。

二　中国汽车产业主要出口国相关政策

经历了2008年金融危机后，近几年，我国汽车出口出现了恢复性的快速增长，且势头强劲。2012年，我国汽车出口创历史新高，超越100万辆大关，达到105.61万辆，同比增长29.7%，超过国内销售增幅（4.6%）和进口销售增幅（14%），出口规模相当于2010年世界汽车产量排名第16位的捷克斯洛伐克年产量。

尽管如此，我们与美国、德国、韩国、日本等世界其他主要汽车生产大国相比，出口比例还是明显偏低。2012年，我国汽车出口量与产量比不到两位数，只有5.48%。而上述四国却远远高于此比例，如2010年，美国汽车出口量与产量比达到19.33%，日本、韩国和德国更是一半以上的产量出口到世界各地，出口比例分别为50.31%、64.87%和75.93%。

鉴于此，结合目前我国汽车产品出口所遇到的市场准入问题，全面研究我国汽车产品出口国相关政策法规，掌握出口国产品进口的相关管理规定，对快速扩大我国汽车产品出口规模，增强我国汽车产品影响力，全面实施中国汽车产业 国际化战略具有非常重大的意义。本章主要研究对象是美国、欧洲联盟（以下简称欧盟）、中东、亚洲（东盟）等具有代表性的国家和地区。

（一）美国

1. 美国汽车技术法规

美国汽车技术法规包括汽车安全技术法规、防盗技术法规、节能技术法规和环保技术法规等。

（1）安全

目前美国联邦机动车安全标准（FMVSS）共计61项，分为五大类：FMVSS 100系列——避免车辆交通事故，即汽车主动安全，共计28项；FMVSS 200系列——发生事故时减少驾驶员及乘员伤害，即汽车被动安全，共计24项；FMVSS 300系列——防止火灾，共计5项；FMVSS 400系列——共计

3 项；FMVSS 500 系列——低速车辆，目前共计 1 项。

（2）防盗

美国防盗技术法规共五部分，收录在《美国联邦法规集》（CFR）第 49 卷第 541 部分至第 545 部分。

（3）节能

美国国家公路交通安全管理局（NHTSA）主要规定车辆节能限值要求，各参数要求收录在 CFR 第 49 篇中。在汽车节能方面，美国联邦政府取得了很大程度的进展，对各种类型车辆的油耗和温室气体排放同时制定了相应的技术法规，这也使得美国的汽车节能技术法规的形成不同于其他任何国家和地区。

（4）环保

美国联邦汽车环保法规是由美国环境保护署（EPA）制定，收录在《美国联邦法规集》（CFR）第 40 篇中，主要规定了燃料经济性的试验规程、计算规程、标识等方面的内容，其中专门针对汽车（包括新车、在用车及发动机）排放控制法规收录在 CFR 第 40 篇第 86 部分中，按照各种不同的车型及不同年型的车辆分为不同的法规分部，目前共有 20 个分部，即 CFR 第 40 篇第 86 部分 A 分部至 T 分部。

2. 美国汽车产品认证程序

美国联邦政府对汽车产品市场准入管理有十分详尽、完备的法律依据。法规要求汽车制造商对其进入市场的产品自行负责，即采取自我认证管理模式；政府职能部门对进入市场的汽车产品实施严格的后续监督和抽查，对与标准不符和缺陷产品实施召回制度；对出现的争端或违规行为常常诉诸法律程序来解决。

美国把汽车产品的市场准入制度分为安全节能管理和环保管理两部分，其中包括汽车产品安全认证（DOT）和环保认证（EPA）。安全节能方面的管理隶属于美国运输部国家公路交通安全管理局，具体负责汽车安全、节能、防盗，对汽车产品进行安全认证。其主要依据的法律有《国家交通及机动车安全法》、《机动运载车法》、《机动车情报和成本节约法》、《机动车防盗法实施令》等。环保方面的管理隶属于美国环境保护署，对汽车产品进行环保认证，

其主要依据的法律有《噪声控制法》、《清洁空气法》等。

此外，加利福尼亚州（简称加州）是全美唯一有权制定自己排放标准的地区，其环保法规更为严格，汽车产品进入加州必须通过加州空气管理署（CAEB）认证。

（1）汽车产品安全认证程序

美国汽车产品安全认证（DOT 认证）是完全的自我认证制度，由汽车制造商对汽车产品进行自我检验申报。

制造商自行进行相关试验，验证其产品是否满足美国汽车安全法规要求，试验的频率取决于制造商本身的质量控制水平。制造商确认其产品满足美国汽车安全法规要求后，在每一车辆或装备上贴上证明该车辆或装备符合法规要求的标签，粘贴有自我认证标签的车辆就可以不经其他任何检验直接进入市场。产品进入市场后，美国运输部国家公路交通安全管理局（DOT/NHTSA）可以随时对汽车产品的自我认证进行监督抽查。国家公路交通安全管理局（NHTSA）可能在市场上随意购买一辆新车，并送交一独立的试验室按美国汽车安全技术法规进行试验，如发现不符合法规要求，NHTSA 将通知制造商，并要求其提供自我认证的资料进行审查。如果确定该车辆型式不符合法规要求，NHTSA 将责令制造厂家立即停止该型式车辆的销售，并对该车辆型式强制实施严格的召回制度。汽车产品进口具体程序如下：

①所有机动车辆或装备的制造商、组装者或进口商首先应指定一位美国本土的永久居民作为其代理，由该代理来履行进口需要的所有程序。

②制造商将其代理的指定情况专门致函美国国家公路交通安全管理局（NHTSA），并需获得美国国家公路交通安全管理局（NHTSA）批准。

③向美国国家公路交通安全管理局（NHTSA）提交能解读其汽车产品 VIN 号码的所有信息，该提交工作不得晚于首辆汽车产品在美国市场销售的前 60 天。

④向美国国家公路交通安全管理局（NHTSA）提交制造商自身及其产品的有关信息，如制造商名称、地址、对所生产的每一机动车辆型式的简要描述，该提交工作要求在开始生产后 30 天内提交。

⑤制造商对汽车产品进行自我认证，对满足相应美国汽车技术法规的每一

车辆，在规定的位置上自行粘贴符合要求的认证标签。认证标签上的主要内容包括：车辆制造商名称；车辆生产的日期（年/月）；车辆的总重额定值（GVWR），该值应以磅为单位；总轴荷额定值（GAWR）及各单轴轴荷（从前向后列举）；声明该车辆符合在其制造日有效的所有美国联邦机动车辆安全、保险杠和防盗标准；车辆的 VIN 号码；车型类别。

（2）汽车产品环保认证程序

美国汽车产品环保认证（EPA 认证）与美国汽车产品的安全认证略有所不同，比较接近政府的型式批准。具体程序如下：

①汽车制造商按照美国汽车排放技术法规自行选取样车，按照法规规定的试验规程自行进行试验。

②向 EPA 提出 EPA 认证申请，同时附上车辆相关的说明书、技术参数、试验规程、试验的相关数据和试验的最终结果。

③EPA 进行审查，并根据审查的结果决定是否需要对申请认证的汽车产品进行核实试验。如进行了核实试验，则该试验的结果将成为最终的官方结果，有关数据将成为 EPA 认证的结果。

④如果 EPA 在审查时认为厂家的初始试验数据和其他材料已足够使 EPA 确信该车辆产品确实能满足美国汽车环保技术法规，则不要求厂家再进行核实试验，以厂家的初始试验结果为最终结果。

⑤对于最终试验结果满足技术法规的车辆，EPA 将颁发符合性证书，获得该证书的车辆厂家要在其所生产的每一车辆的发动机舱内醒目的位置粘贴认证标签。认证标签上主要包括：制造厂的公司名称和商标；发动机排量；车辆认证分组（“耐久性组”和“试验组”）的情况；发动机调整技术规范（怠速、点火正时、初始喷油正时等）；声明该车辆满足相应的美国汽车排放技术法规要求；车辆认证时以及车辆在用期间应满足的排放指标等。

⑥按照美国《清洁空气法》的规定，获得符合性证书并在每一单车上粘贴认证标签的车辆才能被准入美国汽车市场。

3. 美国法规特点及重点关注

（1）技术法规特点

美国汽车技术法规由两部分组成，即管理法规（主要是对汽车产品实施认证的管理）和技术法规（主要涉及安全、节能、环保）。法规内容齐全完善，指标先进，法规规定的指标以及方法对其他国家和地区影响较大。

法规修订较快，比较灵活。在具体实施上往往赋予企业较大的灵活度和自主权，实施困难时可作适当调整。主要体现在对企业提出“总体、平均性”的要求和指标，在整体满足法规规定的“平均性要求”的前提下，可以内部进行不同类型产品的自由配置。制造商可以将产品超额满足法规指标要求进行量化，形成分值（credit），企业内部以及不同的企业之间可以自行进行分值的调配、平衡和交易。在实施新技术法规和要求时，按照一定的百分比分阶段实施方式（phase-in），即要求企业对进入美国市场的车辆产品，在不同的年份按照一定的百分比逐年使其产品满足新法规的要求。

（2）重点关注

在安全认证方面，需要重点关注重型车气压制动系统，减少制动距离20%～30%，FMVSS121，2011 年 8 月 1 日；ESC 电子稳定控制系统，FMVSS126，2011 年 9 月 1 日；计划建立儿童约束系统信息程序。

在燃油经济性方面，应重点关注 2011 年的要求为 27.3mpg（合百公里油耗 8.6 升），2016 年要求达到 35.5mpg；2025 年达到 54.5mpg（相当于百公里油耗 4.2 升）；从 2017 年开始，轿车每年提升 5%。

在质量方面，高度重视汽车产品质量，设立专门法律——“柠檬法”，由各州自行制定并实施。各州的“柠檬法”大同小异，从法律上规定了车辆制造厂商的责任和消费者的权益。

汽车技术法规趋势特点：更加严格的刹车优先系统标准（当刹车和油门被同时踩踏时，汽车引擎将停转）；更严格的“黑匣子”技术标准；更加严厉的安全问题处罚力度。

（二）欧盟

1. 欧盟汽车技术法规

欧盟原只对 M1（包括 M1 改装的专用车）、L 类车辆实施统一的整车产品型式批准制度（WVTA）。其中，M、N、O 类车辆（汽车及挂车）适用于

70/156/EEC；L 类车辆（摩托车）适用于 2002/24/EC ；T 类车辆（农林牵引车）适用于 74/150/EEC，现已被 2003/37/EC 替代。2007 年 9 月 5 日，欧盟发布新的技术指令 2007/46/EC，对机动车辆及其挂车（M、N、O 类）车辆以及由这些车辆改装的专用汽车建立统一的型式批准制度。该技术指令于 2009 年 4 月 29 日实施。与此同时，欧洲原整车型式批准框架性指令 70/156/EEC 被撤销。

2007/46/EC 发布后，欧盟吸收采用美国自我认证要素，对汽车整车型式批准制度进行变革，曾多次修订 2007/46/EC。2009 年 7 月 13 日，欧盟还发布法规（EC）661/2009，该法规是对其汽车产品技术指令体系和型式批准制度的又一次重大变革，撤销 50 项安全和环保零部件单项技术指令，将 UN/ECE 的相应法规作为欧盟整车型式认证的强制性要求，以代替废止的欧盟指令，简化了已有的欧盟车辆型式批准体系。对车辆提出了更加先进的安全技术要求，从而使欧美在汽车产品市场准入管理方式上日益融合。

欧盟整车、零部件、系统技术指令共计 100 项。其中，汽车及挂车（M 、N、O 类）车辆共 62 项指令，包括 1 项整车型式批准框架性技术指令和 61 项零部件与系统技术指令；两轮及三轮摩托车（L 类）共 14 项指令，包括 1 项整车型式批准框架性技术指令和 13 项零部件与系统技术指令；轮式农林牵引车（T 类）共 24 项指令，包括 1 项整车型式批准框架性技术指令和 23 项零部件与系统技术指令。

2. 欧盟汽车产品认证程序

欧盟汽车产品型式批准基本程序：由汽车制造商向欧盟成员国汽车型式批准的主管机关提出产品型式批准申请，并提交完整、详细的资料文件；型式批准主管机关接受申请后，由制造商送交产品到主管机关指定的技术服务机构，按照相关的 EEC/EC 技术指令进行相关的实验检测；经过有关审查和检测，确认产品满足有关 EEC/EC 技术指令要求，具备欧盟政府满意的生产一致性控制，则批准该型式的产品，向制造商颁发形式批准证书/标志，并通知其他欧盟成员国。

在欧盟汽车型式批准的具体执行中，还存在一些其他模式。如小批量和单车型式批准，与一般大批量车辆的型式批准相比，各国的小批量型式批准在项目和严格程度上相对简化、宽松，某些法规要求被豁免；单车型式批准在小批量型式批准的基础上，各国又有进一步的简化和宽松。

一是车辆小批量型式批准，即：目前欧盟仅对 M1 类车辆（不含 M1 类改装的专用车）建立了统一的小批量型式批准制度，对其他车型仍由各国各自进行国家批准。

二是单车型式批准，即欧盟通过法规 EU 183/2011，对 M1 和 N1 类车辆单车认证进行统一和协调。对其他车型还没有建立统一的单车批准制度，由各国各自进行国家批准。

这两种模式所获得的国家批准只在批准国有效，车辆如果要进入其他成员国市场，必须利用双边互认协议或者由目标市场国决定。

3. 欧盟法规特点及重点关注

（1）技术法规特点

欧盟汽车技术法规是国际上典型的汽车技术法规。ECE 法规是联合国欧洲经济委员会制定的非强制性汽车法规，但被大多数国家接受，并引入本国的法律体系。而 EEC 指令则是欧洲经济共同体制定的，具有强制性，同时，EEC 指令又是在不断变化中，值得制造商时刻关注。欧盟通过立法，对汽车产品从整车到零部件与系统建立了完善的市场准入管理制度——型式批准制度（WVTA），在欧盟区内各国间互相承认。欧盟的技术指令在很大程度上实现了与联合国 ECE 法规的对接，将 ECE 法规逐步替代 EEC/EC 指令，推进了法规的国际化。除了汽车产品的入市外，在贯穿车辆的整个使用和生命周期，包括对车辆在用阶段的管理、定期检验、车辆使用的各种税费，以及车辆的报废和回收利用，同样建立了统一的管理制度和技术法规体系。

（2）重点关注

ECE 法规非常注重灯光和信号装置的安全性。在动态试验方面规定了车辆正面碰撞、侧面碰撞、翻车时车身强度及碰撞时防止火灾的规定。对于制动系统的最新要求是自 2011 年 11 月起，新车必须安装汽车稳定控制系统（ESC/P）、轮胎气压检测系统（TPMS）。轮胎安全要求，包括滚动阻力和滚动噪声。对于行人的保护，如果没有良好的设计，要满足要求是很难做到的。关

于排放，目前欧盟轻型车实行“欧 5”标准，到 2014 年，所有新车要达到“欧 6”标准，对于重型车，2008 年开始执行“欧 5”标准，2013 年将执行“欧 6”标准。对于空调，目前面临的最大问题是 2011 年 1 月起，不允许使用温室效应潜能值（GWP）>150 的制冷剂，现在使用的 HFC134a 将很快被 HFO1234yf 取代。

未来，欧盟汽车技术法规将向更安全、更节能方向发展。除了已出台的技术法规要求（ESC、TPMS、AEBS、LDW）外，今后还将要求车辆装用先进的安全技术和装置：自适应巡航控制系统（ACC）、行人识别系统、智能车速辅助装置（ISA）、酒精互锁装置、驾驶员非警醒状态监视系统。在节能方面还推出了新的中重型车辆燃料经济性技术法规等。

三　中东（海湾地区）

“中东”或“中东地区”因丰富的石油资源而成为全球最富裕的地区之一。1981 年 5 月 25 日，中东地区一个重要的政治经济区域性组织——海湾阿拉伯国家合作委员会（Gulf Cooperative Council，GCC）在阿拉伯联合酋长国阿布扎比成立，GCC 成员国有沙特阿拉伯、科威特、在阿拉伯联合酋长国、卡塔尔、阿曼、巴林和也门七国。目前，海湾地区已发展成为一个完善的共同体市场，其汽车市场需求量很大，但一直依赖进口。我国和中东（海湾地区）国家同属发展中国家，双方有着深厚的传统友谊。中东是我国重要的汽车产品出口目的地。

1. 中东（海湾地区）汽车标准法规

在海湾地区，汽车技术法规主要参照的是欧洲 ECE/EEC 和美国汽车技术法规体系，少部分项目参照国际标准（即 ISO 标准），总体技术要求不是太严。与我国现行的强制标准要求相比，GCC 标准在安全、客车乘客空间和行李舱空间等方面要求较高，环境气候标准要求比较严，但对于排放指标、车辆外廓和质量参数的限制比较宽松。

1982 年，为了促进海湾地区贸易和经济一体化的发展，海湾合作委员会（GCC）成立标准化与计量组织（Standardization and Metrology Organization），统一和协调成员国间标准和法规的制定与实施，其中包括制定统一的汽车产品海湾标准（Gulf Standard，GS），并对汽车产品按照这些标准实施 GCC 标准化与计量组织的认证许可制度。沙特阿拉伯是海湾地区最大的国家，也是该地区最大的汽车产品生产国和消费国。海湾标准是以沙特标准为基础，大多数海湾标准往往首先在沙特国内实施，成熟后再上升为海湾标准。海湾标准在海湾地区成员国范围内强制执行，因此很多人又称海湾标准为海湾法规。

2003 年 12 月，海湾合作委员会调整组织机构，成立“海湾合作委员会（GCC）标准化组织”，简称为 GSO，并从此由该组织负责海湾地区技术法规、产品合格评定规程的制定与实施工作。GSO 组织总部设在沙特阿拉伯的首都利雅得。

目前，海湾合作委员会（GCC）对汽车产品管理日趋严格，建立了比较完善的、统一的市场准入认证制度。自 2005 年 1 月 1 日起，海湾合作委员会对机动车辆及轮胎产品实施新的市场准入批准规程，要求所有汽车产品必须通过 GCC 认证，即：海湾阿拉伯国家合作委员会标准组织（GSO）依照相关海湾标准对机动车辆及轮胎产品进行检验并颁发 GCC 认证证书。根据机动车辆及轮胎产品的不同种类，GCC 认证证书分为机动车辆的 GCC 符合性认证证书，乘用车轮胎的 GCC 符合性认证证书，MPV、大客车、载货车、挂车轮胎的 GCC 符合性认证证书三种类别。机动车辆的 GCC 符合性认证证书有效期限为自签署日期起至当年的公历 12 月底止，后两类证书为自签署日期起的一年。

GCC 认证证书有效期满后，需重新制作申请延期的文件，申请新的 GCC 证书。依据延期的形式新增标准，需重新测试新增标准项目，与 GCC 证书一并提交 GSO。制造商每年在首次发货前应向 GSO 递交英语/阿拉伯语的合格证书，证明该型号满足海湾车辆标准的要求。半成品车辆（如底盘等）制造商，每年发运任何类型的第一批货物前，也要提前向 GSO 递交用英语/阿拉伯语书写的合格证，证明这类商品符合有关海湾标准的要求。

GCC 认证内容涉及机动车辆及其部件有关的标准共 80 余个，其中整车安全 8 个、排放 13 个，发动机整机 1 个，整车其他方面 22 个，机动车部

件31个，其他与机动车产品相关的5个。所有通过GCC认证、获得GCC一致性证书（或称之为符合性证书）的汽车产品，才能进入海湾地区汽车市场。

2. 中东（海湾地区）汽车产品认证程序

GCC认证的主要程序：出口制造商完整填写GCC认证咨询表，向咨询公司提出申请；企业依照相关海湾标准的方法及要求在GCC认可的实验室对机动车辆及轮胎产品进行检测；咨询公司协助企业根据检测数据制作需要向GSO提交技术及认证文件；GSO将对企业提交的文件进行审查，如审查合格，GSO将向企业颁发GCC认证证书，如审查不合格，GSO将通知企业申请未通过，并告知原因；GCC认证证书有效期满后，需重新申请延期的文件，申请新的GCC证书。如下图所示。

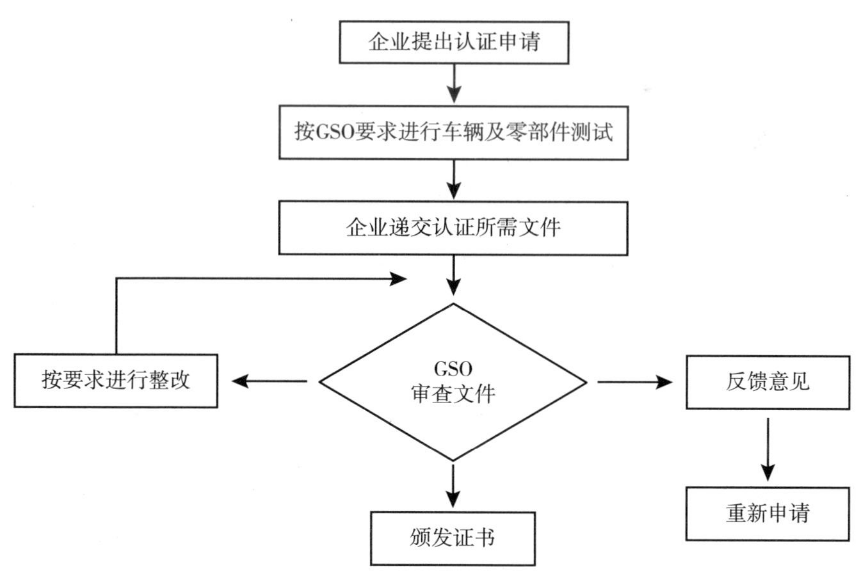

GCC认证流程

2009年5月，GSO就GCC conformity Marking标识形成了一致决议，要求所有进入中东市场的产品都必须贴GCC conformity marking标识。GCC conformity marking标识表示：产品制造商满足GCC法规要求；产品满足GCC

法规要求；制造商对贴有 GCC Conformity Marking 标识的产品负责，并承诺该产品符合所有适用的 GSO 法规要求，也通过了一致性评估程序；产品与公告机构测试的样件保持一致等。贴有 GCC conformity marking 标识的产品可以更加快速便捷地在 GCC 成员国流通和交易。

3. 中东技术法规特点及重点关注

（1）技术法规特点

总体而言，GCC 标准对车辆技术水平和结构的要求与我国目前实施的强制标准要求相比，各有高有低。对于安全标准的要求比较高，涉及环境气候要求比较严格，客车乘客空间和行李舱空间要求较高。有些零部件如安全带、散热器、蓄电池等，与国际标准要求不同甚至比国际标准严格，但是对于排放指标、车辆外廓和质量参数的限制比较宽松。

（2）重点关注

在申请 GCC 认证前，要了解其有关程序。由于 GCC 认证的有效期为一年，而且要求至少提前三个月提交申请材料，但 GSO 每年夏季假期长达三个月，因此我国企业尤其要注意掌握 GCC 认证的时间节奏。

获得 GCC 认证，要重点关注一些与我国强制性标准不同或者限制更加严格的项目，如发动机冷却系统、客车内部空间和行李舱容积、安装位置和标识、制动摩擦片和蓄电池等部件的材料要求、动力控制系统和排气系统的特殊要求。

申请认证的汽车产品一定要做适应性改装，使产品适应中东地区常年高温、多沙尘、潮湿的环境要求。具体地说，出口中东国家的汽车，发动机冷却系统应耐高温，因为海湾地区夏季气温高达 40℃ ~50℃，冬季气温也维持在 20℃左右。车辆要配备大水箱，增强发动机的散热性；使用大风扇、大电池、大发电机、大功率空调（单冷）；使用宽轮胎，增加轮胎帘布层，以便耐高温；使用防风沙油漆，提高汽车表面硬度；四轮驱动，增强越野性；改进汽车内部装饰，使其符合地域文化和需求特点，如使用阿拉伯语的说明、符合伊斯兰文化特点的内饰等。另外，制造商进行检测试验应尽量委托 GSO 组织认可的实验室，试验报告内容格式和试验周期要符合 GSO 组织要求，保留原始记录资料。

四 亚洲（东盟）

在亚洲，日本、韩国是世界主要汽车生产大国和强国之一，它们汽车产量的一半以上是用来出口，且自身进口汽车量极少，是典型的汽车出口型国家。我国汽车在亚洲的出口主要是东盟地区。

东盟的全称是“东南亚国家联盟”，共包括老挝、柬埔寨、缅甸、泰国、越南、马来西亚、新加坡、文莱、菲律宾、印度尼西亚十个国家。东盟地域辽阔，人口众多，是目前仅次于欧盟和北美的第三大自由贸易区。

1. 东盟汽车政策法规

东盟各国间经济发展极不平衡，各国间汽车产业发展水平也差距甚大。在汽车市场管理方面，各国采用的市场准入管理制度、技术法规体系差别较大。如在汽车排放控制方面，新加坡已经实施欧Ⅳ排放标准，而有的国家才刚进入欧Ⅱ阶段；税费政策方面，新加坡实施“零关税”，而其他东盟国家分别课以不同程度的税费。近些年东盟一体化市场发展速度加快，2010 年 1 月 1 日，泰国、马来西亚、新加坡、文莱、菲律宾、印度尼西亚六国之间包括汽车产品在内的所有商品实施“零关税”。2015 年，东盟各国将建立统一汽车产品市场准入管理制度和技术法规体系。2011 年 1 月 1 日，我国与东盟正式实施自由贸易协定。我国出口到东盟六国（泰国、马来西亚、新加坡、文莱、菲律宾、印度尼西亚）93% 的产品实施“零关税”，其他四国将于 2015 年起实施“零关税”。在具体实施过程中，由于汽车属于敏感性产品，“零关税”政策一时还难以实现，预计在今后相当长时间里维持较高关税。不过，汽车产品本身也被分为三六九等，其中汽车整车产品、小部分底盘和零部件产品被列为敏感产品，其他产品则被列为一般敏感产品。按照我国与东盟的自由贸易协定，对于一般敏感产品，今后将逐步降税，最终在 2020 年 1 月 1 日降至 5% 以下。除了被列为敏感产品的部分汽车产品外，特种用途车（专用车）、车身、大部分底盘和汽车零部件则被列为稍晚降税的正常产品，其中专用车和许多专用车零部件产品被列为降税速度最快的产品，这些产品的关税将会很快降为零。

2. 东盟汽车市场准入管理及认证程序

由于东盟各国经济发展的不平衡，到目前为止，东盟区域内还没有对汽车产品建立统一、系统的市场准入管理制度，各国仍处于相对独立的状态，包括对汽车产品的认证和技术法规体系，各国互不相同、互不认同。东盟汽车产品市场准入管理和认证流程主要有以下几个方面。

在东盟十国中，负责汽车产品市场准入管理的主要政府机关是运输部门的陆路运输局（司）。从经济发展水平来看，除新加坡外，其他都是发展中国家。这些国家在对汽车产品的市场准入认证上都是在以往汽车检验的制度上，向欧盟的型式批准制度发展，但由于各国发展水平各不相同，所以各国在汽车产品市场准入管理和汽车产品认证流程上也都有所不同。相对我国来说，总体水平较低。

以往东盟各国对汽车市场管理实施的检验制度是“台台检”。显然，这种检验制度与汽车产业工业化大生产不相适应，工作效率低，同时，也不能很好地满足相关技术法规标准的要求。目前，东盟各国正积极改革自身汽车产品市场准入认证制度，参照欧盟标准，逐步建立符合国际惯例的汽车产品认证制度。当然，目前的现实情况是各国的执行水平参差不齐。其中，东盟地区经济最为发达的新加坡对汽车产品的管理最为完善，采取了符合国际惯例的型式批准制度。2003 年，率先在亚洲建立了电子化的汽车型式批准系统（VITAS）。汽车产品要进入新加坡市场，制造商可以直接通过网络向新加坡的陆路运输管理局（LTA）和国家环境署（NEA）申报。其他国家也正在按国际惯例改革自身原有制度。如马来西亚积极加快国际化，逐渐建立起符合国际惯例的汽车型式批准制度；泰国目前也正在对轿车、轻型载货车（皮卡）、摩托车参照欧盟体制建立型式批准制度，但对中重型的商用汽车仍是自己独特的管理体制，即“产品体检”制度。另外，还有一些东盟国家目前仍然执行自身原有的车辆检验制度，分别进行车辆前照灯试验、车辆制动试验、车辆排放试验以及车辆侧滑试验等，如缅甸等。

今后，东盟将采用 UN/ECE 法规，建立统一的汽车产品准入管理制度和统一的汽车技术法规体系，具体工作由东盟标准与质量顾问委员会下属的汽车产品工作组负责，预计 2015 年完成预期目标。

3. 东盟技术法规特点及重点关注

（1）技术法规特点

东盟技术法规的特点主要体现在：首先，东盟汽车市场是发展中的一体化市场，与北美、欧盟成熟的汽车一体化市场相比，有着很大的差距。其次，由于东盟各国经济发展的不平衡，使得各国汽车法规、标准以及市场准入制度也存在较大的差别，各国的技术法规标准等具有相对的独立性。如在汽车排放控制方面，新加坡已经实施欧Ⅳ排放标准，而有的成员国才刚进入欧Ⅱ、欧Ⅲ阶段。最后，由于东盟经济普遍发展相对滞后，东盟的技术法规、标准还是比较初级、粗放的。我国的技术法规总体上能够满足东盟国家的要求。

在对汽车产品的准入管理上，基本上采取与国际惯例相协调的车辆型式批准体制，汽车型式批准制度将是东盟国家的发展方向。如马来西亚签署了联合国 WP29 的《1958 年协定书》，对所有满足该协定书框架下的 ECE 法规，已获得 ECE 型式批准、带有 E 标志的汽车及零部件和系统都予以承认，视其符合马来西亚的技术法规和标准（MS 标准），可直接进入其市场。对于其他国家的整车型式批准，已在制度中明确将采用 ECE 单项法规，如果其单项项目满足 ECE 法规要求，则同样承认该整车批准。

（2）重点关注

中国与东盟各国区位优势明显，经济发展水平和区域文化接近，投资成本相对较低。中国－东盟自由贸易区建成后，中国和东盟大多数国家逐步实现了产品“零关税”，贸易性壁垒相对减少，而技术性贸易壁垒有所增加，即非关税壁垒比较突出。贸易保护通过标准或技术法规，对进口商品制定苛刻、烦琐条件，对进口产品提高了要求，增加进口难度，形成了技术性贸易壁垒。另外，在与东盟国家的汽车贸易过程中，需要重点关注各国汽车技术法规、标准与认证认可的差别。

五　全面客观把握我国汽车产品主要出口国相关政策

通过对中国汽车主要出口国相关政策研究，我们对全球主要国家和地区的汽车产品技术及管理法规有了较为全面的了解。美国、欧盟拥有国际上最完善的汽车技术法规体系和管理规范；中东、东盟等发展中国家汽车产品技术及管理法规各有特点，但相比来说还是要宽松很多。目前，我国的汽车技术法规基本上与其他发展中国家处于相同水平，但从发展的角度看，一定要向美国、欧盟看齐，同时重视其他发展中国家的标准法规及管理特点，不断完善和提升我国汽车技术标准法规及管理水平。

- 美国和欧盟作为全球汽车产业的发达地区，对汽车产品市场准入建立了十分规范的管理制度和完善的技术法规体系，被国际上绝大多数汽车市场承认，是全球汽车技术法规发展的风向标，其新制定或修订的技术法规内容往往随后被其他国家和地区呈梯次跟进采用。美国和欧盟分别建立并实施了国际上通行的两大认证制度，即自我认证和型式批准制度，这两大认证成为世界其他国家或地区建立汽车产品认证体系的参照标准。

- 美国和欧盟市场开放程度高。一般而言，没有针对某一特定国家或地区制定特殊的市场准入政策，国外产品只要符合本国、本地区的技术、安全、环保等方面法规要求，就能进入市场销售。值得注意的是：一旦某一产品被检测出没有达到技术法规要求时，那么该产品将面临罚款或被召回的风险，或者被仲裁机构裁定该产品有倾销现象。影响到本国或地区就业时，相关管理部门将会视其影响程度，不同幅度地提高其进口关税即“反倾销”税，以达到减少或阻止该类产品的进入。如2009年9月，美国政府对我国轮胎发起的“特保”调查，成了迄今美国对中国最大“特保”调查案，对我国相关行业出口造成了极大的损失。

- 目前，我国汽车除少量大客车产品外，乘用车和其他商用车还极少进入欧、美市场，其根本原因是我们的汽车产品在安全、节能、环保等方面还不能达到美国和欧盟的技术法规要求。要改变这种现状，我国汽车产业必须加大研发投入力度，迅速提高技术研发能力，尽快缩小与国际先进技术的差距，最终赶上欧美汽车技术的发展。

- 尽管美国、欧盟国家通过技术标准、法规以及市场准入管理制度对我国汽车出口形成了一些技术壁垒，但是，客观上讲欧美设立技术法规、标准及市场准入制度等，还是有其合理性。一方面，促使了汽车产品技术的升级；另

一方面，也保护了消费者利益。事实上，WTO 有关技术贸易壁垒协议并不否认各国技术壁垒存在的合理性和必要性。

- 目前，中东、东盟是我国汽车产品出口的重要市场，这些地区的汽车技术标准法规将会逐步提高、趋严，我们务必对此高度重视。同时，保持我国技术标准法规的相对先进性，使我国的汽车产品出口渠道保持通畅。

附　　录

Appendix

B.7
附录一　汽车产业相关统计数据

产销量及保有量

表1　2002～2012年中国汽车产销量及占世界产销量比重

单位：万辆，%

年份	产量			销量		
	中国汽车产量	世界汽车产量	中国占世界总产量比例	中国汽车年销量	世界汽车销量	中国占世界销量比例
2002	325	5878	5.5	325	5763	5.6
2003	444	6058	7.3	439	5964	7.4
2004	507	6450	7.9	507	6403	7.9
2005	571	6655	8.6	576	6540	8.6
2006	728	6922	10.5	722	6800	10.4
2007	888	7327	12.1	879	7120	12.2
2008	935	7053	13.3	934	6810	15.1
2009	1379	6170	22.4	1364	6540	25.0
2010	1826	7761	23.5	1806	7460	24.2
2011	1842	8011	22.99	1851	7790	23.8
2012	1927	8414	22.90	1931	8170	23.6

资料来源：中国汽车产销量数据2000～2011年来自《中国汽车工业年鉴》，2012年来自《汽车工业产销快讯》2013年第1期。世界汽车产销量数据2002～2004年来自Automotive News，2005～2012年来自世界汽车制造商协会。

表 2　2005～2012 年中国自主品牌轿车市场占有率

单位：万辆，%

年　份	2005	2006	2007	2008	2009	2010	2011	2012
全年轿车销量	276.77	386.95	479.77	504.69	747.1	949.43	1012.27	1074.47
其中自主品牌销量	72.66	98.35	124.53	130.82	221.73	293.3	294.64	304.96
市场占有率	26.25	25.42	25.96	25.92	29.67	30.89	29.11	28.38

资料来源：相应年份的《汽车工业产销快讯》。

表 3　2011 年中国汽车产量分地区构成

单位：万辆

地区名称	汽车产量	地区名称	汽车产量	地区名称	汽车产量
北　京	151.47	江　西	35.74	山　东	184.07
上　海	192.69	黑龙江	13.68	河　北	72.11
重　庆	253.36	浙　江	43.85	辽　宁	75.54
广　西	148.09	福　建	21.72	陕　西	55.73
广　东	166.96	河　南	52.5	江　苏	130.9
吉　林	163.2	湖　南	31.31	内蒙古	4.77
湖　北	174.3	海　南	15.20	山　西	3.82
安　徽	125.98	四　川	33.58	贵　州	4.54
天　津	76.30	云　南	12.20	新　疆	0.35

资料来源：《中国汽车工业年鉴 2012》（宁夏、青海、西藏、甘肃汽车产量均为 0）。

表 4　2012 年中国汽车分车型产销情况

单位：万辆，%

	产量	同比增长	销量	同比增长
汽车总计	1027.18	4.63	1930.64	4.33
乘用车	1552.37	7.17	1549.52	7.07
其中：轿车	1076.74	6.22	1074.47	6.15
MPV	49.19	-2.83	49.34	-0.87
SUV	199.86	24.67	200.04	25.5
交叉型	226.58	1.20	225.67	-0.07
商用车	374.81	-4.71	381.12	-5.49
其中：客车	42.58	6.89	42.56	5.51
货车	261.76	-1.36	265.34	-1.80
半挂牵引车	18.5	-24.48	19.06	-25.98
客车非完整车辆	8.06	-4.27	8.18	-3.16
货车非完整车辆	43.96	-20.49	45.98	-21.45

资料来源：《中国汽车工业产销快讯》2013 年第 1 期。

表 5　2001 ~ 2012 年中国民用汽车保有量

单位：万辆，%

年份	汽车保有量	私人汽车		
		保有量	占全国汽车保有量比重	其中:轿车保有量①
2001	1802	771	42. 8	—
2002	2053	969	47. 2	—
2003	2383	1219	51. 2	430
2004	2694	1485	55. 1	600
2005	3159	1848	58. 5	861
2006	3697	2333	63. 1	1149
2007	4358	2876	66. 0	1522
2008	5099	3501	68. 7	1947
2009	6280	4575	72. 85	2605
2010	7802	5939	76. 12	3443
2011	9356	7327	78. 31	4322
2012①	12089	9309	77. 00	5308

资料来源：2001 ~ 2011 年数据来自相应年份的《中国汽车工业年鉴》，①数据来自相应年份的《国民经济和社会发展统计公报》。

经济效益

表 6　2001 ~ 2012 年中国汽车工业总产值①

单位：亿元，%

年份	汽车工业总产值(A)	全国工业总产值		机械工业总产值	
		产值(B)②	A/B	产值(C)	A/C
2001	4433. 2	95449. 0	4. 64	20391	21. 74
2002	6224. 6	110776. 5	5. 62	24110	25. 82
2003	8357. 2	142271. 2	5. 87	25625	32. 61
2004	9463. 2	201722. 2	4. 69	35045	27. 00
2005	10223. 3	251619. 5	4. 06	41787	24. 47
2006	13937. 5	316589. 0	4. 40	54907	25. 38
2007	17242. 0	386747. 0	4. 50	73567	23. 44
2008	18780. 5	507448. 0	3. 70	94040	19. 97
2009	23437. 8	548311. 0	4. 27	107859	21. 73
2010	30248. 6	698591. 0	4. 33	141583	21. 36
2011	33155. 2	884269. 0	3. 93	168871	19. 63
2012	52900. 0①	903900. 0②	5. 85	184800③	28. 63

说明：1. 表中产值数据均为当年价。2. 2001 ~ 2006 年数据为“全部国有及规模以上非国有企业”，2007 年以后数据为“全国规模以上企业”。

资料来源：2001 ~ 2011 年数据来自相应年份的《中国汽车工业年鉴》《中国机械工业年鉴》和《中国统计年鉴》；2012 年数据，①来自《中国汽车工业产销快讯》第 3 期，②来自中经产业研究所（www. zjcyyjs. com），③来自中国机械工业联合会。

表 7 2001~2012 年中国汽车工业增加值

单位：亿元，%

年份	汽车工业增加值(A)	全国 GDP 总量(B)	A/B	机械工业增加值(C)	A/C
2001	1055.6	97314.8	1.08	5270	20.03
2002	1518.8	105172.3	1.44	3799	39.98
2003	2153.4	117390.2	1.83	7034	30.61
2004	2187.8	136875.9	1.60	9088	24.07
2005	2209.9	183867.9	1.20	11012	20.07
2006	3362.7	209406.8	1.61	14407	23.34
2007	4141.4	249529.9	1.66	19533	21.20
2008	4104.1	300670.0	1.36	24450	16.79
2009	5378.9	340507.0	1.58	28043	19.18
2010	6759.7	397983.0	1.69	37400	18.07
2011	7451.7	458217.0	1.58	44345	16.80
2012	8077.6	471564.0	1.56	48070	17.13

资料来源：相应年份的《中国汽车工业年鉴》《中国机械工业年鉴》（2002 年、2003 年、2005 年、2006 年、2011 年）。2012 年数据：全国 GDP 总量来自《2012 年国民经济和社会发展统计公报》；汽车工业增加值根据《国家统计局 2012 全年数据快报》中“汽车制造业规模以上工业增加值增长率”计算。机械工业增加值数据来源：根据中国机械工业联合会“2012 年全年机械工业经济运行形势”新闻发布会上公布的 2012 年机械工业增加值增长率计算。

表 8 2001~2011 年中国汽车工业利润及主营业务收入情况

单位：亿元

年份	主营业务收入	利润总额	利税总额
2001	4253.7	204.7	502.1
2002	5947.7	373.8	752.0
2003	8144.1	556.8	1032.8
2004	9134.3	575.5	1063.6
2005	10108.4	430.4	981.9
2006	13818.9	738.2	1482.3
2007	17201.4	1027.0	1916.9
2008	18766.9	923.6	1821.6
2009	23817.5	1687.7	3033.9
2010	30762.9	2598.6	4205.5
2011	33617.3	2842.1	4600.2
2012	43869.8	4176.6	5611.9

资料来源：相应年份的《中国汽车工业年鉴》，2012 年来自《中国汽车工业产销快讯》2013 年第 2 期。

进 出 口

表9　2001～2012年中国部分整车产品出口量

单位：辆

年份	乘用车					商用车				
	总量	轿车	越野车	小客车≤9座	其他	总量	载货车	客车>9座	专用汽车	其他
2001	3579	763	853	69	1894	22494	8527	1091	767	12109
2002	2270	969	440	269	592	26375	10520	2076	1193	12586
2003	7795	2849	648	745	3553	37612	26142	2550	471	8449
2004	73213	9335	779	2840	60259	63045	52796	4784	1257	4208
2005	38785	31125	1844	5816	0	125473	100153	6439	1625	17256
2006	115467	93315	7984	14168	0	227912	163064	12917	4479	47452
2007	264501	188638	25671	43210	6982	349911	275806	41896	12261	19948
2008	318593	241316	24438	40523	12316	362415	287720	33928	14364	26403
2009	153005	102432	12280	17872	20421	217025	177926	23264	8912	6923
2010	282368	179940	22502	39918	40008	284285	232081	36517	8710	6977
2011	470090	372083	24309	64086	13212	379718	322053	42415	12845	2765
2012	587721	495456	4863	71201	16221	427244	321116	54437	16657	35034

说明：2005年和2006年乘用车分类与其他年份有所不同。

资料来源：2001～2011年数据根据相应年份的《中国汽车工业年鉴》整理，2012年数据来自《中国汽车工业产销快讯》2013年第2期。

表10　2001～2012年中国部分整车产品出口贸易额

单位：万美元

年份	乘用车					商用车				
	总金额	轿车	越野车	小客车≤9座	其他	总金额	载货车	客车>9座	专用汽车	其他
2001	3273	1346	764	113	1050	18123	5530	5442	4740	2411
2002	3359	1675	1094	212	379	21418	7163	4846	5876	3533
2003	6118	3086	1376	368	1288	31074	15919	4304	7940	2911
2004	17214	8397	1458	1563	5796	48259	27501	8103	8451	4204
2005	32460	27058	2242	3160	0	118552	68199	19665	11783	18905
2006	83935	63038	9982	10915	0	229530	118198	41619	33237	36476
2007	208617	140184	27194	35307	5932	521951	325761	90098	95504	10588
2008	245917	179501	25726	32029	8662	717073	431579	108175	160233	17086
2009	110199	80379	11006	12747	6067	408838	254607	63812	79432	10987
2010	186099	127632	19362	29437	9668	512315	318382	103657	81577	8698
2011	333971	259750	22613	44195	7414	760615	481339	153639	118366	7272
2012	428941	358943	5425	52196	12477	941749	417653	193545	172786	157765

说明：2005年和2006年乘用车分类与其他年份有所不同。

资料来源：2001～2011年数据根据相应年份的《中国汽车工业年鉴》整理，2012年数据来自《中国汽车工业产销快讯》2013年第2期。

表 11　2001 ~ 2012 年中国汽车产品（含整车和零部件）进出口贸易额

单位：亿美元，%

年份	进口额	出口额	全国货物出口总额	汽车出口贸易额占全国货物出口贸易总额比例
2001	47.0	27.1	2661.0	1.01
2002	65.9	33.6	3256.0	1.03
2003	148.4	80.3	4382.3	1.83
2004	168.6	124.2	5933.2	2.09
2005	154.3	167.7	7619.5	2.20
2006	212.7	289.1	9689.8	2.98
2007	267.7	412.6	12204.6	3.38
2008	322.3	476.3	14306.9	3.33
2009	341.9	383.5	12016.1	3.19
2010	581.9	541.4	15777.5	3.43
2011	759.9	719.7	18983.8	3.79
2012	782.2	744.5	20489	3.63

资料来源：2001 ~ 2011 年汽车进出口贸易额数据来自《中国汽车工业年鉴》，2012 年汽车进出口贸易额数据来自《中国汽车工业产销快讯》2013 年第 2 期。历年全国货物出口总额来自相应年份的《中国统计年鉴》，2012 年数据来自《2012 年国民经济和社会发展统计公报》。

表 12　2011 年与中国汽车进出口贸易额超过 5 亿美元的国家和地区

单位：万美元

国家及地区	进出口贸易总额	进口贸易额	出口贸易额
日本	2555837.0	2004940.0	550897.4
德国	2691011.0	247753.20	213479.4
美国	2024549.0	711014.5	1313535.0
韩国	970729.7	658384.7	312342.0
英国	562174.5	386132.6	176042.0
墨西哥	249515.9	116278.6	133237.3
伊朗	219177.8	11.0	219166.8
斯洛伐克	312258.8	304901.7	7357.1
法国	181766.2	110576.2	71190.0
加拿大	175509.4	50247.1	125262.4
意大利	172584.3	65046.3	107537.9

续表

国家及地区	进出口贸易总额	进口贸易额	出口贸易额
巴西	221768.6	8099.5	213669.1
俄罗斯联邦	302906.5	503.1	302403.4
荷兰	124408.4	21313.0	103095.5
印度	142568.3	10666.5	131901.8
澳大利亚	166071.5	19056.9	147014.6
尼日利亚	154680.8	0.7	154680.0
匈牙利	126896.7	116053.8	10842.9
比利时	181433.7	120250.0	61183.7
阿拉伯联合酋长国	159386.8	7913.3	151473.6
越南	106798.2	6640.8	100157.4
马来西亚	112003.4	10991.3	101012.0
中国香港	91394.6	386.3	91008.4
阿尔及利亚	97652.4	2.0	97650.4
泰国	125941.9	30580.5	95361.4
中国台湾	88682.0	30084.1	58597.9
西班牙	104182.4	53713.7	50468.8
印度尼西亚	98827.8	10756.7	88071.1
南非	72526.5	3916.9	68609.6
奥地利	52793.1	47079.6	5713.5
智利	86680.1	2.4	86677.7
瑞典	70348.5	51422.8	18925.7
沙特阿拉伯	92733.9	8.7	92725.2
菲律宾	64305.0	4786.7	59518.3
土耳其	74064.0	11139.1	62924.9
委内瑞拉	73132.6	1.5	73131.1
秘鲁	67746.3	0.1	67746.2
哈萨克斯坦	64034.3	0.0	64034.3
阿根廷	63356.5	124.8	63231.7
哥伦比亚	63214.6	2.8	63211.8
捷克	62575.7	48688.9	13886.7
波兰	60681.2	14390.6	4290.7
巴基斯坦	60141.4	5.3	60136.0
埃及	52006.0	33.0	51973.1

资料来源：《中国汽车工业年鉴 2012》。

表 13　2001 ~ 2012 年中国部分整车产品进口量

单位：辆

年份	乘用车					商用车				
	合计	轿车	越野车	小客车≤9 座	其他	合计	载货车	客车>9 座	专用汽车	其他
2001	61776	46632	10336	4551	257	9613	3138	4056	1171	1248
2002	115047	70329	32179	12348	191	13148	6692	3356	1112	1988
2003	153591	103017	39669	10812	93	18119	9862	4600	1285	2372
2004	162077	116085	35308	10510	174	13577	8078	2493	962	2044
2005	154835	76542	65966	12326	0	6490	3032	1336	552	1570
2006	218312	111777	86273	20262	0	9461	5582	1840	625	1414
2007	302096	139867	142228	19144	857	12034	9147	1558	435	894
2008	395799	154521	215062	24674	1542	13970	10171	2311	498	990
2009	409225	164837	207381	35693	1314	11471	8201	1902	375	993
2010	791126	343653	351408	89919	6146	22219	14977	5092	333	1817
2011	1011871	410270	430886	162911	7804	26751	19453	5196	214	1888
2012	1108730	446992	456362	179508	25868	23618	17997	2526	235	2860

说明：2005 年和 2006 年乘用车分类与其他年份有所不同。

资料来源：2001 ~ 2011 年数据根据相应年份的《中国汽车工业年鉴》整理，2012 年数据来自《中国汽车工业产销快讯》2013 年第 2 期。

表 14　2001 ~ 2012 年中国部分整车产品进口贸易额

单位：万美元

年份	乘用车					商用车				
	合计	轿车	越野车	小客车≤9 座	其他	合计	载货车	客车>9 座	专用汽车	其他
2001	126095	94730	24556	6558	250	45144	12047	9276	18803	5018
2002	260588	161367	76738	22126	357	60351	25970	8606	18630	7145
2003	443757	308252	113634	21665	206	83835	42621	7554	23262	10398
2004	459487	326924	109418	22448	698	82131	40429	5705	25446	10551
2005	467495	259413	181941	26141	0	48879	19335	5002	16188	8354
2006	692752	399386	253832	39534	0	63376	33136	6887	16350	7003
2007	982770	500973	437365	42733	1699	117600	89497	5438	19610	3055
2008	1403259	635604	712064	52329	3262	123050	81353	8922	28041	4735
2009	1435439	656610	707877	67946	3006	111691	76770	8279	21994	4648
2010	2889909	1414774	1271141	185665	18329	188643	131584	23169	25763	8128
2011	4087090	1863024	1788509	416180	19377	241453	185280	25727	21359	9087
2012	4446811	1857018	2049518	477587	62688	208417	155930	14871	12210	25406

说明：2005 年和 2006 年乘用车分类与其他年份有所不同。

资料来源：2001 ~ 2011 年数据根据相应年份的《中国汽车工业年鉴》整理，2012 年数据来自《中国汽车工业产销快讯》2013 年第 2 期。

表 15　2001 ~2012 年中国除整车外汽车产品（含摩托车）进出口情况

单位：亿美元

年份	进口金额	出口金额	净出口额
2001	29. 91	24. 98	-4. 93
2002	33. 98	31. 27	-2. 71
2003	95. 64	76. 55	-19. 09
2004	114. 44	117. 64	3. 2
2005	102. 63	148. 54	45. 91
2006	137. 13	257. 75	120. 62
2007	157. 64	339. 58	181. 94
2008	169. 67	379. 95	210. 28
2009	187. 27	331. 61	144. 34
2010	274. 00	471. 55	197. 55
2011	327. 00	610. 19	283. 19
2012	306. 69	607. 39	300. 70

资料来源：2001 ~2011 年数据来自相应年份的《中国汽车工业年鉴》，2012 年数据来自《中国汽车工业产销快讯》2013 年第 2 期。

人员、研发及相关产业等

表 16　2001 ~2011 年中国汽车工业从业人数及劳动生产率（增加值）

单位：万人，元/（人·年）

年份	汽车工业年末从业人数	工程技术人员数	研发人员数	全员劳动生产率
2001	150. 6	15. 6	4. 5	69269
2002	157. 0	16. 8	5. 3	96342
2003	160. 5	17. 3	6. 2	134301
2004	169. 3	20. 0	7. 1	130451
2005	166. 9	19. 3	8. 9	133549
2006	185. 5	22. 0	9. 1	185255
2007	204. 1	24. 5	10. 9	210166
2008	209. 4	25. 4	12. 4	209256
2009	216. 5	26. 7	16. 3	255947
2010	220. 3	31. 1	16. 9	316725
2011	241. 7	35. 5	18. 7	327476
2012	424. 9			

资料来源：《中国汽车工业年鉴 2012》。

表 17　2001～2011 年中国汽车工业完成固定资产投资总额

单位：亿元

年份	投资总额	其中:技术改造投资	其中:引进国外技术投资
2001	194.3	114.2	26.0
2002	283.2	177.6	35.6
2003	498.6	294.3	60.2
2004	641.3	285.2	113.2
2005	734.2	363.3	113.2
2006	780.9	304.5	112.3
2007	867.9	306.2	68.4
2008	772.3	183.9(用于更新设备)	54.0
2009	921.8	—	—
2010	1278.1	—	—
2011	1398.8		

资料来源：《中国汽车工业年鉴 2012》。

表 18　2001～2011 年中国石油消费量及进口量

单位：万吨

年份	石油消费量	石油进口量	年份	石油消费量	石油进口量
2001	22888.4	9118.2	2007	36658.7	21139.4
2002	24789.2	10269.3	2008	37302.9	23015.5
2003	27125.8	13189.6	2009	38384.5	25642.4
2004	31700.5	17291.3	2010	43245.2	29437.2
2005	32537.7	17163.2	2011	45378.5	31593.6
2006	34876.2	19453.0			

资料来源：2001～2011 年数据来自《中国能源统计年鉴》(2009 年和 2012 年)。

世界汽车工业

表 19　2001～2011 年世界主要汽车生产国汽车产量

单位：万辆

年份	美国	德国	法国	意大利	英国	日本	韩国	印度	全球总计
2001	1143	569	363	158	169	978	295	85	5577
2002	1227	547	369	143	182	1026	315	89	5878
2003	1211	551	362	132	185	1029	318	116	6058
2004	1199	557	367	114	186	1051	347	151	6449

续表

年份	美国	德国	法国	意大利	英国	日本	韩国	印度	全球总计
2005	1198	576	355	104	180	1080	370	163	6647
2006	1129	582	317	121	165	1148	384	202	6922
2007	1078	621	302	128	175	1160	409	225	7327
2008	871	604	257	102	165	1156	381	231	7053
2009	573	521	205	84	109	793	351	264	6170
2010	776	591	223	86	139	963	427	354	7761
2011	865	631	229	79	146	839	466	394	8006
2012	1033	565	197	67	158	994	456	415	8414

资料来源：2001～2011年数据来自相应年份的《中国汽车工业年鉴》，2012年数据来国际汽车制造商协会。

表20　2001～2012年世界主要汽车生产国汽车销量

单位：万辆

年份	美国	德国	法国	意大利	英国	日本	中国	韩国	印度
2001	1747	363	275	264	277	591	237	145	82
2002	1713	355	261	257	289	579	325	162	88
2003	1697	350	244	249	294	583	439	132	108
2004	1729	356	247	252	296	584	507	109	134
2005	1744	362	255	248	283	585	576	114	144
2006	1705	377	249	259	273	574	722	116	175
2007	1645	348	258	279	279	535	879	122	199
2008	1349	343	257	243	248	508	939	124	198
2009	1060	405	269	236	222	461	1364	146	226
2010	1177	319	271	217	231	496	1804	157	304
2011	1304	351	269	194	219	421	1853	159	329
2012	1479	339	233	153	233	537	1931	153	358

资料来源：相应年份的《中国汽车工业年鉴》。2012年数据来自国际汽车制造商协会。

表21　2001～2010年世界主要汽车生产国整车出口情况

单位：万辆

年份	美国	德国	法国	西班牙	英国	日本	意大利	韩国	巴西
2001	1146.2	391.6	373.5	—	98.6	41.6		150.1	38.6
2002	165.9	387.5	391.7	232.7	119.7	469.9	73.4	150.6	41.5
2003	161.4	393.6	404.6	249.5	123.6	475.6	70.4	181.5	53.5
2004	179.4	392.4	426.9	247.9	130.8	495.8	59.6	237.9	64.8
2005	206.4	408.1	431.9	224.7	131.6	505.3	49.8	258.6	89.7
2006	205.5	418.3	312.6	227.3	124.2	596.7	59.6	264.8	63.4
2007	239.6	466.4	469.7	238.9	131.7	654.9	65.1	284.7	64.4
2008	196.6	450.0	432.2	218.1	125.4	672.7	56.1	268.4	56.9
2009	110.7	358.4	388.3	188.3	82.9	361.6	38.3	214.9	47.5
2010	150.2	448.1	478.6	208.0	104.7	484.1	44.02	277.2	76.7

资料来源：相应年份的《中国汽车工业年鉴》。

表 22　2009 年全球汽车整车企业研发投入排名

单位：百万英镑，%

排名	整车企业	2009 研发投入	比上年增长	比过去四年平均水平增长	2009 年销售额	研发投入占销售额的比重
1	丰田	6013.74	-6	6	136559	4.4
2	大众	5144.38	-2	21	90980	5.7
3	通用	3757.51	-24	-17	71180	5.3
4	本田	3746.28	-4	6	66593	5.6
5	戴姆勒	3699.69	-6	-17	70124	5.3
6	福特	3034.24	-33	-35	73260	4.1
7	日产	3029.78	0	3	56121	5.4
8	宝马	2175.03	-15	-21	42472	5.1
9	标致	2055.98	-2	6	43018	4.8
10	菲亚特	1503.33	-15	-2	43801	3.4
11	雷诺	1459.8	-26	-30	29106	5
12	现代	1188.45	2	20	48639	2.4
13	铃木	764.7	6	22	19988	3.8
14	保时捷	660.15	-17	22	5833	11.3
15	马自达	638.35	-16	-6	16868	3.8
16	富士重工	284.9	-18	-15	9617	3
17	三菱汽车	238.19	4	-30	13128	1.8
18	丰田自动织机	223.81	-8	2	10538	2.1
19	东风汽车	189.3	44	101	8323	2.3
20	塔塔汽车	155.82	-21	19	12312	1.3
21	上海汽车	129.53	n. a	n. a	12666	1
22	双龙	126.9	52	47	1327	9.6
23	比亚迪	102.54	12	84	3580	2.9
24	TOFAS	98.82	-19	218	2108	4.7
25	马亨德拉	88.47	29	138	3087	2.9
26	AVTOVAZ	50.93	-79	-37	2109	2.4

资料来源：英国商业、创新和技能部。整理：盖世汽车网。

表 23　2009 年全球汽车零部件企业研发投入排名

单位：百万英镑，%

排名	汽车零部件企业	2009 研发投入	比上年增长	比过去四年平均水平增长	2009 年销售额	研发投入占销售额的比重
1	博世	3179.03	-9	4	33917	9.4
2	电装	1976.57	-5	9	20904	9.5
3	大陆集团	1248.6	-8	55	17855	7
4	爱信精机	771.57	1	13	14730	5.2
5	普利司通	570.5	-8	-1	17275	3.3
6	德尔福	557.31	-53	-56	6355	8.8
7	法雷奥	550.87	-21	-21	6663	8.3
8	ZF	538.43	-10	-2	8326	6.5
9	米其林	449.58	1	-9	13156	3.4
10	海拉	308.74	-3	13	2919	10.6
11	马勒	218.99	-14	-4	3433	6.4
12	固特异	208.68	-8	-8	10094	2.1
13	江森自控	208.06	-21	-23	17646	1.2
14	伟世通	203.11	-24	-44	4140	4.9
15	奥托立夫	199.64	-12	-17	3171	6.3
16	丰田纺织	192.69	-9	18	6517	3
17	康奈可	183.45	-1	-1	4453	4.1
18	贝洱	183.03	-19	-12	2193	8.3
19	莱茵金属	175.92	-1	13	3039	5.8
20	丰田合成	165.21	-4	-1	3634	4.5
21	小糸制作所	125.05	-10	-7	2662	4.7
22	高田	124.93	-17	-13	2564	4.9
23	倍耐力	121.72	-12	-19	3965	3.1
24	住友橡胶工业	119.62	-7	1	3489	3.4
25	东海理化	119.11	-2	1	2244	5.3
26	NJK 火花塞	116.91	1	12	1943	6
27	现代摩比斯	105.86	64	119	9163	12
28	ZF Lenksysteme	104.75	0	20	1952	5.4
29	横滨橡胶	101.62	0	4	3441	3
30	博格华纳	96.11	-25	-19	2453	3.9
31	TRW	95.98	-25	-19	7192	1.3
32	GKN	95	-2	11	4223	2.3
33	德纳	73.69	-43	-47	3237	2.3
34	埃贝赫	70.37	-4	12	1192	5.9

续表

排名	汽车零部件企业	2009 研发投入	比上年增长	比过去四年平均水平增长	2009 年销售额	研发投入占销售额的比重
35	Burelle	65. 39	-34	-30	2189	3
36	阿文美驰	63. 78	-24	-33	2859	2. 2
37	天纳克	60. 07	35	46	2879	2. 1
38	东洋轮胎	58. 29	-9	-10	2184	2. 7
39	李尔	53. 2	-24	-42	6063	0. 9
40	NOK	52. 9	-13	—	3104	1. 7
41	韩泰轮胎	52. 57	4	17	2736	1. 9
42	三电	46. 7	2	16	1441	3. 2
43	威伯科	46. 57	-19	—	924	5
44	日信工业	45. 79	-6	3	1240	3. 7

资料来源：英国商业、创新和技能部。整理：盖世汽车网。

B.8
附录二　2012 年度发布或开始实施的主要汽车政策法规

2012 年度发布或开始实施的主要汽车政策法规

序号	发布(实施)时间	发布单位	名　　称	内容要点
1	2011 年 12 月 5 日	国家能源局	《国家能源科技“十二五”规划》	目前与汽车产业相关的主要能源是石油和天然气，涉及的主要内容是：石油高效与清洁转化，包括研究劣质原油的预处理、重油高效轻质化、轻油清洁化、石油加工过程能量利用高效化、炼油产品功能强化、炼油过程清洁化技术。车用燃料质量升级技术，包括清洁汽油成套生产技术、清洁柴油生产技术、液力透平装置、七吨级劣质油沸腾床加氢示范工程、七百吨级多产轻质油的催化蜡油加氢与缓和催化裂化集成技术示范工程、超低压连续重整示范工程、石油炼制技术研收平台。天然气与煤层气加工利用，主要研究天然气和煤层气的净化、物理液化、化学液化以及制合成气技术。先进的油气储运，研发天然气长输管道站场用关键设备、大型天然气液化处理及储运技术与装备；大型 LNG 运输船；研究 X100 和 X120 高强度管线钢制管技术、超低硫成品油的储运技术
2	1 月 4 日	工业和信息化部	《新材料产业“十二五”发展规划》	涉及汽车用材料的内容主要有：发展重点高品质特殊钢，包括节镍型高性能不锈钢、高强汽车板、高标准轴承钢、齿轮钢、工模具钢、高温合金及耐蚀合金材料。新型轻合金材料，包括开发高性能铝合金品种及大型铝合金材加工工艺及装备，加快镁合金制备及深加工技术开发，开展镁合金在汽车零部件、轨道列车等领域的应用示范。积极发展高性能钛合金、大型钛板、带材和焊管等。高端金属结构材料关键技术和重大工程中高性能钢铁材料专项工程：开发汽车用 6000 系铝合金板材，实现厚度 0.7～2.0mm、宽幅 1600～2300mm 汽车铝合金板的产业化；开发高强高韧、耐蚀新型钛合金和冷床炉熔炼、型材挤压技术，推进高性能 Φ300mm 以上钛合金大规格棒材，厚度 4～100mm、宽度 2500mm 热轧钛合金中厚板，厚度 0.4～1.0mm、宽幅 1500mm 冷轧钛薄板，大卷重（单重 3 吨以上）钛带等产品产业化。推进低成本 AZ、AM 系列镁合金压铸，低成本 AZ 系列镁合金挤压型材和板材产业化，开展镁合金轮毂、大截面型材、宽幅 1500mm 以上板材、高性能铸锻件等应用示范。高性能钢铁材料专项工程：开展 DPT、TRIP、热成形、第三代汽车钢、TWIP 等高强汽车板

续表

序号	发布（实施）时间	发布单位	名　称	内容要点
2	1 月 4 日	工业和信息化部	《新材料产业“十二五”发展规划》	生产和应用示范，形成年产 300 万吨生产能力。先进电池材料专项工程：组织开发高效率、大容量（≥150mAh/g）、长寿命（大于 2000 次）、安全性能高的磷酸盐系、镍钴锰三元系、锰酸盐系等锂离子电池正极材料，新增正极材料产能 4.5 万吨/年，推进石墨和钛酸盐类负极材料产业化，新增负极材料产能 2 万吨/年，加快耐高温、低电阻隔膜和电解液的开发，积极开发新一代锂离子动力电池及材料，着力实现自主化
3	1 月 4 日	工业和信息化部	《新材料产业“十二五”重点产品目录》	其中高性能汽车用高强汽车板：DP 钢（双相钢），CP 钢（多相钢），TRIP 钢（相变诱导塑性钢），抗拉强度 >780MPa，具有良好的成型性能，TRIP 钢要求具有高的抗冲撞吸收性能，热成型钢屈服强度 >1300MPa。汽车动力系统用钢材：齿轮钢、非调质钢和弹簧钢，易加工、长寿命。高品质轴承钢：套圈 φ20～75mm，滚动体 φ5～16mm。汽车用冷轧板：冷轧系列和镀锌系列的烘烤硬化钢、高强度 IF 钢、高强度低合金钢、具有高强度、高深冲性能、高表面质量、抗拉强度 270MPa 以上。铝镁硅（铜）合金汽车车身板：厚度 0.7～1.2mm、宽度 1600～2300mm，在板材固溶处理水淬后再经预处理的交货状态下，σ0.2≤150MPa，FLD0≥0.25，平均 n≥0.26，屈服强度 σ0.2≥200MPa，抗拉强度 σb≥300MPa，总延伸率 δt≥15%，拉强度 σb≥300MPa，总延伸率 δt≥15%
4	1 月 6 日	工业和信息化部 交通运输部	《关于实施重型商用车燃料消耗量管理的通知》	自 2012 年 2 月 1 日起，在《车辆生产企业及产品公告》管理中，对重型商用车辆产品（不包括专用作业类、全轮驱动类产品）实施燃料消耗量管理。重型商用车辆生产企业申报《道路运输车辆燃料消耗量达标车型表》的产品，应继续按照交通运输部《道路运输车辆燃料检测与监督管理办法》（交通运输部令 2009 年第 11 号）的要求执行，按照 JT711－2008《营运客车燃料消耗量限值及测量方法》或 JT719－2008《营运货车燃料消耗量限值及测量方法》，进行燃料消耗量检验，申报道路综合法油耗值。不符合该限值要求的产品，不得进入道路运输市场。工业和信息化部、交通运输部共同确定承担重型商用车辆油耗检测工作的检测机构，并认可其油耗检测报告；成立联合工作组，共同对重型商用车辆的油耗检测工作进行监督管理
5	3 月 6 日	财政部 国家税务总局 工业和信息化部	《关于节约能源使用新能源车船车船税政策的通知》	自 2012 年 1 月 1 日起，对节约能源的车船，减半征收车船税；对使用新能源的车船，免征车船税。并由财政部、国家税务总局、工业和信息化部通过联合发布《节约能源使用新能源车辆（船舶）减免车船税的车型（船型）目录》实施管理。同时对节约能源、使用新能源车辆减免车船税目录制定管理规定。三部门将适时修订、调整节约能源、使用新能源车船的认定标准，完善相关认定办法

续表

序号	发布(实施)时间	发布单位	名　　称	内容要点
6	3月27日	科学技术部	《关于印发电动汽车科技发展"十二五"专项规划的通知》	《规划》从产业升级、技术转型和科技跨越的需求三个方面阐明了发展电动车已成为我国重大的科技战略需求,确立了"纯电动驱动"的技术战略转型和坚持"三纵三横"的研发布局。指出了"十二五"是将能源多元化和动力一体化两大趋势相统一,研究下一代纯电驱动平台,抢占电动汽车高端前沿制高点的科技攻坚期。目标是:到2015年,在整车、关键零部件、公共平台等29个技术创新方向上实现关键技术突破,全面掌握核心技术,预期申请电动汽车核心技术专利达3000项以上。形成整车及零部件研发和产业化体系,建设新能源汽车基础设施、产业标准体系和检验检测系统,新增建节能与新能源汽车领域技术创新平台25个以上,组建各类产业技术创新战略联盟,培育形成一批国际知名的具有自主知识产权的关键零部件与整车企业。在30个以上城市进行规模化示范推广,在5个以上城市进行新型商业化模式试点应用,为实现电动汽车规模产业化,尤其是纯电驱动汽车销量达到同类车型总销量1%左右的重要门槛提供科技支撑,引领新能源汽车战略性新兴产业进入快速成长期,使我国跻身新能源汽车产业先进国家行列
7	4月25日	商务部办公厅	《关于组织申报国家摩托车及零部件外贸转型升级基地及基地企业的通知》	根据外贸转型升级基地培育工作总体方案,商务部将开展国家摩托车及零部件外贸转型升级基地及基地企业认定工作。《通知》明确了基地申报主体为地市级以上行政区人民政府和具体的申报条件,同时对申报材料的文件准备做了详细的规定。国家摩托车及零部件外贸转型升级基地及基地企业依照"地方上报、专家审核、商务部认定"的程序进行。通过认定的基地名单将在商务部网站上进行公示
8	4月28日	国务院办公厅转发	知识产权局等部门《关于加强战略性新兴产业知识产权工作的若干意见》	主要目标:到2015年,知识产权创造能力明显增强。战略性新兴产业领域发明专利拥有量和专利国际申请量分别比2010年增长2倍;知识产权运用水平显著提高。形成以咨询、评估、金融、法律等为重点,全方位配套、一体化衔接的知识产权服务体系和以知识产权为纽带的产学研合作机制;企业和研发机构知识产权管理能力普遍加强。初步形成符合战略性新兴产业发展特点的企业知识产权管理体系和知识产权战略实施机制。到2020年,我国战略性新兴产业的知识产权创造、运用、保护和管理水平显著提高,知识产权有效支撑战略性新兴产业发展,涌现出一批国际竞争力强、具有较强产业影响力和知识产权优势的企业,形成较为明显的战略性新兴产业知识产权比较优势

续表

序号	发布(实施)时间	发布单位	名　称	内容要点
9	5 月 11 日(7 月 1 日)	工信部 环保部公告第 18 号	《铅蓄电池行业准入条件》	生产能力:新建、改扩建铅蓄电池生产企业(项目),建成后同一厂区年生产能力不应低于 50 万千伏安时,且同一厂区年生产能力不应低于 20 万千伏安时;现有商品极板(指以电池配件形式对外销售的铅蓄电池用极板)生产企业(项目),同一厂区年极板生产能力不应低于 100 万千伏安时;卷绕式、双极性、铅碳电池(超级电池)等新型铅蓄电池,或采用扩展式(拉网、冲孔、连铸连轧等)板栅制造工艺的生产项目,不受生产能力限制。《准入条件》还对企业布局、不符合准入条件的建设项目、工艺与装备、环境保护、职业卫生与安全生产、节能与回收利用、监督管理等方面做了详细的规定
10	5 月 24 日	国务院办公厅	《关于加快培育国际合作和竞争新优势指导意见的通知》	《意见》提出的目标任务主要包括:优化对外贸易结构,提升利用外资水平,加快实施"走出去"战略,完善区域开放格局,构建开放型创新体系,提高产业国际竞争力,稳步推进金融国际化,深化国际经济合作。保障措施包括:完善对外贸易政策,加快转变外贸发展方式;加强对利用外资的引导,改善利用外资环境;加大工作力度,增强"走出去"战略的实施效果;健全科技开放机制,提升核心竞争能力;推进金融改革创新,深化金融对外开放;完善风险防范机制,切实保障经济安全;改革涉外经济体制,提高宏观管理水平;积极开展经济外交,互利共赢共同发展
11	5 月 25 日	环境保护部办公厅	《空气质量新标准第一阶段监测实施方案》	根据《实施方案》,10 月底前,京津冀、长三角、珠三角等重点区域以及直辖市、省会城市和计划单列市等重点区域的所有国控站点要完成 PM2.5 等设备的安装,同时开展试运行;12 月底之前要对二氧化硫(SO_2)、二氧化氮(NO_2)、可吸入颗粒物(PM10)、细颗粒物(PM2.5)、臭氧(O_3)和一氧化碳(CO)6 项指标进行监测并发布数据。有条件的地区鼓励提前实施。目前,环保部在全国共有国控站点 1436 个,而此次环保部公布的首批开展监测的国控站点共计 505 个。其中,4 个直辖市的国控监测点位数分别为:北京 12 个,天津 15 个,上海 10 个,重庆 17 个。各省除河北、浙江、江苏、广东参与城市较多外,其他各省首批被纳入监测的大多在省会城市
12	5 月 25 日	财政部 国家税务总局	《关于出口货物劳务增值税和消费税政策的通知》	《通知》明确了实行出口货物劳务免征和退还增值税、消费税的适用范围、计税依据、退税率等内容。根据《通知》,实行免征和退还增值税政策的出口货物劳务包括出口企业出口货物、出口企业或其他单位视同出口货物、出口企业对外提供加工修理修配劳务。《通知》指出,出口货物是指向海关报关后实际离境并销售给境外单位或个人的货物,分为自营出口货物和委托出口货物两类。对外提供加工修理修配劳务,是指对入境复出口货物或从事国际运输的运输工具进行的加工修理修配。出口企业或其他单位视同出口货物具体指出口企业对外援助、对外承包、境外投资的出口货物,免税品经营企业销售的货物,出口企业或其他单位销售给用于国际金融组织或外国政府贷款国际招标建设项目的中标机电产品,生产企业向海上石油天然气开采企业销售的自产的海洋工程

续表

序号	发布(实施)时间	发布单位	名　　称	内容要点
12	5月25日	财政部 国家税务总局	《关于出口货物劳务增值税和消费税政策的通知》	《通知》规定,适用增值税免税政策的出口货物劳务指出口企业或其他单位出口规定的货物,出口企业或其他单位视同出口的货物劳务,出口企业或其他单位未按规定申报或未补齐增值税退(免)税凭证的出口货物劳务
13	6月1日	财政部 商务部	《2012年老旧汽车报废更新补贴车辆范围及补贴标准》	补贴范围以商用车为主,在2012年期间,使用6~15年(不含)的旧车[车长大于4.8米(含)、小于7.5米]售给报废汽车回收企业,并于当年更新的农村客运车辆,每辆车可获得1.1万元的补贴。使用时间在8年~15年(不含),车长大于6米(含)或者乘坐人数大于20人(含),于2012年期间更新的城市公交车,每辆车可以获得1.8万元补贴;如车长小于6米且乘坐人数为10~19人,并于当年更新的城市公交车,补贴标准为每辆车1.1万元。2012年期间交售给报废汽车回收企业,使用10年以上(含)且不到15年的半挂牵引车和总质量大于12000千克(含)的重型载货汽车,补贴标准为每辆车1.8万元
14	6月4日	国家工商行政管理总局	《关于充分发挥工商行政管理职能作用鼓励和引导民间投资健康发展的意见》	《意见》指出,在鼓励民间资本参与国企改制重组方面,工商总局要求各级工商部门为民间资本重组、联合、转型提供优质高效的登记管理服务,包括:鼓励和引导民间投资市场主体通过参股、控股、资产收购等多种形式,参与国有企业的改制重组;支持符合国家产业政策、具有竞争优势的民间投资市场主体,通过跨地区、跨行业兼并、重组,组建大型企业集团等;支持中西部地区在承接产业转移中新设市场主体,支持东部地区的民间投资市场主体以多种方式向中西部地区投资发展。在解决民间投资市场主体融资难题方面,要充分运用工商行政管理职能,积极开展动产抵押、股权出质登记,完善相关工作机制,提供高效便利的服务,指导民间投资市场主体利用抵押、质押担保进行融资;鼓励和支持民间投资市场主体运用商标权出资、商标质押和商标许可等方式,实现商标无形资产的资本化运作;支持公司以正常经营活动中产生的债权以及人民法院生效裁判确认的债权、破产重整期间列入经人民法院批准重整计划的债权等转为公司股权,减轻债务负担,提高赢利能力,优化行业布局和资产结构,进一步拓宽民间投资市场主体的融资渠道;支持面向民间投资市场主体的金融服务体系和信用担保体系建设,不断改善民间投资市场主体的融资环境。在民间投资领域大力推进商标战略方面,要指导民间投资市场主体实施商标战略,鼓励其提高商标注册、运用、保护、管理能力,在确定国家商标战略实施示范企业时适当考虑民间投资企业的代表性。支持民间资本投资广告业方面,要积极扶持资质好、潜力大、有特色、经营行为规范的民间投资市场主体,促其向专、精、特、新方向发展,积极引导广告业民间投资市场主体通过参股、控股、兼并、收购、联盟等方式做强做大,打造广告服务业知名品牌

续表

序号	发布(实施)时间	发布单位	名　称	内容要点
15	6 月 14 日	科技部办公厅	《产业技术创新战略联盟评估工作方案(试行)》	对经科技部审核发布的试点联盟创新活动(包括履行合作协议、承担重大项目、开展合作创新等情况)、创新绩效(包括掌握核心技术、形成技术标准、提升经济社会效益等情况)、服务产业(包括制定产业规划、提供行业服务、扩散创新成果等情况)、运行管理(包括组织机构运行、管理制度执行等情况)、利益保障(包括反映成员需求、保障成员利益等情况)五个方面进行重点评估。并通过联盟自评估报告、成员单位问卷调查、部门评价意见调查、舆情调查和实地调研考察五个渠道采集评估信息。对运行绩效较好,取得突出成绩的联盟评估为 A;对运行绩效一般,成绩不显著的联盟评估为 B;对运行较差、存在较多问题的联盟评估为 C。根据评估结果对试点联盟进行动态调整和择优支持
16	6 月 16 日	国务院	《"十二五"节能环保产业发展规划》	《规划》中涉及汽车工业的内容包括,节能产业重点领域节能产品:节能汽车。加快研发和示范具有自主知识产权的汽油直喷、涡轮增压等先进发动机节能技术,以及双离合式自动变速器(DCT)等多档化高效自动变速器等节能减排技术,新型车辆动力蓄电池和新型混合动力汽车机电耦合动力系统、车用动力系统和发电设备等技术装备;推广采用各类节能技术实现的节能汽车;大力推广节能型牵引车和挂车。节能产业关键技术:汽油直喷技术用于汽车节能领域,汽车平均油耗比常规电喷汽油车降低 10% ~20%。研发重点是系统精确控制。启动 - 停车混合动力汽车技术:降低汽车怠速时所需的能量和减少废气排放,回收制动能量,重点是 BSG(皮带传动启动机和发电机系统)混合动力轿车技术和 ISG(集成的启动机和发电机系统)混合动力轿车技术。资源循环利用产业重点领域中再生资源利用:报废汽车资源化利用。完善报废汽车车身机械自动化粉碎分选技术及钢铁、塑料、橡胶等组分的分类富集回收技术,研发报废汽车主要零部件精细化无损拆解处理平台技术,提升报废汽车拆解回收利用的自动化、专业化水平。再制造表面工程技术:用于汽车零部件、工程机械等机电产品再制造。研发重点是旧件寿命评估技术、环保拆解清洗技术及激光熔覆喷涂技术。含钴镍废弃物的循环再生和微粉化技术:用于废弃电池、含钴镍废渣资源化利用。重点是电池破壳分离、钴镍元素提纯、原生化超细粉末再制备和钴镍资源的深度资源化技术。环保产业关键技术中柴油机(车)排气净化技术:用于国 IV 以上排放标准的重型柴油机和轻型柴油车。研发重点是选择性催化还原技术(SCR)及其装备、SCR 催化器及相应的尿素喷射系统,以及高效率、高容量、低阻力微粒过滤器。重点工程中再制造产业化工程:支持汽车零部件、工程机械、机床等再制造,完善可再制造旧件回收体系,重点支持建立 5 ~10 个国家级再制造产业集聚区和一批重大示范项目。到 2015 年,实现再制造发动机 80 万台,变速箱、启动机、发电机等 800 万件,工程机械、矿山机械、农用机械等 20 万台套,再制造产业产值达到 500 亿元

续表

序号	发布(实施)时间	发布单位	名　称	内容要点
17	6月26日	国家税务总局 交通运输部	《关于城市公交企业购置公共汽电车辆免征车辆购置税有关问题的通知》	根据《财政部 国家税务总局关于城市公交企业购置公共汽电车辆免征车辆购置税的通知》(财税〔2012〕51号)规定,对城市公交企业自2012年1月1日起至2015年12月31日止购置的公共汽电车辆免征车辆购置税
18	6月29日(10月1日)	环境保护部(2012年第40号公告)	《重型车用汽油发动机与汽车第四阶段排放标准车载诊断系统和耐久性技术要求》	重型车用汽油发动机与汽车第四阶段排放标准车载诊断系统和耐久性技术要求:适用于实施《重型车用汽油发动机与汽车排气污染物排放限值及测量方法(中国Ⅱ、Ⅳ阶段)》(GB 14762－2008)的第Ⅳ阶段。 一、第Ⅳ阶段重型车用汽油发动机与汽车车载诊断(OBD)系统的技术要求及试验方法按照GB 14762－2008规定。二、第Ⅳ阶段重型车用汽油发动机与汽车排放污染控制系统耐久性要求为180000km或10年,以先到为准。允许最短试验里程为100000km,试验方法按GB 20890－2007规定
19	6月29日	国家发展改革委外交部 工业和信息化部 财政部 商务部 人民银行 海关总署 工商总局 质检总局 银监会 证监会 保监会 外汇局	《关于鼓励和引导民营企业积极开展境外投资的实施意见》	《实施意见》比较全面地介绍了国家鼓励民营企业投资的重点方向,有利于民营企业结合国家政策导向和经营发展需要开展境外投资;结合人民币国际化进程,提出支持重点民营企业结合境外投资项目需要在境外发行人民币债券,继续扩大人民币在企业境外投资中的使用;在创新投资方式方面,提出指导和推动有条件的企业和机构成立涉外股权投资基金,发挥基金对促进企业境外投资的示范和带动作用。重点从大力加强宏观指导、切实完善政策支持、简化和规范境外投资管理、全面做好服务保障和加强风险防范、保障人员资产安全等五个方面提出了18条主要措施。主要措施包括:对民营企业境外投资要加强规划指导和统筹协调,做好境外投资投向引导,促进企业提高自主决策水平,指导和规范境外经营行为;落实和完善财税支持政策,加大金融保险支持力度,深化海关通关制度改革;健全境外投资法规制度,简化和改善境外投资管理,改进和完善外汇管理政策;提升经济外交服务水平,健全多、双边投资保障机制,提高境外投资通关服务水平,全面提升信息和中介等服务,引导民营企业实施商标国际化战略;健全境外企业管理机制,完善重大风险防范机制,强化境外人员和财产安全保障

续表

序号	发布(实施)时间	发布单位	名　　称	内容要点
20	7 月 9 日	国务院	《“十二五”国家战略性新兴产业发展规划》	《规划》在重点发展方向和主要任务中,涉及汽车产业的内容包括,新能源汽车产业:以纯电驱动为新能源汽车发展和汽车工业转型的主要战略取向,当前重点推进纯电动汽车和插电式混合动力汽车产业化,推进新能源汽车及零部件研究试验基地建设,研究开发新能源汽车专用平台,构建产业技术创新联盟,推进相关基础设施建设。重点突破高性能动力电池、电机、电控等关键零部件和材料核心技术,大幅度提高动力电池和电机安全性与可靠性,降低成本;加强电制动等电动功能部件的研发,提高车身结构和材料轻量化技术水平;推进燃料电池汽车的研究开发和示范应用;初步形成较为完善的产业化体系。建立完整的新能源汽车政策框架体系,强化财税、技术、管理、金融政策的引导和支持力度,促进新能源汽车产业快速发展。建设新能源汽车公共测试平台、试验验证和应用综合评价体系,建立产品开发和专利数据库,重点研发动力电池、电机及控制系统等关键核心技术和新产品,加速纯电动、插电式混合动力汽车系列产品产业化,加大公共服务领域示范推广力度,扩大私人购买新能源汽车补贴试点城市范围和规模。推进充电网络体系和设施建设,探索新型商业化运行模式
21	7 月 12 日	工业和信息化部	《关于建立汽车行业退出机制的通知》	《通知》在建立企业动态管理机制中规定:对于已经破产或进入破产清算程序的汽车、摩托车生产企业,注销其《公告》。对于没有按照政府相关部门的批准文件进行建设,或不能持续满足政府相关部门的批准文件、生产准入管理规定等方面要求的企业,要限期整改。在整改期内,企业不得投资扩产,不得申报新产品。对整改后仍不能满足要求的,暂停其产品《公告》,直至整改验收合格。在《公告》管理中,对于不能维持正常生产经营的汽车、摩托车生产企业,实行为期 2 年的特别公示管理(新建企业除外),要求其整改、尽快满足准入条件。特别公示期间,不受理有关企业的新产品申报。被特别公示的企业经考核符合准入条件的,取消特别公示,恢复受理其新产品申报。特别公示期满后,未申请准入条件考核或考核不合格的企业,暂停其《公告》,且不得办理更名、迁址等基本情况变更手续。其中,不能维持正常生产经营的企业是指连续 2 年年销量为零或极少(乘用车少于 1000 辆、大中型客车少于 50 辆、轻型客车少于 100 辆、中重型载货车少于 50 辆、轻微型载货车少于 500 辆、运输类专用车少于 100 辆、摩托车少于 1000 辆)的生产企业

续表

序号	发布(实施)时间	发布单位	名　　称	内容要点
22	7月17日 (9月1日)	工业和信息化部	《关于全挂车产品实施〈公告〉管理有关事项的通知》	《专用汽车和挂车生产企业及产品准入管理规则》中挂车的定义修改为国家标准 GB/T3730.1－2001《汽车和挂车类型的术语和定义》中第2.2.1款、第2.2.2款、第2.2.3款所定义的全挂车(牵引杆挂车)、半挂车及中置轴挂车。2012年9月1日起,依照《准入规则》对全挂车生产企业及产品实施准入管理。申报《公告》的全挂车产品应经指定的检测机构检测合格,符合国家相关强制性标准要求
23	7月22日	国务院	《关于加强道路交通安全工作的意见》	《意见》提出在安全第一、协调发展,预防为主、综合治理,落实责任、强化考核,科技支撑、法治保障四个基本原则指导下,从八个方面加强道路交通管理工作。一是强化道路运输企业安全管理。规范道路运输企业生产经营行为,加强企业安全生产标准化建设,严格长途客运和旅游客运安全管理,加强运输车辆动态监管。二是严格驾驶人培训考试和管理。加强和改进驾驶人培训考试工作,严格驾驶人培训机构监管,加强客货运驾驶人安全管理。三是加强车辆安全监管。提高机动车安全性能,加强机动车安全管理,强化电动自行车安全监管。四是提高道路安全保障水平。完善道路交通安全设施标准和制度,加强道路交通安全设施建设,深入开展隐患排查治理。五是加大农村道路交通安全管理力度。强化农村道路交通安全基础,加强农村道路交通安全监管。六是强化道路交通安全执法。严厉整治道路交通违法行为,切实提升道路交通安全执法效能,完善道路交通事故应急救援机制。深入开展道路交通安全宣传教育,建立交通安全宣传教育长效机制,全面实施文明交通素质教育工程,加强道路交通安全文化建设。七是严格道路交通事故责任追究。加强重大道路交通事故联合督办,加大事故责任追究力度。八是强化道路交通安全组织保障,加强道路交通安全组织领导,落实部门管理和监督职责,完善道路交通安全保障机制
24	7月24日	国务院	《国务院关于批转交通运输部等部门重大节假日免收小型客车通行费实施方案的通知》	免费通行的时间范围为春节、清明节、劳动节、国庆节四个国家法定节假日,以及当年国务院办公厅文件确定的上述法定节假日连休日。免费时段从节假日第一天00:00开始,节假日最后一天24:00结束(普通公路以车辆通过收费站收费车道的时间为准,高速公路以车辆驶离出口收费车道的时间为准)。免费通行的车辆范围为行驶收费公路的7座以下(含7座)载客车辆,包括允许在普通收费公路行驶的摩托车。免费通行的收费公路范围为符合《中华人民共和国公路法》和《收费公路管理条例》规定,经依法批准设置的收费公路(含收费桥梁和隧道)

续表

序号	发布(实施)时间	发布单位	名　称	内容要点
25	7 月 25 日(2013 年 7 月 1 日)	环境保护部污染防治司 第 46 号	《关于实施国家第四阶段重型车用汽油发动机与汽车排放标准的公告》	自 2013 年 7 月 1 日起,所有生产、进口、销售和注册登记的重型车用汽油发动机与汽车必须符合“国四”标准的要求,相关企业应及时调整生产、进口和销售计划。生产、进口重型车用汽油发动机与汽车的企业,应按“国四”标准要求向环境保护部提出环保型式核准申请,环境保护部对通过审核的车型颁发环保型式核准证书。汽车生产企业作为环保生产一致性管理的责任主体,必须建立和完善环保生产一致性保证体系,并按时向环境保护部报送环保生产一致性保证计划、年度报告以及车辆识别代码(VIN)信息,确保实际生产、销售的车辆达到“国四”标准要求。对不符合标准要求的车辆,各级环保部门不予核发环保检验合格标识,并配合公安、交管部门停止其在本辖区内注册登记
26	7 月 31 日	工业和信息化部	《轮胎翻新和废轮胎综合利用行业准入条件》	《轮胎翻新行业准入条件》规定,已建轮胎翻新加工企业,轮胎翻新年综合生产能力不得低于 2 万标准折算条。新建、改扩建的轮胎翻新加工企业,年综合生产能力不得低于 3 万标准折算条。对切削、打磨下来的橡胶边角料和橡胶粉必须 100% 回收。废轮胎及边角料、橡胶粉不得擅自丢弃、倾倒、焚烧与填埋。轮胎翻新加工的能源消耗限定为:预硫化法翻新轮胎综合能耗低于 15 千瓦时/标准折算条;模压法翻新轮胎综合能耗低于 18 千瓦时/标准折算条。《废轮胎综合利用行业准入条件》规定,已建废轮胎加工利用企业,废轮胎年综合处理能力不得低于 1 万吨。新建、改扩建的废轮胎加工利用企业,年综合处理能力不得低于 2 万吨。同时要对废轮胎中的废橡胶进行 100% 的利用,对废轮胎中的废纤维、废钢丝进行回收利用。能源消耗指标限定为,废轮胎加工再生橡胶综合能耗低于 850 千瓦时/吨;废轮胎加工橡胶粉综合能耗低于 350 千瓦时/吨;废轮胎热解加工综合能耗低于 300 千瓦时/吨。现有轮胎翻新和废轮胎企业不达标限 2 年整改
27	7 月 31 日(8 月 1 日)	财政部 国家税务总局	《关于在北京等 8 省市开展交通运输业和部分现代服务业营业税改征增值税试点的通知》	《通知》明确了试点地区是北京市、天津市、江苏省、安徽省、浙江省(含宁波市)、福建省(含厦门市)、湖北省、广东省(含深圳市)。试点地区自 2012 年 8 月 1 日开始面向社会组织实施试点工作,开展试点纳税人认定和培训、征管设备和系统调试、发票税控系统发行和安装,以及发票发售等准备工作,确保试点顺利推进,按期实现新旧税制转换《通知》。还规定了 8 个试点地区完成新旧税制转换的具体时间和 7 个适用试点税的收政策文件,同时公布了试点税收政策文件(《试点有关事项的规定》《试点过渡政策的规定》)、《试点若干政策通知》中的有关具体的修改内容

续表

序号	发布(实施)时间	发布单位	名　　称	内容要点
28	8月6日	国务院	《节能减排"十二五"规划》	涉及汽车产业的内容:推动节能环保、新一代信息技术、生物、高端装备制造、新能源、新材料、新能源汽车等战略性新兴产业发展。公路运输全面实施营运车辆燃料消耗量限值标准。建立物流公共信息平台,优化货运组织。推行高速公路不停车收费,继续开展公路《甩挂》运输试点。实施城乡道路客运一体化试点。推广节能驾驶和绿色维修。合理规划城市布局,优化配置交通资源,建立以公共交通为重点的城市交通发展模式。优先发展公共交通,有序推进轨道交通建设,加快发展快速公交。探索城市调控机动车保有总量。开展低碳交通运输体系建设城市试点。推行节能驾驶,倡导绿色出行。积极推广节能与新能源汽车,加快加气站、充电站等配套设施规划和建设。抓好城市步行、自行车交通系统建设。发展智能交通,建立公众出行信息服务系统,加大交通疏堵力度。控制机动车污染物排放。提高机动车污染物排放准入门槛。加强机动车排放对环境影响的评估审查。加快淘汰老旧车辆,基本淘汰2005年以前注册的用于运营的"黄标车"。推进报废农用车换购载货汽车工作。全面推行机动车环保标识管理,严格实施机动车一致性检查制度,不符合国家机动车排放标准的车辆禁止生产、销售和注册登记。实施第四阶段机动车排放标准,在有条件的重点城市和地区逐步推动实施第五阶段排放标准。"十二五"末实现低速车与载货汽车实施同一排放标准。全面提升车用燃油品质。研究制定国家第四、第五阶段车用燃油标准,推动落实标准实施条件,强化车用燃油监管。全面供应符合国家第四阶段标准的车用燃油,部分重点城市供应国家第五阶段标准车用燃油。大型炼化项目应以国家第五阶段车用燃油标准作为设计目标,加快成品油生产技术改造
29	8月6日	财政部 科技部 工业和信息化部 国家发展改革委	《关于扩大混合动力城市公交客车示范推广范围有关工作的通知》	混合动力公交客车(包括插电式混合动力客车)的推广范围将从目前25个示范城市,扩大到全国所有城市。同时采取集中招标的方式,选择一批节能减排效果显著、性能稳定的混合动力公交客车产品,由中标企业在非试点城市内进行推广。中央财政对相关单位购买混合动力公交客车给予一次性定额补助,由生产企业在销售时兑付给购买单位。同时,将采取总量控制的方式,推广目标为3000~5000辆。四部委将根据市场推广情况明确截止时间。根据规定,列入补贴标准的混合动力公交客车需要符合下列推广条件:第一,必须纳入《节能与新能源汽车示范推广应用工程推荐车型目录》,且车长≥10米;第二,节油率必须达到10%以上。此外,对于电池、电机等关键零部件的保质期、企业产能以及节油率需通过第三方检测等标准有明确规定

续表

序号	发布(实施)时间	发布单位	名　　称	内容要点
30	8 月 21 日	国务院办公厅	《国家环境保护"十二五"规划》重点工作部门分工方案	涉及汽车工业推进主要污染物减排的内容有:加大二氧化硫和氮氧化物减排力度,开展机动车船氮氧化物控制。实施机动车环境保护标识管理。加速淘汰老旧汽车、机车、船舶,基本淘汰 2005 年以前注册运营的"黄标车"。提高机动车环境准入要求,加强生产一致性检查,禁止不符合排放标准的车辆生产、销售和注册登记。鼓励使用新能源车。积极发展城市公共交通,探索调控特大型和大型城市机动车保有总量。提升车用燃油品质,鼓励使用新型清洁燃料,在全国范围供应符合国家第四阶段标准的车用燃油
31	8 月 30 日	商务部 工业和信息化部 公安部 交通运输部 工商总局 质检总局	《关于开展报废汽车专项整治工作的通知》	总体目标:依法严厉查处非法回收拆解和倒卖报废汽车、利用报废汽车总成拼装车、驾驶报废汽车或拼装车上路行驶等违法行为,整顿违法违规的报废汽车回收拆解企业、二手车交易市场、汽车维修企业,曝光违法违规经营的企业和市场,力争使非法回收拆解和倒卖报废汽车、拼装车等违法行为得到遏制。同时,不断完善相关管理制度措施,探索长效监管机制,促进报废汽车回收拆解秩序根本好转。 主要任务:全面整顿报废汽车回收拆解企业;大力整治报废汽车回收拆解市场;严厉打击报废和拼装车辆上路行驶行为;积极建立报废汽车管理长效机制
32	9 月 1 日	国务院	《关于促进企业技术改造的指导意见》	《意见》提出,到 2015 年,技术改造投资占工业投资的比重明显提高,企业自主创新能力明显提升,工业新产品产值率明显提高,先进产能比重、资源能源利用效率、清洁生产和企业安全水平显著提高,推动企业技术改造的政策环境和体制机制更加健全,重点行业和骨干企业信息化应用达到国际先进水平。 这一时期的重点任务是:1. 推进技术创新和科技成果产业化。2. 提高装备水平。3. 促进绿色发展。4. 优化产品结构。5. 推进信息化与工业化融合。6. 深化军民结合。7. 促进安全生产。8. 提升产业集聚水平。9. 加强公共服务平台建设。同时从强化政策规划引导、加大财政支持力度、完善税收优惠政策、拓宽融资渠道、健全管理机制五个方面提出了促进企业加快技术改造的保障措施

续表

序号	发布(实施)时间	发布单位	名　　称	内容要点
33	9月12日	公安部令第124号	《关于修改〈机动车登记规定〉的决定》	《规定》明确了公安机关交通管理部门参与校车许可条件审查,发放校车标牌和校车驾驶人资格许可的业务程序和要求。明确参与校车使用许可审查工作职责和事项,规范了校车标牌核发条件和程序,严格校车登记检验和报废制度。规定校车在办理注册登记前必须进行安全技术检验,并按照《校车安全管理条例》每半年参加一次安全技术检验,保证校车安全技术性能。校车标牌有效期与安全技术检验有效期一致,均为半年。对达到报废标准的校车必须在车辆管理所的监督下解体,杜绝报废校车流向社会、继续上路行驶。同时加强校车使用的日常监管,严格校车驾驶人资格许可和管理制度。明确了申请校车驾驶资格应具备的条件,以及办理许可的手续和程序,建立了校车驾驶人每年审验、联合监管以及退出机制
34	9月14日	中国保监会	《关于支持汽车企业代理保险业务专业化经营有关事项的通知》	《通知》中明确规定了各项政策支持,主要体现在汽车企业设立保险代理、保险经纪公司分支机构方面。一是加大服务网点准入政策支持力度。包括公司名称可以包含"汽车"字样;允许汽车企业直接依托现有经营场所设立分支机构,不必另设独立营业场所;简化分支机构申请程序,分支机构负责人可以兼任等。二是进一步提高行政审批效率。在分支机构设立时,将按照优先审批、简化手续的原则办理。经营区域超出注册地所在省(自治区、直辖市、计划单列市)的,中国保监会将统筹协调有关保监局相关行政许可工作,提高工作效率。《通知》还要求各保监局继续对保留兼业经营保险代理业务的汽车企业加大监管力度。对管理混乱、服务不规范、专业素质不高,与保险公司财务业务关系不合法、不真实、不透明的,可以限制代理保险公司的数量和代理险种范围;情节严重的,应当取消保险兼业代理资格
35	9月16日	国务院	《关于促进外贸稳定增长的若干意见》	《意见》提出五个方面的工作:1. 做好出口退税和金融服务。加快出口退税进度,扩大贸易融资规模,降低贸易融资成本,加大出口信用保险支持力度,发展对小微企业的信用保险,支持中小企业开拓国际市场。2. 提高贸易便利化水平。提高通关效率,调减法定检验检疫目录,规范和减少进出口环节收费,取消不合理收费项目,减少收费环节,降低收费标准,减轻企业负担。3. 改善贸易环境。积极应对贸易摩擦,引导企业和行业协会有效应对贸易摩擦,维护我出口企业合法权益。深化多、双边关系,加快推进与有关国家和地区的自由贸易协定谈判。4. 优化贸易结构。增加进口,促进贸易平衡,优化外贸国际市场布局和国内区域布局,加快建设外贸基地、贸易平台和国际营销网络,优化出口商品结构和贸易方式结构。5. 加强组织领导。增强工作的针对性和主动性。有关部门要改进作风,深入基层,强化对进出口企业特别是小微企业的服务,为企业抓订单、拓市场提供及时有效的支持

续表

序号	发布(实施)时间	发布单位	名　称	内容要点
36	9 月 17 日	商务部 工业和信息化部 海关总署 质检总局 国家认监委	《关于进一步规范汽车和摩托车产品出口秩序的通知》	《通知》进一步明确出口企业应具备的资质,提出对出口企业进行分类管理,而且还明确指出,出口产品在国外有重大质量事件并对我国出口造成重大不良影响的,将取消出口资格。根据《通知》要求,未来我国出口企业必须具备的条件为:汽车、摩托车生产企业应列入工业和信息化部《车辆生产企业及产品公告》;具备有效的国家强制性产品认证(CCC 认证),低速汽车生产企业应列入工业和信息化部《车辆生产企业及产品公告》等条件。自《通知》发布之日起,商务部将会同上述其余四部门,根据出口企业在海外市场的经营情况、《车辆生产企业及产品公告》管理情况、出口产品日常检验和监管情况等,适时提出预警,并动态调整《名单》
37	9 月 20 日	财政部 工业和信息化部 科技部	《新能源汽车产业技术创新财政奖励资金管理暂行办法》	奖励资金支持对象包括新能源汽车整车项目(包括纯电动、插电式混合动力、燃料电池汽车)和动力电池项目两大类。其中,整车企业必须具备新能源汽车整车设计集成和持续开发能力,研发投入占主营业务收入不低于一定比例;动力电池企业应掌握核心技术,并具有较强的研发、生产和售后服务保障能力,拥有电池单体的知识产权。鼓励开展产学研联合技术攻关。省级财政、工业和信息化、科技部门负责本地区企业(包括中央直属企业)有关项目的推荐。财政部、工业和信息化部、科技部将组织专家对申报材料进行评审,根据评审结果选择支持项目,并对项目实施方案进行批复。实施中,“三部”将及时跟踪了解所支持项目的进展情况,并组织专门机构进行评估。财政部将根据项目进展情况及有关评估意见分期分批拨付奖励资金
38	9 月 21 日(10 月 22 日)	商务部	《关于涉及外商投资企业股权出资的暂行规定》	《规定》所涉及的企业是指在中国境内依法设立的有限责任公司或股份有限公司。主要包括对负责批准以股权出资设立及变更外商投资企业批准机构予以明确;对用于出资的股权进行了严格的条件设定。同时,对在以股权出资过程中涉及的股权作价、股权评估,变更审批登记的过程中所涉及的有关法律条例和相关规定,所应提交的文件、批准程序、办理机构等都做了详细和明确的规定

续表

序号	发布(实施)时间	发布单位	名　称	内容要点
39	10月8日(2013年1月1日)	公安部 第123号令	公安部修订《机动车驾驶证申领和使用规定》	对大中型客货车驾驶人员规定:造成死亡交通事故负同等以上责任、醉酒驾驶记录的终身不得申请;被处以吊销或者撤销驾驶证记录的10年内不得申请;记满12分的5年内不得申请大型客车驾驶证,3年内不得申请牵引车、中型客车驾驶证。并且严格限制吸毒人员申请机动车驾驶证,规定:3年内有吸食、注射毒品行为或者解除强制隔离戒毒措施未满3年的,不得申请驾驶证;驾驶人吸食、注射毒品后驾驶机动车或者正在执行社区戒毒、强制隔离戒毒、社区康复措施的,要注销驾驶证。调整了大中型客货车科目二,考试由原来的"训练10项、考试6项"修改为"训练、考试均为16项"。在科目三的实际道路驾驶技能考试中,增加山区、隧道、陡坡等复杂道路考试,并明确大中型客车考试里程不少于20公里、牵引车和大型货车不少于10公里。加强了对重点驾驶人日常管理,除第一次领取驾驶证的人以外,规定将增加新取得大型客车、中型客车、牵引车等驾驶证的驾驶人一并纳入实习期管理。还规定实习期内有记满12分记录的,要予以注销实习车型的驾驶资格。实习期驾驶人驾车上高速公路时,必须由持相应或者更高车型驾驶证3年以上的驾驶人陪同。123号令还对校车、大中型客货车、危险品运输车等重点车型驾驶人的严重交通违法行为提高了记分分值,记分项由38项增加至52项
40	10月22日(2013年1月1日)	国务院 第626号	《缺陷汽车产品召回管理条例》	生产者违反条例规定,未按照规定保存有关汽车产品、车主的信息记录,或未按照规定备案有关信息、召回计划,或未按照规定提交有关召回报告的,由产品质量监督部门责令改正;拒不改正的,处5万元以上20万元以下的罚款。生产者、经营者不配合产品质量监督部门缺陷调查,或生产者未按照已备案的召回计划实施召回,或生产者未将召回计划通报销售者,由产品质量监督部门责令改正;拒不改正的,处50万元以上100万元以下的罚款;有违法所得的,并处没收违法所得;情节严重的,由许可机关吊销有关许可。管理条例还对一些严重的违法行为作出了严厉的处罚规定。生产者违反条例规定,未停止生产、销售或者进口缺陷汽车产品,或隐瞒缺陷情况,或经责令召回拒不召回的,由产品质量监督部门责令改正,处缺陷汽车产品货值金额1%以上,10%以下的罚款;有违法所得的,并处没收违法所得;情节严重的,由许可机关吊销有关许可

续表

序号	发布(实施)时间	发布单位	名　称	内容要点
41	10 月 26 日	工业和信息化部	《关于发布并实施〈罐式危险品运输车及半挂车补充安全技术要求〉的通知》	自 2012 年 12 月 1 日起,申报《公告》的罐式危险品运输车及半挂车,应依照《补充安全技术要求》,增加相关安全性能检验。对不符合《补充安全技术要求》的车辆,不予列入《公告》。《公告》内已有的罐式危险品运输车及半挂车产品,相关企业应按《补充安全技术要求》积极进行整改。2013 年 5 月 1 日后仍不能符合要求的产品,将给予暂停《公告》处理。《罐式危险品运输车及半挂车补充安全技术要求》主要内容有:一是规定了罐式危险品运输车及半挂车的底部出口应设置紧急切断装置。二是规定罐式危险品运输车及半挂车的罐体装卸口应设置金属材料阀门箱或防碰撞护栏等保护装置,且应设置有密封盖或密封式集漏器。同时针对装卸阀门的安装位置应根据不同的运输介质,分别列举了六项具体的要求
42	11 月 18 日(12 月 12 日)	国务院	全国交通安全日	国务院批复公安部将每年 12 月 2 日定为“全国交通安全日”。该日活动内容主要有:开展交通安全日现场、“文明交通进校园”、文明交通宣讲、“百城百台”联播、媒体公益宣传、专题报道以及微博讨论活动等七项活动
43	11 月 30 日	财政部经建司 工信部装备司 科技部高新司	2012 年度新能源汽车产业技术创新工程拟支持项目名单	纯电动乘用车项目有:江淮第五代纯电动轿车平台技术开发项目、东风小型纯电动轿车技术开发项目、北京牌全新平台纯电动轿车技术开发项目、基于帝豪 EC7 的全新纯电动轿车技术开发项目、长安 C206 纯电动汽车技术开发项目。插电式乘用车项目有:比亚迪新型插电式混合动力车(秦)技术开发项目、一汽红旗插电式混合动力轿车技术开发项目、奇瑞插电式混合动力汽车技术开发项目、全新插电式混合动力 SUV 开发项目、上汽荣威 550PHEV 插电式混合动力轿车技术开发项目
44	12 月 3 日	环境保护部污染防治司	《关于实施国家第五阶段气体燃料点燃式发动机与汽车排放标准的公告》	公告规定自 2013 年 1 月 1 日起,所有生产、进口、销售和注册登记的气体燃料点燃式发动机与汽车必须符合“国五”标准的要求。生产、进口气体燃料点燃式发动机与汽车的企业,应按“国五”标准要求向环保部提出环保型式核准申请,并按时报送环保生产一致性保证计划、年度报告以及车辆识别代码(VIN)信息。环保部对通过审核的车型颁发环保型式核准证书。环保部继续加大机动车环保生产一致性检查力度,采取定期检查和抽查的方式,全面强化机动车生产企业的环保监管。对不符合标准要求的,将责令限期整改;整改后仍不合格的,撤销该车型的环保型式核准证书,并予以通报

续表

序号	发布(实施)时间	发布单位	名　称	内容要点
45	12月4日(12月1日)	财政部 国家税务总局	《关于交通运输业和部分现代服务业营业税改征增值税试点应税服务范围等若干税收政策的补充通知》	涉及交通运输业的主要内容有:出租车公司向出租车司机收取的管理费用,出租车属于出租车公司的,按照"陆路运输服务"征收增值税,出租车属于出租车司机的,不征收增值税;对注册在天津市东疆保税港区内的试点纳税人提供的国内货物运输、仓储和装卸搬运服务,实行增值税即征即退政策;自2012年11月1日起,对注册在平潭的试点纳税人从事离岸服务外包业务中提供的应税服务,免征增值税;"营改增"试点地区的试点纳税人提供的往返台湾、香港、澳门的交通运输服务以及在台湾、香港、澳门提供的交通运输服务,适用增值税零税率;试点纳税人适用增值税零税率,以陆路运输方式提供至香港、澳门的交通运输服务的,应当取得"道路运输经营许可证",并具有持"道路运输证"的直通港澳运输车辆;长途客运、班车(指按固定路线、固定时间运营并在固定停靠站停靠的运送旅客的陆路运输服务)、地铁、城市轻轨服务属于《交通运输业和部分现代服务业营业税改征增值税试点有关事项的规定》(财税〔2011〕111号)第一条第(五)项第2款规定的公共交通运输服务。试点纳税人中的一般纳税人提供上述服务,可以选择按照简易计税方法计算缴纳增值税
46	12月10日(2013年1月1日)	财政部	《2013年关税实施方案》	自2013年1月1日起,将对五大类、780多种进口商品征收低于最惠国税率的年度暂定税率。调整后,中国2013年进出口税目总数由2012年的8194个增至8238个。方案调低进口关税的780多种产品中,新增和进一步降低税率的产品主要为五大类,其中包括汽车生产线机器人、锂电子蓄电池、无级变速箱用钢带等促进装备制造业和战略性新兴产业发展的设备、零部件和原材料

中国皮书网

发布皮书研创资讯，传播皮书精彩内容
引领皮书出版潮流，打造皮书服务平台

栏目设置：

- □ 资讯：皮书动态、皮书观点、皮书数据、 皮书报道、 皮书新书发布会、电子期刊
- □ 标准：皮书评价、皮书研究、皮书规范、皮书专家、编撰团队
- □ 服务：最新皮书、皮书书目、重点推荐、在线购书
- □ 链接：皮书数据库、皮书博客、皮书微博、出版社首页、在线书城
- □ 搜索：资讯、图书、研究动态
- □ 互动：皮书论坛

www.pishu.cn

中国皮书网依托皮书系列“权威、前沿、原创”的优质内容资源，通过文字、图片、音频、视频等多种元素，在皮书研创者、使用者之间搭建了一个成果展示、资源共享的互动平台。

自2005年12月正式上线以来，中国皮书网的IP访问量、PV浏览量与日俱增，受到海内外研究者、公务人员、商务人士以及专业读者的广泛关注。

2008年10月，中国皮书网获得“最具商业价值网站”称号。

2011年全国新闻出版网站年会上，中国皮书网被授予“2011最具商业价值网站”荣誉称号。

权威报告　热点资讯　海量资源

当代中国与世界发展的高端智库平台

皮书数据库 www.pishu.com.cn

皮书数据库是专业的人文社会科学综合学术资源总库，以大型连续性图书——皮书系列为基础，整合国内外相关资讯构建而成。包含七大子库，涵盖两百多个主题，囊括了近十几年间中国与世界经济社会发展报告，覆盖经济、社会、政治、文化、教育、国际问题等多个领域。

皮书数据库以篇章为基本单位，方便用户对皮书内容的阅读需求。用户可进行全文检索，也可对文献题目、内容提要、作者名称、作者单位、关键字等基本信息进行检索，还可对检索到的篇章再作二次筛选，进行在线阅读或下载阅读。智能多维度导航，可使用户根据自己熟知的分类标准进行分类导航筛选，使查找和检索更高效、便捷。

权威的研究报告，独特的调研数据，前沿的热点资讯，皮书数据库已发展成为国内最具影响力的关于中国与世界现实问题研究的成果库和资讯库。

皮书俱乐部会员服务指南

1. 谁能成为皮书俱乐部会员？

- 皮书作者自动成为皮书俱乐部会员；
- 购买皮书产品（纸质图书、电子书、皮书数据库充值卡）的个人用户。

2. 会员可享受的增值服务：

- 免费获赠该纸质图书的电子书；
- 免费获赠皮书数据库100元充值卡；
- 免费定期获赠皮书电子期刊；
- 优先参与各类皮书学术活动；
- 优先享受皮书产品的最新优惠。

（本卡为图书内容的一部分，不购书刮卡，视为盗书）

3. 如何享受皮书俱乐部会员服务？

（1）如何免费获得整本电子书？

购买纸质图书后，将购书信息特别是书后附赠的卡号和密码通过邮件形式发送到pishu@188.com，我们将验证您的信息，通过验证并成功注册后即可获得该本皮书的电子书。

（2）如何获赠皮书数据库100元充值卡？

第1步：刮开附赠卡的密码涂层（左下）；

第2步：登录皮书数据库网站（www.pishu.com.cn），注册成为皮书数据库用户，注册时请提供您的真实信息，以便您获得皮书俱乐部会员服务；

第3步：注册成功后登录，点击进入“会员中心”；

第4步：点击“在线充值”，输入正确的卡号和密码即可使用。

皮书俱乐部会员可享受社会科学文献出版社其他相关免费增值服务
您有任何疑问，均可拨打服务电话：010-59367227　QQ:1924151860
欢迎登录社会科学文献出版社官网(www.ssap.com.cn)和中国皮书网（www.pishu.cn）了解更多信息

“皮书”起源于十七、十八世纪的英国，主要指官方或社会组织正式发表的重要文件或报告，多以“白皮书”命名。在中国，“皮书”这一概念被社会广泛接受，并被成功运作、发展成为一种全新的出版形态，则源于中国社会科学院社会科学文献出版社。

皮书是对中国与世界发展状况和热点问题进行年度监测，以专家和学术的视角，针对某一领域或区域现状与发展态势展开分析和预测，具备权威性、前沿性、原创性、实证性、时效性等特点的连续性公开出版物，由一系列权威研究报告组成。皮书系列是社会科学文献出版社编辑出版的蓝皮书、绿皮书、黄皮书等的统称。

皮书系列的作者以中国社会科学院、著名高校、地方社会科学院的研究人员为主，多为国内一流研究机构的权威专家学者，他们的看法和观点代表了学界对中国与世界的现实和未来最高水平的解读与分析。

自 20 世纪 90 年代末推出以经济蓝皮书为开端的皮书系列以来，至今已出版皮书近 800 部，内容涵盖经济、社会、政法、文化传媒、行业、地方发展、国际形势等领域。皮书系列已成为社会科学文献出版社的著名图书品牌和中国社会科学院的知名学术品牌。

皮书系列在数字出版和国际出版方面成就斐然。皮书数据库被评为“2008~2009 年度数字出版知名品牌”；经济蓝皮书、社会蓝皮书等十几种皮书每年还由国外知名学术出版机构出版英文版、俄文版、韩文版和日文版，面向全球发行。

2011 年，皮书系列正式列入“十二五”国家重点出版规划项目；2012 年，部分重点皮书列入中国社会科学院承担的国家哲学社会科学创新工程项目；一年一度的皮书年会升格由中国社会科学院主办。

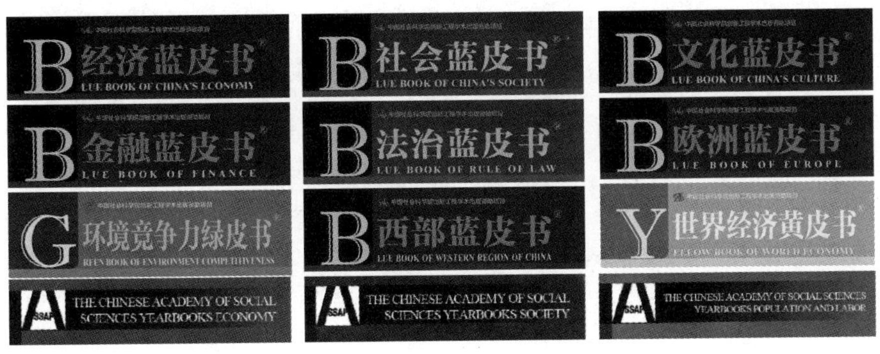

法律声明